U0554594

守望者
The Catcher

阅读　你的生活

年代记忆

中国近代意识的形塑

李天纲 著

中国人民大学出版社
·北京·

目 录

1793：大清帝国城市印象 …………………………… 1
1817：马礼逊"看中国" ……………………………… 21
1835：明清"西学"的延续性——以《几何原本》为例 ……… 41
1842：《南京条约》的祭奠 ………………………… 69
1853：从"种族隔离"到"华洋杂居" ………………… 90
1862："京师同文馆"的困厄 ………………………… 113
1864：湘、淮的崛起与大清的板结 ………………… 138
1867：王韬与"天下一道"论 ………………………… 161
1868："启蒙"的发端——林乐知与《万国公报》 ……… 185
1896：李鸿章的挫败 ………………………………… 214
1897：经世学的近代转向 …………………………… 240
1898："变法"何以夭折 ……………………………… 270

1900：躁动的南方 ………………………………………… 291
1903：语言民族主义 or 文化世界主义 ………………… 317
1905：科举制的幻灭 …………………………………… 338
1912：函夏考文苑——民初的学术理想 ………………… 360
1914：不作不死的孔教 ………………………………… 394
1916：金融中心的故事 ………………………………… 417
1927：上海市民自治运动的终结 ……………………… 444

附录一：关于中国的"早期近代性" …………………… 472
附录二：重新书写近代史——序李天纲《年代记忆》 … 郑培凯 479
后记一 …………………………………………………… 485
后记二 …………………………………………………… 493

1793：大清帝国城市印象

一

从 17 世纪开始，英语和法语里都出现了表示"远东"的词语（Far East，Extrême-Orient），这个词常常代称中国。中国则在明末由徐光启（1562—1633）、李之藻（1565—1630）等人发明"泰西"一词，指利玛窦（Matteo Ricci，1552—1610）来自的欧洲。"远东"和"泰西"的碰撞，撞出了世界文明史上最为炫目震耳的电闪雷鸣，这一场震荡历 400 年之久，竟然还未平息。

历来"泰西"和"远东"的人们都以自我为中心地看待世界，把对方作为一个陌生的"他者"。从不同的立场看世界，普天之下的世界竟然会变得如此不同。文明不同，差异必然。有些不同和差异是能够相互补充和欣赏的，有些则涉及利益和信仰，坚持不下，相互间就会不断地冲突。亨廷顿的文明冲突理论认为，人们已经找到了某些方法来平衡利益冲突，但却没有办法消除不同文明间的信仰差异。如果这种理论属实，那么人类就不可能有任何形态的合作，就将战乱不断。人类显然不会允许这种情况发生和持续。

消除这种状况的唯一办法就是消除封闭的自我中心心态，积极地沟通和对话。通过对话，利益可以平衡，误解能够消除，某种人类的共性就能被发现，"大同"理想也能实现。有人说，中华民族现在是世界上最渴求对话的民族，我们已经做得够多了。从这几十年的"开放"热情和近百年来的"西化"诉求来看，或许可以这样说。但是，"对话"在双方地位平等的条件下才能顺利进行。既不傲慢待人，也不自感屈辱，才能融洽。而这一点，当代中国人仍然没有做到。其中的原因，主要就是当初中国人是被动和被迫地开始与西方文明对话的。

一千多年来，西方一直在谋求与东方沟通，先是一个落后地区想从东方获得文明，后来就是想要通过东方贸易来加速自己的发展。在这个过程中，中国是欧洲人最向往的国度。他们有长久的沟通愿望，17、18、19世纪，他们保持了远比中国人更高的对待域外文明的渴望态度。中国相对于西方的落后，正是在这几个世纪里暴露出来的，也正好和双方的"开放"态度成正比。为此，我们应该看一看西方人是如何渴望了解中国的，他们为此做出了多大努力。有一部集19世纪中国风景画之大成的英国画册，正好可以看看欧洲人已是何等仔细和生动了解中国。

这部画册名为《中国：那个古代帝国的风景、建筑和社会习俗》(China, The Scenery, Architecture, and Social Habits of That Ancient Empire)。18、19世纪欧洲书的名字都很长。另外，封面上还都有长长的署名，并在标题中对书的内容做了简单说明。书名解释说："由托马斯·阿罗姆先生根据原始并且可靠的素描稿重新画出，另由赖特先生从历史角度做描述性的注释"(Drawn, from original and authentic sketches, by Thomas Allom, Esq, with historical and descriptive notices by The Rev. G. N. Wright, M. A.)。出版单位是"彼得·杰克逊，伦敦费塞尔公司"(Peter Jackson, Late Fisher, Son and Co., London)。我们所据的上海图书馆藏本无出版年月，但是参照香港、澳门和欧美各大图书馆的藏本，这部大型画册的初次出版是在1843年，即鸦片战争结束后的第一年。

原书分四小册，每册有30幅左右画作，共128幅作品。这部大型画册原想描述中国的风土人情，但在19世纪上半叶的英国，要凑集一部完整的中国风俗画，仍然不易。阿罗姆（Thomas Allom，1804—1872）企图集中国风景画之大成，但从体系上看，画册毕竟浮光掠影，比较凌乱，难成系统。画册应该用一个新的体系加以编排。正好，乔治·赖特（George Newenham Wright，1790—1877）在每幅画作下都标明了省份或城市：如"江南行省"(Jiangnan Province)、"香港"(Hong Kong)、"广州"(Canton)、"宁波"(Ningbo)、"厦门"(Amoy)等，这样我们决定把原书重新组合，以城市划分，统为一大册，并改名为《大清帝国城市印象：

19世纪英国铜版画》。中国读者也可以借助19世纪的英国版画，窥得大清帝国的城市风貌。

把19世纪的英国版画介绍给21世纪的中国读者，在不同时空的转换过程中当然有很多意义要考虑。对现代中国读者来说，阿罗姆的这部画册有两大欣赏价值。第一，通过英国人的绘画，我们可以看到中国的过去。那时，照相、电影技术还没有发明，人像、建筑、风景的存真全靠绘画。中国流行的"文人画"，用的是写意笔法，不是现实主义的风格。例如，鸦片浓烟曾弥漫全中国，但在文人画中找不到一幅《鸦片图》。民间年画里也不多，保存得好的更少，而这里就有。阿罗姆的版画给我们留下了中国文化遗产里没有的东西，可以参看。第二，通过这些绘画，我们可以看英国人乃至欧洲人是如何看中国的。这可能是更有意思的事情。外国人画中国，有他们独到的角度。正是这种外来的"偏见"，反而造成了"文化比较"的视野，让"身在庐山"而"不识庐山真面目"的中国人恍然大悟。比如说，涉入"大西洋"事务之前的明中叶人，不大自夸"地大物博"，更不知自己给世界贡献了"四大发明"。这都是自16世纪起，葡萄牙人、法国人、英国人陆续到中国后，发现并告诉中国人的。赖特在此书的序言里说：

> 在这个美丽的国度里，有世界的最高峰，广阔的驿道，无数的运河，许许多多的拱桥和宝塔，更不用说还有那绵延北疆的万里长城。……在这个人口众多的国家里，人们普遍爱好古玩，不屑与外国人做文化交往。因为他们拥有举世无双、富于创造并异常出众的历史。他们的农业和工艺制造业是别的民族

不可比拟的榜样。推动了人类现代文明发展的三大发明——印刷、火药和指南针，都是由中国人贡献给世界的。

清末以前，中国人并不把"万里长城""四大发明"作为中华文明的象征。最早使用这些赞美的是欧洲人。

欧洲人把中国看作世界上的"超级大国"。画册中，中国不但没有被"丑化""妖魔化"，相反被描绘成其大无边的天堂帝国。在序言里，作者说中国是一个有"1 000 多万平方英里（约相当于 2 590 万平方公里）、3.6 亿人口的广大帝国"。3.6 亿的人口数大致准确。可是说中国有 2 590 万平方公里的国土面积，即使考虑到后来在蒙古、西北、东北地区失掉的大片领土，中国也没有如此"广袤"。中国北部和俄罗斯的边界很晚才划定；南方福建、广东人不断向南中国海地区移民。因此，帝国的疆域都是开放的，既有的"中国"（十八行省）也没有仔细丈量，清政府自己也搞不清楚到底有多大。清朝固然"大"，但是欧洲人夸大"地大物博"的中国还有自己的原因：英国人倾向于把中国夸张成一个市场无限广阔、人口不可胜数、社会极其富裕、欧洲各弹丸小国根本无法比拟的大帝国。

19 世纪前期的欧洲对中国还是具有敬意。于是，我们就看到了这部画册里的中国，烂熟了的中国。当时，社会不安但不动乱，民生凋敝但不破败；中国南北的各个城市死气沉沉，但还井然有序，保持着最后的体面。偌大的中国依然披着康乾盛世的华衮，尽管夹里爬满了虱子，但表面却还光鲜。

唯其如此，阿罗姆的中国风景风俗画弥足珍贵。在向世界彻底暴露之前，我们很少看到这一时期的中国。中国内地是在 1895 年中日《马关条约》签订以后才彻底开放的。此前，很少有外国艺术家获准进入中国内地，他们难以用现代笔触勾勒铁幕之后那个酣睡的中国；甲午战败之后，辛丑再败，中国彻底垮了。清朝腐败、颟顸、无能、愚昧得一塌糊涂，随着官僚体制崩溃而来的便是中国民间社会空前规模的大混乱、大贫困。20 世纪中外艺术家笔下的中国，都是《流民图》《五子登科》般的惨象怪相，阿罗姆笔下的悠闲、旷达、富裕、烦琐、神秘都成了"光荣的回忆"。

二

阿罗姆没有到过中国，他借用别人的素描稿重新画中国，并获得了"中国风景画家"的名声。目前所知，阿罗姆主要借用了 1792 年访问中国的英国马戛尔尼使团随团画师威廉·亚历山大（William Alexander，1767—1816）的画稿。亚历山大在自己画作上的缩写签名是"WA"。19 世纪初，亚历山大的中国画在欧洲风行一时，有许多不同版本，如单张的画片、结集的选本、全本等。其中最流行的是 1814 年伦敦玻默（Bulmer）出版社出版的《中国装束》（The Costume of China），全名是《中国人的服饰与举止绘画选》（Picturesque Presentations of the Dress and Manner of Chinese），其中收入了亚历山大最成功的 50 幅绘画。和阿罗姆一样，亚历山大画的是水彩画。出版时，在《中国装束》中被刻成了铜版画。和阿罗姆画册（1843）不一样的是，亚历山大的画被刻成铜版画后，许多是上了彩色的，而阿罗姆的水彩画被刻成铜版画后，保持了黑白状态，没有敷色。

画册中关于北京、天津、杭州、宁波以及运河沿线、南方商路城市的许多题材取自亚历山大的画作。关于广州、澳门和香港的画作，则多取自法国画家博尔热（Auguste Borget，1808—1877）的画作。博尔热于1838年到中国华南旅行，画了大量中国风景和风俗画。博尔热的作品《中国和中国人的素描》（*Sketches of China and Chinese*）的英文版于1842年出版，只在阿罗姆此书出版的前一年，所以有可能阿罗姆是在稍早的时候据博尔热的法文版作品画的。

画册中还有不少数量的关于中国沿海沿江城市的作品，成于鸦片战争期间，如反映英军在香港、厦门、宁波、乍浦、镇江、南京等城市作战事迹的作品。这些战争题材，或因战舰所到而作的作品，都是取自鸦片战争期间的英国海军画师师达特（R. N. Stoddart）和怀特（Lieutenant White）的画作。这部分作品时期最晚，但也占了相当数量。由于我们较少有这些海军画师的原作，故不能比较出每一幅画作的作者。

另外还有一些原画，是17世纪荷兰航行家尼霍夫（Johannes Nieuhof，1618—1672）画的。清初，荷兰东印度公司为求全面通商，以政府的名义派使团访问中国。尼霍夫无功而返，但他留下了不少画，在西方流传，阿姆斯特丹在1665年就有他的游记和画册出版。书中介绍了17世纪中国的文化、风景、艺术、建筑和节日，是西方最早的中国绘画作品之一。目前可辨的是阿罗姆画的南京，有不少是根据尼霍夫的画稿画的。

1842年五口通商之前，中国政府禁止外国人到内地游历。开埠以后，仍有条约细则规定，夷人不得到内地游历。人们珍视尼霍夫、亚历山大、博尔热，还有师达特、怀特的作品，就在于很少有西方画家到过中国，而欧洲人对中国文化的兴趣又是如此浓烈，经久不衰。在这部画册中，不但有澳门、香港、广州、厦门、宁波等外国人到过的城市，还出现了许多内地城市，如南京、镇江、扬州、杭州、徽州、济宁、北京、承德、福州等"不开放城市"。这些画家若不是具有身份，一定会被强调"夷夏之防"的官绅驱逐，这些挟着画夹的"鬼子"难免不被看成细作暗探，在窥探大清局势，描摹中国地图而被捕。

17、18、19世纪的欧洲重视中国文化。思想史家从启蒙主义、人文精神的角度加以说明，莱布尼茨、伏尔泰赞美中国思想的著作是其高峰。其实，在欧洲传播得更加广泛的是东方艺术。欧洲的"中国文化热"，热点在艺术领域。尼霍夫的画册，从17世纪中叶后一直受欢迎，因为书中泄露的东方装饰图案特别受到艺术家的欢迎。当时欧洲的财力、人力、物力都有很大提高，到处都想建造宫廷、教堂、城堡、市政厅和庄园等，艺术家到处寻找精美图案来点缀。中国的亭、台、楼、阁、宝塔等户外建筑，还有窗棂、门户、梁柱上的木雕木刻，文人用具、闺房摆设等家庭装饰，都成为设计师的模仿和创作来源。隔了好多年，威廉·亚历山大在18世纪末获得机会，画了大量中国风俗画，使得欧洲对中国的感觉又焕然一新，又掀起了英国人对中国艺术的热情。

除了尼霍夫和亚历山大之外，另有一批西方人画了不少中国图像，传回欧洲。他们就是我们稍微熟悉一些的耶稣会传教士，有郎世宁、王致诚、蒋友仁等人。他们不单为乾隆等皇帝设计建造圆明园，还为欧洲画了不少画。这些绘画，和他们在《耶稣会士通讯集》（*Lettres kdifiantes et Curieuses*）中所做的对中国情况的报道，都是欧洲人了解中国文化的第一手资料。可惜，由于缺乏足够的西方资料，没有办法对出现在阿罗姆画册中的耶稣会士作品的来源做出详细考辨。不过，耶稣会士的文字资料确实大量出现在赖特的历史解说中。

三

研究 1792 年马戛尔尼使团访华的法国学者佩雷菲特（Alan Peyrefitte），把当时的中西礼仪冲突比作"大清"和"大英"两大帝国的遭遇。"帝国"是欧洲古代政治家们的一贯理想。文艺复兴时期的意大利思想家但丁在《论世界帝国》（*De Monarchia*）中提出：为了人类的利益，必须由一个世界帝国来统治世界；这个世界帝国的政治必须由罗马人来主持；而罗马人之所以有这种权力是因为他们的法律制度来自上帝。

马可·波罗以来，欧洲一直称中国为"帝国"，耶稣会士正式称之为"中华帝国"，许多历史学家都这样估计世界历史：两千年来，能够和罗马帝国相比较的帝国，只有中华帝国。德国汉学家夏德（Friedrich Hirth，1846—1927）在他的名著《中国和东罗马》（*China and Roman Orient*）中，对中华帝国和罗马帝国的关系做了详细研究，使人们越发地愿意把这两大帝国相提并论。今天美国学者研究明清，仍然称之为"晚期中华帝国"（Late Imperial China）。

两千多年来，汉语史籍中称自己的幅员为"中国""华夏""中原""中土"等，但很少自称"帝国"。清末开始自称"大清国"，和"大英国""大美国""大法国"并列，也还没有称"大清帝国"。"大清帝国"，是19世纪末才出现的说法，表示中国实行的是和英国、丹麦、瑞典一样的"帝制"。所以，虽然欧洲早就把中国称为"Empire"，但中国人自己只是在加入国际社会之后，才在比较中"发现"自己是个君主制的"帝国"。

中国人也有类似但丁那样的"世界帝国"理想。"普天之下，莫非王土"，儒家理想并不是区域性的，而是"世界主义"的。儒家主张"大同之世"，但有严格的"夷夏之防"。中原地区的汉民族，和罗马人一样，具有较高文明，掌握典章制度，因此自认为有开化四夷的职责。除了认为自己民族和文化优越，中国皇帝还自认为是"天子"，从上帝那里获得了"道统"，能用"仁政"治理世界。在这些理念中，中国和罗马确实很像，都是"帝国主义"。

帝国的特征是殖民、扩张和侵略，是外向的。同时，帝国还有内敛的性格。帝国是世界的中心，外邦人万方来朝，所谓"条条大路通罗马"。晚期的中华帝国，更多表现出"内敛"的性格。中国和周边国家维持朝贡关系，不派使节。经济上都能自给自足，不假外求。帝国生活造成自我的心态，老是从自己的立场出发看世界，不能反过来从世界视野看自己。"自我中心主义"是一种可怕的心态。然而，从清朝初期到中叶，中国人深深地陷在这"帝国心态"中不能自拔。已经是日薄西山，却还在"怀柔远人"；已经在科学技术方面大大落后于欧洲，却还在高叫"礼仪制度"天下第一。倒是"日不落"的"大英帝国"，在全球航行做生意，已经在审时度势、权衡利弊，准备对付中国这样的"老大帝国"。

既然中国人怀有"帝国心态"，不能从外部看中国，那么就必须引入一种外来的眼光，打消那种虚妄的自以为是，采纳客观的标准看自己。我们借用17、18、19世纪欧洲人的绘画来看中国，应该是摆脱局限、了解自己的好方法。画册中，阿罗姆有两幅画画了官僚鞭笞犯人的情景。其实，这是欧洲人讨论中国社会性质的一部分。我们知道，法国思想家伏尔泰认为中国是一个仁慈的国度，中国人用《论语》治世。孟德斯鸠则反对说：中国是一个暴政的国家，中国人靠鞭笞和恐怖来统治。礼法社会，还是专制社会？近代中国人接受了孟德斯鸠的理论，认为中国是专制社会。外来的眼光"发现"了中国的鞭子，加深了对自我本性的认识。

还有，传统生活对很多东西熟视无睹，有了外来人便忽然发现了它的真价值。阿罗姆画了两幅乾隆时期广东英德煤矿的图景，中国历朝的画家和文人从不画这黑乎乎的煤块。《马可·波罗游记》里记录了煤（"石炭"）。宋代沈括《梦溪笔谈》中也记录了煤的开采和使用，但中国人没有像英国人那样，把煤看作工业革命的动力。鸦片战争以后，英国人一直觊觎华南的煤矿，和这两幅画的影响不无关系。历史必然要联系在一起，"洋务运动"中的中国人惊呼煤矿、铁矿开采得太晚，急起直追，唯恐不及。看这两幅画，不禁感叹中国人对煤炭、盐铁忽视太久，很多次错失了自我发展产业的早期机会。

四

阿罗姆的画描绘了我们的历史。几千年来，中国的史官们"左史记言，右史记事"。帝王的起居言行被记录下来，称为"历史"。清末学者梁启超、章太炎说过相似的话：一部廿四史，其实就是帝王将相的历史，是他们的相砍史、宫廷的谋杀史。这样的历史忽视民间生活，只有唐尧禹舜、本纪列传、儒林文苑、烈女贞妇，历史被片面地记录，很难窥得活生生的人类经历。

儒家依靠文字和书籍来传承历史。相反，希腊、罗马的欧洲文化传统，比较重视用图像造型记载历史。西方中世纪，《圣经》故事和王族的历史大都是用绘画的形式记录下来的。罗马教皇最重视的就是雕塑、壁画，欧洲的史诗，连很多思想和教义，都是靠图像记录下来的。也难怪，拉丁文被僧侣垄断，英文、法文、德文的历史都不足千年，用来写历史，比三千年的中文差得太远，只有依靠图像器具、文物来写历史。在中国，只有佛教比较重视造像，留下了龙门石窟、敦煌经变，但儒家斥佛教为偶像崇拜，一概弃之。

中国士大夫热衷文字，用长篇文字记录了两千多年的历史，这是长处。但忽视图像并不是优点。现在我们已经知道，图像留下的历史信息有时是超过文字的。马王堆帛画的出土，使我们对汉代的认识终于跨越了《史记》《汉书》。20世纪，人类发明了照相机、电影、电视，出版报纸、画册、杂志，大量的图像信息作为历史的载体，被历史学家使用，我们的近代史研究领域被大大地拓宽了。通过图像来研究历史，越来越成为历史学不可分割的一部分。非文字的图像历史，是我们这一代历史学家应该努力探索的。

阿罗姆的画册包含了大量的清朝历史信息。把他的图像和利玛窦的《利玛窦中国札记》（*Regni Chinensis Descriptio*）、斯当东（George Leonard Staunton）的《英使谒见乾隆纪实》（*An Authentic Account of an Embassy from the King of Great Britain to the Emperor of China*）、宾汉（John Elliot Bingham）的《英军在华作战记》（*Narrative of the Expedition to China, from the Commencement of War to Its Termination in 1842*），以及屈大均的《广东新语》等中国传统笔记文学书参照阅读，可以发现许多有意义的信息，而许多方面是文字无法替代的。到今天为止，东西方的很多历史学家都在自己的专著和教科书中不断采用阿罗姆的作品作为插图，来说明中国历史。

一般认为，欧洲人不了解东方，他们投向中国的眼光是有问题的。他们会曲解东方的事物，扭曲中国的形象。这种状况在近几十年里被美国"后殖民主义"学派的文学评论家萨义德（Edward W. Said）评论为一种欧洲人的"东方主义"。"东方主义者"歪曲了东方文化的本来精神，按自己的审美标准丑化东方。我们可以把阿罗姆的画作当作一个例子来看看"后殖民"的批评是否正当。我们看到，从亚历山大、博尔热等人的第一手素描稿，到阿罗姆的成画稿，有不少变异。但是，基本的真实性还在。阿罗姆的水彩画确实是为了满足欧洲人爱好中国文化的心理，但并没有屈从他们的趣味。他用现实主义的风格，力求自己的人物、服饰、建筑尽可能地符合中国实际。或者说，他比较忠实于东方旅行画家的原作，而原画家们本来就认真仔细地观察了中国社会生活，画得都有根有据，比较可靠。

法国、英国学者的中国观可能是"东方主义"中的例外。在英国19世纪40年代打败中国以前，西方对中国的看法积极、正面。19世纪以前的欧洲学者、画家没有丑化中国，反而对中国怀有敬意，因而笔触之下大都是美妙的境界。之所以出现这种状况，和早期来华的耶稣会士的竭力宣传有关，他们在书信中描绘了康乾盛世的繁华、富裕和仁慈。这种"宣传"固然有夸张自己传教成果的嫌疑，但不能不说当时中国文化确实发达，欧洲人确实应该为之瞠目。18、19世纪欧洲的"中国文化热"不是没有根据的。欧洲人对中国文化是崇拜、羡慕、借鉴、模仿，而不是歪曲、丑化和歧视。

伏尔泰说，由于耶稣会士的介绍，现在他们对中国的了解恐怕要超过他们对一些欧洲小公国的了解。由于耶稣会士的介绍，19世纪"东方热"兴起。维克多·雨果说，路易十四时代的希腊主义者现在都成了东方主义者。这就是说，18世纪以后，人们对东方、对中国有了热切的探求。看阿罗姆的画，很惊讶在中国人对欧洲懵懂无知的时候，西方人对中国已经有这么深入的了解，也真的了解图像在文化传播过程中的普及作用甚至超过文字。

五

极少有关于阿罗姆等人及其画作的介绍。在西方,对于18、19世纪艺术界的"中国风"(Chinoiserie)有专门研究。对亚历山大、博尔热、阿罗姆等中国风景画家也有系统的研究,但中国却很少有人知道这些。在出版阿罗姆的作品集时,就目前国内图书馆的收藏,尽可能提供一些与此书的画家和作者有关的信息,以补国内对这批画家之了解的缺乏。

托马斯·阿罗姆是19世纪中叶英国维多利亚风格的建筑师和画家。他在英国皇家艺术学院(Royal Academy of Art)学习设计和绘画,和威廉·亚历山大是校友。他参与设计了英国议会大厦,创建了英国皇家建筑师协会(Royal Institute of British Architects)。著名的英国圣彼得教堂、海伯利教堂都是他设计的。他还设计了肯星顿公园、斯坦利花园和许多大楼,以自己的风格为英国开创了一种新的城市建筑样式。

阿罗姆以水彩画家称誉世界。赖特在此书序言中赞誉说:"他的画笔要比他的制图笔更出色。"1834—1837年,阿罗姆画过很多柴郡(Cheshire)的风景画。此外,还有苏格兰、爱尔兰、英格兰其他地方的风景画。中年以后,他开始画东方风景,最初是土耳其风景。他先出版了一部画册《松柏的国度》(*The Land of the Cypress and Myrtle*),是土耳其的风景画选集。作为一位风景画家,他到处旅行,到过欧洲的许多地方,但是他最远只到了土耳其。

乔治·赖特是此书的文字撰写者。关于他,人们所知更加有限。有人说他到过中国,是早期的传教士。但查早期来华的外国人名录,并无这个赖特。查图书馆目录,找得到他的著作《兰开夏:历史、传说和制造业》(Lancashire: Its History, Legends, and Manufactures,1843)。这本著作和他与阿罗姆合作的画册在同一年由伦敦的费塞尔公司出版。从他的文字来看,他能够规范地使用中国和西方的历史资料,并不断地将中国历史和英国乃至欧洲历史加以比较,可见是一位职业的历史学家。

19世纪西方读者了解中国,威廉·亚历山大的功绩远远超过阿罗姆。阿罗姆是赶时髦,见中国题材有名利可图,转过来画中国风景画的。他的许多素材、构图和布局抄自亚历山大。他是建筑师,能够利用透视原理,把亚历山大的画面转换一个角度,用同样的题材画出不同的感觉。比如他的《西直门外》,是从亚历山大的构图中截取一部分,把细节放大,基本属于抄袭。另一幅《伦敦画报》上登载的同样用亚历山大的原作改画的《北京西门》就粗制滥造。当时亚历山大已经去世,无奈阿罗姆利用他的"中国画"成就大名。作为观众,要感谢阿罗姆的是:他还是比较忠实地研究了中国,没有胡乱画。

威廉·亚历山大生于英国肯特郡的梅德斯通(Maidstone)。1793年,他随英国马戛尔尼使团一起访问了中国沿海、运河沿岸南方商路的各城市。19世纪80年代之前,照相技术还没有普及。所以,无论使团来东方谒见皇帝,还是派军队作战,总是要安排画家画师随团，以便记录当时的外交过程和当地的风土人情。在马戛尔尼的谒见团中，安排了"特使随员，包括乐队、工匠、兵士及仆役等共一百人左右"①，其中就有画师威廉·亚历山大。随行画家在使团和军队中的地位不高，官方很少记录他们的工作，以致我们今天对他们的了解不多。

此前，有些意大利、法国的耶稣会士，荷兰和俄罗斯的使臣进入过中国内地，画了一些关于中国的绘画，流传到欧洲。1825年，有一个英国画家乔治·钦纳里（George Chinnery，1774—1852）画过广州和澳门。同期还有些英国或者欧洲其他国家的画家，如托马斯·丹尼尔（Thomas Daniell，1749—1840）、约翰·韦伯（John Webber，1751—1793）、威廉·丹尼尔（William Daniell，1769—1837）、巴塞利米·劳佛涅（Barthelemy Lauvenner，1805—1871）、奥古斯特·博尔热到过中国南方，但无法像亚历山大那样深入。亚历山大是第一个进入中国内地的英国画家。

1782年，亚历山大离开老家，到伦敦跟画家亨利·帕尔斯（Henry Pars）学画。1784年，进入皇家艺术学院学绘画，直到1792年被马戛尔尼使团选中，随团到中国去画画。回到英国，亚历山大整理他的旅行画稿，画了大量中国题材的作品，让欧洲人大开眼界。大多数英国人、法国人、德国人，是看了署名"WA"的作品，才知道中国有万里长城、紫禁城、大运河。黑格尔写《历史哲学》的时候，也看过英国使臣的作品。大约到了1802年，画画

---

① 斯当东：《英使谒见乾隆纪实》，叶笃义译，群言出版社，2014，第29页。

的收入渐渐不能支撑他的生活，于是他去了皇家军事学院（Royal Military College）教授风景画，此后，他还在大英博物馆的文物部工作过。1816年7月23日，威廉·亚历山大因急性脑炎去世。

威廉·亚历山大死于老家他叔叔托马斯·亚历山大家里。他的部分遗作后来由他的侄孙爱德华·休斯（Edward Hughes，1823—1913）保存，并将此收藏给了大英博物馆。亚历山大的另一些作品，曾经被放在家乡的梅德斯通博物馆，后散失到英国印度事务部图书馆（India Office Library），有870件之多。还有一些流失到伦敦的维多利亚和阿尔伯特博物馆（Victoria and Albert Museum）、美国纽黑文的耶鲁英国艺术中心（Yale Center for British Art）、美国加州圣玛利诺的亨廷顿图书馆（Huntington Library）。亚历山大还有不少作品流散在民间收藏家手中。亚历山大的作品，尤其是他关于中国的作品，是收藏界的抢手货。1976年4月1日，英国苏富比拍卖行对亚历山大的作品进行过拍卖。

阿罗姆和亚历山大都是英国皇家艺术学院毕业的，属于"学院派"。建立于1768年的皇家艺术学院，得到过国王乔治三世的赞助，所以冠名"皇家"。但其实和其他一些"皇家"机构一样，它没有接受官方经费，而是一所由最有成就的艺术家自我管理，有40位院士，外加20位外聘院士组成的民办学校。学校的目的是培养绘画、雕塑和建筑设计人才。学校一直设在伦敦，开始是在蓓尔美尔街（Pall Mall，1768—1771），后来移到萨默塞特府（Somerset House，1771—1837），后又搬到特拉法加广场（Trafalgar Square，1837—1868）。最后，校址迁到伯林顿府（Burlington House），延续至今。

学校的第一任校长是著名画家乔舒亚·雷诺兹爵士（Sir Joshua Reynolds，1723—1792），是 18 世纪艺术史上著名的艺术家。文艺复兴以后，艺术受到了王公贵族的普遍重视，但艺术家主要是为主人画肖像，进行房屋设计、装潢、环境布置等，因此画家在当时被认为是有技术、没思想的人。雷诺兹在英国竭力地把画家从被人轻视的工匠身份，提高到与诗人、学者同等的知识分子地位。他是当时知识界领袖约翰逊博士（Dr. Johnson）的朋友，后者支持他赋予艺术意义，发掘作品的趣味，从而将画画和雕塑从手工劳动变为脑力劳动。雷诺兹在他著名的《讲演》（*Discourse*）中提出："真正的画家不是致力于以作品描摹得精细美观去取悦人类，而是必须致力于以他的理想的崇高促使人类进步。"

雷诺兹的这种主张在今天看来是不必要的，因为即使手工劳动，也包含了精神的创造。画家的作品，哪怕就是工匠的作品，也并不比诗人、学者的作品低贱。但是，"院长"以"崇高"的名义提倡的"学院派"还是有不少新东西。比如，雷诺兹提倡"趣味"的重要性，要求学生捕捉对象的主观状态，开拓了画家的想象空间。他还主张在画面中增加背景的分量，进而表现人物的社会角色。这些都是把当时的英国绘画主流，从为教堂、宫廷服务的"历史画""肖像画"中拖出来，使之走向社会生活的重要因素。

亚历山大和阿罗姆，就是在这样的"学院派"氛围中熏陶出来的。他们从"风景画"另辟蹊径，发展为"东方风景画"。雷诺兹院长自己的作品，其实有很深的"肖像画"痕迹，和后来学院学生的作品还有很大距离。到了亚历山大和阿罗姆这一辈，英国"风景画"已经相当成熟。"东方风景画"固然不能代表"学院派"的主流，但只要参看他们的同学、校友威廉·特纳（William Turner, 1775—1851）的作品，就可以知道两人与英国主流画派的风格是多么接近。特纳是顶级大师，他的作品是英国、美国、法国大博物馆中的珍藏，在画册上也很容易找到。

此书根据上海图书馆所藏版本印出。这个版本已经不是阿罗姆的原作水彩画，而是被工匠刻成了金属版画。版画成本不高，原是不登大雅之堂的艺术。一些报纸、杂志上的版画比较粗糙，人们把它们作为速朽的作品来看待。但是阿罗姆的版画不同，它们是出版社为精印书籍，请人专门精心刻制的，因此艺术价值很高。阿罗姆的作品从水彩画到版画，刻印一流，忠实原作，虽没有敷色，但更加细腻，黑白中显出版画的苍劲、古朴和庄重，反而有了油画、水彩画没有的韵味，成为收藏界的特藏。

由赖特注释的阿罗姆画册，在1843年初版。19世纪60年代再版时，赖特又根据时代的变迁，做过一些文字修改。此书在一百多年里，不断地被人引用，不断再版。这次查阅上海和香港所藏的版本，因为不全，无法统计全数。但是我们知道，香港艺术馆收藏有大量阿罗姆和亚历山大的中国风景画。1988年，香港一家外文出版社（Hong Kong, John Nicholson Ltd.）出版了此书，是由一位泰特（D. J. M. Tate）先生缩写、改编的。

原为《大清帝国城市印象：19世纪英国铜版画》
（上海古籍出版社、上海科学技术文献出版社，2002）的前言

1817：马礼逊"看中国"

一、全球化运动中的"中国经验"

19世纪初年，英国伦敦会（London Missionary Society）传教士马礼逊（Robert Morrison，1782—1834，又译"莫理循"）到达远东的时候，他背后的欧洲正进入一个新的历史时期：旷世未有的商业型殖民帝国已经成形，不列颠人赢得了一个"日不落帝国"。哈佛大学经济史教授尼尔·弗格森（Neill Ferguson）在《帝国：不列颠建造现代世界》（*Empire: How the British Made the Modern World*）中，把这一时期称为"盎格鲁全球化"（Anglobalization)①。大英帝国承担的角色是全球范围内的"现代性"领袖，它把起源于欧洲的现代制度传到全球。值得注意的是：弗格森把"传教士"作为"盎格鲁全球化"过程的一部分，他们在殖民地传播"文化"和"文明"。这个观点不同于"后殖民主义"的文化批评，却不能被简单归为"西方中心主义"，应该得到应有的重视。

世界各地的"全球化"不尽相同，英国人在殖民地传播"文明"的情况不能一概而论。伦敦会于1795年建立，整个19世纪，开普敦（南非）、加尔各答（南亚）和上海（东亚）是它的三个传教中心。欧洲人的殖民政治有很大的地区差别，关于这一点，汉娜·阿伦特（Hannah Arendt）的《极权主义》中有所论述。她认为：欧洲殖民地有两个要素，"一是在南非形成的'种族'的概念，另一是在阿尔及尔与印度实施的官僚政制"②。欧洲数百年的海外殖民历史本来就是千差万别的，细分"殖民主义"意识形态，对认识当代人"全球意识"的形成很重要。可惜20世纪的欧美主流哲学家很少关注这一点，常常都是以南非"种族主义"和印度殖民地"官僚体系"一概而论，他们对自己祖先在19、20世纪的"中国经验"其实并不太了解。

欧洲哲学家较少了解的"中国经验"，与南非、北非和印度又有所不同。近代中国虽然也有各种"中西冲突"，但显然没有出现南非那样的"种族主义"；英国人虽然在上海、香港建立了一套地

---

① Neill Ferguson, *Empire*: *How the British Made the Modern World* (England: The Penguin Press, 2003), Introduction, p. xxii.

② 阿伦特：《极权主义》，蔡英文译，联经出版社，1982，第123页。

方市政制度，但北京仍然维持着传统的帝国制度，不像在分裂的印度，在德里建立了一套以税收为纽带的统一"官僚政制"。西方在中国，只要求"国际通商"，并没有推行"种族主义"，因而也不存在"种族隔离"的问题；列强来中国，也没有实施殖民地"官僚政制"，除了香港之外，英、法、美政府和侨民并没有尝试建立殖民政制，没有向中国派出"总督"。也就是说：中国的现代政治体制，主权仍然在主政者手中，是好是坏，都是中国人自己建立起来的。16—19世纪的全球殖民运动中，中国开始与西方列强交往。但是和其他亚、非、拉被殖民的民族经历完全不同，它基本上不是殖民地。

注意"中国经验"的特殊性，对于讨论伦敦会及马礼逊的中华传教活动非常重要。我们看到，伦敦会和马礼逊对中国的看法非常不同。套用拉美、北美、南非、北非和印度的经验观察中国，会有很大误解。有研究套用萨义德"东方学"的理论，中国因全球化而加入世界体系的"现代性"因素就会被忽视。我们知道，伦敦会是"大英帝国"高涨时期的产物，是欧洲"进步主义"思潮的助推机构；马礼逊是"欧洲中心主义"的驻华大使，是"基督教文明至上"精神的销售总代表。但是，从实际情况来看，当他们来到中国，本土的情况制约了他们的思想。面对一个庞大的"老大帝国"，非洲和印度的经验不敷应用，欧洲人习惯的表达方式也要加以调整，以至于从一开始马礼逊就要求欧洲的同事们调整正统的意识形态，重视中国情况的特殊性，在中国采取不同的做法。和其他传教机构的使命相同，伦敦会的宗旨也是在全球推广基督教。但是，马礼逊等人明了中西文明差异，了解东方文化的价值，提倡"中国特殊论"。通常，我们在研究中倾向于把这样主张"国情"的外国人称为"多元文化论者"，而不是"东方主义者"。

判断马礼逊是一个"殖民主义者"还是一个"多元文化论者"，对于确定他的思想地位很重要。如果马礼逊只是一个大英帝国"殖民主义"意识形态的搬运工，那么他的著作和思想在当时就没有什么创造性，在今天也不具有任何积极意义。相反，如果马礼逊确实在19世纪就注意到中国文化的独特价值，能够在"世界主义"的框架下容纳中国文化，那么他至少还是一个宽容的"英国绅士"、高尚的"理想主义者"，或许还可称得上是一位当代"多元文化主义"的先驱人物。如果马礼逊确实可以称得上是一位"多元文化论者"，那么我们又可以进一步地说，"盎格鲁全球化"过程中的意识形态真的不能一概而论。在高傲的"欧洲中心主义""基督教中心主义"之外，还有一种谦逊的学习态度。他在改造东方民族不合理的政治、经济、社会生活的同时，还尊重当地民族的文化，开展多元文化的交流，这一点和明末的耶稣会士一脉相承。

二、马礼逊的"中国观"

1817年，英国东印度公司驻澳门的贸易代表机构赞助英国基督教伦敦会来华传教士马礼逊出版了一本《看中国》（*A View of China for Philological Purpose*）。按此书"前言"，它是马礼逊编辑《华英字典》(A Dictionary of the Chinese Language，1823)的副产品。原本打算在字典正文之外，作为《英华字典》的附录，给西方读者提供一个了解中国文化的读本。考虑到它的独立性，没有兴趣学习中文的西方读者也会看，还是独立出来比较好，伦敦会就印了这个单行本。从书名也可以看出，《看中国》"从文字学角度，包含了中国的编年纪、地理、政制、宗教和习俗内容概要的中国看法"①。

整本著作160多页，主要篇幅用来列举"编年"表，从清朝上溯到远古的"三皇五帝"，达60页；其次是"地理"，共26页；再其次是"政制"，共10页；从第110页到第120页，介绍的是"宗教和神秘学"(Religion and Mythology)；最后用了6页篇幅作为"结论"。和前面的客观叙述不同，后面这两部分难免涉及中国宗教与基督教的比较，必须发表自己的看法，表达宗教立场，因此比较多一些基督教的观点。从阅读的角度来看，前几部分即"编年纪""地理""政制"的内容比较具体，诠释价值并不太大；后面的"宗教和习俗"以及"结论"部分，表达了伦敦会的立场，马礼逊对中国文化的诠释，提供了相当大的议论空间，来讨论他的"中国观"。

从诠释学的观点来看，一项著述是谁写的，写给谁看，会制约该项著作的内容和观点。作者之背后，还有潜在的作者。从马礼逊

---

① Robert Morrison, *A View of China for Philological Purpose: Containing A Sketch of Chinese Chronology, Geography, Geography, Government, Religion and Custom* (Macao: East India Company, 1817), p.120. 译文由本书作者翻译，下同。

的知识背景论,他是基督教世界第一位来中国的"文化使者",却不是最早来华的欧洲传教士。此前,葡萄牙、意大利、西班牙和法国的天主教传教士已经往欧洲传递了大量的中国文化知识,他们的"汉学"作品很有影响。英国人对法文不陌生,"法国汉学"作品很多被翻译成英文,成为马礼逊来华前了解中国文化的基础。马礼逊行前,伦敦会帮他做了充分的收集和准备工作,甚至找到了最后归藏伦敦大英博物馆、由法国天主教巴黎外方传教会传教士翻译的《圣经·新约》的"巴色译本"。所以,1807年之前,马礼逊的"中国观"并非一片空白,他的思想受到天主教传教士尤其是法国耶稣会士的影响。众所周知,法国耶稣会士和法兰西科学院的"汉学"历来是推崇中国文化的独特性的,以今天的标准看,仍然可以被称为人类各民族兼容"多元文化"的例子。

从读者的目标设定来论,马礼逊在"结论"中划定了读者对象,他说,《看中国》"是想给(英语世界)学中文的人查用的,并不是拿来取悦一般读者的"①。所谓"一般读者",应该是指19世纪英文报纸、杂志和书籍繁荣后出现的阅读大众,他们或许就是萨义德批评的那种抱着"殖民心态"看东方的"东方主义者",对中国有很多误解和想象。但是,马礼逊设定的"学中文"的读者,是专业的、学术的,甚至是"汉学"的。这个读者群本身固然很小,但却很重要。他们的理性观点决定了西方知识界的核心看法,是19世纪全球化运动中的思想结晶。马礼逊为了拒绝"一般读者",说:

---

① Morrison, *A View of China for Philological Purpose*, p. 120.

此书涉及的都是"干巴巴的具体名词"（dry detail of Names and Terms），意思是"智者识之，闲者莫入"。这个设定，使马礼逊能够用一种相对客观的介绍态度，而不是以任意主观或哗众取宠的评论态度来写作此书。通观马礼逊和伦敦会早期来华传教士的作品，对中国文化，尤其是儒家制度做一种客观而略带推崇的解释，是他们的一种基本态度。

让我们从具体的文本当中，看看马礼逊是如何"看中国"的。首先，马礼逊对英语世界的读者缺乏了解中国文化的兴趣感到遗憾，对欧洲人轻视中国文明的看法不以为然。他说："一个欧洲人很少有什么动机去学中文，或者说，至少没有足够充分的动力学会中文。在抽象科学和高雅艺术方面，不能从中国学到任何东西。大概如我们已经知道且能够知道的那样，中国可以给西方的理性经验方面添加哲学家。但她的历史，并不能担当起那些基督教的对手们所指望的例子，不能被用来反驳犹太教和基督教经典。基督教的朋友们也不能从她的宗教，或者她的圣贤的道德教诲中获得任何有用的东西。"①

马礼逊提到的是19世纪欧洲人（特别是英国人）对中国文化的成见。欧洲社会自18世纪进入高速发展以后，普遍调低了启蒙运动以来对中国文化的评价。这方面可以用黑格尔的《历史哲学》来代表。黑格尔说，东方人知道"只有'一个'是自由的；希腊和罗马世界知道'有些'是自由的；日耳曼世界知道'全体'是自由

---

① Morrison, *A View of China for Philological Purpose*, p. 121.

的"①。黑格尔还批评欧洲人对中国文化的盲目推崇,他说:"(中国的)皇帝对于人民说话,始终带有尊严和慈父般的仁爱和温柔;可是人民却把自己看作是最卑贱的,自信生下来是专给皇帝拉车的。"②我们知道,《利玛窦中国札记》的出版和流行,曾经在欧洲"启蒙运动"中引发了对中国文化的赞美。黑格尔足不履中国,但却根据东印度公司报告、当时新近的负面报道,对17世纪以来的欧洲"利玛窦话语"做了巨大修正。黑格尔对中国政治的批评并非无的放矢,这一时期欧洲人根据更新的中华文化知识贬斥中国,轻视东方,并非全无道理。

马礼逊来华之前,正好面临着转变时期的这两种话语:一是19世纪欧洲"进步主义"的"中国观",这是"新精神";二是17世纪以来英国、法国"启蒙主义"中的"汉学观",这是"老知识"。处在这两种话语的矛盾判断之中,我们发现,马礼逊仍然偏袒老耶稣会士的"汉学观"。面对欧洲同胞"中国观"的成见,马礼逊还是主张东西方互相学习,引进中国文化精神,开展中西文化交流。马礼逊认为,在全球交往的"进步时代",西方和中国仍然存在着旧式的隔绝:"比较起来,欧洲事务对于中国没什么重要性。另一方面,中国事务和欧洲也没有什么关系。存在着相互间的冷漠。"③为了推销《华英字典》,他强力介绍中国文化,他说:"中国有很多该责备的,同时或许也有不少该学习的。一位优秀作家领班神父佩

---

① 黑格尔:《历史哲学》,王造时译,上海书店出版社,2001,第106页。
② 同上书,第137页。
③ Morrison, *A View of China for Philological Purpose*, p.122.

利（Paley）说过：基督教精神与那些或许可以称之为英雄精神完全不同。基督教精神是一种更加温良恭俭让（tame, gentle, and submissive）的角色。但是，在这特别之处，这种温良恭俭让的精神对欧洲公众感情的塑造作用是多么小，而我们对高傲精神的过分估计又是这么高。我们选择那不计后果的鲁莽，而不是理性、忍让、不冲动和谦卑的精神，这是非常令人遗憾的事情。再没有比欧洲人挑起的仇恨攻击更可恶、更不像基督徒的了。"① 马礼逊认为，崇尚"英雄"并非基督徒的真精神，真正强大的宗教精神是一种温柔的软力量。在这个方面，中国儒家的"温良恭俭让"就值得喜欢争勇斗狠的欧洲人学习，十分需要补充到基督教精神中。

19世纪，欧洲的"民族-国家"之间还没有结束剧烈的领土兼并，仍然是西方历史上的"战国"时期。同时，英、法、德、意等国家内部阶级分化，内战难靖，是欧洲政治的"豪强"年代。"中世纪"以后，社会高速变化，宗教分裂，人群竞争，崇尚骑士风度的荣誉感，使得欧洲人"争勇斗狠"的民族特征强烈显现，刚到东方，身处"礼仪之邦"的马礼逊对此看得很清楚。"停滞""成熟"的中国文化，表现出"温良恭俭让"的样子，他说："中国人教导要驯化鲁莽人，而不是去打他们。没有道理攻击别人的人，会受到公众舆论的反对。同时，承受和蔑视侮辱的人，会得到尊敬。中国人喜欢诉诸理性，他们是有'义气的人'，但是要证明道理在有义气人们这一边，仍然是一件不容易的事情。中国人并没有那种阴沉

---

① Morrison, *A View of China for Philological Purpose*, p. 121.

着脸,既导致一个人被他人攻击也攻击他人的荣誉观念。他们宁愿解释和证明自己说话行事的道理和理由。"

这段话,放在今天,仍然可以被看作对强势的西方基督教文明的告诫。在英语世界,马礼逊再一次把中国人的"民族性"定义成"温和""忍耐""非暴力""讲道理",和西方国家各民族的竞争人格相对照。他不无滑稽地说:"当一个中国人还站着和人理论的时候,一个英国人已经把那人撂倒了,一个意大利人已经用剑刺上去了。不用说上述做法中谁更理性了。"[1] 在这种对本民族、本宗教文化的真诚批评中,我们并没有看到那种"东方主义"式样的傲慢和"凝视"(gaze)。

中国文化"重教化"的特征,也被马礼逊拿来和西方人相对照。他说:"中国人身上当然没有很多东西值得模仿。但是,有一个仁慈的事业,中国人永远不会去反对,现代欧洲人却还非常没有道理地不能接受:这就是要尽可能地普及教育。还有,在教育年轻人的时候,要给道德科学以断然超过自然科学的地位,给德行比才干更高的荣誉。"[2] 这一论断,值得注意的有两项内容:(1)中国人比西方人更重视教育和学问;(2)在学问上,中国人重德性(宗教、伦理),不像西方人那样重科学(技术、发明)。在这里,马礼逊又重申了利玛窦以来对中国文化的基本判断:中国儒家是一种重视人性培养和约束的"人文主义";中国文化不太重视生产实践,因此科学技术不如欧洲发达;在教育制度上,中国人重视精神,轻

---

[1] Morrison, *A View of China for Philological Purpose*, p. 122.
[2] 同上书,第124页。

视物质,即"重文轻理"。这些论断被19、20世纪的中西方学者公认,值得注意。

马礼逊的《看中国》还系统地整理了中国历史"编年纪"(Chronology)。有关"中国编年纪"的研究,是耶稣会士们修订《旧约·创世纪》"年代学"工作的一部分。从利玛窦开始,来华耶稣会士从事了近二百年的中国古史研究,目的是向欧洲证明,中国文化纪年准确,年代悠久,不但比欧洲历史古老,甚至连《圣经》里的犹太纪年都应该按此修正。① 法国启蒙思想家孟德斯鸠就接受了中国人"从尧到今年1 713年,共计4 073年",以及一共"二十二个"(廿二史)连续王朝的历史观。② 马礼逊的《看中国》延续了法国耶稣会士的工作,又一次强调了中国文化的悠久。这个国度的历史远远超过《旧约·创世纪》所记述的"编年纪"。马礼逊的同道人,德国福汉会传教士郭实腊(August Gützlaff,1803—1851)在《中国沿海三次航行记》(*Journal of Three Voyages along the Coast of China in 1831,1832,1833*)中说的话,可以概括马礼逊《看中国》中的"编年纪"观点:"中国人出版的书籍,真的是汗牛充栋。他们的历史学家保存了一项说词,在很多方面和摩西说的大洪水相似。他们把这一事件置于基督前约2 200年。但是,他们的传统还可以把他们带回到基督时代之前的3 114年到

---

① 参见拙作《17、18世纪的中西"年代学"问题》,《复旦学报》(社会科学版)2004年第2期。
② 转引自许明龙:《黄嘉略与早期法国汉学》,中华书局,2004,第276页。

3 254年之间,那时候,他们的一个祖先女娲氏,炼石补天。"①

在介绍了中国文化的基本状况后,马礼逊要求西方同胞珍视东方的经验。他说:"然而,作者无意暗示说,我们在道德上比中国人低下,作者相信的事实恰恰相反。他们的优点确实不能和我们的等量齐观,但是我们的公共道德仍然大大地低于我们公布的必要标准。在有些事情上,基督教主导的民族或许还应该向异教民族学习。如同孔夫子教导的:我们对某人丑行的厌恶,一定不能发展到如此程度,以至于我们看不到他身上确实有好东西。"②（似乎是中文成语"瑕不掩瑜"的意思。）虽然马礼逊必须从众,认为欧洲人毕竟比中国人高明,但是分析上文绕口的话语,他强调的要点并不是藐视中国,而是针砭欧洲,提醒欧洲人需要提升自己的道德水准。面对不同的文化,"反躬自省""见贤思齐",这是相当内敛的"多元价值观"。我们看到:一方面,马礼逊为"东方"所做的辩护,并不是萨义德式的"想象"、"发明"和"捏造";另一方面,他确实用"汉学"式的研究,接触到了中国文化的某些要素。他企图说服欧洲人相信:中国文化具有优点,孔夫子的教诲值得听从,异教民族也有自己的长处。

通观马礼逊和他同事们的"中国观",有很多赞扬中国文化的地方,同时也有很多批评东方文化的地方。以这部客观介绍中国文化知识的《看中国》来论,马礼逊为了引起英语世界读者对中国文

---

① August Gützlaff, *Journal of Three Voyages along the Coast of China in 1831, 1832, 1833* (London: Frederick Westley, and A. H. Davis, 1834).

② Morrison, *A View of China for Philological Purpose*, p. 124.

化的兴趣，倾向于肯定儒家。只是在英国 19 世纪高涨乐观的西方精神面前，马礼逊不能过于冒犯基督徒的高傲之心，更不能把中国文化凌驾于欧洲文化之上。19 世纪英国"进步主义"和 18 世纪法国"启蒙精神"在"现代性"方面有一脉相承的联系，但是在对待"东方"的态度上，情况已经不同。18 世纪的法国耶稣会士和汉学家主张用中国文化来冲击西方文化，解放思想。19 世纪的英国思想界，受到在南非、印度成功推广近代制度，因而形成的进步主义意识形态的影响，开始鄙视东方民族。总的来说，马礼逊对中国文化的肯定程度，已经不及二百年前的来华耶稣会士。然而，贯穿于马礼逊的很多著作和演讲中，中国和儒家仍然是一个相当积极的形象。"基督教中心主义"或者"欧洲中心主义"确实能够察觉，但是马礼逊的"东方经历"和"中国经验"也在消解欧洲主流意识形态，提出一些新理想。马礼逊的"中国观"是一个充满矛盾的复合体，但是他的主要倾向是肯定"东方"，肯定"多元文化价值"。

三、马礼逊"中国观"的多元特征

马礼逊和他伦敦会的同事们，在暹罗、马六甲、澳门接触到海外中国人。他们不是最早接触中国文化的英国人，此前还有东印度公司的大批商人和英国政府的几个使臣。但是，马礼逊是英国非商业利益团体派出的第一位来华代表，他代表英语基督教世界，目的就是要区别商人和官员，在中国传播基督福音。伦敦会的"精神利益"和东印度公司的"商业利益"是截然不同的目的,马礼逊必须找到一条妥当的路线,进入中国文化内部。触摸到中国文化边缘,尚处在中国大门之外的马礼逊遇到了一系列重大问题:(1)中国不是非洲。中国有历史文献,古籍中富含思想,人们按照古老的教义生活。也就是说,中国是有悠久文化的国度,精神深湛,不像非洲土著文化那样可以蔑视。(2)中国也不是印度。中国是中央集权国家,政府非常强势和专制,英国商人根本不可能建立"第二个印度",代替清朝皇帝来统治这人类 1/3 的生灵。欧洲人要不要把中国文化与非洲、印度文化区别对待?比马礼逊早 220 年来华的天主教耶稣会士利玛窦持肯定说法,他曾说:"向自西来,涉海八万里,修途所经,无虑数百国,若行枳棘中。比至中华,获瞻仁义礼乐、声明文物之盛,如复拨云雾见青天焉。"[①] 15 世纪末利玛窦来华,途中经历"数百国",最后在中国才发现高度文明的"仁义礼乐、声明文物",如"拨云雾见青天"。时至 19 世纪初,"进步的西方"已经超越"停滞的东方",马礼逊似乎仍然保留了"利玛窦判断",要求西方区别对待中国,不要按照欧洲文化的价值观念来判断中国文化的高下。

马礼逊遇到的就是全球化时代的"多元文化"问题。在这个问题上,马礼逊不是一个"文化专制论"者,也不是"欧洲中心主义者"。他主张保留不同文化之间的天然边界,因而能算是一个"多元文化论者"。他认为:欧洲人不应按照基督教的标准对待中国人,

---

[①] 徐光启:《跋〈二十五言〉》,载《徐光启集》上册,上海古籍出版社,1984,第 87-88 页。

就像中国人不应按照儒教的标准对待欧洲人。在《看中国》中,他写道:"让一个生活在中国的人,把欧洲人的宗教和道德作品当作他们性格的可信写照,这会产生多大的误会。另一方面,他如果按照报纸上记录的愚蠢行为来编织看法,那么就会得到完全相反的印象,同样也是不公正的。我们应该当心不要以偏概全。"马礼逊希望中国人接受基督教信仰,但他对中国的伦理价值是肯定的:"在规范人的内心和行为方面,中国道德格言的影响,和欧洲人期望从基督教格言中得到的影响是一样的。"①

19世纪初,不列颠民族在全球范围内确定了经济、军事、政治和文化的优势地位,"维多利亚时代"联合王国的国民内心充满了对自己民族成就的自豪感。这种自豪感经常转为对自己语言、文字、习俗、族裔、肤色和人种的热爱,难免就对其他不同人群(特别是非洲黑人、印度低种姓人)产生排斥,这就是"欧洲中心主义"的思想基础。虽然马礼逊有着"多元文化主义"的诉求,但他对于据守族群边界、不容外来文化的"民族主义"狭隘思想也是反对的。按照基督教教义,人生来平等,不应该相互歧视,他坚持"世界主义",反对"民族歧视":"对自己的国家的热爱和你对所有人仁慈的情感,这个民族的繁荣和另一个民族的繁荣,都是完全相称协调的。那种认为对自己人民的热衷,必须以对其他民族的强烈厌恶来表现的想法是相当错误的。不同部落的人们,亲如兄弟地一起生活的日子会来吗?他们何时才能不再互相伤害和毁灭?什么时

---

① Morrison, *A View of China for Philological Purpose*, p. 122.

候真理和知识才能遍布宇内？让我们继续鼓励这个良善的希望，盼望这个社会状况的最终出现。"① 如果有人说这些都是基督教的老生常谈，实际上无法做到，但有哪一种世界主义价值不是老生常谈？我们不能不说"四海之内皆兄弟"的价值观念是正确的；同时，我们还看到，中西方的进步思想家一直从"天下一家"的宗教理想中汲取力量，一步步推动着人类各民族的和解与团结。

马礼逊承认中西之间的差别，他对中国文字、儒家制度的翻译、介绍，正是这项主张的一部分。他主张人类文化是"多"，不是"一"。但是，我们还是清晰地看到：马礼逊是基督教的牧师，按教义，他持有基督教的"世界主义"（Universalism）价值观。在这一更高层面上，他主张人类信仰是"一"，不是"多"。换句话说：马礼逊牧师固然主张文化上应该是"多"（儒家或其他学说），但却仍然认为宗教上应该是"一"（基督教）。由于保留基督教的"世界主义"，马礼逊仍然持着"一"的标准，并拿此"一"来批判中国人的缺点。"他们（中国人）比欧洲人还害怕说出真理。他们普遍地倾向于推诿、欺骗和说谎。迷信和偶像崇拜，败坏了真正宗教的地位。中国人像人类其他民族一样，常常满足于外在的仪典，而不是真正的宗教和道德礼仪。"② 害怕说出真理，是人性的普遍弱点，中国人尤甚，这是民族文化的特点。

既主张文化上的"多"，又批评中国人的种种弊端，这是不是又否认了差异，回归于"一"的专断呢？在这个问题上，利玛窦以

---

① Morrison, *A View of China for Philological Purpose*, p. 125.
② 同上书，第 122 页。

来的西方传教士是这样处理的：把中国人身上的一切弊端，都作为人类的通病，归诸人性，用"人的堕落"来解释。马礼逊说："什么是对的，什么是错的，这只有按照人性从原初纯洁而公正堕落下来的原理来解释。我们应该按此原理，把千千万万的中国人看作同一个上帝的孩子，同样被上帝（大父母、看顾者）强有力的臂膀所拥抱，因为上帝给了人类所有民族同样的血。"① 这样，通常讲的中国人的"民族性"过错，就被转化为"人性"之恶，是一种中西方人都可能犯的过错，或予以宽容，或加以批判。如此，传教士们既能保留中国文化的独特价值，又推广了基督教自己的普遍价值，文化上的"百花齐放"之"多"，与基督教的"一枝独秀"之"一"相辅相成，达成"多"与"一"的并存，既和谐又统一。这种"多—一"模式是否真的可行，是否完全合理，可以另议。然而，他对19世纪"欧洲中心主义"下的"民族主义"话语是一种针砭，则是无疑的。

通观马礼逊的著述，他不像利玛窦等耶稣会士那样高度评价中国文化，但也绝无其他殖民者对东方文化的鄙夷和不屑。马礼逊在1834年去世，鸦片战争还没有爆发，英国军队还没有征服中国。他们这一代人延续着利玛窦以来的风气，不轻视中国文化。即使在"鸦片战争"之后，好几代欧洲传教士仍然对"中华帝国"心存敬意。即使以"大英帝国"的广大的幅员和人口做标准，"中华帝国"也是一个"幅员辽阔，人口众多"的"中央王朝"。马礼逊在他另

---

① Morrison, *A View of China for Philological Purpose*, p. 122.

一本著作《中国杂录》(China Miscellany)中说:"中国人的语言现在正被不同民族的人群阅读,数量占据了人类的一个很大比例,地理上也占据了一个很大空间。从北边俄罗斯的边界,在西面穿越中国的鞑靼地区,在东部则远至堪察加半岛。往下则经过朝鲜和日本,在琉球群岛、交趾支那群岛,直到你下至赤道线槟城、新加坡、马六甲,甚至跨过赤道的爪哇,差不多都有中国移民。所有这些地区,不管方言可能有多大差异,口头语言有多么混淆,中国人的书写语言所有的人都能懂。航海家、商人、旅行家和基督教传教士,如果他能够写中文,大概就走遍整个东亚都通行了。"① 马礼逊心目中的"中华帝国",确乎是一个在人口、幅员以及文化上和"大英帝国"相当的大帝国。②

在马礼逊心目中,中国和欧洲不那么相当的就是宗教信仰。请

---

① 转引自 Gützlaff, *Journal of Three Voyages along the Coast of China in 1831, 1832, 1833*, p. 1。

② 把明、清王朝看作一个"帝国"(Empire),是耶稣会士"汉学"的决定,如杜赫德(Jean Baptiste du Halde, 1674—1743)编《中华帝国全志》(*Description geographique, historique, chronologique, et physique de l'Empire de La Chine et de la Tartarie Chinoise*, 1735)。该书中使用的"Empire",为孟德斯鸠的《论法的精神》等著作所接受,并在"君主专制"意义上使用;19世纪英美传教士描述中国时,继承耶稣会士的定义,又参照了英、法、西、葡、荷等"殖民帝国"的政体状况,进一步定义多民族统合的清朝为"帝国"。20世纪的中国学者在"君主制"和"多民族"的意义上使用"中华帝国",用来分析国情是有确指的。如蒋廷黻说:"在很长的历史里,我们的版图包括缅甸、暹罗、越南、琉球、高丽、蒙古、西藏。这些地方可以分为两类:蒙古、西藏属于第一类,归理藩部管,中央政府派有大臣驻扎其地;第二类即高丽、越南等属国,实际中国与它们的关系很浅,他们不过按期朝贡,新王即位须受中国皇帝的册封。"(蒋廷黻:《中国近代史》,北京理工大学出版社,2016,第76页)于是,我们称"中华帝国",美国学者称"late imperial",仍然是很有意义的。

看他的判断:"中国人特性中突出的优点是:温文尔雅(mildness and urbanity),这种愿望是想展示他们的举止是懂道理的。通常,这种意愿顺从着如下表现:服从、勤奋、以齿为序、尊敬老人和父母、报偿穷困者的呼喊。这些都是公共观点中的德性,当然在特定的案例下,实际上的情况未必都是如此。"① 中国人的道德性是中国文化的优点。另外,中国人中存有的劣根性就是中国宗教的缺陷:"从另外一个方面看,中国人又是口是心非、虚假不实的。嫉妒、小气、不信任,都达到了很高的程度。在他们当中,怀疑论、撒都该论(Sadducean),还有无神论精神,都相当盛行。他们的举止,通常就像人们从那些脑袋中既感受不到神圣权威,也感受不到神的庄严和善的昭示的那种人身上自然可以预料到的那样。这种威严,在圣书中有所命名:'上帝之畏'(Fear of God)。良心很少检点,只有地上的法律。对事物适当性的推理之心非常冷淡,在我们的本性都可能被一时的宽免所纵容的时候,他们一般都不能有效地抑制自己的自私和刻薄之心。中国人一般来说是自私、冷血和非人道的。"② 马礼逊看到了中国民族性中的一些特征。启蒙时代的世俗学者,如法国思想家孟德斯鸠,认为这种"劣根性"是中国的专制制度造成的,19 世纪的基督教学者,如马礼逊,则认为这些性格弱点是因为缺乏良好的信仰。他认为:基督教可以唤醒中国人的德性,就如它在欧洲和美国的"灵性奋兴运动"达成了"大觉醒"

---

① 转引自 Gützlaff, *Journal of Three Voyages along the Coast of China in 1831, 1832, 1833*, p.1。
② 同上。

（great awakening）一样，中国人也可以在保存儒家的基础上，改信基督教，焕发信仰，改善人性。马礼逊为后世的基督教奠定了这个传统，好几代传教士都相信"孔子加耶稣"的方案是可行的。

总之，马礼逊时代的中国人并未失去主权，而是一个"幅员辽阔""历史悠久"的帝国的主人，他们在人口、经济、文化上占有优势。西方传教士和侨民虽然拥有一定的"治外法权"，但"大英帝国"的政治、军事势力常常不能达到远东，既不能像在非洲那样搞"种族隔离"，也不能像在印度那样用总督和包税商建立起系统性的殖民政治。清朝在"太平天国"动乱平定后，决定开放、改革，"列强"乘虚而入，但王朝的中央和地方制度并未失效，而是展开了一场艰难的转型。在建立"近代性"的过程中，中国的近代经济、军事、文化都采用中西混合，而以中国为主的方式建立。"西方"，是近代中国的重要因素，但不是压倒性因素。中国的"近代性"，受到了西方的激发，但主要由自己挑起，其成败得失，时好时坏，也主要由中国的内部原因决定。中国的这种模式，既不同于非洲，也不同于印度，是欧洲殖民运动中没有出现过的情况。在阿伦特列举的非洲、印度两种情况之外，或许可以把中国的情况称为"第三方式"——"多元融合"。

原以《论马礼逊的"中国文化观"》为题，载于李志刚、冯达文主编《此行何处：文明对话》（巴蜀书社，2009）

1835：明清"西学"的延续性
——以《几何原本》为例

　　一般以为明末清初利玛窦、徐光启引进"西学"以后，"利徐之学"在清代曾经中断。作为一个整体判断或许不错，但学者或以为"鸦片战争"后，晚至"戊戌"时期的康、梁一辈学者，才重新开始"西学"启蒙运动。例如《剑桥中国晚清史》中说："在1895年开始的教育改革以前，西学在书院的课程中总的来说是被禁止的。"作者说："甚至在（19世纪70年代的）二十年后，（一个从日本到中国的美国人）访问一所典型的中国书院时，他也几乎不能发现任何表明西方影响的证据。"① 研究"鸦片战争"后"中国近代史"学者常有类似的误判。马士、蒋廷黻、费正清的"冲击-反应论"，顺着"从鸦片战争到五四运动"中的中外冲突，来叙述中国

---

① 费正清、刘广京编《剑桥中国晚清史（1800—1911年）》下卷，中国社会科学院历史研究所编译室译，中国社会科学出版社，1985，第316页。

近代史。这个叙述模式不方便反映战前人物与后来事件的联系，容易导致一些"断裂性"的误解，无法照顾到一些事实，诸如：19世纪70年代以前中国通商口岸的"西学"翻译能力和理解水平仍然领先日本[①]，而上海广方言馆（1863）、龙门书院（1865）、求志书院（1876）、梅溪书院（1878）、格致书院（1876）、中西书院（1881），以及江阴南菁书院（1882）中有一批中外教师努力传授西方"天文、历算、地理"之学，这批人的"西学"知识是从明末清初"利徐之学"延续下来的。

一、守山阁："西学"在清代江南的传承

1835年，还在"鸦片战争"之前，江南地区的松江府金山县张堰镇，因为研读、编辑、刻印《守山阁丛书》的机缘，出现了一个继承明末"西学"、研读"利徐之学"的群体。这个群体的活动区域在苏州、松江、嘉兴府附近，聚集在钱氏《守山阁丛书》校勘

[①] 19世纪70年代以前，日本学者仍然借助汉籍翻译学习"西学"是一个明显现象。实藤惠秀持论日本人的开化早于清国，但他却说："西洋人出版各种洋书的汉译本，目的是向中国人灌输近代文化。但是，新文化的种子在中国被埋葬了，到了日本才发芽、开花。"（实藤惠秀：《中国人留学日本史》，谭汝谦、林启彦译，三联书店，1983，第5页）则中国士人与欧洲学者合译的汉字"西学"，与日本本土"兰学"同为日本明治维新的思想资源，可定作事实。直到1879年，王韬携《普法战纪》（1871）东游日本，启蒙学者中村正直（1832—1891）称王韬是"身未至而大名先闻，既至而倾动都邑，如先生之盛者，未之有也"（《中村正直〈扶桑游记〉序》，载王韬：《漫游随录·扶桑游记》，湖南人民出版社，1982，第176页）。其他学者如安野重绎、龟谷行、平安西尾、冈千仞等，均以一瞻华容、得获"亲炙"为幸。

事业周围。道光、咸丰年间，他们传承明末以来的"利徐之学"。开埠以后，这个群体中人陆续进入上海租界，与"墨海书馆""亚洲文会""广学会"等新教教士翻译事业合流，是中国科学启蒙的主要来源之一。关于道、咸间的江南"西学"，梁启超在《清代学术概论》《近三百年学术史》中有所描述，他熟悉梅文鼎（1633—1721，安徽宣城人）、戴震（1724—1777，安徽休宁人）、钱大昕（1728—1804，江苏嘉定人）、阮元（1764—1849，江苏仪征人）、汪莱（1768—1813，安徽歙县人）、李锐（1773—1817，江苏元和人）、顾观光（1799—1862，江苏金山人）、张文虎（1808—1885，江苏南汇人）、李善兰（1811—1882，浙江海宁人）等人的"数学"，评价说："道光末叶，英人艾约瑟、伟烈亚力先后东来。约瑟与张南坪、张啸山（文虎）、顾尚之最善，约为算友。"① 梁启超阅读乾嘉著作，知道近代"算学"的来龙去脉，但受康有为今文经学的影响，他仍然把"算学"列作"小学""考据"之具，附骥于清学，对其重要性估计不足。从金山钱氏《守山阁丛书》校勘事业，转道来到上海墨海书馆的李善兰，于咸丰五年（1855）与伟烈亚力（Alexander Wylie，1815—1887）一起，续译了利玛窦、徐光启翻译的《几何原本》（1607），以其后九卷的篇章，补齐了明译前六卷。续译《几何原本》于1858年由松江韩应陛出资印行，近代变法思想家王韬（1828—1897）称"功亦不在徐、李下"②。

---

① 梁启超：《中国近三百年学术史》，复旦大学出版社，2016，第397页。
② 王韬：《与韩绿卿孝廉》，载《弢园尺牍新编》上，上海古籍出版社，2020，第63页。李善兰、伟烈亚力译《几何原本》后九卷，张之洞《书目答问》列为："新译《几何原本》十三卷，续补二卷，李善兰译，上海刻本。"

"戊戌变法"之前上海和江、浙地区这个"算学"群体，在同光时期的变法运动中起着重要作用。对此，当时学者对《守山阁丛书》评价颇高。阮元《〈守山阁丛书〉序》称："钱氏荟萃群书，津逮后学，其志深可嘉尚"①；张之洞（1837—1909）在《书目答问》中说"天文算法家"是"经济之学"的基础，以为："算学以步天为极功，以制器为实用，性与此近者，能加研求，极有益于经济之学。"② 张之洞和清末学界对孕育了清末算学群体的《守山阁丛书》赞美有加，称："刻书之人终古不泯，如歙之鲍，吴之黄，南海之伍，金山之钱，可决其五百年中必不泯灭。"③ 以《孟子》"五百年必有王者兴"的说法来隐喻《守山阁丛书》《海山仙馆丛书》等提倡的"经世之学"，其内衷可想而知，其评价不可谓不高。

金山县张堰镇钱熙祚（1801—1844）及其兄弟、子侄们累世藏书、校书、刻书，精选"经世之书"，细刻传世善本。钱氏垫资刊刻，还躬身校勘。事业扩大，人手不足，钱熙祚、钱熙泰兄弟还邀请同好者顾观光、张文虎和李善兰一起参与。《守山阁丛书》起因于钱熙祚辗转购入常熟（海虞）张海鹏（1755—1816）《借月山房汇钞》《墨海金壶》丛书过火后的余版，立志编出一套能够驰誉江

---

① 阮元：《〈守山阁丛书〉序》，光绪乙丑年（1889）（上海）嘉平月鸿文书局石印本。
② 张之洞：《书目答问补正》，范希曾补正，上海古籍出版社，2011，第176页。
③ 同上书，第256页。柳诒徵说："文襄之书（《书目答问》），故缪艺风（荃孙）师代撰，叶郋园氏亟偁之。"（同上书，第2页）

南的善本丛书。① "曩阅昭文张若云氏海鹏《墨海金壶》，禀依《四库》，体例整齐，颇多密帙。刊行无何，遽毁于火。"② 钱熙祚服膺张氏"藏书不如读书，读书不如刻书。读书只以为己，刻书可以泽人"的名言，更佩服《墨海金壶》用《四库全书》体例校书。但是，到手后发现《墨海金壶》择本和校勘有不少问题，故决定重新编订。"然所采既驳，校雠未精，窃尝纠其鲁鱼，几于累牍。脱文错简，不可枚举。遂拟刊订，重为更张。二三同人，慨焉称善，丛书之举，爰始于此。"③ 参加丛书编辑的人员除他自己和顾、张、李三位算学家之外，还有"嘉善妹婿程君兰川文荣，平湖族弟即山熙咸，暨从兄漱六熙经，胞兄湛园熙恩、鼎卿熙辅、舍弟葆堂熙哲、鲈乡熙泰，同志参校，不惮往复"④。

道光十五年（乙未，1835）秋，钱氏熙祚、熙泰兄弟邀请顾观光、张文虎、李善兰，一起到西湖西泠桥畔、孤山之麓的文澜阁校书，此即钱熙泰所称"西泠校书"，张文虎所称"湖楼校书""孤麓校书"。此后，道光十九年（己亥，1839）、道光二十年（庚子，1840），张文虎、钱熙泰又二度、三度组团赴文澜阁抄书、补书、

---

① 常熟张氏《墨海金壶》和《借月山房汇钞》残版在松江各藏家辗转过程，参见田雨：《钱熙祚藏书与刻书考述》（《地方文化研究》2017年第6期，第68-74页）考订。张海鹏去世后，《借月山房汇钞》被上海藏书家陈璜购得，经补订后，改名为《泽古丛钞》。道光中叶，钱熙祚从上海陈氏购得常熟张氏书版，大肆增补，刊刻《守山阁丛书》《珠尘别录》《指海》。
② 钱熙祚：《〈守山阁丛书〉自识》，光绪乙丑年（1889）（上海）嘉平月鸿文书局石印本。
③ 同上。
④ 同上。

校书,"皆寓湖上弥勒院之十三间楼"①,故又称"十三间楼校书"。值得注意的是,钱氏三度发起校书,皆在"鸦片战争"发生之前。因此,这个"算学"群体的学术兴趣是出于自主和自发,而不能以"坚船利炮"冲击后的被动反应来解释。钱氏兄弟,以及三位算学家去文澜阁校书,要在"选"和"校"两个标准上超过《墨海金壶》。阮元说《守山阁丛书》"采择、雠校之精,迥出诸家丛书之上矣"②。胡培翚(1782—1849)说编刻丛书,须"择之精而校之审,盖亦难矣",《守山阁丛书》"采择之精,校雠之审,过若云氏,奚止倍蓰?"③ 这里讲"采择",是选择何种类型的图书收入丛书,以表达治学倾向;"校雠",则是编者贯通书中内容,校勘出一个善本,让同好学者读懂吃透,并最终接受这种学问。

从"采择"和"校雠"这两个标准来看,《守山阁丛书》学人确有贡献。清末学人将金山钱氏《守山阁丛书》与番禺潘氏《海山仙馆丛书》并列谈论,但这两套丛书的意义并不相同。《守山阁丛书》在"鸦片战争"之前就以罕见的卓识讲求"算学",因而激活了明末以来中断了的"西学";《海山仙馆丛书》则是在 1849 年仓促刊刻,确实是受了"坚船利炮"的刺激。《守山阁丛书》于 1835 年开始编辑,1844 年(道光二十四年)雕版刻成,共 112 种,665

---

① 白蕉:《〈钱鲈香笔记〉序》,上海图书馆藏《钱鲈香笔记》稿本,蒙陈超馆长批准提供。本文采用的其他金山地方文献,又蒙任雅君、梁颖、柴志光、蒋志明、陈吉等提供,一并在此感谢。
② 阮元:《〈守山阁丛书〉序》。
③ 胡培翚:《〈守山阁丛书〉序》,光绪乙丑年(1889)(上海)嘉平月鸿文书局石印本。

卷。钱熙祚在张堰镇秦山脚下的钱氏宗祠后面，专门建造一座四层书阁，储版藏书。丛书和书楼均以"守山"之训命名，此即为清末士人熟悉的金山"守山阁"和《守山阁丛书》。钱氏刻书，《守山阁丛书》之外，还刻有《指海》（1836）20 集，90 种，236 卷；《珠尘别录》（1845）28 种，82 卷；《式古居汇钞》（1846）49 种，135 卷；《小万卷楼丛书》（1854）17 种。堪称道光年间江南藏书、刻书界的后起之秀。

按张之洞、梁启超等人的定位，《守山阁丛书》是一套讲求"经世学"的丛书，天文、地理、音韵、考据、游历，都是清代学术特征，素以"乾嘉之学"来概括。"经世""考据""朴学"是乾嘉时期的治学风气，张海鹏编《墨海金壶》提倡"实学"，"张海鹏，字若云，号子瑜，仁济次子。清昭文（即今之常熟）人。年二十一补博士弟子员，绝意名场，笃志坟素。君考讷斋公与伯先静谷公皆好藏书，家多宋、元旧刻，于治经之暇，以剖厥古书为己任，刊《学津讨原》……又择四部中有关实学而传本将绝者，梓《墨海金壶》七百余卷"[1]。《墨海金壶》依《四库全书》体例，分经、史、子、集四部，共收 117 种，722 卷。张氏择本标准，一为珍奇，收罗《四库全书》未录版本[2]；二为"实学"，采择于士大夫治生有用之书。然而，虽以"实学"为主，《墨海金壶》收入与西洋耶稣会士

---

[1] 杨立诚、金步瀛：《中国藏书家考略》，上海古籍出版社，1985，第 201 页。
[2] 胡培翚《〈守山阁丛书〉序》："《大金吊伐录》原书已佚，惟有《四库全书》从《永乐大典》录出之本。而若云据所谓超然堂吴氏本者，脱文错简更不可枚举。"《墨海金壶》所收《大金吊伐录》超然堂本发现不易，可补充《永乐大典》《四库全书》本，但错讹太多。

相关的著书只有艾儒略《职方外纪》1种,"算学"倾向微弱,"西学"特征更渺。①

《守山阁丛书》收入112种图书,突出收录多达15种天文、舆地、历法、算学著作,都与明末"利徐之学"直接有关,突破了清代"经世学"的一般格局。按统计,丛书中如下书籍:(明)姚虞《岭海舆图》一卷,(明)艾儒略《职方外纪》五卷,(宋)苏颂《新仪法要》三卷,(明)熊三拔《简平仪说》一卷,(明)李之藻《浑盖通宪图说》二卷、《圜容较义》一卷,(清)王锡阐《晓庵新法》六卷、《五经行度解》一卷,(清)江永《数学》九卷、《推步法解》五卷,(清)穆尼阁《天步真原》三卷,(明)邓玉函《奇器图说》三卷,(明)王徵《诸器图说》一卷②,"算学"和"西学"倾向十分明显。道光年间,江南私刻丛书间有收入"西学"著作的,如仪征阮亨编《文选楼丛书》收蒋友仁《地球图说》一卷,吴兴凌氏编《传经堂丛书》收利玛窦《经天该》一卷。但是,像《守山阁丛书》这样,以一成三的比例收入天文、舆地、历算之书,署名耶稣会士和天主教徒的也有7种,这在江南私家刻书目录中是仅见的。相较而言,广东番禺潘仕成《海山仙馆丛书》刊刻利玛窦、徐光启《几何原本》《测量法义》,利玛窦、李之藻《同文算指》《圜容较义》,徐光启《测量异同》《勾股义》,汤若望《火攻挈要》,

---

① 参见上海图书馆编《中国丛书综录(一)》(上海古籍出版社,1986,第160-162页)所收《墨海金壶》书目,民国十年(1922)上海博古斋影印清嘉庆中海虞张氏刊本目录。

② 参见上海图书馆编《中国丛书综录(一)》(第176-179页)所收《守山阁丛书》书目。

玛吉士《新释地理备考全书》，合信《全体新论》等书，都是在道光二十七年（1847）以后。因临时收罗，以曾国藩名义发表的《〈几何原本〉序》评"近时广东海山仙馆（《几何原本》）刻本纰缪实多，不足贵重"①。

二、延续性：明清西学的"内在理路"

自万历年间"西学"入华，"西学"在清代学术史中曾经中断，这个判断固然不错。但是，我们就此推断"鸦片战争"以后的"西学"与明末"利徐之学"并无关系，这是误判。明末"西学"在清中叶变成了一股潜流，首先是因为江南士大夫为维护儒家传统地位与之竞争，以"汉学"排拒"西学"②；其次是康熙年间"中国礼仪之争"恶化之后，中西礼仪、思想、文化、外交和体制冲突，在华传播的欧洲文化难以为继。③ 我们承认，明、清"西学"确有不同，例如，明末清初的翻译由天主教耶稣会士主导，清末民初的译介改由英美新教传教士主导；还有，参与明末"西学"翻译的多为天主教徒，清代研究"算学"的多为儒生经学家。但是，《守山阁

---

① 曾国藩：《〈几何原本〉序》，载欧几里得：《几何原本》，张卜天译，商务印书馆，2020，第937页。
② 参见朱维铮：《十八世纪的汉学与西学》，载氏著《走出中世纪》，上海人民出版社，1987，第154页。
③ 参见李天纲：《中国礼仪之争：历史、文献和意义》，上海古籍出版社，1998；中国人民大学出版社，2019。

丛书》却是一个江南"西学"艰难传承的例子。明万历三十五年（1607），利玛窦和徐光启翻译并出版了《几何原本》（前六卷）；清咸丰五年（1855），伟烈亚力和李善兰续译了《几何原本》（后九卷）①，1858年由松江韩应陛资助出版。从《几何原本》250年的全译和刊刻过程来看，"利徐之学"代代相传，"惟精惟一"，是明清"西学"延续性的一个象征。如此，我们便不能简单地以"鸦片战争"——中国近代史分期做区隔，无视明清"西学"的延续性。

16世纪以后，随着欧洲天主教会的"远方传教"事业开展，东、西方之间的不同文化在全球范围内传播。17、18世纪以后，江户政权和大清朝廷相继排教，"西学"传播发生断裂。然而，日本学者研究德川家康迫教期间的教会生存，中国学者研究清中叶雍乾年代的教会传承②，都表明全球化进程中近三百年的"西学"，既有"断裂"，也有传承。研究"断裂"，让人们发现文化交流的艰难；研究"传承"，更可以证明文化互鉴的重要。清中叶以后，江南地区传承"利徐之学"，这已经阮元《畴人传》（1799）等著作揭示。但是戴震、钱大昕、焦循（1763—1820）、阮元、汪莱、李锐

---

① 欧几里得（Euclid）《几何原本》（Elements）共十三卷，有公元4世纪亚历山大城的西翁（Theon of Alexandria）希腊文本和1808年在梵蒂冈图书馆发现的10世纪希腊文抄本，至20世纪初整理出版。利玛窦、徐光启翻译的《几何原本》采用了利玛窦老师克拉维乌斯（Clavius）整理的拉丁文本；伟烈亚力、李善兰续译的《几何原本》采用了1570年比林斯利（Billingsley）整理的英文本。伟烈亚力、李善兰译本合共有十五卷，其中第十四、十五卷为后人增补。参见刘钝：《让几何学精神在中国大地生根》，载欧几里得：《几何原本》，张卜天译，第ⅰ-ⅱ页。

② 禁教期间日本幕府、中国清朝的天主教教会活动延续性的研究，参见戚印平：《日本早期耶稣会史研究》，商务印书馆，2003；吴旻、韩琦编校《欧洲所藏雍正乾隆朝天主教文献汇编》，上海人民出版社，2008。

之后，《守山阁丛书》及其"算学"群体却没有足够的研究[1]，以致给人造成了"断裂"的印象。

《守山阁丛书》群体由出资人钱熙祚及其兄弟熙辅、熙泰、熙载、熙哲、熙经，子侄培让、培杰，平湖族弟熙咸等人发起，受邀学者顾观光、张文虎、李善兰为核心。这个"算学"群体几乎人人都有"算学"著作，从松江、金山、嘉兴等地江南"乾嘉之学"中脱颖而出。这个群体的外围，还有陈奂（1786—1863，硕甫）、徐君青（1800—1860，有壬）、俞樾（1821—1907，曲园）、王韬、戴望（1837—1873，子高）等名声更大的学者。钱熙祚因捐建海塘，到北京领受通判头衔，偶感风寒去世。"癸卯（1843）冬，入都待选，感疾卒于京寓。"[2] 此后，顾观光、张文虎继续刊刻事业，十年内尚能维持。"太平天国"动乱毁灭了钱氏家产，丛书无力续刻。群体解散后，学者到上海租界谋生。湘、淮军人治苏伊始，张文虎加入了曾国藩幕府（1863），主持金陵书局局务[3]；张之洞、黄体芳筹建江阴南菁书院，他又出掌为首任山长（1883）。李善兰先入墨海书馆校书（1852），与王韬、蒋敦复并称"海天三友"；后与张

---

[1] 艾尔曼著《科学在中国（1550—1900）》（原祖杰等译，中国人民大学出版社，2016；2005年哈佛大学出版社英文版）是近年来最为详尽的科学通史专著，提及了顾观光、李善兰等学者，但对金山《守山阁丛书》的贡献仍无描述。

[2] 阮元：《〈守山阁丛书〉序》。另见凌堃《钱雪枝小传》："适以海疆捐输，叙选通判。抵京师，铨有日矣，乃遘微疾，卒寓斋，年四十有四。"（龙伯坚、龙式昭编著《黄帝内经集解 素问》，天津科学技术出版社，2016，第1296页）

[3] 张文虎进入曾国藩幕府的直接原因，便是金陵书局同治四年校刻《史记》，要采用《守山阁丛书》本。（参见王永吉：《〈张文虎日记〉中所记金陵书局本〈史记〉之刊刻》，《南京师范大学文学院学报》2014年第2期）

文虎一起加入曾幕,继又获聘京师同文馆算学馆教习(1868),辅佐总教习丁韪良(William Alexander Parsons Martin, 1827—1916)。① 金山"算学"群体的学术造诣为曾国藩、李鸿章、张之洞等人赏识,沪、京教士也赞誉有加。这些学者矢志科学,不事科举,数十年聚集在金山张堰镇"守山阁",成为中国第一批现代"数学家"。

第一,清代的"利徐之学",梅文鼎时期在徽州,钱大昕时期在苏州,阮元时期在扬州传授。嘉道年间,"算学"又回到了它的发源地松江,核心就是金山《守山阁丛书》"算学"群体。应该再一次强调的是,钱熙祚、顾观光、张文虎、李善兰的"算学"造诣,都是在"乾嘉之学"内部习得。首先,金山学者对于徐光启《几何原本》的研究,早在道光初年就已经开始。道光十六年(1836),即首次"湖楼校书"的次年,钱熙祚刊刻《指海》,收录了徐光启的著作《测量法义》《测量异同》《勾股义》。这是《四库全书》收入《天学初函》后,"利徐之学"成规模地再现江南,也是"守山阁"学者研究"算学"之始。我们发现,钱熙祚本人对"算学"极感兴趣,确实是"守山阁"学术群体的发动者。道光十七年(丁酉,1837)夏,"吴江沈退甫携(王锡阐《晓庵新法》)旧

---

① 张文虎、李善兰在曾幕中力主"算学"和"西学",他们为幕府引进容闳(1828—1912)充当说客,事见周振鹤《同时代的人对容闳的看法:析张文虎赠容闳诗二首》(《浙江社会科学》1999 年第 6 期)和容闳《西学东渐记》(王蓁译,中国人民大学出版社,2011)记载:"(李善兰)信中说,他曾在总督面前提到我,并说我受过西洋教育……他说总督将委我以重任。"(第 79 页)

钞诸本见视，乃参合校勘，更据文澜阁本正之"①。钱熙祚亲校《晓庵新法》，作序并非泛泛，表明他对"算学"有深入研究。顾观光、张文虎、李善兰受邀来张堰镇校书，开始了志同道合的"算学"事业，声誉隆起。顾观光是金山钱圩人，他的"算学"知识正是在张堰镇钱家研习的，"乡钱氏多藏书，恒往假，恣读之。遂博通经传史子百家，尤究极古今中西天文、历算之术"②。其时或早在嘉庆年间。从1836年起，顾观光有算学著作《算剩初编》《算剩续编》《算剩余稿》《九数存古》《九数外录》《六历通考》《九执历解》《回回历解》《推步解法》。③ 张文虎自"癸巳（1833）以来，钱君招同商订《守山阁丛书》"，此前张文虎在本乡研习"算学"，时间当在道光初年，"既而读近儒江、惠、戴、钱诸家书，乃悟其本不立，无以为言，始从事于形声、训诂、名物、度数之学"④。张文虎是清末江南的著名算学家，李善兰译《几何原本》《重学》，都经他校订。相对而言，李善兰虽"年十五时，读（《几何原本》）旧译六卷，通其义"⑤，但他的数学造诣是在"守山阁"期间，经

---

① 钱熙祚：《〈晓庵新法〉序》，光绪乙丑年（1889）（上海）嘉平月鸿文书局《守山阁丛书》石印本。
② 张文虎：《顾尚之别传》，载氏著《舒艺室杂著甲编》，上海周浦历史文献丛刊编辑委员会，2018年影印光绪己卯（1879）自刻本，第155页。
③ 顾观光算学与重学（力学）著述目录，参见王燮山：《中国近代力学的先驱顾观光及其力学著作》，《物理》1989年第1期。张文虎：《顾尚之别传》，载氏著《舒艺室杂著甲编》，第155页。
④ 张文虎：《上阮相国》（甲辰），载氏著《舒艺室尺牍偶存》，上海周浦历史文献丛刊编辑委员会，2018年影印光绪己卯（1879）自刻本，第31页。
⑤ 李善兰：《〈几何原本〉续译序》，载欧几里得：《几何原本》，张卜天译，第934页。

顾、张两位兄长指点后进步，至"墨海书馆"时期与伟烈亚力等人切磋而有所成就。当"算学"还包含在"乾嘉之学"之内的时候，松、嘉、湖学者也是以苏郡"吴学"为渊源。1839年，张文虎、钱鲈香等人第二次"湖楼校书"，与寓居在杭州的陈奂结识，过从甚密。陈奂，长洲人，师从段玉裁之经学。钱塘算学家戴煦（1806—1860，艾约瑟曾和他谈对数，将其文章译成英语）亦师从陈奂，与李善兰交往。

第二，金山学者以不同方式关注《几何原本》的续译工作，它是一部凝聚着多人心血的群体之作。李善兰经海宁藏书家蒋光煦推荐来金山，学问锁定在"算学"。当他入"墨海书馆"翻译《几何原本》后，顾观光作《几何原本六合六较线解》，张文虎作《几何原本序》，韩应陛作《题几何原本续译本后》，他们在背后和周围支持这项事业，修改、校订和刊刻。称他们与李善兰的交谊"亦师亦友"①，并不为过。不通"算学"的王韬，也挺身为好友出力。上海郁泰峰（松年）《宜稼堂丛书》中收（宋）秦九韶撰《数学九章》十八卷，为道光二十年（1840）刊；（宋）杨辉《详解九章算法》一卷，为道光二十二年（1842）刊；（宋）杨辉撰《杨辉算法》六卷，为道光二十二年刊。三书均在上海开埠前就已经刻成，1857年，王韬为翻译《几何原本》事，代李善兰向郁泰峰讨要这几种著作。② 1858年《几何原本》刻成后，书版毁于太平天国松江、金山

---

① 蒋志明：《几何原本后九卷续译记》（未刊稿），拟在李天纲、蒋志明主编《湖楼校书记：守山阁学案》一书中发表。

② "李君急欲得此二书一览，吾丈处倘有零印本，祈以见赐。"（王韬：《与郁丈泰峰》，载氏著《弢园尺牍新编》上，第66页）

之役。为此，张文虎将《几何原本》纳入金陵书局出版计划，1866年由曾国藩出资重刻。①

第三，鉴于南吴地区学者早在道光初年就研习"算学"，而研读、续译和合刻《几何原本》是《守山阁丛书》学者的群体夙愿，我们认为这批学者都是以成熟学者的身份，怀揣理想，抱有主张地投身到墨海书馆、同文馆、方言馆、格致书院、中西书院、龙门书院、南菁书院等传授"西学"、"算学"和"新学"的机构中，开创出"数理化生，声光电重"等现代中国的自然科学各门学科。傅兰雅《江南制造总局翻译西书事略》（1880）说："李君系浙江海宁人，幼有算学才能，于一千八百四十五年初印其新著算学。（1852）一日，到上海墨海书馆礼拜堂，将其书予麦先生展阅，问泰西有此学否，其时有住于墨海书馆之西士伟烈亚力见之甚悦，因请之译西国深奥算学并天文等书。"②按伟烈亚力自己坦陈，他们两人"相与翻译，余口之，君笔之，删芜正讹，反复详审，使其无有疵病，

---

① 金陵书局合刻《几何原本》及张文虎代曾纪泽（亦曾署名曾国藩）作序的事情真相，可见《张文虎日记》（上海书店出版社，2009）同治四年闰五月二十六日（7月18日）记："校续译《几何原本》。此书原译六卷，为明意大里亚利玛窦所译，徐文定公刊入《天学初函》。其后九卷，英夫里伟烈亚力所译，壬叔笔受。咸丰间，华亭韩绿卿中翰属予校正付刊，印行无几而版毁于寇。今年春节相重刊，自三月迄闰月刊成。今复重刊前六卷合行之，壬叔为补定数处，属予复审。"（第48页）关于曾纪泽请张文虎撰稿，以曾国藩名义发表之原委，已见李鹏《〈几何原本〉同治四年刻本序作者辨——兼及该刻本的意义》（《北京社会科学》2021年第5期，第54－60页）勘正。

② 傅兰雅：《江南制造总局翻译西书事略》，载张静庐辑注《中国近代出版史料初编》，上海书店出版社，2003，第13页。

则李君之力居多"①。续译《几何原本》不在"墨海书馆"的计划中，书馆主人麦都思兴趣不大。书馆既然不能安排出版，续译《几何原本》刊刻便由金山"算学"群体负责。② 这情景像极徐光启翻译了《几何原本》之后，敦促熊三拔（Sabatino de Ursis，1575—1620）接着翻译《泰西水法》，而后者"无吝色也，而顾有怍色"，担心"后世见视以公输、墨翟，即非其数万里东来捐顶踵，冒危难牖世兼善之意耳"③。从徐光启到李善兰，江南学者表现出一种发展自己文化的主体意识，他们主动请求传教士翻译"西学"。江南学者似乎同样掌握了一种"理性与信仰"的学说，反过来说服传教士，"神学"教义与"科学"技术并不矛盾，两者相辅相成，具有和谐关系。换句话说，金山"算学"群体学者在学习"西学"时，具有主体自觉性，而非受诱使、逼迫等被动因素影响。

三、清代经学向近代科学的转型

明清之际中国学术思想发生了"近代转型"，曾为中国学者热

---

① 伟烈亚力：《〈几何原本〉续译序》，载欧几里得：《几何原本》，张卜天译，第936页。

② 墨海书馆早期译书以传教目的为主，还没有开始科学翻译，参见"墨海书馆印刷出版书目（1844—1847）"（苏精：《铸以代刻》，中华书局，2018，第170页）。1847年8月伟烈亚力到达上海，接任墨海书馆主任。1857年，他创办《六合丛谈》介绍"西学"，但这时《几何原本》等"算学""重学"著作的刊刻已经由韩应陛妥为安排。

③ 徐光启：《泰西水法序》，载朱维铮、李天纲主编《徐光启全集》（五），上海古籍出版社，2011，第291页。

烈讨论。大陆学者曾以"资本主义萌芽"说法来解说，并不成功。1995年，台湾"中研院"受余英时先生"内在理路"① 思想影响，历史、民族、文哲、经济、社会学者组成"明清研究推动委员会"（Ming-Ching Studies Group, Academia Sinica）②，研究"知识转型"，取得了一批成果。台湾同行研究既关注"明清变迁"（Ming-Ching Transition）中发生的"现代性"（modernity），也注意观察变迁过程中的"延续性"（continuity），这是一条值得赞同的路线。③ 我们看到，在《几何原本》全译过程中呈现出来的"知识转型"，正是一种"断裂"与"延续"并存、客体与主体交融、外来与内在结合的"会通"路线。这里的"会通"，正是徐光启提出的跨文化原理："欲求超胜，必须会通；会通之前，先须翻译。"④

明末以降，"利徐之学"契入江南学术内部，不断发展，已经成为"内在理路"。从17世纪到20世纪，包括"算学"在内的"利徐之学"存在更新式发展的"延续性"问题。《守山阁丛书》群体，擅长"算学"，在中国近代数学建立运动中，扮演了守先待后

---

① "内在理路"（inner logic）的说法，见于余英时《论戴震与章学诚：清代中期学术思想史研究》（三联书店，2012）等著述。在余先生的推动下，1995年，台湾"中研院"设立明清之际研究课题，推动"明清变迁"的研究。

② 参见该研究会（明清研究推动委员会）网站：http://mingching.sinica.edu.tw/Prospects。

③ 2013年3月，笔者曾应"中研院"近代史研究所张寿安、潘光哲"明清研究·中国近代知识转型"小组邀请，讨论明清士大夫宗教生活与学说转型问题，本专题研究曾受此次讨论的启发，借此机会，特作鸣谢。

④ 徐光启：《徐光启诗文集·历书总目表》，载朱维铮、李天纲主编《徐光启全集》（九），上海古籍出版社，2011，第198页。

的传承角色。金山人"守山",初名是守秦山,后来守的就是知识之山、学术之山、文化之山。①《守山阁丛书》"算学"群体在上海英租界伦敦会"墨海书馆"遇见麦都思、伟烈亚力,知道利玛窦、徐光启的时代复活了,因而兴奋不已,跃跃欲试。王韬看到韩应陛给李善兰的来信,知道《几何原本》续译本在松江刊刻,再看到墨海书馆购入器械,从事科研,他说:"博雅好古,于格致一端已窥其奥,凡见测天仪器,不惜重价购求,是以动析物理,穷极毫芒。"② 我们发现,上海开埠以后,以金山《守山阁丛书》为活动中心的群体,转移到了英租界,完成了他们的"知识转型"。韩应陛、顾观光、李善兰、王韬等人都是伟烈亚力主编《六合丛谈》(1858,墨海书馆)的主笔。在江南制造局、广方言馆译书之前,"守山阁"群体与"墨海书馆"群体的有机合作,是"鸦片战争"以后清代"西学"复兴的首要阶段。

王韬在《弢园尺牍》中记录了咸丰、同治年间在上海租界集聚起来之"算学"、"新学"和"西学"群体的学术交往状况,其中多有金山《守山阁丛书》群体中人的身影。"海昌李君壬叔,当今历算名家也,见译《几何原本》,以续徐氏未竟之绪,俾成完帙,斯亦海陬之嘉话欤?"③ "常州周腾虎,盖即吾友弢甫也。其人深韬

---

① "守山",因道光丁酉(1837)钱氏捐资外购石料,以保护张堰本土之秦山而著名。俟金山钱氏刻书初成,便"为阁以贮藏书,颜曰'守山'"(张鉴:《金山钱氏守山阁藏书记》)。旌功之外,兼取守护家乡文教之山寓意。
② 王韬:《与韩绿卿孝廉》,载氏著《弢园尺牍新编》上,第63页。
③ 王韬:《与郁丈泰峰》(约1857),载氏著《弢园尺牍新编》上,第66页。

略、好谈兵，九峰三泖间常有其迹。"① 王韬赞美张文虎，说："此间如蒋（敦复）、李（善兰）二君，每及执事，辄盛口不置。"② 墨海书馆的西书翻译，开始受到江南士人的关注，求购者不绝，如1853年，"六月初旬"，满洲人"（延）桂山特索西书，弟敬倾筐倒箧而赠之"③。1855年，周弢甫对"西学"感兴趣，王韬以"西书五种，借尘惠览"④。

　　王韬《瀛壖杂志》历来被作为笔记、掌故之书，其实本书还有一个突出的学术价值，在于可以从中考订出上海开埠以后从江南各地聚集起来的一个"西学"群体。上海的"西学"群体在19世纪50年代已经成形，他们推动了"同光中兴"运动，而不是被那次运动所造就。曾国藩、李鸿章、左宗棠、张之洞幕府中起到作用的"西学"人物，大多渊源于上海伦敦会墨海书馆、中外会防局等机构的江南文人。这批士大夫在动乱中呈现出家国情怀，在租界初辟时取得了社会地位，更重要的是他们在"鸦片战争"以前就具有了相当的"西学"造诣，打下了学问基础。王韬描写了冯桂芬："冯景亭，中允，桂芬，字林一，吴县人。道光庚子榜眼，长于历算、钩股之术。罢官后，究心西学。避兵至沪，当事延主敬业书院，士林奉为矜式。广方言馆既建，中允总司厥事。一切章程，皆所拟定。"⑤ 王韬描写了龚澄："龚孝拱，上舍，一字昌匏，名公襄，仁

---

① 王韬：《再寄孙惕庵》（1856），载氏著《弢园尺牍新编》上，第58页。
② 王韬：《与张啸山》（1860），载氏著《弢园尺牍新编》上，第108页。
③ 王韬：《与李壬叔茂才》，载氏著《弢园尺牍新编》上，第49页。
④ 王韬：《与周弢甫比部》，载氏著《弢园尺牍新编》上，第76页。
⑤ 王韬：《瀛壖杂志》，上海古籍出版社，1989，第82页。

和人。……侨寓沪上几二十年。"①　王韬描写了赵烈文："惠甫，一字能静，名烈文，阳湖人。庚申春间避乱来沪，时以文字相切劘。"②　王韬描写了张南坪："名福僖，归安人，通天算之学。"③　王韬描写了管小异："茂才，名嗣复，江宁人，异之先生哲嗣。异之先生为姚氏惜抱高足弟子，著有《因寄轩文集》。赭寇踞金陵，小异陷身贼中，经岁始得脱。移家吴会，继来沪上，主于英人合信。合信以刀圭擅名一时，小异亦雅好岐黄术，因译成医书三种，曰《西医略论》《内科新说》《妇婴新说》，风行海内。"④

墨海书馆文人构成了上海最早提倡"西学"的团体。王韬，长洲甪直人，1849年就顶替其父亲，到伦敦会墨海书馆协助翻译《圣经》，成为租界新派文人之元老；蒋敦复（1808—1867），宝山月浦人，1853年前即在上海，后在苏松太道应宝时幕府，参与中外会防局（1862）、龙门书院创建事务。⑤ 李善兰到上海后，与王韬、蒋敦复一起称为"海天三友"，金山《守山阁丛书》学者因他的关系引入上海。金山群体之外，还有一个无锡人群体进入上海。华翼纶（1812—1887），金匮荡口人，亦曾参与中外会防局协商，1862年，李鸿章率淮军进沪，他曾建议租借"洋艘"运兵来黄浦，

---

① 王韬：《瀛壖杂志》，第90页。
② 同上书，第90页。
③ 同上书，第92页。
④ 同上书，第91页。
⑤ 参见上书，第77页。1853年6月，小刀会起义前，蒋敦复"言乡勇、火器二事，切中时弊"，曾作《沪城感事诗》等，"同治六年，卒于应敏斋廉访幕中"，则生前参与会防局、龙门书院事无疑。

并随船至安庆迎接。① 华翼纶和儿子华蘅芳（1833—1902），还有他们的金匮同乡徐寿（1818—1884）、徐建寅（1845—1901）父子，于太平天国运动后期逃到上海。这个无锡士人群体也加入了伟烈亚力、傅兰雅、王韬、李善兰等人组成的"墨海书馆"群体，如华蘅芳在馆中"所译者有《防海新论》《汽机发轫》"②。无锡人群体在江南制造局翻译馆中的表现更加突出，"同治初元，设立广方言馆、机器局，延通于西学者绅绎各书，若汀、雪村应聘而往"③。

上海租界"西学"群体的一般特征是：（1）学术渊源上的"乾嘉之学"；（2）地域身份中的江南文化；（3）社会地位间的中等阶层。冯桂芬是榜眼进士，龚澄是龚自珍之子，管小异是姚鼐"桐城派"遗脉，身处民间，因拥有学识和关系网络而逐渐取得社会地位。随后，他们这一群人在租界又形成了一个新的特征，即"西学"。文人们从江南纷至沓来，扬弃了"乾嘉之学"，将之更新为19世纪的"西学""新学"。通过新教传教士引入的欧西新学，以全译《几何原本》十五卷为标志，"利徐之学"用一种更新的方式接上了19世纪"西学"。学术史应该仔细讨论中国近代文化的"现代性"与"延续性"，从世界各地的经验来看，"现代性"都不是天外来物，它须以"延续性"来呈现；"延续性"更不是固执保守，它必以"现代性"来支撑。从中国的历史脉络来看，这种"现代性"与

---

① 华翼纶《荔雨轩诗集·复乘轮船至安庆迎师来上海》："大帅初意由陆下，我言不如一水便；帅令即由水路去，买舟来载赖时贤。"华翼纶建议水运淮军，并亲赴安庆接师。
② 王韬：《瀛壖杂志》，第79页。
③ 同上。

"延续性"并行的特征,并不完全受到"鸦片战争"的影响,而毋宁说是"内在理路"的自然成果。在清末民初,金山文人群体掀动了"西学"思潮第一波,并在"同光中兴""戊戌变法",乃至"新文化运动"的中西学术和思想关系中得到了延续。

本文使用的明末"利徐之学",清中叶的"乾嘉之学",清末的"算学"、"西学"和"近代科学"等概念,相互之间有渊源,有交叉,有变异,有承继,有更新。"利徐之学"是明末的"西学",以《几何原本》等"算学"书为核心,它在欧洲的知识源头,18世纪后诞生为"近代科学"。为了精确地使用这些名词,也为了看清楚明末"西学"与清末"西学"的关联,对它们做一些定义和说明是必要的。大家都会同意的是:"乾嘉之学"中包含的"算学"与"西学"是以儒家"经学",而非以"科学"为导向的,尽管它确实帮助了传统的经学、汉学、考据学变得更加严密,更加具有逻辑性,具有科学精神。艾尔曼的概括完全正确,"戴震和钱大昕这样的学者,将数学和天文学作为复古的一种工具,由于他们珍视古代的数学和天文学知识甚于新知,也就从未打算将自然学发展为一门独立的研究领域"[①]。但是,我们要说"利徐之学"和清末的"算学",那是以科学为导向的。与其说他们是"师法古人",不如说是在"师法自然",即以自然现象为对象研究数学(mathematic),了解自然规律,而不仅仅是研究经典。金山"算学"群体承继"利徐之学",重续"近代科学",走出"乾嘉之学",是创建新知识体系的第一代学人。

[①] 艾尔曼:《科学在中国(1550—1900)》,原祖杰等译,第345页。

四、余论:"知其所以然"

最后,我们还应该从思想启蒙的意义上,讨论一下在《几何原本》全译过程中焕发出的"几何学精神"①,观察明清"西学"的延续性对于中国文化更新运动的启示。从利玛窦、徐光启翻译《几何原本》(1607)前六卷,到伟烈亚力、李善兰续译《几何原本》(1858)后九卷②,历时250年。这期间,清代思想肯定是受到了"利徐之学"的影响,梁启超说"戴震全属西洋思想,而必自谓出孔子"③,胡适不同意梁启超认为的清代考据学来自西洋的看法,但也承认"恐怕中国的思想界、学术界受到他们的影响"④。然而,这种"影响"是否达到足够充分的烈度,以至于可以称为世界观上

---

① 陈寅恪先生评价《几何原本》:"夫欧几里得之书,条理统系,精密绝伦,非仅论数论象之书,实为希腊民族精神之所表现。"(陈寅恪:《金明馆丛稿二编》,三联书店,2001,第107页)批评清初学者仅以算术、技艺的态度看待《几何原本》。

② 利、徐翻译《几何原本》六卷,伟、李续译九卷,金陵书局合刻十五卷,均以古希腊亚历山大的西翁本为母本,中经阿拉伯文、拉丁文的转译,最后形成各民族文字的十五卷本。1533年,英格兰发现西翁的古希腊文本;1808年,梵蒂冈发现更早的非西翁古希腊文本。根据今人的研究,"目前通行的《几何原本》包含十三卷(另外两卷被认为是后人续写的)"(张卜天:《译后记》,载欧几里得:《几何原本》,张卜天译,第940页)。

③ 梁启超:《清代学术概论》,载氏著《梁启超论清学史两种》,复旦大学出版社,1985,第72页。

④ 胡适:《考证学方法之来历》,载欧阳哲生编《胡适文集·演讲集》(十二),北京大学出版社,1998,第109页。此文为胡适在北平辅仁大学演讲记录稿,语句有点儿乱,但基本意思还可以辨别。

的"启蒙"?梁启超认为"利徐之学"只是一种科学方法,似乎在历史观、世界观、宇宙观以及哲学本体论上没有影响。[1] 这样的判断,与康有为用《几何原本》的精神阐发他的"实理公法"之事实并不吻合。实际上,康有为和他那一代的儒家信徒是想用一种形而上学的"公理",构建一种新的历史观、世界观,模仿的正是哲学性的"几何学精神"。我们看到,从徐光启肇始到李善兰收官,《几何原本》的译者们以哲学形而上学来理解"几何",提倡的就是帕斯卡式的"几何学精神"[2],即把复杂的自然现象抽象为定义、公设、公理,并加以演绎的牢不可破的真理体系。

今天学者译为"定义"(definitions),利、徐和伟、李译作"界说",例如:《几何原本》第一条定义(界说),A point is that which has no part,今译"点是没有部分的东西",徐光启定为:"点者无分"。同样,第二条定义(界说)A line is breadthless length,今译"线是没有宽的长"[3],徐译"线有长无广"。"几何学"定义是从具象中抽象出来的形而上语言,却能适用于自然界的一切现象,因而可以用来描述和推导"公设"(postulates)和"公理"(common notions)。17世纪法国哲学家、科学家布莱瑟·帕斯卡(Blaise Pascal,1623—1662)称之为"几何学精神"的科学

---

[1] 梁启超在《清代学术概论》中说,明末西学的翻译和影响"范围仅限于天、算"(上海古籍出版社,1998,第97页),这是他没有读过《灵言蠡勺》(亚里士多德《论灵魂》)等著作产生的误解。

[2] "'几何学精神'(法文 Esprit géométrique)的实质就是公理化的方法,最早提到这个词的大概是法国数学家帕斯卡。"(刘钝:《让几何学精神在中国大地生根》,载欧几里得:《几何原本》,第 iv 页。)

[3] 参见欧几里得:《几何原本》,张卜天译,第1页。

方法，利玛窦和徐光启用中国哲学的"度"（现象）与"数"（原理）的关系来表述："凡造论，先当分别解说论中所用名目，故曰解说。凡历法、地理、乐律、算章、技艺、工巧诸事，有度有数者，皆依赖十府中几何府属。"① 笛卡尔、帕斯卡等法国理性论者都认为现象（"度"）并不可靠，而经过抽象得到的原理（"数"），才是更加可靠的"存在"，即他们都把数学上的"几何学精神"作为了"唯理论"（rationalism）哲学的数学基础。②

徐光启、利玛窦把人类一般知识称为"度"，是人们熟悉"知其然"；同时，在经验现象界之上，还存在着一种更本质的知识，是一种抽象、简单、精确、细致，可以通过逻辑关系，用形而上（metaphysical）的方式表达的知识，那是"知其所以然"。徐光启说："臣等昔年曾遇西洋利玛窦，与之讲论天地原始、七政运行，并及其形体之大小远近，与夫度数之顺逆迟疾，一一从其所以然处，指示确然不易之理。"③ "然"是表象，是经验，是应用；而"所以然"才是本质，是理性，是原理。徐光启又说："《几何原本》者，度数之宗，所以穷方圆平直之情，尽规矩准绳之用也。"④ 有了如此可靠的理性知识，徐光启更告诫读者，《几何原本》"不必

---

① 利玛窦：《几何原本》，徐光启译，载朱维铮、李天纲主编《徐光启全集》（四），上海古籍出版社，2011，第15页。
② 参见博尔加列夫斯基：《数学简史》，潘德松、沈金钊译，知识出版社，1984，第149页。
③ 徐光启：《修改历法请访用汤若望罗雅谷疏》，载朱维铮、李天纲主编《徐光启全集》（九），第169页。
④ 徐光启：《刻〈几何原本〉序》，载朱维铮、李天纲主编《徐光启全集》（四），第4页。

疑，不必揣，不必试，不必改"①。张文虎的认识准确而深刻，他比较《九章算术》与《几何原本》的缺陷，以为中国"算学"只注重应用方法（"法"），忽视抽象原理（"理"），"盖我中国算书以九章分目，皆因事立名，各为一法，学者泥其迹而求之，往往毕生习算，知其然而不知其所以然，遂有苦其繁而视为绝学者，无他，徒眩其法，而不知求其理也"②。徐光启用"度"与"数"，张文虎用"法"与"理"，他们评价古人缺乏一套"逻各斯"（logos）思维的意思是一样的，都把"知其然，不知其所以然"的苟且，归咎为中国古代自然科学不能发展的一个关键。

16、17 世纪的欧洲"科学革命"，通过亚里士多德哲学，将古希腊几何学的形而上学（metaphysics）和阿奎那的自然神学（natural theology）结合起来，发明了一种从现象（phenomenon）到原因（principle）的推导理论。梅森（Stephen F. Mason）在《自然科学史》（*A History of the Science*）中提出："学者"与"工匠"传统未加结合是导致现代科学不能发生的主要原因。"古代中国学者的工作主要属于纯思辨的性质，而从事测量、制订历法和观察天文的人，则在工作中总是以经验为重，对理论少有兴趣。"③ 这个说法固然具有说服力，但是再从儒家学者本身来说，他们未能把对自然界本体的思辨，与现象界的纷繁知识结合起来，并做系统化的探究，这才是中国古代的自然知识不能系统化、抽象化、真理化，

---

① 徐光启：《〈几何原本〉杂议》，载朱维铮、李天纲主编《徐光启全集》（四），第 13 页。
② 张文虎：《〈几何原本〉序》，载《舒艺室杂著甲编》，第 77 页。
③ 梅森：《自然科学史》，周煦良等译，上海译文出版社，1980，第 61 页。

即产生出 17、18 世纪欧洲现代科学的内在原因。

"然 vs 所以然"的问题,在儒学传统中是"度 vs 数""法 vs 理"的问题。"然",指知识人总结的处理现实问题的方法,针对的是"现象"(phenomenon);"所以然",指有效、有用的方法中隐藏着的理性,它指向的是"本质"(substance)。徐光启在制定《崇祯新历》的时候,区分了"历法"与"历理",在中国的历法编纂史上第一次将皇历与自然原理相配。钦天监监生根据日、月、金、木、水、火、土("七政")运行之轨迹现象("然"),编出皇历;但是,历法背后的自然规律和本质("所以然")是什么?礼部大员并不负责提供。中国的儒家知识体系中,重"法"不重"理"的现象比比皆是,注重"祭法",但不讨论其宗教学本质("祭理");注重"兵法",但不研究其军事学本质;注重"治法",但不解释其政治学本质("治理")。知法,不知理,即知道科学技术的一般应用,但不懂得从中抽象出更加普适性的一般原理,这是"科学革命"以前很多民族的古代文化之缺陷,20 世纪学者针对中国文化,有"李约瑟问题""钱学森之问"。其实,按梅森《自然科学史》描述的埃及、巴比伦、印度、波斯、阿拉伯等概莫能外。"科学",在不同民族的文化中确实有着不同的表现,但在本质上都不是"现代科学",它不是民族性的,而是一个现代性的问题,只有现代科学才真正开始将人类整体经验与自然界的存在本质做出系统性解释。徐光启在"历法"问题上突破了儒家思想,他说:"二仪七政,参差往复，各有所以然之故。言理不言故，似理非理也。"① "似理非理"，他是认为一般不求其"所以然"的"理"，不达到形而上程度的"第一原理"（first principle）就是"非理"。当然，这个思想在稍后时代的牛顿、莱布尼茨那里解释得更加充分，成为现代科学诞生的一个重要标志。

原载《北京大学学报（哲学社会科学版）》2022 年第 5 期

---

① 徐光启：《〈简平仪说〉序》，载朱维铮、李天纲主编《徐光启全集》（五），第 189 页。

1842:《南京条约》的祭奠

一、帝国仍然荣耀

道光二十二年七月二十日（1842年8月25日），《南京条约》谈判进入最后阶段。英国军队首席翻译官马儒翰（John Robert Morrison，1814—1843）心血来潮地要去参观位于南京聚宝门外的报恩寺。中方的陪同官员是上元县前知县吴廷献和帮办大臣伊里布（1772—1843）的家丁张喜，他们不明白为何英国人早就知道这处名胜。参观中，马儒翰对报恩寺和寺内那座千佛绿琉璃塔大为惊叹，称赞说："天下中外共有八大景，此塔为八大景之一。"他把南京"琉璃塔"列为"世界第八大奇观"（the eighth wonder of the world）。随后，英国人登上了塔顶，俯瞰南京全城，画地势图一张,揭走琉璃瓦数片。按中国人传统的风水观念,闯入别家门户,画图纸,揭瓦片,是取人精华,毁人命脉,张喜对马儒翰的行为很讨厌,他在《抚夷日记》中骂道:"殊属可恨之至。"①

"琉璃塔"在 17 世纪就名扬世界,是南京城千年繁华的象征。明朝永乐十年(1412),费银近 250 万两,花了 19 年才完工。据说,永乐皇帝为了安慰不愿迁都北京的南京官绅百姓,用"郑和下西洋"剩下的款子,修了这座宏伟建筑,护佑江南的繁华。1613 年,葡萄牙耶稣会士曾德昭(Alvare de Samedo,1585—1658)见到这座"琉璃塔",在他的名著《大中国志》(*Imperio de la China*)里说:"这座建筑物可列入古罗马最著名的建筑。"② 1687 年,法国耶稣会士李明(Louis le Comte,1655—1728)也看见了这座九层巨塔,他在自己的《中国现势新志》(*Nouveaux mémoires sur l'état présent de la Chine*, *A Paris*)里说:"这肯定是东方最匀称、最坚固、最宏伟的建筑物。"③ 马儒翰出生在澳门,父亲是著名传教士汉学家马礼逊,他从前辈的中国游记中了解了南京城和琉璃塔。四天后,中英双方签订了《南京条约》。"虎踞龙蟠""寺塔林立"的南京城,似乎真的因为被英国人马儒翰动了龙脉,去了虎威,中华帝国从此在 19 世纪不断兴起的列强面前现出了颓败之势。

1842 年 8 月 29 日签订中英《南京条约》,确实是一个大事件,中国的历史学家历来把它作为"中国近代史"上第一个不平等条

---

① 张喜:《抚夷日记》,载齐思和等编《中国近代史资料丛刊·鸦片战争》(五),上海人民出版社、上海书店出版社,2000,第 388 页。
② 曾德昭:《大中国志》,何高济译,上海古籍出版社,1998,第 17 页。
③ 李明:《中国近事报道》,郭强、龙云、李伟译,大象出版社,2004,第 89 页。

约，反反复复地加以叙述和诠释，形成了一套固定的说法。按照通行的解释：鸦片战争以前，中国是个全然封闭和停滞的国度，像木乃伊一样保存着古代社会体制的标本；鸦片战争以后，"列强"侵略内地，中国开始沦为"半殖民地半封建社会"，从此陷于"落后挨打"的悲惨境地。但是，这有一个很大的难题：以"鸦片战争"为界，把"清史"拦腰斩断，前者为"古"，后者为"今"。这样的"近代史"，前后很不连贯，乃至有"古今之争"，判为鸿沟。斩断"古今"的"中国近代史"，不但渐渐和"明清史"失去了联系，其实和"世界史"也是割裂的。所谓"中西之争"的一百几十年，事件纷繁，人物辈出，思潮叠加，蕴涵如此丰富，但是按着"从鸦片战争到五四运动"的"目的论"，侵略与反侵略的单线条叙述，仿佛与一个完整的"世界史"并没有多大的关联，中国成了一个孤立的国度。"中国近代史"上的"古今中外之争"，核心问题似乎就是"中华帝国"的解体与重建——民族复兴。这是仿照了欧洲"民族-国家"的单一理论建立起来的"民族主义"叙述框架，基本上是一种 19 世纪流行的，按照"战争式的叙述"和"征服者的诠释"建立起来的话语模式。

关于"鸦片战争"的传统观点固然有自己的道理，它想说明一场突变的巨大冲击。但是强调"突变"，以至于忽视了历史本身的连续性。历史终究是延续的，难以断然地割断。当人们惊呼英国人"船坚炮利"的时候，似乎忘记了早在明朝前期，"郑和下西洋"的"海舶"甚至比英国的船舰更大，明、清皇帝一贯要求"西洋人"用三跪九叩的方式"叩头"。明末清初以来，中国一直在和"西洋人"打交道，领教过佛郎机"红衣大炮"的威力，也请教过耶稣会士带来的科学、艺术和宗教。我们在认定鸦片战争是"中国近代史"的开端时，常常忽视了"鸦片战争"其实是明中叶以后中国与欧洲长期交往和冲突的结果。我们在强调清朝"闭关锁国"时，实际上抹杀了中国一直处于世界历史之中，原来就是世界民族之林中一员的事实。

再以马儒翰参观南京琉璃塔为例来说明：签订《南京条约》的时候，打败清朝的英国军人并没有表现出"教科书式"的骄横。琉璃塔下，他们保存着18、19世纪欧洲人对中国文化的景仰。耶稣会士颂扬中国文化，欧洲君主模仿"中国风"，文人画家描绘中国风景，都提到了南京的这座"琉璃塔"。马儒翰这样稍有文化的英军人员，固然有战胜者的姿态，但是英国人并不因为战胜而看轻中国文化，他们仍然怀着崇尚中国建筑和艺术的心情，登临这座世界奇观。战后出版的英国铜版画，把南京"琉璃塔"刻画得非常壮观。可见，那时的欧洲还非常重视中国的文化。正是这种"壮丽辉煌"，把他们引到东方，要求清朝"开放"。

彭慕兰（Kenneth Pomeranz）的《大分流》（*The Great Divergence*）和弗兰克（Andre Gunder Frank）的《白银资本》（*ReOrient: The Global Economy in the Asian Age*）称中国在1800年仍然领先于西方，这个说法很难站住脚。但是，直到19世纪60年代之前，西方人都高看中国一头，清朝人不把"西洋人"放在眼里，倨傲的中国人还没有"丧失自信心"，却是事实。英国人在《南京条约》中提出的"割让香港"一条，的确让当时的士人愤慨，但并没有像后来那样引为"奇耻大辱"。其实，割让一个"荒岛"的要求，英国政府在"乾隆盛世"的时候已经反复祈求。1793年，英国国王乔治三世派出的马戛尔尼使团,曾向乾隆皇帝要求在广东珠江口上给予一个小岛,让英国商人存放货物,便宜居住。当时奏报是:"欲求相近珠山地方小海岛一处,商人到彼即在该处停歇,以便收存货物。"① 乾隆皇帝以"天朝尺土俱归版籍,疆址森然。即岛屿沙洲,亦必划界分疆,各有专属……天朝亦无此体制,此事尤不便准行"②,加以驳回。其实,天朝当然有此体制,清朝沿用了明朝的"澳门模式",允许外国人经商居住,马戛尔尼使团要求的正是"英国人的澳门"。

自马戛尔尼使团之后,英国商人们的"开埠"请求又持续了50年。"鸦片战争"战胜后,《南京条约》满足了英国人的要求:"因大英商船远路涉洋,往往有损坏须修补者,自应给予沿海一处,以便修船及存守所用物料。今大皇帝准将香港一岛给予大英国君主暨嗣后世袭主位者常远据守主掌,任便立法治理。"③

蒋廷黻(1895—1965)《中国近代史》中有一句名言:"中西关系是特别的。在鸦片战争以前,我们不肯给外国平等待遇;在以后,它们不肯给我们平等待遇。"④ 这句话,滑稽而恰当。在澳门生活的传教士马礼逊在战争之前已经说:"什么时候中国对欧洲各国的待遇,和欧洲各国彼此的待遇一样了,他才有权利要求欧洲各

---

① 《东华录》录乾隆五十八年八月乙卯《赐英吉利国王敕书》,转引自斯当东:《英使谒见乾隆纪实》,叶笃义译,上海书店出版社,1997,第561页。
② 同上。
③ 中英《南京条约》(1842),转引自梁为楫、郑则民主编《中国近代不平等条约选编与介绍》,中国广播电视出版社,1993,第19页。
④ 蒋廷黻:《中国近代史》,第12-13页。

国彼此间的相互要求。"① 战前，清朝上下恃强，不愿意承认国际关系中的平等地位；战后，皇帝、士大夫又不断示弱，表现出受到"列强"不平等待遇的抱怨。清朝中叶以后，士人失去了明末一度出现的"西学"兴趣，尤其看不起外国"鬼子"。康、雍、乾三帝恢复了明代的"怀柔远人"传统，特别喜欢"远夷"来京参拜，行三跪九叩式的"朝贡"大礼，然后请纪昀这样的御用文人起草赞文，宣诏全国。虚骄的皇帝们用"虚张声势"的外交来表现内部政治的稳定和合法。康熙、乾隆征服了西北、西南和东南边疆地区的部落民族，需要一个"大一统"的政权认同。把边境内外的民族都看成"蛮夷"，召他们"入贡"，表明"归化"、"驯顺"和"臣服"的态度，这种"大一统"意识形态固然粉饰了清朝的"盛世"，却阻碍了中国人客观地看待更广大的域外世界。

"鸦片战争"前，广州附近的岭南一带，把外国男女称为"番鬼""夷妇"。一些侮辱性文字，甚至用在了正式文件中。马戛尔尼使团带来的英国国王乔治三世致乾隆皇帝的国书，在被翻译成中文《英吉利国表文》的时候，"英吉利"都被加上了"口"字旁。鸦片战争前，林则徐主持编译《澳门新闻纸》，也在"英吉利""颠地"等洋名之上加了"口"字旁。涉外名词带"口"字旁，隐指洋人都是"青面獠牙"的禽兽。加"口"旁还算客气，有一个时期，清朝的一些民间和半官方的文书中干脆在音译名词上直接加上反犬旁"犭"，直斥洋人"夷性犬羊"，如同牲畜。

---

① 宾汉：《英军在华作战记》，寿纪瑜、齐思和译，载齐思和等编《中国近代史资料丛刊·鸦片战争》（五），第21页。

于是，挟战胜之势的英国人特别要求去除文字歧视，至少在官方文件中不得侮辱外国。在《南京条约》中写明"对等"原则："议定英国住中国之总管大员，与大清大臣无论京内、京外者，有文书往来，用'照会'字样；英国属员，用'申陈'字样；大臣批复，用'札行'字样；两国属员往来，必当平行'照会'。若两国商贾上达官宪，不在议内，仍用'禀明'字样为著。"① 两国政府官员之间的公文，是为平等"照会"，只有商人向各自或对方官员报告时，才须用"禀明"的服从口吻。《南京条约》的这一条，废除中外"话语"上的不平等，看似一个"咬文嚼字"的迂腐争论，其实是一项"权力"的争夺，包含了一个重大的思想转折：清朝政府必须平等地对待"西洋人"。一旦清朝人意识到自己的国度已经从"天下之中"的"中国"降为"地球"上的一般大国，与"大清"对等的还有"大英""大法""大美"等，中华帝国的千年荣耀也就快要结束了。已经有如此明确的警示，但战败的清朝并没有就此开始变革。中国的"变法"与"维革"，仍然是在外界的逼迫下，直到很久以后才被动地蹒跚而行。

二、法律尴尬的"通商口岸"

一般都把"鸦片战争"以后的中国定义为"半殖民地半封建的

---

① 中英《南京条约》（1842），转引自梁为楫、郑则民主编《中国近代不平等条约选编与介绍》，第20页。

社会",这是因为1895年《马关条约》签订之后,日本在台湾和东北进行了大规模的经济掠夺与垦殖移民。"半殖民地"是一种修辞学的说法,各国政治中并没有一种"半殖民地"的社会制度。"鸦片战争"以后的清朝、北京政府和南京政府,在日、俄领土入侵中艰难地维持着领土完整,维护着自己的主权,但是和那些真正陷入"殖民地"的亚、非、拉民族相比,中国政府的主权状况是最好的。除了香港、澳门、台湾和青岛,各地租界并没有外国统治者当"总督",不必向外国政府纳税。和印度这样整体陷落的"殖民地"国家相比,19、20世纪的中国内地不是"殖民地"。

1842年的英国政府无意在中国建立"第二个印度",这是地缘政治决定的。1757年,英国打败印度军队,逐步将各个邦国纳入殖民体系。印度是英国商人的银库,也是英国军队的泥潭,殖民战争拖住了英国政府的精力,直到1848年才完成印度全境的殖民化。进入印度之后,英国军队于1814年占领尼泊尔,1824年占领缅甸,1824年占领马来亚半岛和新加坡,1838年占领阿富汗喀布尔,1838年占领波斯和波斯湾,1839年又占领红海港口亚丁。"鸦片战争"爆发前夕,英国发现俄罗斯军人"南下"的脚步已经跨过外高加索山,正要踏入波斯湾、红海,乃至地中海。英国海军必须调转舰头,赶赴中东和南欧,围堵俄罗斯。地缘政治格局使得英军主力无暇东顾。所谓"大英帝国"的中国远征军,大部分是在印度和东南亚临时招募的土著青年,"(英军)船上黑夷居多,白夷不过十分之三"①,加上东南亚潮州人、闽南

---

① 张喜:《抚夷说贴》,载齐思和等编《中国近代史资料丛刊·鸦片战争》(五),第339页。

人的"苦力"和"役夫",只是当时国人所谓的"黑鬼""红鬼"组成的杂牌军。

英国志在"通商",而不在"掠地",这一点魏源(1794—1857)很清楚。魏源《道光洋艘征抚记》中记载,马儒翰几次申述:"此次(战争)通商为主,志不在银钱,但得一二港口贸易。"① 道光皇帝在战前曾收到英国东印度公司的一份"陈请书",书中说英国没有在华建立"殖民地"的企图。报告被翻译成《英吉利国人品国事略说》,收在《道光朝外洋通商案》中,其中又有马儒翰的辩解,他说:"以英国总是多贪,广开新地,但谎言莫大于此。盖英国之地方,现在太多,宁可减少,不可增多也。"② 英国人的辩解并非"此地无银三百两",是可以相信的。"大英帝国"已经包括了加拿大、澳大利亚、印度、南非、中东,实在太大。松散的"大英帝国",连"同文同种"的北美十三个殖民地都管不过来,使其独立成"美利坚合众国",怎能再背上一个文化传统绝不相同的"大清帝国"?

长期以来,"大清帝国"的人口、幅员和物产都是全球第一。英国国会历次辩论,结果一致认为任何西方国家,哪怕都联合起来,也根本没有办法统治占了人类三分之一生灵的广大而古老的帝国。任何占据其领土,或者改变其体制的做法,都将徒劳无益,得

---

① 魏源:《道光洋艘征抚记》,载魏源全集编辑委员会编校《魏源全集》第3册,岳麓书社,2004,第481页。
② 《英吉利国人品国事略说》,转引自北京故宫博物院:《道光朝外洋通商案》,载齐思和等编《中国近代史资料丛刊·鸦片战争》(一),上海人民出版社、上海书店出版社,2000,第103页。

不偿失，而与之"通商"才是唯一的获利途径，这就是英国对华外交政策的逻辑。"鸦片战争"和《南京条约》正是在这样的思路下展开的，英国人确实野心勃勃地"侵略"了中国，但是这种"侵略"表现在尽可能地获得"通商特权"，以解除"广州时期"的贸易困境，打破僵持的中英贸易局面，而不是建立"殖民地"。

《南京条约》是"中国近代第一个不平等条约"，但是，让后人痛心疾首的"不平等"，清朝官员并不十分在意，反而以为是一个比较合适的解决办法。换句话说，《南京条约》里出现的"治外法权"，以后口岸城市出现的"国中之国"状况，某种程度上是清朝主动相让的结果。耆英（1790—1858）、伊里布轻易地从朝廷获旨，同意在"五口通商"城市里，把对于外国侨民的管理权让渡给英国政府。这种"拱手相让"，并非单单是官员和皇帝的颟顸无知，而是中国中央王朝对待周边"夷狄"政权，历来有"一朝两制"的"分治"做法。宋代文人苏轼有一篇论文《王者不治夷狄论》，主张："夷狄不可以中国之治治也"。"君子不与小人言"，典型地表达了儒家"夷夏大防"的政治态度。因为看不起外国人的文物制度，政府官员们都懒得费口舌，不愿说服"夷狄"们接受中国儒家良善的习俗和法度。英国东印度公司商人眼中的"虚骄"，在葡澳体制中表现得最充分。

明朝和清朝，澳门实行"华洋分居"的制度。葡萄牙人由葡萄牙总督按葡萄牙法律管理，侨民只能在澳门半岛的南湾码头一带居住，华人不得与葡人混居。经过上百年的发展，几千户、上万名葡萄牙人慢慢形成了自己的制度体系，俨然"国中之国"。但是，澳门的重要刑事案件和重大外交举动，都要得到中国政府的允准，香山县衙门仍然定期在澳门"议事亭"发号施令。澳门半岛特殊的地形地势，使葡萄牙人不可能"犯上作乱"。澳门版图，就像一片带梗的白杨树树叶，叶片漂在海上，叶梗连着内地的香山县。叶梗处的"关闸"，最窄只有100多米，明末沈德符在他的《万历野获编》中说，葡萄牙人"一怀异志，即扼其喉，不血刃而制其死命"①。深谙"生存之道"的葡萄牙人按时"输币""缴税""行贿"，从来不敢挑战中国主权，非常驯顺，绝对臣服。直到1887年中葡签订《中葡和好通商条约》，澳门取得了和香港一样的特权之前，澳门在最初的三百多年里并不是一块"殖民地"，而是一个清朝体制下"以夷制夷"的"自治"城市。

从现有的资料来看，鸦片战争前，英国政府并没有要求"割让"一块完整土地，而是仍然以"澳门模式"作为样板，向清朝索取侨民居住权。原藏故宫大高殿军机处档案《夷书》（1840年12月29日）透露了英国公使义律（Charles Elliot，1801—1875）向清政府提出来的想法，他只是要求仿照明朝以来的成例，取得一块"英国的澳门"："如果在省城（广州）碍难依允，则如本公使大臣所见，惟有给予口外外洋寄居一所，俾得英人竖旗自治，同如西洋人之在澳门竖旗自治无异。"②"澳门模式"的核心是香山县境内的华洋"分治"和市政"自治"，并不是主权"割让"。如果战前了解清

---

① 沈德符：《万历野获编》下册，文化艺术出版社，1998，第843页。
② 《义律照会（二）》，载中国第一历史档案馆编《鸦片战争档案史料》（二），天津古籍出版社，1992，第681页。

楚，谈判得当，清朝政府就可以仿照澳门的成例，只在省城广州划出一块"租借地"，满足英国侨民的"自治"要求。即使开辟珠江口的某个孤岛为"英国的澳门"，也不必割让，后世所谓香港问题就不会出现。

在中国和西方不同传统的制度很难调和的情况下，设立"租借地"作为"特区"，确实是双方保持各自权力而又能够勉强交往的唯一方法。谈判《南京条约》的耆英、伊里布等人，都是懵懂、颟顸的"八旗将军"。他们居然派家丁张喜与英国人斡旋，哪里懂得操弄海外通行的"万国公法"，更不懂如何在华洋"双轨制"的前提下保存中国主权。① 哪怕保留征收每年一元租金、每年巡察一次的权力，也还能像澳门那样，清朝对香港的主权也能得以象征性地行使。可以解释的原因就是：清朝上下对"公法"完全不懂，对"主权"并不在乎！

所幸的是，《南京条约》规定的"五处港口"是按照"澳门模式"开埠的，清朝政府保留了城市主权。《南京条约》中，"五口通商"的意义远远超过"香港割让"，它的历史影响不是局限一隅，而是遍及大陆。条款是这样规定的："自今以后，大皇帝恩准英国人民带同所属家眷，寄居大清沿海之广州、福州、厦门、宁波、上海等五处港口，贸易通商无碍。且大英国君主派设领事、管事等官

---

① 耆英、伊里布不敢出面，用家丁张喜斡旋谈判、决定《南京条约》事项的丑闻被揭露后，耆英畏罪自杀。事见崇彝《道咸以来朝野杂记》（北京古籍出版社，1982）："耆相国英在粤东与英人所订条约，皆非当面折冲，派家人张禧（喜）借首府某公出而协定。当时请旨赏张五品顶戴，以壮观瞻。此事太近儿戏。"（第22－23页）

住该五处城邑，专理商贾事宜，与各该地方官公文往来。"① 对于这"五处港口"，近代以来的中国人有着复杂的心理情结。《南京条约》打破了清朝的封闭体系，许多中国人把"五处港口"看作英国炮舰轰开的五个大窟窿，它们让憋久了的中国人迎面撞上了涌进来的时代飓风，现代文明得以发展；同时，《南京条约》引来的外国资本势力占据主导地位，许多内地人又把"五处港口"看作西方商人榨取中国财富的绞肉机，他们不满外国人在这里享有的法律、经济和文化上的特权。这种爱恨交织的复杂心理情结，在很大程度上与华人在"通商口岸"地区缺乏主权归属感有关。

确实，由于清朝内部"改革"长期停滞，中国走了另一条发展道路。它是以《南京条约》后的陆续"开埠"为动力，推动全社会的现代转型。"改革"不行，就搞"开放"，清朝的变革事业不得已以"开放"推动"改革"，这使得"通商口岸"的地位更加突出，也使得中国的"现代化"、"城市化"和"国际化"，从一开始就被打上了"西方化"的烙印。其实，"西方化"无论如何强劲，都注定只是口岸城市生活的表象，因为"口岸"的土地"主权"在中国，"租界"的基本人口是华人，中国政府和华人仍然可以掌握"租界"的命运。从权力构成上讲，中国政府在租界里保留的是"物权"（property），外国侨民借去的是"治权"（governance）。在法律上，"物权"当然高于"治权"，中国政府随时可以收回从财产权上面让渡出去的任何行政权力，这就是后来提出"归还租界"的

---

① 中英《南京条约》(1842)，转引自梁为楫、郑则民主编《中国近代不平等条约选编与介绍》，第19页。

"国际公法"依据。

顾维钧（1888—1985）在美国哥伦比亚大学学习法律，博士论文研究"租界"的法律地位。回国担任职业外交官后，更着手谈判收回"治外法权"。他在《外人在华之地位》中说："世人皆知，上海工部局为某某等国侨民或租界内地主与租户之自动组织，俾执行自治团体所常享有之地方自治权，以保护洋场之秩序风俗。"① 以《南京条约》副约《上海土地章程》（Shanghai Land Regulation）作为"基本法"的上海租界"工部局"，是由"侨民"、"地主"和"租户"选举"董事"组成的市政自治之政府（municipality）。鸦片战争前的澳门，以及"五口通商"后的上海、宁波、福州、厦门和广州，以土地"永租"的方式，用"租借地"（concession）、"居留地"（settlement），而非"殖民地"（colony）的名义"开埠"，纳入了外国侨民，保留了中国主权。所谓"租界"，仍然是中国领土，不是"殖民地"，也不是"半殖民地"。

三、中国社会的艰难转型

按英国古代城市研究奠基人柴尔德（Vere Gordon Childe, 1892—1957）的"城市革命"理论，城市的起源，要么是农业社会的交易积聚地，要么是原始的行政中心。中国有发达的农业社会，

---

① 顾维钧：《外人在华之地位》，外交部图书处，1925，第187页。

中央集权的历史更是悠久绵长,加上人口众多,中国古代城市的规模远远超过中世纪的欧洲。明清时期,中国仍然具有规模领先的一流大城市,北京、西安、洛阳、开封、济南、太原、南京、杭州、苏州、武昌、成都等,这个系列的城市都是行政中心,要么是历史上大小王朝的首都,要么是总督或巡抚驻扎的首府。这类城市起源于政治权能,首都和首府集中了国家与区域的权力,财富、文化和信息资源也随之聚集,形成一种"内敛式"的城市。在这类城市中,城市生活基本上要靠赋税和徭役维持,城市性格也是消费超过生产,聚敛超过辐射。中国三千年历史形成的大城市,无一例外都是农业文明的政治中心;"五口通商"以后,以上海为代表的沿海大都市,是一种前所未有的工商业文明。由它们带领,一个古老而庞大的农业民族,还有依附的北方游牧民族,艰难地向现代社会转型。

传统中国也有商业型城市,运河沿线的镇江、扬州、淮阴、济宁、天津,长江沿岸的芜湖、安庆、九江、江陵、宜昌、万州、重庆,以及明清时期的"四大名镇"——湖北汉口镇、河南朱仙镇、江西景德镇、广东佛山镇,都是借着水陆交通便利,发展为商业和手工业中心的。明清商业经济发达,商业型城市发展势头强劲,这些城市有的甚至够得上"九省通衢""天下大聚"的名声。但是,这一系列的商业型城市和政治型城市一样,也局限于"国家"(national)和"区域"(regional)之内,没有机会发展为"国际"(global)城市。16 世纪以后,由于"大航海"和"殖民化",欧洲的一些港口城市,像威尼斯、里斯本、伦敦、安特卫普、阿姆斯特丹，率先开始了国际化进程。反观中国，除了沿海的广州、泉州、宁波曾有过断断续续的海外贸易经验，大部分城市并没有机会"走向世界"。

《南京条约》最直接的社会后果就是，在东南沿海地区，按照"通商口岸"的模式，新建和改建了一系列新型的国际城市。"五处港口"，即广州、厦门、福州、宁波和上海，以及后来在《北京条约》（1860）、《烟台条约》（1876）中开埠的天津、宜昌、芜湖、温州、北海等沿海沿江城市，都被称为"通商口岸"（treaty ports）。这些城市中，国际性贸易和全球性生产扎下根来，国际型居住社区也建立起来，生活方式、社会关系和文化制度都跟着国际化。因此，中国近代大规模的社会转型首先在东南沿海的"通商口岸"发生，一种新兴的政治、经济、法律和文化在这里酝酿、发生与传播。五个"通商口岸"城市，更精确地说是上海的"租界"、宁波的"江北岸"、福州的"租界"、厦门的"鼓浪屿"、广州的"沙面"，还有以后在天津、汉口、青岛、烟台、芜湖、九江、杭州等地开设的"租借地"，都成为本城市的核心社区，诞生出许多现代的产业和事业。

如果中国人不是在"鸦片战争"中战败，不是以《南京条约》这样"片面"的方式，不是被动地让"世界闯进中国"，而是主动地"走向世界"，那么以后一百几十年里的国际处境和民族心态乃至个人遭遇就都会好得多。1842年，清朝政府不情愿打开大门，看不起国际贸易，最根本的原因并不是经济的（不让鸦片贸易导致白银外流），或者文化的（不屑与蛮横的"番鬼"打交道），而是政治的。简单地说，清朝在18、19世纪奉行沿海"闭关"政策，主要是担心活跃的海外贸易不在朝廷的掌控之中，引起社会动荡。"大清帝国"和"大英帝国"的最大差别，在于英国是"贸易立国"，政府的税收大量依赖殖民地利益，而清朝则仍然"以农为本"，政府主要靠十八行省之内的"本色"（粮食基本税）和"折色"（折合成货币的粮食税）保持国库充盈。清朝在康熙年以后恢复了沿海城市之间的"南北货"运输和贸易，但政府"内向型"的利益格局，决定了19世纪的中国城市，哪怕是沿海地区那些具有海外贸易传统的城市（如广州、泉州、扬州、宁波和上海），都不可能主动积极地"走向世界"。

"五口通商"导致了东南沿海城市，尤其是近代上海的迅速崛起。中国的北方省份地处中原，交通便利、文化悠久、人口繁庶，市镇经济组织化程度也很高。但是，在19世纪以后的"现代化"进程中，中国的"东南"和"西北"明显失衡。在清朝政治的压制下，北方京畿数省的众多内地城市一直得不到"开埠"的机会，乃至于"势重东南""西北式微"，竟然和汉唐历史互为逆转。"鸦片战争"前，英、美、法、荷、丹麦、瑞典商人非常渴望脱离澳门和广州的囚笼，到"华北"（North China）城市进行贸易。事实上，《南京条约》谈判初期，英国人提出要把天津列入"通商口岸"。战争中，义律曾带领英军炮舰，专程去天津递交国书，要求开放北方港口。从天津回定海的途中，他们还上岸踏勘山东登州一带的地势，寻找北方的港口。可是，上海是清政府愿意开放的最北方的城市，义律要把天津纳入《南京条约》开埠城市，被断然拒绝了。

官宦是朝廷利益的代理人，士大夫则是朝廷思想的代言人。从一位中层官员夏燮（1800—1875）在鸦片战争结束多年后写的《中西纪事》（1859）中，我们仍然可以看到清朝官场对"五口通商"的抵触态度。当时士大夫已经无力阻挠缔结和约、开放口岸，但是他们反对开放福州，理由是广东、浙江和江苏均只开放一个城市，为何经济、交通和贸易并不比三省发达的福建要开放两个？夏燮说："以福建而论，必不能富强于江南、浙江、广东也。乃江南、浙江、广东每省止准设一码头，而福建一省独必添一码头以媚之，此所不解。"① 夏燮还竭力反对把重要的北方京畿要地天津开为商埠，称："惟天津万无通商之理……辽东环海为卫，居庸关外，实陪京神灵宫寝之区。而上海沙船之至关东者，以自南北行为回空，自北南行为正载。是则九州之上腴，天地之奥区，乌可不慎欤！"② 关心战事发展和条约签订的士大夫，主张"开埠"城市在数量上越少越好，地理上越南越好。士大夫的保守态度与海口地区的商人并不一致。1843年，上海商人积极配合"开埠"，与士大夫恰成对照。一位顾姓沪商主动把位于新衙街（Se Yaon Road）的"五十二间屋子"租给巴富尔，"作为（领事馆）住宅和公署，每年房租四百元"③。巴富

---

① 夏燮：《中西纪事》，岳麓书社，1988，第126页。
② 同上书，第127页。
③ 转引自蒯世勋等编著《上海公共租界史稿》，上海人民出版社，1980，第307页。另外，根据霍塞（Ernest O. Hauster）《出卖上海滩》（*Shanghai: City for Sale*）中的说法，当时有一位商人姚先生（Mr. Yao）主动将他有52间房子的院落以年租金400元的价格租给英国总领事，他们当场成交，四位白人——总领事巴富尔、翻译麦都思、医师赫尔和职员司乔生搬了进去。巴富尔等人住进了姚氏宅院，姚氏则想借此关系获得如粤商在广州十三行和香港商行那样的贸易垄断权（monopoly of trade）。（霍塞：《出卖上海滩》，周育民译，上海书店出版社，2019，第8-9页）

尔已经把领署地址公布给全体英国商人。上海商人的热情"开埠"与广州及其他地区士绅的"反开埠"浪潮形成对照。面对欧洲列强咄咄逼人的商业要求，士大夫和朝廷官员们普遍持消极态度，北方城市更是坚决反对。正是这些懵懂士大夫们的"反开埠"行为，拖累了北方和内地传统城市向近代国际化城市的转变。中国19世纪的现代化从东南沿海开始，出现了区域发展中的南北不平衡。

鸦片战争是中国历史上极其重要的大事变，中国的城市地理版图、产业经济格局，都因为《南京条约》的签订而变化。令人纳闷的是，1842年的《南京条约》固然已经被士大夫们认定为耻辱的"城下之盟"，但是思想界的反应却相当缓慢。几年过后，战败的阴影稍稍退去，朝野间又回到战前的烟雾缭绕、歌舞升平。蒋廷黻说鸦片战争以后，"（中华）民族丧失了二十年光阴"①，固然不错。但失责的只是朝廷士大夫，澳门、香港、广州、厦门、福州、宁波和上海等地的沿海商民，包括下层士大夫，他们在战后马上就见证了一种新文明的崛起，感觉到一个新时代的来临。沿海士大夫经历了痛苦的思想转型，开始要求"变法"，他们身上表现出越来越多的"现代性"。然而，对内地士绅和中央官员来说，"大西洋"仍然是一个遥远的存在，只要京畿安然，就不需要多虑。

参与谈判《南京条约》的官员们，耆英、伊里布等人都没有成为变法思想家，林则徐、魏源在战争前后提出的"师夷之长技以制夷"，也没有形成共识。在中国人看来，"西洋人"缺乏文教，仍然

---

① 蒋廷黻：《中国近代史》，第10页。

是野蛮人。还是那位伊里布的家丁张喜，用顽皮嬉笑的方式把对英赔款从3 000万元砍到2 100万元，他在参观了英军旗舰"康华丽号"时，惊讶舰炮设计之精巧，被那位英军首席翻译官马儒翰乘机问道："贵国之人，亦能此否？"张喜自有回答："此技虽巧，天朝之人，用心不在于此。"马儒翰再问："彼之用心何事？"张喜更有妙答："我国用心在文章。"① 这种说法，就是"戊戌""五四"时期保守士大夫坚持"中国仁义道德，西洋声光化电""中国文化精神文明，西洋文化物质文明"说法的滥觞。果然，鸦片战争后的20年里，士大夫们继续作"八股"文章，兴"仁义之师"，为"朝廷供奉"。时间就这样逝去，直到"太平军"横扫中国南方，"西洋人"再兴"鸦片战争"，再度北犯，他们方才觉得变天了。

《南京条约》产生的震荡效应，直到20年后与"太平天国"和"第二次鸦片战争"的惨酷动乱叠加在一起，才真正触动了中央王朝和内地士大夫的心境，被认为是"三千年未有之大变局"。鸦片战争20年后，一场民族思维的革命才真正启动，中国20世纪中非常强劲的"民族主义"思潮因此发生。美国著名汉学家列文森（Joseph Levenson，1920—1969）在他的一篇论文《中国民族主义的过去与未来》（"The Past and Future of Nationalism in China"）中说："20世纪（在中国）随处可见的民族情绪，是从19世纪来的，而并不能回溯到18世纪。'古代的民族文化沙文主义'（ancient national-cultural chauvinism）并不能说是今日中国的景

---

① 张喜：《抚夷说贴》，载齐思和等编《中国近代史资料丛刊·鸦片战争》（五），第337页。

象，因为1839年和鸦片战争以后，中国的羞辱显然是现代的。以前中国被打败的时候，她的'天下之中'的地位并没有受到危及，没有人移走这个中心，征服者不过就是移了进去。"① 如果说中国近代的民族主义与明清文化沙文主义完全没有关系，那么列文森在这里的意思就并不属实。康有为、章太炎的中华民族主义，与他们感觉到"失去的荣耀"之后的挫折感很有关系。但是，如果说近代类型的中华民族主义中那种严重的危机感是在"鸦片战争"以后才发生的，这并没有问题。确实，在"鸦片战争"中被打败后，中国士大夫产生了很大的失落，大家开始怀疑："中国"或许并不是世界的中心，世界上还有一个"欧洲中心""西方中心"。这种失落，竟至于导致了民族自信心的缺失，悲观、愤懑、不屈和抗争的反常情绪延续了一百多年。

原以《一八四二：〈南京条约〉的签订与影响》为题，载于《文景》2005年第9期

---

① Joseph Levenson, "The Past and Future of Nationalism in China", in Joseph Levenson (ed.), *Modern China, An Interpretive Anthology* (London: The Macmillan Company, 1971), p. 5.

1853：从"种族隔离"到"华洋杂居"

一、危机与转机

在中国近代史上，1853年算得上一个重要年份。此年3月，中国南方战事忽生惊变，太平军所向披靡，占领了南京！事实证明：1842年签订的中英《南京条约》，清朝虽然割地、赔款、通商，但并没有伤筋动骨。这一次的"南京失陷"，失于"长毛"之手，东南半壁，十年割据，清朝才是元气大伤。后来的岁月里，北京再也没有缓过气来。余下近60年的内忧外患，清朝就是苟延残喘而已。

除了上述的"全国"意义之外，1853年还有它的"地方"意义。地方史的意义绝非照比例、按规模缩小来论就可以的。没有地方历史，全民族的宏大叙事就是空架子，也不真切。有时候，地方性事件的意义，就其典型和新颖，甚至高出全国性事件。现代历史学重视地方史研究，以小识大，正可以匡正帝王立场的偏见。况且，近代史本来是可以换着角度看的，既可以从北京中央的角度来看，看大清帝国旧秩序的衰败；也可以从东南沿海城市来看，看上海等通商口岸新体系的建立。

1853年既是清政府的危机年份，也是"上海史"的重大转折。19世纪50年代全国各地的起义冲击了清朝的统治根基。但是，同样的动乱却在上海被一种前所未有的强权和前无古人的制度化解了。本来仿照澳门等地，奉行"华洋隔离"政策建立起来的上海租界，完全突破了一般的通商口岸城市格局，脱胎换骨地走上了一条"华洋杂居"的全新道路，奠定了此后上海的空前繁荣。

此年，上海外贸进出口总额第一次超过广州。生丝和茶叶是中外贸易的大宗商品。生丝产地集中在江、浙，上海开埠后，外商就近收购。两年后，上海生丝出口15 192包，超过广州的3 554包，拔得头筹。"五口通商"后，安徽、福建和江西的一些茶商开始还继续通过陆路，从广州、汕头等口岸出口。19世纪50年代后，内地商人都通过长江流域水路到上海中转。1852年的茶叶出口，上海（57 675 000磅）超过广州（36 127 100磅）[1]，成为世界茶叶出口首埠。"上海的出口在整个中国的出口的比重中原占七分之一（在一八四六年），但很快就增长到三分之一（在一八五一年），而

---

[1] 根据黄苇所著《上海开埠初期对外贸易研究》（上海人民出版社，1979）附表整理。

在紧接的以后几年中就大大超过全国出口的半数以上。"① 关键的1853年，上海商界共同努力，中英贸易总额第一次超过广州，上海成为全国对外贸易的中心。此后，上海的进出口总额一直占到全国的1/2到2/3。到1857年春季，外商不得不放弃外来的银圆，"上海两"（Shanghai Teal）遂成为东亚国际贸易的结算货币。② 明清以来享受一口通商特权的广州，再也没有超过上海。

开埠十周年，上海外贸又取得历史性突破，双喜临门，本来是值得庆祝的年份。但是，上海人还没来得及欢庆自己的"中国No.1"，马上就遇到了大麻烦。本来，19世纪50年代初的上海一片繁荣，生意顺利，商人纷至沓来，英租界到处买地建屋，各洋行盖起了二三层楼的仓库、栈房、银行和办公楼，外滩泥泞的农田中崛起一座新城市。商人们没有料到的是，1853年9月5日，老城内外爆发了以刘丽川为首的"小刀会"起义，从内部给了上海社会重重一击。

著名俄罗斯作家冈察洛夫随巡洋舰"帕拉达号"，于1853年底访问上海，正好记录了这一年的变故。他先是观察到此年度上海的崛起，说："广州和香港不能不在某种程度上丧失它们的重要性。北华地带的许多物产获得了最近的出发点，因而向广州、香港两埠输送的大宗产品的数量减少了。"③ 然后，冈察洛夫对战火考验中

---

① 马士：《中华帝国对外关系史》第1卷，张汇文等译，上海书店出版社，2000，第403页。
② 参见上书，第528－529页。
③ 冈察洛夫：《三桅巡洋舰"帕拉达"号》，章克生译，载中国科学院上海历史研究所筹备委员会编《上海小刀会起义史料汇编》，上海人民出版社，1958，第716页。

的上海之未来表示担忧:"由于现在中国骚乱动荡的局势,贸易蒙受损害,经济危机正处在极度紧张阶段。……在上海县城内,大小商铺关闭,富裕商人纷纷离开,剩下的人要向起义军完纳军饷。"[1]

上海的战争状态延续了一年多,令上海的贸易和经济陷入困境。1854年10月21日,上海英文报纸《北华捷报》(North China Herald)发表文章,标题就为《究竟应该怎么办?》。此文作者说:"由三合会以及其他秘密会社的目无法纪的徒众联合组成的集团,占据县城一年以上,破坏商业,消耗物资,向富人征收捐税,使所有留在城内的各阶层居民都遭受贫困、穷乏,被迫困守在城墙之内……这样的情况到底还能持续多久呢?"[2] 上海陷入了混乱的局面。这一年,有六个政权在上海城墙上贴过告示,它们是:清朝、英租界、美租界、法租界、小刀会和太平天国。

根据公使们的指令,上海租界政府奉行"中立"政策,不介入清朝和叛乱者之间的战争。但是,对于冒犯租界独立和安全的行为,租界都会给予坚决的还击。1854年4月4日,英国、美国水兵和租界民兵"义勇队"联手,与闯入租界的清军在今西藏路桥堍的"泥城浜"大战一场,史称"泥城之战"。1855年2月17日,法国人再也不能忍受清兵和叛乱武装在法租界土地上的拉锯战,决定自己出兵剿灭小刀会了事。他们从东亚各地调来海军,当天就把占据上海一年半的小刀会一锅端了。经过"泥城之战"和收复县城这两

---

[1] 冈察洛夫:《三桅巡洋舰"帕拉达"号》,章克生译,载中国科学院上海历史研究所筹备委员会编《上海小刀会起义史料汇编》,第717页。
[2] 《北华捷报》第221期46页(1854年10月21日),载中国科学院上海历史研究所筹备委员会编《上海小刀会起义史料汇编》,第447页。

仗，三个外国租界上的居民和本国外交官商定了一个共同原则：如果中国政府不能保证租界安全，租界就实施自我武装保护。这条"自治"加"自卫"的原则，在上海执行了近百年，直到1941年珍珠港事件之后，日本占领军涌入租界。

危机当前，租界竟然出现了另一线生机。就在丝茶贸易停顿、鸦片进口剧减的同时，因为租界用武力保住了社会安全，住在上海老城的难民们弃南就北，涌进了租界，造成了房地产的极度繁荣。谁也没有料到，房地产代替了贸易和商业，成为上海城市发展的支柱产业。上海的地价飞涨，十年涨了十倍。原先做外贸的商人们都上岸经营，靠做房地产赚了钱。上海租界工部局主持编写过一本《上海史》(The History of Shanghai)，写到这段早期历史，作者兰宁（G. Lanning）和库令（S. Couling）说："租界里原来值15 000到30 000文一亩的地价，外侨们通常要花40 000到80 000文一亩。"① 岑德彰《上海租界略史》另有一个更加吓人的数字：50年代里，原来46~74英镑一英亩的地皮，被抬升到8 000~12 000英镑。② 一位在上海多年的美国记者霍塞，独立写过一部早期上海史——《出卖上海滩》。关于19世纪50年代的繁荣期，霍塞说："昨天还是一块开阔空间，现在已经为街道和那些匆忙建造的便宜而好玩的中式房屋占据。油漆未干，中国人已经住了进来，他们带来了孩子、鸟笼，开了商店，做自己的生意，以及

---

① G. Lanning, S. Couling, *The History of Shanghai* (Shanghai: Kelly & Walsh, 1921), p. 295.

② 参见岑德彰：《上海租界略史》，文海出版社，1917，第65页。

付给地租。"① 对外国商人来说，这是一个很奇怪的转变。原来的大班、水手、伙夫、鸦片贩子，摇身一变，都成了房地产商人。百分之一千的利润，正常贸易绝不可能。外国商人发的是战争财，落难的中国人却是万般无奈。

二、"上海共和国"

1853年的危机触发了上海租界的体制变革，租界的社会性质和法律地位都与以前有很大不同。1845年中英《土地章程》第15条规定：上海租界"界内土地，华人之间不得租让，亦不得架造房舍租与华商"②。第16条规定："在洋泾浜以北境内，商人得建一市场，以便华人将日用品运至该处售卖。……惟商人不得为私益而设此种市场，亦不得建筑房舍租与华人，或供华人之用。"③《章程》用意，就是把洋人圈起来，把中国人和外国人隔离开来，以维持明清政府在澳门一贯执行的"华洋分居"的做法。谈判《章程》的时候，上海道台说服英国人："一则洋人如分居各处则领事管理困难；二则有领事裁判权一事已对保护外人有所掣肘，今者再令其各处分

---

① Ernest O. Hauser, *Shanghai, City for Sale* (Shanghai: The Chinese-American Publishing Company, 1940), p. 54.
② 转引自徐公肃、丘瑾璋：《上海公共租界制度》，载蒯世勋等编著《上海公共租界史稿》，上海人民出版社，1980，第48页。
③ 同上。

住，保护必尤难见功效。"① 这个类似西方"种族隔离"的做法，原来是清朝官方的意志。它和欧洲殖民者在非洲、美洲对土著的"种族歧视"不同，是本地政府对外来人口的歧视。"租界"政策反映了清朝官方努力避免中外人民在贸易以外的政治、宗教、文化、语言和思想上的交流，防止交流带来的各项社会问题。鸦片战争后，不得已通商，但必须"一地两制"，两不相干。

大量华人涌入租界，非法购地、租房、建屋，导致了中外之间的法律问题。战火中飘摇的清政府，没有能力阻止华人进入租界。但是，西方外交官却把当初与清政府签订的法律看得很重，他们一定要执行现有的《土地章程》，企图把非法闯入的华人赶出租界。十年前是华人不让洋人入城居住，十年后是侨领们拒绝上海本地人进入租界。时任英国驻上海总领事的阿利国（Rutherford Alcock，1807—1897）在他的回忆录《大君之都》（*Capital of the Tycoon*）中说，1854 年隆冬季节，他下令焚毁英租界洋泾浜沿岸地带的难民棚户，数千华人无家可归。此举令一些英籍商人大怒，他们正在为这些人建造 800 多幢房子，租售给华人，可得暴利。商人们围攻自己的领事官，说："您是女皇陛下的领事官，职责所在自然不得不为国家谋永久的利益，可我们所关心的却是如何不失时机地发财致富。我们的钱如果没有更有利的运用方法，自然只得将地皮租给中国人。"②

---

① 转引自徐公肃、丘瑾璋：《上海公共租界制度》，载蒯世勋等编著《上海公共租界史稿》，第 48 页。

② Rutherford Alcock, *Capital of the Tycoon, A Narrative of a Three Years Residence in Japan*, Vol. 1 (London: Longmans, Green & Co., 1863), p. 38.

"华洋分居"的居住政策被商业规则冲破,起作用的就是华人社会的人口和经济优势。《出卖上海滩》中说:"上海租界只有十年多一点的时间里是一个白人社区。"① 按马士(H. B. Morse)《中华帝国对外关系史》(*The International Relations of the Chinese Empire*),1862年2月太平军攻打上海的时候,"英租界470亩地方以内,据官方宣布,最少有50万中国人"②。华洋人口比例严重倒挂。大量江南和内地来的中国人移居租界,他们把外国商人租过去的土地再租过来,形成一个"再租界"。从法律上说,租界土地的最终所有权属于中国政府,外商"永租"了中国土地,做的是"二房东"。华人再从"二房东"手上租过来,又成了"三房东"。这确实是一种几经反转的华洋关系,却不是一句"侵略"就能骂得过来的。好在华人开店,华人交税,租界从人口结构到生活方式,在外观上变得更像是一个华人城市了。

租界的法律仍然和西方制度相联系。为了让华人居住合法化,1854年对《土地章程》做出修订,7月5日公布。在修订的《土地章程》中,英、美、法租界获得了市政自治的权力。上海道台将地面上的治理权授予侨民团体,一整套的租界制度得以建立。该章程中的各项条款,"造就了一个世界上最为异常(unconventional)的市政制度"③,也被认为是"租界宪法"(Constitution of Settlement)。修订后的《土地章程》的法律意义,就是清政府将租界的

---

① Hauser, *Shanghai, City for Sale*, p. 53.
② 马士:《中华帝国对外关系史》第2卷,张汇文等译,上海书店出版社,2000,第132页。
③ Hauser, *Shanghai, City for Sale*, p. 43.

部分治理权授予侨民自组织（Autonomy），华人及华人政权不加干预。如"附一"文件即为《上海华民住居租界内条例》，其中规定："凡华民在界内租地赁房，如该房地系外国人之业，则由该业户禀明领事官；系华民之业，则由该业户禀明地方官，将租户姓名、年、籍、作何生理、欲造何等房屋、作何应用、共住几人、是何姓名，均皆注明，绘图呈验。"① 这里有两点重大的开放内容：华人既可以从侨民手上租地、租房，还可以向租界内的华人购买土地建房。这样一来，租界里的华人就都可以成为业主，和侨民有平等的置业权益。

事实上，身挟巨款的华人蜂拥而来，几乎要在租界里反客为主。阿利国既然没有办法阻止华人涌入，就竭力筹划用强权保护侨民。他的《大君之都》记录了他的担忧："从前的外国租界已经成为华人的市镇了。……最大的危险来自界内的华人，现在每个外侨必须生活在华人中间，华洋居民大概是一百与一之比。"② 他担心太平军一来，租界内的华人会跟着抢劫，或遭到清军的围攻。稍后年代，华人人口压倒洋人的趋势更加明显。19 世纪 80 年代的《海关十年报告》中说："中国人有涌入上海租界的趋向。这里房租之贵和捐税之重超过中国的多数城市，但由于人身和财产更为安全，生活较为舒适，有较多的娱乐设施，又处于交通运输的中心位置，许多退休和待职的官员现在在这里住家，还有许多富商也在这里。

---

① 转引自徐公肃、丘瑾璋：《上海公共租界制度》，载蒯世勋等编著《上海公共租界史稿》，第 352 页。

② Alcock, *Capital of the Tycoon*, Vol. 1, p. 38.

其结果是中国人占有了收入最好的地产。……在每一幢旧的外国房子拆毁后，中国人的住房就取而代之。"① 外侨的抱怨夸张了，中国人居住在租界里是以人多势众取胜，外侨在"租界"里先入为主的优势地位还可以保持很多年。有一本英文著作《上海的昼与夜》(*Shanghai by Night and Day*) 中说，19世纪外国游客对上海的第一印象就是"挤"（overcrowding）："上海的人口密度恐怕要以平方英尺来计算。"② 一、二大班居住的洋房别墅被拆了以后，就被房地产商翻造成十几个大家族分租的石库门住宅。堆累起来的租金，当然要把老外赶走。到19世纪80年代的时候，除了外国银行和洋行固守的外滩之外，租界的洋泾浜、广东路、福州路、南京路、天津路、北京路一带全部盖起了中式的石库门弄堂房子，成为"租界里的华界"、华人的"再租界"。

当然，租界还是租界，外侨"二房东"仍然能够支配新进租界的华人"三房东"。外侨及时完善社会自治组织，掌控局面，把租界里的各项法权掌握在自己手中，而清政府作为"大房东"仍然无力掌控局面。阿利国作为领事官负责租界安全，他认识到在"英法联军"、"太平军"和"小刀会"的挑战面前，清朝不可能保证租界的秩序，租界必须建立自己的安全体系，来对付界内外的动乱。他说，在帝国的严酷纪律下，"中国人属于世界上最容易统治的臣民

---

① 徐雪筠等译编《上海近代社会经济发展概况（1882～1931）：〈海关十年报告〉译编》，上海社会科学院出版社，1985，第21页。
② *Shanghai by Night and Day*, Vol. 1 (Shanghai: Shanghai Mercury Limited, 1902), p. 87.

之列，只要具备两个条件：权力机关认真办事和拥有军事实力"①。英国的市政制度提供了远比清朝体制更加有效和理性的管理，一定能够治理好上海，外交官们对中国的政局有透彻的看法。于是，建立租界权力机构成了 1853 年自然而然的事情。

中国南方的动荡，促使租界管理形式发生重大变化。1846 年，英租界成立"道路码头委员会"（Committee of Road and Jetties）。顾名思义，修马路，砌码头，只有市政规划和管理权，没有政治管辖权。1854 年，英、美、法租界决定成立"工部局"（Municipal Council），开始谋取政治权力。新机构的中文名字僭越了朝廷"六部"之一的"工部"，表明它是一个市政工程机构。但是，英文名字已经明明白白是"市议会"，该机构有税收、巡捕、议事等权力，自治政权的性质相当明显。在全国各地纷纷组织"团练"、保境安民的时候，上海租界商人也组织起失业的士兵、水手和仆人，在 1853 年 4 月 8 日成立了民兵性质的"上海义勇队"（Shanghai Local Volunteer Corps）。这样，租界就有了自己的军队。按阿利国的筹划，租界组织起了自己的政权和军队，"国中之国"露出了端倪。

中国南方的 1853 年，是一个纷纷想起义、蠢蠢欲割据的时代。随着太平军占领南京，建立"太平天国"，各地的洪门、天地会帮会分子借着清初传下来的"反清复明"口号，借势暴动，推翻清朝。上海的"小刀会"，并不完全是按阿利国等人攻击的那样，只是一帮抢劫者。同年，厦门"小刀会"先行起义，上海"小刀会"

---

① 阿利国：《大君之都》，载中国科学院上海历史研究所筹备委员会编《上海小刀会起义史料汇编》，第 577 页。

只是响应福建起义。起义者属于福建、广东和马六甲等地"三合会"系统的洪门,他们志在建立政权,立国号"大明国",就是借"太平天国"的席卷之势,"反清复明",建立自己的政权。

刚刚 10 岁的上海租界,已经发育成中国的神经中枢。在以后的十年里,各路神经末梢都通到上海来了。各色人等,只要聚到上海,就会感觉到清朝是那么虚弱、无能和腐败。逃避"太平军",来到租界的江浙和长江流域各省的"寓公"们,联络英、法军人搞"中外联防",捍卫疆土。正是"洋枪队""常胜军"最后支持了湘、淮军阀,才剿灭了"太平天国";租界的茶馆里,人们常常议论曾国藩会不会是汉人的新皇帝;"常胜军"管带戈登(Charles Gordon,1833—1885),真的劝说过李鸿章割据东南,取清朝而代之;"乱世多英雄",租界内也不乏同情"小刀会"和"太平天国"的"洋兄弟",供应武器,帮助作战;还有不少传教士访问了"天京",考察"太平天国"是不是一个基督徒政权。清朝的"无政府"状态,可以用一个例子来证明:上海的最高长官道台吴健彰,被"小刀会"扣押在南市老城,还是洋人觉得没有人主持上海政局,不便管理,由晏玛太(Matthew Yates,1819—1888)出面救了他。上海老城被占领,吴健彰失掉了衙门,连海关也没有,只能弄一条小舢板,在黄浦江上追赶逃税的洋轮。

在这样分崩离析的气氛中,又有了正式的行政体制和武装力量,一些外国侨民的信心膨胀,他们挑起了租界独立运动,主张建立一个新国家:"上海共和国"。上海英文报纸《北华捷报》详细记载了这段"上海独立运动"。1862 年 6 月 20 日,美国侨民金能亨

(Edward Cunningham)、维德尔（James Whitall）、霍格（James Hogg）、推德（J. Priestly Tale）和韦伯（Edward Webb）等外侨领袖向上海租界工部局提交了一份请愿书，要求工部局利用已经建立的武装力量，在租界和老城厢的 30 英里范围内"建立一个自由市（Free City）"①。按计划和提议，侨民们使用了"上海共和国"②的名称，"上海共和国"将实行美国式的自由民主制度，"由中外产业所有人选举人员，组织一强有力的政府，举办税收，负治理责任，使产生安全有序的效果，成为中国第一城市"③。此前，租界内外已经举行了多次讨论、集会和游行。金能亨想当"东方的华盛顿"，他的资历称得上"租界元老"：1852 年的美国驻沪领事，1854 年的工部局董事，美资最大公司旗昌洋行的大班。他的请愿确实有他的"代表性"；当"洋枪队"横扫江南的时候，他的计划也有"可能性"；根据自由民主的价值观，他的主张甚至还有"合理性"。剩下的问题就是没有"合法性"。少数外国侨民想代表全体上海人民建立一个新型国家，搞"上海独立运动"。这是一个僭越的妄动，侵夺了清朝的主权，与《南京条约》不符，因而没有合法性。

"上海共和国"的动议，遭到了英国外交官的断然拒绝。英国驻上海领事麦华陀（Walter Henry Medhurst，1823—1885）、驻北

---

① Hauser, *Shanghai, City for Sale*, p. 59. 关于 1862 年"上海自由市"事件的讨论，另见蒯世勋等编著《上海公共租界史稿》第 361 页"改上海为自由市的提议及其失败"。
② Hauser, *Shanghai, City for Sale*, p. 59.
③ 蒯世勋等编著《上海公共租界史稿》，第 362 页。

京公使卜鲁斯（Frederick Bruce，1814—1867）以强硬的口吻，照会上海工部局。麦华陀遵守《南京条约》，维护清朝主权，提醒说，上海"此系中国政府之土地，中国政府仅容许有约各国对各该国侨居于此之人民有一种管辖权"①。除非侨民们放弃英国、美国国籍，作为无国籍流民和中国人一起闹独立，否则，就必须听从领事官的命令。从法律上说，英、美侨民参与1853年以来的上海和南方的反清运动，组织"上海共和国"，远不只是"独立"和"割据"，而是"占领"和"侵略"。《南京条约》和《土地章程》都不赋予这个权力，英国和美国等侨民输出国不会支持，只能按条约加以制止。我们看到，在太平军占领江南、小刀会占领上海的时期，即上海租界最有可能独立建政的机会中，英、美、法政府并不实施侵夺清朝主权的政策。

英、美国家的公使团反对"上海独立"，一方面是从条约"合法性"的角度考虑，更重要的是不愿意被卷进19世纪50年代不确定的"中国之未来"中去。蓝图中的"上海共和国"，方圆百里，主要人口是近百万华人。卜鲁斯公使斥责说：女王的威力只能保护上海的英国侨民，没有义务保护大比例的华人人口，即使他们生活在动乱和专制之中。在上海建立一个像南京"太平天国"那样的"上海共和国"，在政治、商业和文化上都没有任何利益，只有麻烦。这场"上海独立运动"并不是因为清朝的抗议，或者士绅的抵制而流产的。我们看到，"上海共和国"完全是被英国外交部阻止

---

① 蒯世勋等编著《上海公共租界史稿》，第362页。

出生的，英、美、法政府不想在上海获取殖民地。这表明，"列强"政府遵守了既定的中外约章，尽管是和一个腐朽政府签订的约章。

三、"华洋一体"的自治政权

上海租界到底是一个什么性质的城市？"十里洋场""半殖民地""国中之国"等，加上"东方巴黎""西方纽约""冒险家乐园"等，各种各样的称呼，说起来全都是一连串雅与不雅的绰号，都不是法律上的严肃定义。比如说"半殖民地"，只是比喻而已，谁见过一种真正的"半"制度呢？要么是被某国直接统治的"殖民地"（colony），要么是从属于当地国家中央政权的地方政府（local authority）。无疑，上海租界是通过协议，从清朝中央政府那里获得了一系列特权的区域，但它无论如何都不是殖民地。上海不设总督，最终的土地所有权在政府手里，故不向他国纳税。还有，英国、美国的制度和法律虽被采用，但并不能通行无阻地进入上海，等等。

1843年开埠的时候，上海"租界"的英文名称定为"Settlement"，中文有时翻译为"居留地"，也就是居民点的意思，本不是"殖民地"。最初的《土地章程》规定，租界里不能居住华人，"华洋分居"，就法律地位而论，可以说是"种族隔离"的居民体系。但是，这主要是碍于清朝传统"体制"才妥协成立的，并不是外国侨民们一开始就期望的。1853年，大量华人非法进入租界后，人口结构的变化导致了上海租界社会性质的根本变化。1854年对《土地章程》的修改，从法律上保证华人在租界居住、娱乐、经营、言论、集会、结社等人权自由。"小刀会"起义以后，上海租界的中外关系发生了本质性的变化，它再也不是一个单纯的"白人社区"，毋宁说它已经是一个华人人数占优势的社会。所谓"十里洋场"，最主要的社会发展推动力却是来自华人人口。

租界的各国侨民，确实是上海享有特权的"少数"。在上海，房屋的所有者称为"大房东"，二手、三手的租户称为"二房东""三房东"。以此比喻，清朝政府（"大房东"）按《土地章程》的形式，授予侨民"二房东"地位，他们有优先租地的优越地位。租界毕竟是由侨民开辟的，市政制度也是由他们奠定的。进入租界生活的华人是"三房东"，在相当长的时期内并无主体地位，"三房东"不断争取自己的权益，这就是后来租界出现的越来越强的"华人呼声"。19世纪50年代，华人还是客居身份，还没有全面的权利。由于这样的人口结构和社会关系，上海租界华人的力量还处于非组织状态。早期租界的生活模式，华人完全接受租界制度的管理，而英、美、法并不干预租界华人的文化习俗，因此使得租界生活方式形成了"西方的制度，中国的文化"特征。[①]

开埠后的前十年，早期租界的主体是"租地人"。1845年的《土地章程》商定了外侨如何在上海租地的问题。上海租界土地的首批承租者如下：第一号怡和洋行（Jardine, Matheson & Co.）、

---

① 参见李天纲：《从"华洋分居"到"华洋杂处"——上海早期租界社会析论》，载洪泽主编《上海研究论丛》第4辑，上海社会科学院出版社，1989，第225-239页。

第二号和记洋行（Blenkin, Rawson & Co.）、第三号仁记洋行（Gibb, Livingston & Co.）、第四号义记洋行（Holliday, Wise & Co.）、第五号森和洋行（Wolcott, Bate & Co.）、第六号裕记洋行（Dirom, Gray & Co.）、第七号李百里洋行（Thomas Ripley & Co.）、第八、九号颠地洋行（Lancelot Dent）。① 这些"道契"的持有人，是早期上海租界的寡头人物。1854年修订《土地章程》，就是由包括他们在内的40位主要租地人（洋行法人代表和个体法人代表）投票通过的。上海租界早期实行由大"租地人"集合而成的寡头政治，后期则是权力下移，把市政权力与"纳税人"分享，形成了纳税人会议、工部局、各商业团体代表组成的租界自治体系。上海租界虽然没有出现一人一票的"民主"选举，但公共租界的政治基础是"自治"，且权力越来越下沉。

1854年的《土地章程》把"纳税人"的身份凸显了出来，其作用超过了"租地人"。在1845年的《土地章程》中，强调的身份是"租地人"，而不是"纳税人"。早期的市政建设费用，当时规定："各项费用，由各租户呈请领事官，劝令会集，公同商捐。"② 也就是说，租界原来没有"税收"义务和"税收"机构，修桥铺路，只能是和中国乡间士绅那样，用租地人捐助或分派的"善款"来建造。但是，修订后的《土地章程》中，关于税收一项，明确规定"每年初间，三国领事官传习［集］各租主会商，或按地输税，或由码头纳饷，选派三名或多名经收，即用为以上各项支销。不肯

---

① 参见薛理勇：《老上海地产大鳄》，上海书店出版社，2014，第5页。
② 转引自郑祖安：《百年上海》，学林出版社，1999，第213页。

纳税者，即禀明领事饬追，倘该人无领事官，即由三国领事官转移道台追缴，给经收处具领"①。分析这一条来看，租界已经开始了税政，有了税务局（"经收处"）、税务官（"三人或多名"），征收财产税（"按地输税"）和营业税（"由码头纳饷"），而且还把华人作为征税对象（即"由道台追缴"的中国人）。"纳税者"在1854年《土地章程》中成为非常重要的概念，并在后来发展为在租界政治中扮演非常重要角色的"纳税人会议"。

为了说明上海租界的法律地位，到底是"自治体"还是"殖民地"，上海请来了善于处理种族问题的南非最高法院法官。英国人费唐（Richard Feetham，1874—1965）于1929年应邀来上海，花了一年半的时间研究"租界"的地位和性质。《费唐法官研究上海公共租界情形报告书》认为：上海租界是一个以自治（self-government）、法治（rule of law）、安全（security）和自由（freedom）等"四项基本原则"构成的地方"自治政权"。费唐法官说："公共租界之统治，以有资格投票人之意志为根据。"② 这里的"有资格投票人"，开始指拥有大量房地产的"租地人"，后来指"纳税人"，包括华人纳税人。工部局董事们下辖管理的"西人纳税人会议"和"华人纳税人会议"，以及他们的选票，成为租界市政权力的合法性

---

① 转引自徐公肃、丘瑾璋：《上海公共租界制度》，载蒯世勋等编著《上海公共租界史稿》，第54页。

② 转引自熊月之主编《稀见上海史志资料丛书》（9），上海书店出版社，2012，第584页。上海公共租界性质的此"自治""法治""安全""自由"四项基本原则之陈述，见于《费唐报告之批评》（附录于徐公肃、丘瑾璋：《上海公共租界制度》，载蒯世勋等编著《上海公共租界史稿》，第252–278页）。

来源。

虽然费唐是上海租界工部局请来的,是在为租界地位辩护,但是他认为租界是地方"自治政权"的结论是可以接受的。从地方法律文件的渊源来看,上海租界确实是一个"华洋一体"的市民联合政权,尽管人数较少的外国侨民们享有传统特权,尽管华人一直还在争取自己的参政权利。总的来说,从1853年到1927年,租界华人的自治权力是在慢慢扩大。我们只要正视"上海史",就很容易发现这一点。

即使是人的基本权利,即使是法律中明确规定的普遍人权,也都要经过艰苦的斗争才能得到,更何况是要从外侨既得利益者手中争取权利。世界史上,哪一项权利条款上没有染上鲜血。比较起来,上海租界华人争取自主权利的斗争算是平和顺利的,原因就是作为租界基本法的《土地章程》一开始就规定了土地拥有者和纳税市民的基本权利,它不是一个完美的善政,但也不是一个"恶法",而是一个可以修改完善的基本法。开始时,华人纳税者并没有被赋予完全的权利。西方政治强调"不纳税,无权利"(no tax, no right),华人则反唇相讥地提出"无权利,不纳税"(no right, no tax)。工部局既然采取了"自由"和"自治"的法制原则,华人就可以根据这组游戏规则,争取到自己的权利。19世纪50年代,华人开始占据人口多数,但当时还是客人身份,没有马上提出全面的权利要求。据说,1866年再次修订《土地章程》的时候,租界政府已经根据华人的参政要求,商议给予"中国客人"参政议政的权利。但是,北京的中外当局(总理衙门和公使团)没有批准这个议案。直到20世纪20年代，经过"华人参政运动"，租界华人才获得参政权利，建立了华人纳税人会议，工部局里才有了华人董事。

上海租界，"十里洋场"，是上海华人和外国侨民一起创造出来的。把上海说成"半殖民地"，说成"殖民主义的大本营""帝国主义的大染缸"，表面上看很"爱国"，很"正义"，其实是抹杀了上海人，包括租界华人的主体地位，把上海拱手送给了西方。"上海是中国人的上海"，这句话政治上很正确。但是，这里的"中国人"应该包括"上海华人"，甚至租界侨民，他们都是上海的建设者，是近代都市文明的参与者，并不是什么"洋奴""买办""帮凶"。"上海华人"和租界侨民一起创业，有时利用，有时龃龉，有时合作，有时冲突，他们共同造就了100年的上海辉煌历史。在这个时候，我们还应该把开辟上海贸易、奠定近代制度、一辈子定居上海的外国侨民们，也都算作"上海人"。事实上，很多英国人、美国人、法国人、德国人、俄罗斯人，都是一生说上海话，死后也被安葬在上海。华人和侨民，同是对中国近代社会进步有所贡献的"上海人"，应该享有同等的尊重。因为不同种族、民族、地域和职业的缘故，歧视与排斥"上海人"和其他通商口岸民众的历史，反倒是"政治不正确"。

一个半世纪以来，很多活生生的、蛮有意思的历史，都被曲解为"帝国主义侵略"。有一个19世纪60年代的小例子，是关于上海马路的命名的。开埠后的十年间，英国侨民漫不经心地命名自己房子周围的小路。比如说：礼拜天上小教堂的马路叫"教堂街"（Church Street），通往苏州河小木桥的马路叫"桥街"（Bridge

Street)。1853 年，大量华人涌入租界后，市政大大发展了，需要有系统的路名。1862 年 5 月 6 日，英国代理领事麦华陀发表《上海街道命名备忘录》①，说：看看涌入租界的这些中国人，他们带来了上海的繁荣。他们来自中国的各个省份、各个城市，这预示着上海将成为中国的一个大城市。我们应该迎接他们，路名应该用他们家乡的名字才是。1865 年，租界的马路巡视员（inspector of roads）决定全面采用麦领事的建议，改路名如下：

原路名	现路名
外滩（The Bund）	扬子江路（Yangtse Road）
桥街（Bridge Street）	江苏路（Keangsuo Road），又改四川路（Szechuen Road）
教堂街（Church Street）	江西路（Keangse Road）
界路（Barrier Road）	河南路（Honan Road）
庙路（Temple Road）	山东路（Shantung Road）
无名路（No Name）	山西路（Shansi Road）
闸路（Shakloo）	福建路（Fokien Road）
苏州路（Soochow Road）	浙江路（Chekiang Road）
锡克路（Sikh Road）	广西路（Kwangse Road）

---

① 参见汤志钧主编《近代上海大事记》，上海辞书出版社，1989，第 168 页。

苏州河外滩（Soochow Greek Bund）　苏州路（Soochow Road）

洋泾浜外滩（Yangkingpang Bund）　松江路（Sungkiang Road）

领事馆路（Consulate Road）　北京路（Peking Road）

科克大道，老花园路（Kirk's Ave.，Old Park Road）　宁波路（Ningpo Road）

五廷弄（Five Court Lane）　天津路（Tientsin Road）

花园弄（Park Lane）　南京路（Nanking Road）

绳道路（Ropewalk Road）　杭州路（Hangchow Road），后改九江路（Kiukiang Road）

海关路（Custom House Road）　汉口路（Hankow Road）

教会路（Mission Road）　福州路（Foochow Road）

北门街（North-gate Street）　广东路（Canton Road）[1]

然而，还有不同的诠释，1900年以后，一直有人认定：英国殖民主义者在上海租界里用中国十八行省和省会城市名称作为路名，表明那时候列强早就存有瓜分中国之心，已经吞神州于十里洋场。但是，根据上海租界工部局所藏档案编定的《上海史》，麦华陀完全

---

[1] 据汤志钧主编《近代上海大事记》附录五"上海市主要新旧路名对照表"（第955－982页），参照上海通社编《上海研究资料》（上海书店影印本，1984）"马路讲话·公共租界·话马路名字"（第318页）整理。

是另一种的解释,他主张把租界融入中国社会,欢迎华人的到来。

历史解释的基础是事实,事实表明:19世纪五六十年代是上海发展的关键时期。这一时期,华人涌入租界,城市迅速膨胀,"华洋杂处""种族隔离"的格局被打破。在此失序混乱时期,上海租界从清政府那里获得了"自治"特权,但并没有形成一个封闭式的"殖民地",更没有可能成为一个单纯的白人城市。也是在这一时期,租界侨民建立了一系列市民自治性质的政治、经济和文化制度,成为近代上海社会的制度基础,也深刻地影响到日后中国社会在"近代化"过程中的一系列制度建设。不能忽视的一个重要事实是:在这套制度建设中,上海华人从避难到创业,从被动到主动,甚至反客为主,对租界社会做出了不容忽视的贡献。近代上海就是这样,从此以后以一种中西合璧、中西交融的方式发展起来了。

原载《书城》2003年第9期

1862:"京师同文馆"的困厄

一、"疆臣行之则可,皇上行之则不可"?!

咸丰十年十二月初三日(1861年1月13日),恭亲王奕䜣、桂良、文祥上疏,提出拯救清朝的章程六条。这"六条"是:第一,北京设立"总理各国事务衙门",统筹与欧洲国家的外交;第二,在上海、天津任命南、北洋"通商大臣",定点处理第一线的"夷务";第三,各地添设关税,意味着多个省份有了对外贸易的自主权;第四,各省将军督抚可以"办理外国事务",地方有部分的外交权;第五,开设"同文馆";第六,各地商情和外国新闻"按月咨报总理",以便中央了解外洋形势。① 夷务"六条"的实施,确确实实开始了"自强"运动。为了应付洋人,也为了"同治中兴",京城里陆陆续续有人说"洋话"了。

"京师不得说夷话","同文馆无庸招集正途"②,"中华之儒臣而为丑夷之学子,稍有人心,宜不肯就"③。随着"自强"运动的展开,要不要落实章程中的第五条,开设京师同文馆?赞同者少,反对者多。京官们认为天子脚下,首善之区,说洋文丢人。不得已和洋人打交道,就开几个"广方言馆",让那些广东人、上海人去说洋文。同治元年七月二十五日(1862年8月20日),恭亲王奕䜣等人不顾周围人们的憎恶,上奏《同文馆章程》六条,下定决心要开设一所西学堂。得到西太后的批准后,同文馆终于兴办。清末的北京,始终有一个不得已的变通想法,即在京畿腹地保持传统体制的核心,在上海、天津、广州等沿海地区可以搞一些"夷务"缘饰。如此"双轨制""一体二制",继续以东南之财富通济京畿,维持清朝国体。

但是,谤议从来没有离开过这个被叱骂为"鬼子六"的奕䜣。以大学士倭仁(1804—1871,蒙古正红旗人)为首,反对舆论甚嚣尘上。北京城里有对联:"鬼计本多端,使小朝廷设同文之馆;军

---

① 参见《筹办夷务始末·咸丰朝》卷七一,第15-16页。
② 张盛藻:《请同文馆无庸招集正途疏(1867年3月5日)》,载高时良等编《中国近代教育史资料汇编·洋务运动时期教育》,第2版,上海教育出版社,2007,第10页。
③ 李慈铭语,转引自徐一士编著《一士类稿 一士谈荟》,书目文献出版社,1984,第382页。

机无远略，诱佳子弟拜异类为师。"① 1867 年，奕䜣头痛地说："自倭仁倡议以来，京师各省士大夫聚党私议，约法阻拦。甚且以无稽谣言煽惑人心，臣衙门遂无复有投考者。"② 反对说"洋话"的舆论，弄得开张好几年的同文馆招生都困难，门庭冷落，令奕䜣很丢面子。奕䜣说的"无稽谣言"，是一条京城"段子"：1867 年北京春季大旱，瘟疫流行；六月初十日沙尘暴来袭，大白天里紫禁城两个时辰内昏暗如黑夜。居然，有一位谏议大夫杨廷熙趁机上疏说："天象之变，必因时政之失。京师中街谈巷议，皆以为同文馆之设，强词夺理，师敌忘仇，御夷失策所致。"③ 杨御史把北京的沙尘暴，怪罪于奕䜣等人在朝廷招人说"洋话"，真的很"无稽"。

京师同文馆直属总理衙门，级别不高，一应经费由恭亲王奕䜣拨出，校址设在东城东堂子胡同，就在总理衙门后面，衙门官员常来串门，时时照拂。说起来，总理衙门是"自强"运动的中枢机构，权能"位居六部之首"，但是几十年里它只是一个高高在上的"衙门"，决策和理政为主，操办和治事为辅。真正由总理衙门一手操办的实际事务只有京师"一文一武"两项事业："武"是新编一支西式装备的北京卫戍部队"神机营"，"文"就是开设"京师同文馆"。京师同文馆的馆址原是蒙古大学士赛尚阿（1794—1875）的府邸，一大片四合院。总教习丁韪良（William Alexander Parsons Martin，1827—1916）在他的《同文馆记》中说：教室、图书馆、

---

① 翁同龢：《翁同龢日记》第 2 卷，中西书局，2012，第 548 页。
② 奕䜣：《遵议倭仁密陈折片并陈管见折》，载《筹办夷务始末·同治朝》卷四八。
③ 杨廷熙：《请撤销同文馆以弭天变折》，载《筹办夷务始末·同治朝》卷四九。

学生宿舍，一共有七个四合院，此外还有两排矮小的房子。"那些矮小的房子和各院的厢房，便是住所，供住馆学生和三四十名馆仆之用。整个看来，恰像一座兵房，或是一所营幕。"① 从奕䜣的初衷来看，"同文馆"和"神机营"具有同等地位，是总理衙门直属的文武两将。他指望着同文馆培养出一大批"子弟兵"来，满口洋文，伶牙俐齿，锋芒毕露，在外交场上充当"以夷制夷"的将士。

同文馆既是清代"自强"运动的组成部分，也是近代中国学校体制、选拔制度和知识体系的重大革新。清朝走到了19世纪下半叶，"洋文"已经不只是"洋泾浜"两岸"刚白度"（买办）们的商业语言，它的应用从战争、外交等"夷务"领域进入文化、教育、科技的体制内，对中国传统科举文化构成了全面冲击。保守派在受到冲击后的下意识反应，就是害怕失去权势。湘、淮军人恃军功而崛起，他们已经逐渐占据了各省督抚的要津，加上他们幕府中的宾客，沿着捐纳、荐举、征辟等渠道，以"实干"的名义，大量占据观察、道员等地方职务。新设一个京师同文馆这样的朝廷"夷务"机构，再要来堵塞科举"正途"，将来翰林院的京官都没有出路，故而疆臣行之则已，"皇上行之则不可"。从这个角度看问题，可以帮助理解当时和后来发生的各项冲突。

按照1862年奕䜣的蓝图，同文馆只是一所单科性的"外国语学院"。同文馆里设立"法文馆""英文馆"，早在康熙年间设立的

---

① 丁韪良：《同文馆记》，傅任敢译，载朱有瓛主编《中国近代学制史料》第1辑上册，华东师范大学出版社，1983，第176页。

"俄文馆"也被并了进来。考虑到德国势力东来，1871年增加了"布文馆"（普鲁士文，即德文）；鉴于日本在"明治维新"后的崛起，1897年又增加了"东文馆"（日文）。这样，英、法、俄、德、日文，京师同文馆总共设有五个外国语文系。1866年，京师同文馆施行了另一项重要改革。奕䜣上疏，申请增加"天文算学馆"等系科，教授数学、物理、化学、医学等西方的自然科学知识。这一举措，实质是把同文馆从单科性的"外语学院"升级为综合性的"文理学院"。在"洋务派"看来，这应该是循序渐进、顺理成章地引进"西学"的另一步。往下推进，同文馆还应该成为介绍西方法学、社会科学和人文学科的"综合性大学"。但是，这跨越性的"另一步"引起了保守势力的极大反弹。

总理衙门在1866年12月11日的专门奏折中提出，"现拟添设一馆，招取满汉举人及恩、拔、岁、副、优贡，汉文业已通顺，年在二十以外者，取具同乡京官印结或本旗图片，赴臣衙门考试"①。争议在于新添设的天文算学馆，拟定要在科举制名下的秀才、举人中招生，在科举"正途"外，别出一途，与旧学制争夺生源。在传统人士看来，奕䜣推进同文馆事业，着实是"捞过界"了。不考"八股"考"西学"，首先反对的是内阁六部、翰林院、国子监等的高级官员。文官都是靠"八股文"吃饭的，每次都借着科举考试的机会，在京城和各地巡回，充当考官。被地方逢迎招待，威风神气不用说，还能超拔自己喜欢的学生，结为私党，贪墨者还作弊收受

---

① 奕䜣等：《请添设一馆讲求天文算学折》，载《筹办夷务始末·同治朝》卷四六。

贿赂。同文馆鼓励"正途"出身的学生学"西学",别为一科,无疑是挖科举制的墙脚,触动了既得利益集团。

稍稍透视一下就可以发现:"学不学洋文"的"中西"之争下面,藏着一个"改不改科举"的"古今"之争。奕䜣声张"西学话语权",以便争取更多的朝廷行政实权。反对派领袖倭仁,维护传统的"理学话语权",代表了一大批京官的既得利益。毕竟大家都是靠讲"四书"吃饭的,谁也不愿意费劲去学那聱牙的"洋文",更不愿为此丧失权力。那位指责京城人士说洋话,得罪上帝,降了灾异的杨廷熙,说到他不愿学"西学"时态度很坦率:"西学"这件事,"疆臣行之则可,皇上行之则不可;兵弁少年子弟学之犹可,科甲官员学之断不可"①。本来冯桂芬(1809—1874)在《上海设立同文馆议》中提出在上海、广州开设同文馆,就是考虑到八旗子弟不愿学外语。倭仁、杨廷熙真的就说,"西学"只可以在地方上搞,"洋话"可以到上海、广州的洋场去说,无知无识的武夫子弟也可以学点儿西方知识,唯独北京的官员,以及预备来朝廷做官的秀才、举人,断断不能学"西学"!可见,围绕"同文馆"发生的中西语言之争,其实是朝廷内部的新旧"话语权"之争。它牵连出深一层次的科举制合法性之争,而落实为洋务派和保守派的利益

---

① 杨廷熙《请撤销同文馆以弭天变折》称:"天文算学,疆臣行之则可,皇上行之则不可;兵弁少年子弟学之犹可,科甲官员学之断不可。"(《筹办夷务始末·同治朝》卷四九)徐一士抄录的《李慈铭日记》,称"杨(廷熙)疏界间未见,其所云'天文算学,疆臣可行'之语,盖为湘乡督辅地,瞻顾枝梧,辞不达意"(徐一士编著《一士类稿 一士谈荟》,第383页)。按杨廷熙的疏文,以为"西学"非皇帝、士大夫应习之学,亦不应在京师设馆。杨疏和倭仁等人的上疏遭到同治上谕之驳斥,然反对京师设立同文馆之声并不稍减。专此议论,见于徐一士编著《一士类稿 一士谈荟》(第380-384页)。

之争。

保守派反对同文馆，理由之一是英文、法文都是敌人的语言，国人说洋文者，类同"汉奸"。大学士倭仁在上疏中这样表述这种幼稚的逻辑："夷人吾仇也，咸丰十年，称兵犯顺，凭凌我畿甸，震惊我宗社，焚毁我园囿，戕害我臣民，此我朝二百年未有之辱，学士大夫无不痛心疾首，饮恨至今。朝廷亦不得已而与之和耳，能一日忘此仇耻乎？"① 倭仁索性以一种卫道士的道德优越感来保持气节，说："立国之道，尚礼仪不尚权谋；根本之图，在人心不在技艺。"② "夷话"不说，"夷人"不用，"西学"不习，倭仁连久已流行的"师夷之长技以制夷"的说法也不承认。但是，果然如此这般，那同治皇帝还有什么可以作为呢？难道真的是"《孝经》可以退兵""《论语》可以治河"吗？这种态度，或是理学家的意气用事，或是翰林院的话语把持。倭仁可能患了"战败综合征"，也可能是在传统"夷夏观"的主导下犯了意识形态"虚妄症"。但是，最可能的还是他理学家的地位受冲击、既得利益受损害后失衡心理的反应。历史学家指责他为"顽固派"，真的不错。这样"意气用事"的结果就是，中国日后的外语教育、知识更新和思想革命，主要是在京畿之外的东南沿海开放城市开展。

清朝士大夫倘是不通洋文，"中兴"便寸步难行。清朝的"自强"正是从开设"同文馆"、学习洋话开始的，这是不可否认的事

---

① 倭仁：《请罢同文馆用正途人员习天算折》，载高时良等编《中国近代教育史资料汇编·洋务运动时期教育》，第11页。

② 同上。

实。倭仁以下的翰林院官员也知道"西学"不能不讲。但是,他们居然有一种假设,"西学"可以由外省的俗人去讲,京城的士大夫、官宦和皇帝千万不能讲。抵制"西学"和国际通行价值观的态度,居然又在北京流行了 30 年。晚至 1891 年,亲政后的光绪皇帝想推动"变法"僵局,不得不自己带头学英语,在北京和朝廷推广"西学"。据说同治皇帝也曾学习英语,"他的教师便是同文馆的学生"①。还有,清朝末代皇帝溥仪也请了庄士敦(Reginald Fleming Johnston,1874—1938)做英文老师。光绪皇帝的英文老师,正是同文馆的毕业生张德彝、沈铎。"中国皇帝学英语",是当年伦敦、纽约报刊上的热门新闻,传为国际美谈,《纽约时报》报道:"今年 20 岁的清国皇帝陛下(在清国,人民称他为天子),目前正由两个受过英美教育的北京国子监学生负责教授英语,而这件事是由光绪皇帝颁布诏书告知全国的。"② 然而,清朝皇帝为体制所累,骨子里对西方文化因疏离和隔膜而生出爱恨情仇。

二、"同文馆"与"广方言馆"之消长

研究中国"现代化"的学者很容易发现"同治中兴"以后的社会发展,有"中央主导"和"地方主导"两个模式。倭仁等保守派

---

① 丁韪良:《同文馆记》,傅任敢译,载朱有瓛主编《中国近代学制史料》第 1 辑上册,第 164 页。
② 《光绪皇帝学英语》,载郑曦原编《帝国的回忆:〈纽约时报〉晚清观察记》,李方惠等译,三联书店,2001,第 129 页。

把"夷务"拒于京畿之外，正好给各省在"自强"运动中获取权力提供了契机，反而导致地方力量在清末崛起。美籍华裔学者陈锦江教授在《清末现代企业与官商关系》中比较明确地提出一种"北京与各省"的关系，他说："在皇帝是世界的中枢并支配一切的表象之下，有许多权力分到了地方士绅精英手中。这是中国帝王系统成功的秘密。"① 20 世纪五六十年代中国大陆学者忙于"阶级分析"的时候，费正清周围的学者们更注意做地区分析。他们主张把中央与地方之间的互动消长，当作观察近代中国社会变迁的一个窗口。确实，中国近代的新式工业、金融、贸易、航运、市政和现代服务业体系，都是在上海、汉口、天津等通商口岸地区先建立起来，然后辐射到全中国。北京作为权力中心，却无法领导现代事业的发展，这是中国社会近代转型中的一个大问题。

举"洋务"一例来说，当上海、汉口、天津等城市建立起轮船、火车、汽车、电车等现代市政的时候，京城的交通系统却一直没有公共化。清末民初，北京依然延续着"城内呼轿子，城外靠驴子"的格局。同文馆总教习丁韪良在《花甲记忆》（A Cycle of Cathay）中记录了他与英国公使威妥玛（Thomas Francis Wade, 1818—1895）的谈话，后者说："（1871 年）我被任命为女王陛下的公使以后，骑着驴子到了城门。"1882 年他离任的时候，仍然是骑马离开了北京。1886 年，清廷终于采纳了总理衙门转达的威妥玛的建议，修建从天津到通县的铁路。但是，马上有御史参奏当年

---

① 陈锦江：《清末现代企业与官商关系》，王笛等译，中国社会科学出版社，1997，第 7 页。

宫内失火、天坛雷击等"灾异",都是"上帝"的警示,朝廷就撤销了修建铁路的动议。作为一个传统城市,北京及其近畿地区的"现代化"长期滞后。19、20世纪,北方直隶地区的新式事业都在天津举办。北京不能表率全国,原因就在于每临一事,阻力重重。

鸦片战争以后的中国社会发展,依然延续着明清以来"地方先导"的态势,众多领域内的变革都是由地方精英人物推动的。以京师同文馆(1862)和上海广方言馆(1863)、广州同文馆(1864)的经验为例,在最应该由中央政府主导的全国文化、教育的现代化运动中,朝廷高官也是处境尴尬,远不及地方精英动作灵活,资源丰富。身居中枢的总理衙门大臣们,本该像邻国日本的内阁大臣那样强有力地介入全民族的"现代化"运动,然而事实上他们在引导全国新式事业的发展中无能为力,常常落在地方的后面。从几十年的办学效果来看,京师同文馆不但不能引导全国高等教育的改革,就是在语言教学方面的成绩也远远不及上海广方言馆和广州同文馆。

兴办"同文馆",地方人士远比中央官员更有热情,上海广方言馆在李鸿章、冯桂芬等人的主持下,发展比较健康。冯桂芬是19世纪60年代上海洋场内外最重要的地方精英人物之一。他是老资格的苏州籍进士,道光二十年(1840)高中榜眼,点为翰林。太平天国时期辞了京官,和曾国藩、李鸿章一样,回乡组织团练。兵败后流寓上海,和"洋枪队"一起"会防"江苏。事实上,正是冯桂芬向李鸿章、奕䜣等建议开设"同文馆"。他提出:"今欲采西学,宜于广东、上海设一翻译公所,选近郡十五岁以下颖悟文童,倍其廪饩，住院肄业，聘西人课以诸国语言文字。"① 冯桂芬原来提出在上海、广州办同文馆，方便可行。他在《上海设立同文馆议》中说："通商纲领虽在总理衙门，而中外交涉事件则二海口尤多，势不能以八旗学习之人兼顾海口，惟有多途以招之，因地以求之，取资既广，人才斯出。愚以为莫如推广同文馆之法，令上海、广州仿照办理，各为一馆。"② 冯桂芬为在这两个地方城市兴学申辩说："总理衙门"固然是中枢，但是具体经办的涉外事务多在上海和广州。只有在上海、广州兴办"同文馆"，招收愿意学习"洋文"的汉人子弟入学，变法才有希望。

保守的中央需要开放的地方来推动，奕䜣在开设同文馆之初已经认识到这一格局。在上海、天津分设南、北洋大臣，便是一计。听从冯桂芬等人的建议，奕䜣一开始就从南方调用人才。他在1862年上疏中提出："闻广东、上海商人，有专习英、法、美三国文字语言之人，请饬各省督抚挑选诚实可靠者，每省各派二人，共派四人，携带各国书籍来京。"③ 从师资，到教材，到教学方法，北京的外语教育都要仰仗地方输送。广州是"粤海关"、老通商口岸，"十三行"周围，穗、港、澳中外势力盘根错节，关系密切。上海则是1843年以后新开辟的商埠，经过20年的高速发展，洋场规制超越了广州，成为新的对外贸易中心。费正清等人编的《步入中国清廷仕途——赫德日记（1854～1863）》（以下简称《赫德日记》）

---

① 冯桂芬：《采西学议》，载《校邠庐抗议》，上海书店出版社，2002，第56页。
② 冯桂芬：《上海设立同文馆议》，载高时良等编《中国近代教育史资料汇编·洋务运动时期教育》，第8页。
③ 奕䜣：《通筹善后章程折》，载《筹办夷务始末·咸丰朝》卷七一。

中说："到了19世纪60年代后期，上海的《北华捷报》就声称："对外贸易的心脏是上海，其他口岸只是血管而已。"① 洋行、银行、公司之外，19世纪60年代的上海，新式文化事业已经形成规模，承担起引领新中国各项事业建设的职责。中外文人一起办报纸、开书局、设医院、建学校，合作合资，非常普遍。"中外熙洽"的气氛已经先在上海等口岸城市形成，"华洋杂处"下的合作格局在上海成为日常生活的一部分，奕䜣向南方寻求各类"涉外人才"，确实算是"识时务"之举。

京师同文馆办学失败，1901年张之洞制定"壬寅学制"时，它改名"译学馆"，按《学堂章程》并入京师大学堂。京师同文馆本来应该独立发展为"皇家大学"，成为全国教育改革的垂范。倘若这样，"亚洲第一所大学"就不会是日本的东京帝国大学（1877），或许就是从1862年同文馆进化来的"中华帝国大学"。但是，办学40年，同文馆连最基本的外语教学也没有搞好，除了勉强做了一点儿"西学"翻译外，在新式人才的培养上全然失败。1871年，在京师同文馆法文馆里学了9年的庆常，随崇厚（1826—1893，满洲镶黄旗人）出使法国，不能做任何翻译工作。结果在法国滞留多年，专门请了老师，才慢慢学会法文。还有一位德文馆学生荫昌（1859—1928，满洲正白旗人），学了5年德文，1877年随刘锡鸿（？—1891，广东番禺人）出使，以"三等翻译官"被派往德国，结果连日常德文都不能对付，被降为"四等"。光绪十年

---

① 费正清等编《步入中国清廷仕途——赫德日记（1854～1863）》，傅曾仁等译，中国海关出版社，2003，第313页。

(1884)，许景澄（1845—1900，浙江嘉兴人）出使，荫昌又被派去柏林，德文还是不行。京师同文馆英文馆首届 10 名学生中，只有张德彝（1847—1918，辽宁铁岭人）一人的英语堪用。

从成才学生统计分析，京师同文馆远远不及上海广方言馆。清末民初比较有名的外交家，大多出自上海。汪凤藻（1851—1918），江苏元和人，上海广方言馆首届 40 名学生之一。在学期间，汪凤藻英语过关后，跟随"外教"林乐知（Young John Allen，1836—1907）研习"西学"。就在北京激烈争论是否要开设"天文算学馆"的时候，汪凤藻等人已经掌握了"几何""微积分"，并开始为江南制造局翻译馆翻译作品。反观北京，1867 年，京师同文馆的天文算学馆好不容易招了 30 名八旗子弟来学"西学"，结果因为资质太差，半年内不得不辞去 20 名学生。总理衙门紧急征召上海广方言馆和广东同文馆高才生填补缺额。汪凤藻等 4 名上海同学、6 名广州同学北上京城，支援中央办学。汪凤藻在京师同文馆的纨绔学风中，出淤泥而不染，脱颖而出。1882 年中举，次年进士及第，随即又点为翰林，兼了"西学"与"正途"，帮助奕䜣实现同文馆理想。1887 年，汪凤藻随苏州同乡、状元洪钧出使俄、德、奥三国，任二等参赞；1892 年，接替李鸿章之子李经方，出使日本。光绪年间，全国找不出第二个像汪凤藻这样既懂洋文又有功名的"复合型人才"。一生并不得志的汪凤藻，1902 年曾被盛宣怀任命为上海南洋公学的"总办"（校长）；1902 年张之洞举荐他担任京师大学堂"格致科监督"(理学院长)。①

把地方学校的学生"咨送""保送"中央，艰难地维持着京师同文馆的教学。我们取苏精所著《清季同文馆及其师生》中的资料，编成一份上海广方言馆的校友名录，可以发现京师同文馆的有限业绩还都是靠地方同文馆的大力支援。汪凤藻，江苏元和人，1863年入上海广方言馆，为首届生。1868年，以优秀生奉调京师同文馆学习天文算学，参加光绪八年（1882）乡试，乡试成举人，次年连捷成进士。1887年随大学士洪钧出使俄、德、奥，后出使日本等国。1902年一度担任南洋公学总办，1918年去世。杨兆鋆（1854—？），浙江吴兴人，幼年随在上海广方言馆教习中文的胞哥在校学习，为首届学生之一。1871年，他被第二批保送到北京，支援京师同文馆。在馆中，他年龄最小，成绩最好。1902年出使比利时，是同文馆学生中继汪凤藻之后的第二个"出使大臣"。吴宗濂（1856—1933），江苏嘉定人，1876年入馆学法文。1879年保送京师同文馆，1888年起任翻译官，出使欧洲各国。1909年，吴宗濂被任命为出使意大利大臣。胡惟德（1863—1933），浙江吴兴人，1876年入上海广方言馆算学馆，兼修法文、英文。1889年随薛福成出使英、法、意、比四国，曾被列入张之洞的举荐大名单，并在1911年出任袁世凯内阁的外务部大臣。刘式训（1869—1929），江苏南汇人，1879年入馆学法文，1890年保送京师同文馆。随使欧洲，才能为许景澄、孙宝琦等出使大臣欣赏，后担任首

---

① 京师同文馆毕业生情况，参见苏精的《清季同文馆及其师生》（苏精自印本，1985）。

任巴西出使大臣。1916年，担任外交部次长（副部长）。陆徵祥（1871—1949），江苏上海人，1883年入上海广方言馆，1891年保送京师同文馆，第二年受到许景澄的赏识，年方弱冠，便出使欧洲。在任期间，积极推进外交领域的改革，被称为中国第一代"职业外交家"。1911年在唐绍仪内阁中任外交总长，后担任国务总理。颜惠庆（1877—1950），上海人，1895年之前在上海广方言馆学习。此后留学美国弗吉尼亚大学，1900年回国，赐为"译科进士"，并在上海圣约翰大学任教。1912年开始，出任驻德公使、外交总长、内务总长等职，1922年任国务总理。张君劢（1887—1968），江苏宝山人，1899年入上海广方言馆。1903年转入震旦大学学习，1906年又赴日本早稻田大学，此间追随梁启超，从事宪政运动。1918年更留学德国，学习西方哲学。回国后一直活跃在思想文化论战的第一线，成为20世纪有很大影响的哲学家。①

在清末混乱的政局中，踏上官场的途径有很多条。有"捐纳"，出钱买官；有"恩荫"，靠祖上的功德；有进"幕府"，等幕主的举荐；有"领军"作战，以军功论赏封侯；当然，还有越走越细，穷途末路的"科举"正途。但是，无论从"官宦正途"还是从"旁门左道"上来的满朝文武，都止步于外务部。外交官的位置，越来越多地留给了"职业外交家"。在中西方文化悬殊的时代，外交官在官场上最具有"职业性"。懂得外语，知晓礼仪，具有"西学"知

---

① 上海广方言馆毕业生情况，参见苏精《清季同文馆及其师生》，在"广方言馆出身的外交使节"一节（第193-212页）列举有汪凤藻（芝房）、杨兆鋆（诚之）、胡惟德（馨吾）、刘式训（紫升）、陆徵祥（子兴）、吴宗濂（挹清）、刘镜人（士熙）、唐在复（心畲）、戴陈霖（雨农）等人。

识,了解"国际公法",这些"职业"要求,都使得六部翰林、基层武将不能够轻易染指外务部。清末民初的外交舞台上,上海广方言馆出身的江、浙籍学生通过总理衙门的选拔,日益为朝廷所用。从上海出来的外交家,覆盖了清末民初,乃至往后的外交界。上海和江、浙人办外交,一直是官场的突出现象。原因就在于士大夫、官僚、军人、党棍通吃的腐败官场,外务部是唯一提倡"职业化"的部门。清朝的各部官制,如果都能够像外务部那样多多引进南方专业人士,施行职业化改革,多用"洋进士""留学生",就有助于在北京形成一个专业人士集团,可以在行政过程中稍稍阻拦政客、军阀们的倒行逆施,有利"新政"。

三、语言、身份和认同

齐如山(1876—1962,河北高阳人)先生是京师同文馆的晚期学生,他在自己的回忆录中描写了当时北京人厌恶学习外语的风气,说:"(同文)馆是成立了,但招不到学生。因为风气未开,无人肯入。大家以为学了洋文,便是降了外国。……学生入了同文馆以后,亲戚朋友对于本人,因为他是小孩,还没有什么鄙视,对于学生们的家庭,可就大瞧不起了。说他堕落,有许多人便同他们断绝亲戚关系,断绝来往。甚而至于人家很好的儿媳妇,因她家中弟弟入了同文馆,便一家瞧不起这个媳妇,而且因之便受了公婆之气。"[1]

---

[1] 齐如山:《齐如山回忆录》,宝文堂书店,1989,第28-29页。

京城人家的风气真的认为：会说"洋文"和信了"洋教"一样，都不是中国人了。用当代政治学的观点来看，当时的北京人民是把"语言"本身等同于民族认同（national identity），一说"洋文"，便是"洋人"。齐如山提示的"民族认同"给人的压力一定相当大，以至于奕䜣等人不得不一度表示，等到"夷务"稍缓，同文馆可以停办："俟军务肃清，外国事务较简，即行裁撤。"① "俟八旗学习之人于文字语言悉能通晓，即行停止。"②

每个人都生活在特定的群体中，每个群体需要自己的"认同"。"种族"（race）、"民族"（nation）、"族群"（ethnicity）、"宗教"（religion）、"性别"（gender）、"性征"（sexuality）上的种种特征都会把一个特定的群体凝聚起来，形成"认同"。"语言"能够形成"认同"，有些群体把本民族的"语言"看作唯一的身份"认同"。犹太人坚持把希伯来语作为保存自己民族文化特征的载体，法国人热爱法语视同生命，加拿大魁北克人民为了保持自己的法文传统不惜闹独立，都属于这层关系。然而，在19世纪开始的大规模全球交往中，一个人学习外语，进而产生"跨语言""跨文化"的身份认同是更加自然的事情。外国人学中文，中国人学外语，都是必要的行为。"京师同文馆"（School of Combined Learning）③ 的校名，

---

① 《钦差大臣奕䜣等通筹洋务全局酌拟章程六条折》，载齐思和等编《中国近代史资料丛刊·第二次鸦片战争》（五），第342页。
② 同上书，第345页。
③ "京师同文馆"的英文名"School of Combined Learning"为官方译名，意思是一个学习中西混合知识的学校。（参见丁韪良：《同文馆记》，傅任敢译，载朱有瓛主编《中国近代学制史料》第1辑上册，第173页）

就反映了这种"跨语言"认同的文化本质。意识到自己的"认同"受到外来威胁的时候，保持自己的语言和文化特征，算是一种本能行为。然而，倭仁等人在京师同文馆事件上表现出来的"语言抗拒"，并不是一种合理的"文化认同"，而是在一个"全球化"时代中拒绝对话和交流，因袭过去歧视"蛮夷"而来的非理性的盲目行为。

清朝除了维持澳门、广州地方的"通商贸易"外，一直拒绝与葡萄牙、荷兰、英国等"大西洋"国家面对面地交往。北京不让外国人逗留和居住，嫌他们"夷性犬羊""好利蛮横"。"鸦片战争"后的"五口通商"，在清朝人的心理上，也还是"赐"西洋人通商贸易，给牟利的商人们一条活路而已。第二次鸦片战争后，面对闯了进来的欧洲列强，还有镇压不住的太平天国，西太后和恭亲王奕䜣不得不开始改革。新设总理衙门，开办同文馆，一个原先是用后背对着世界的老人，扳转了180度，正面朝向咄咄逼人的"列强"，开始了与世界的对话。无论如何，原先独处的中国人需要和其他民族交流，历来孤傲的中国人更需要倾听别人。在这样的环境下，中国人开始学习外语，是一种"跨文化交流"的理性行为。

倭仁，曾经和曾国藩等人一起拜在理学家唐鉴（1778—1861，湖南善化人）的门下，1862年任工部尚书，后升任文渊阁大学士，为同治皇帝经筵讲师，俨然"国师"。从他们一群人在1867年激烈辩论中熟练使用的话语来看，反对开设同文馆的根据在"理学"。1867年3月5日，倭仁的学生御史张盛藻上疏："朝廷命官必用科甲正途者，为其读孔、孟之书，学尧、舜之道，明体达用，规模宏远也，何必令其习为机巧，专明制造轮船、洋枪之理乎？……臣以为设立专馆，只宜责成钦天监衙门考取年少颖悟之天文生、算学生，送馆学习……至轮船、洋枪，则宜令工部遴选精巧工匠或军营武弁之有心计者，令其专心演习，传授其法，不必用科甲正途官员肄习其事。"① 他们根深蒂固地认为"天文算法"是精神污染，清朝不得已要利用，但绝不能向处于主流地位的"文儒近臣"浸染。二百多年来，清朝中央集权制度体系主要是两大支柱：一是"理学"，二是满、蒙、汉八旗军队。"八旗"崩塌后，再不能把"理学"依靠弄丢了，以致人心沦丧。文官的"智勇"，就是靠旧"话语"来维持昔日的"权力"。

思想史家常常指倭仁是"顽固派"，其实，经历了1861年屈辱的"城下之盟"，倭仁并不是真的认为能够"以礼克兵"，打退洋人。战败以后，他不得不承认欧洲人的"船坚炮利"。他坚持"理学"教条的基本动因，初不在于"抵制西方"，实在是要"防备曾、李"，这一点要仔细分析才能透视。他在同治六年二月十五日（1867年3月20日）的奏折中说："立国之道，尚礼仪不尚权谋；根本之图，在人心不在技艺。"② 这句名言暗藏杀机，其实是说给奕訢背后的曾国藩、李鸿章等人听的。同治年间的北京官场，都知道曾国藩在南方统军荐人，用足了"权谋"；还有，李鸿章在上海、天津，正大量引进西方"技艺"。倭仁眼看凭战功崛起的昔日"同

---

① 张盛藻：《请同文馆无庸招集正途疏（1867年3月5日）》，载高时良等编《中国近代教育史资料汇编·洋务运动时期教育》，第10页。
② 倭仁：《请罢同文馆用正途人员习天算折》，载高时良等编《中国近代教育史资料汇编·洋务运动时期教育》，第11页。

门"曾国藩,还有左、李等大将在南方"洋务"事业中渐渐坐大,朝廷有冷落他们这些"理学"名臣的趋势。朝廷权臣奕䜣"既经疆臣曾国藩、左宗棠、李鸿章、郭嵩焘、蒋益澧等"与其往返商量,不与文臣商量,就擅行设立同文馆,因而恼怒。随着"夷务"的开展,奕䜣和曾、左、李以总理各国事务和南、北洋通商衙门为核心,逐渐形成了一个朝廷内外的"变法集团",夺走了不少传统京官的权力,令倭仁等人忧惧。内廷文官别无长物,只有靠传统的意识形态来维护"礼仪",钳制"人心"。于是,倭仁等人就抓住奕䜣上疏中出现的一句"错话",即称天文、算学既是"艺"学,亦是"道"学的说法①,大加鞭笞。干事的受讲"理"的掣肘,倭仁反对"西学"教学,坚持"理学"教条,就是想通过垄断意识形态的解释权,继续把持"话语权",占据权力要津。权力斗争,不是用公开坦率的方式来进行,而是用"仁义道德"的"学问"来遮掩,因而行为迂曲,思想怪异。

恭亲王奕䜣的绰号是"鬼子六",鬼点子很多。《翁同龢日记》在同治六年二月十三日(1867年3月18日)记录了北京人为"同文馆"事给他拟的对联:"鬼计本多端,使小朝廷设同文之馆;军机无远略,诱佳子弟拜异类为师。"② 同年同月二十四日(1867年3

---

① 倭仁、张盛藻抓住奕䜣等人奏折(1866年12月11日)加以追究的那句话是:"(京师同文馆)959期天文、算学,均能洞彻根源,斯道成于上,即艺成于下。"(奕䜣等:《请添设一馆讲求天文算学折》,载高时良等编《中国近代教育史资料汇编·洋务运动时期教育》,第48页)这里奕䜣等人提出天文、算学亦为"道",而非仅是"艺",倭仁等人则以为"西学"不可能有"道",故此说大不符合"理学"原则。

② 翁同龢:《翁同龢日记》第2卷,第548页。

月29日）还记载有两副对联："未同而言，斯文将丧""孔门弟子，鬼谷先生"①。这些都是讽刺奕䜣引诱儒生，为"鬼子"门徒。奕䜣确实"鬼计多端"。精明过人的他在谈判中摸到英法联军愿意维持清朝统治的底牌，也料定曾国藩、李鸿章等汉人将领并不敢当皇帝，更能够看穿倭仁等人放出来的恶意只是意识形态"话语"假象。面对种种纠纷，他和总理衙门诸大臣能够做的就是"不争论"，认准清朝发展和稳定的硬道理，用利益的方式谈利益。他自知总理衙门"位居六部之首"，权倾一时，又推行着有争议的"洋务"，必然招致旧臣的反对。他的出招方式是"请君入瓮"。不和你争论，让你来衙门当大臣，分权给你，你自然就不再反对。曾经激烈反对"洋务"的毛昶熙（1817—1882）、沈桂芬（1818—1881）进入总理衙门之后，都逐渐成为奕䜣"变法"政策的支持者。

面对倭仁的"理学"张狂，奕䜣也试过"请君入瓮"之计。他曾经请倭仁加入总理衙门，但遭到拒绝。同治六年三月十九日（1867年4月23日），奕䜣有奏折，要皇上"请择地另设一馆，由倭仁督饬，以观厥成"②。丁韪良评论此事时说："这位老志士自知自己所夸耀的本国科学家原无其人，不愿另立学院。恭亲王叫他加入总理衙门，以便和他所称为洋鬼子的得以接触，受点教益，他也不肯接受。"③ 奕䜣的想法是，既然倭仁反对"奉夷为师"，那就请

---

① 翁同龢：《翁同龢日记》第2卷，第551页。
② 《同治六年三月十九日（1867.4.23）总理各国事务奕䜣等片》，载朱有瓛主编《中国近代学制史料》第1辑上册，第558页。
③ 丁韪良：《同文馆记》，傅任敢译，载朱有瓛主编《中国近代学制史料》第1辑上册，第179页。

他负责办一所自己的"天文算学馆",效明代万历年间修历设"西局"(利玛窦、徐光启)、"东局"(吴明暄)故事。倭仁语塞,表面接受,背后却玩了一个小伎俩。他在一次骑马的时候,故意跌下马来,"中途故坠马,遂以足疾请假"①。奕䜣知道倭仁的秉性,既不深究,也不勉强,争议从此搁置,同文馆遂得以在京师开办。这种滑稽故事被《清朝野史大观》记录下来,颇能说明倭仁"理学"家的伪善人格。

"鬼子六"奕䜣是清朝贵胄中的功利之人,并不是一个深明大义的人。他开设"同文馆",教习西洋语言文字和学问,立意并非为了消弭不同文化之间的冲突,增加不同民族之间的沟通,而是为了解除清朝的统治危机,不得已而用之。同治年间,只有在上海从事文化翻译活动的王韬等少数人,具有了初步的"全球化"意识,比较超越地把"西学"看作人类精神融通的工具。王韬意识到"六合将混而为一"②,并且在他的《原道》中主张用"车同轨、书同文、行同伦"的方式来实现地球("六合")范围内的"大同"。作为一个在危难之际出面拯救清朝的皇亲大臣,奕䜣自然也把欧洲语言看作一种"权力话语"。和"顽固派"不同的是,奕䜣积极而正面地肯定"洋话"可以用作清朝的统治工具,而不只是一种威胁。

"语言"的初级功能是谋生的工具。在上海,在广州,一批说"洋泾浜英语"的"通事""刚白度"们,利用中外贸易,获得了巨

---

① 《倭文端阻开同文馆》,载李秉新等校勘《清朝野史大观》,河北人民出版社,1997,第382页。

② 王韬:《六合将混为一》,载《弢园文录外编》,上海书店出版社,2002,第115页。

大的商业利益，引起士大夫阶层的羡慕。冯桂芬愤愤地说："今之习于夷者曰'通事'，其人率皆市井佻达游闲，不齿乡里，无所得衣食者始为之。"① 李鸿章在他的著名奏稿《请设外国语言文字学馆折》中惊呼，"四民"之外，有一个"新阶级"在产生，还说："查上海通事一途获利最厚，于士农工商之外别成一业。"② 对19世纪沿海"买办"来说，外语自然是被用来赚钱的。对同治时期总理衙门的官员来说，推广外语则有国家建设的功利目的。中国需要参与"商战"，加入全球竞争，谋得自己的利益，否则就会被"列强"淘汰。但是，功利目的太强烈，探不到语言文字中的精髓，不同语言中的文化内涵就会被忽视，"跨文化"的语言交流就会迷失其根本宗旨。

非常遗憾的是，唯一在中央倡导学习西方语言的学校，是一家彻头彻尾的功利主义机构。奕䜣从功利主义的立场看待西方"语言"，他并不相信欧洲语言中也包含高尚的精神文明，充其量有一些"天文历算"的"奇技淫巧"。他倒是不认为"洋话"会冲击清朝的文化"认同"，使中国人不再像"中国人"。相反，奕䜣敏锐地感觉到并为之焦虑的是：如果满族贵族不掌握法语、英语，全部让那些在上海、广州的汉人掌握了外语，占据了中外交涉的要津，就会进一步丧失其政治优势，眼看汉人在更大范围内攫取更多的权力。因此，奕䜣订立的《同文馆章程》(1862) 第一条就规定："应

---

① 冯桂芬：《采西学议》，载《校邠庐抗议》，第55-56页。
② 《同治二年二月初十日（1863.3.28）江苏巡抚李鸿章奏》，载朱有瓛主编《中国近代学制史料》第1辑上册，第214页。

由八旗满、蒙、汉闲散内，择其资质聪慧、现习清文、年在十五岁上下者，每旗各保送二三名。"① 奕䜣希望"八旗子弟"能够熟练掌握外语，将来控制"洋务"利薮。在这一层面，奕䜣考虑的是如何用一种新进的"强势语言"来强化满族人和八旗子弟的统治阶级"身份"（status）。既然奕䜣的私心，只是把外语作为牟利工具，为满族既得利益阶层谋求新出路，那么京师同文馆的失败也就早在注定之中。

1862年总理衙门选定"同文馆"的名称，在放低文化姿态、营造平等对话的气氛方面，是对儒家"夷夏观"的一个突破。所谓"同文"，是秦始皇统一中原、归并六国时"车同轨，书同文"的说法。但是，19世纪的法文、英文已经是国际"强势语言"。清朝的"同文"实践，谈不上用中文同外文，用儒教同耶教，即从事文明间的对话与交流。所谓"同文"，真实的含义是翻译、沟通、学习和借鉴实用技术。无论如何，京师同文馆有这样的举动，还是靠了奕䜣的费力推动，这也算是中国文化的一个新境界、一次大跨越。

同治年间，中国还是有人看准了一个新时代，开始把19世纪的列强世界看作被放大了的"春秋战国"，因之在中外交往前沿地带的文人学士中间，开始出现一点儿乐观、浪漫的"混一"理想。在上海"墨海书馆"从事《中国经典》（Chinese Classics）和基督教《圣经》翻译的王韬，觉得有朝一日这个世界会"六合混一"，全球合为一体，各民族将无分肤色和信仰，自由贸易，和平相处，

---

① 奕䜣：《同文馆章程》，载高时良等编《中国近代教育史资料汇编·洋务运动时期教育》，第38页。

人们将平等地学习和应用各民族的语言，借以沟通。继明朝崇祯年间徐光启提出"欲求超胜，必须会通；会通之前，先须翻译"[1] 的主张之后，清朝同治年间又重现了"东海西海，心同理同"的文化理想。从明末清初，到清末民初，中西文化的交流与碰撞，使得中国人的内心有一种宏大的东西在发生。沉寂千年的中国思想史，又有了一次新的"王者归来"。可是，这场宏大的"归来"，身在北京宫阙之内的奕䜣等人却无法感受。无论"鬼子六"这批改革家多么警觉和鬼魅，他们都并不真的理解19世纪的全球互动，因此也无法改变清朝的衰败之局。我们可以说，总理衙门内励精图治兴办洋务、苦心孤诣操弄京师同文馆的奕䜣、桂良、文祥、沈桂芬、董恂等人是一批干才。他们如果像稍后的日本"明治维新"那样锐意改革，本来有机会把清朝带进现代文明。然而，所谓的"时务派"，也就真的不过是一批"识各国之时务"的"朝中俊杰"而已。清朝无法将"维新"推进到现代政治，困顿了40年的"同文馆"实践最后仍然归于失败。

原以《一八六二："同文馆"的四十年困顿》为题，
载于《文景》2005年第8期

---

[1] 徐光启：《徐光启诗文集·历书总目表》，载朱维铮、李天纲主编《徐光启全集》（九），第198页。

1864：湘、淮的崛起与大清的板结

一、湘、淮军人掌天下？

1864年7月19日，曾氏兄弟统率的湘军攻陷了太平天国首都天京，中国南方历时13年的战乱终于平息。当初，咸丰皇帝许下诺言，"有能克复金陵者可封为郡王"①。可是捷报传到紫禁城里，"廷议"坚决反对封曾国藩为"王"。退而议其次，议定所有的湘、淮军将领只以"侯、伯、子、男"受封。本月，54岁的曾国藩被清廷加封为"太子太保""一等毅勇侯爵"。他的弟弟曾国荃受赏为"太子少保""一等毅威伯爵"。"曾侯""曾伯"，名扬天下，不啻无

---

① 《曾左二相封侯》，载李秉新等校勘《清朝野史大观》，第370页。

冕之王。江南厘定之日，曾国藩的权威达到了顶点，他代表了中国近代历史上的一代超级"强人"——湘、淮军人曾、左、李。

有当时人记录说："清初定鼎以来，直至咸丰初年，各省督抚满人居十之六七。……同治八、九年间，十八省督抚提镇，为湘、淮军功臣占其大半。"① 查《清史稿·疆臣年表》，情况确实如此，督抚的位置基本上由汉人占据。同治五年（1866），全国一共九个总督，直隶总督刘长佑（湖南新宁人）、两江总督李鸿章（安徽合肥人）、陕甘总督杨岳斌（湖南善化人）、四川总督骆秉章（广东花县人）、闽浙总督左宗棠（湖南湘阴人）、湖广总督谭廷襄（浙江山阴人）、两广总督瑞麟（满族）、云贵总督劳崇光（湖南善化人）、漕运总督吴棠（安徽盱眙人）、河道总督张之万（直隶南皮人），八个是汉人，只剩下一颗"两广总督"印章还留在满人瑞麟手上。同年，除了"满洲"东三省的"龙兴之地"外，长城之内十五行省的巡抚，江苏刘郇膏（河南太康人）、安徽乔松年（山西徐沟人）、山东阎敬铭（陕西朝邑人）、山西曾国荃（湖南湘乡人）、河南吴昌寿（浙江嘉兴人）、陕西赵长龄（山东利津人）、福建徐宗幹（江苏南通人）、浙江马新贻（山东菏泽人）、江西刘坤一（湖南新宁人）、湖北李鹤年（奉天义州人）、湖南李瀚章（安徽合肥人）、广东郭嵩焘（湖南湘阴人）、广西张凯嵩（湖北江夏人）、云南林鸿年（福建侯官人）、贵州张亮基（江苏徐州人），没有一个是满人。② 更加值得注意的是：督、抚之中，湘、淮军系统出身的占据了绝大多数。

① 坐观老人：《清代野记》，巴蜀书社，1988，第2页。
② 参见赵尔巽：《清史稿·疆臣年表》，第25册，中华书局，1977，第7405页。

"十年动乱"之后，满洲人不得已把封疆大吏的位子让给湘、淮军人。一旦江山重固，他们马上就培养八旗子弟，按着梯队，顶替接班。至19世纪90年代，"满人之焰复张。光绪二十年后，满督抚又遍天下矣"①。

大批军人占据要津，成为封疆大吏，几乎形成湘、淮军人"军管"全国的局面。但是，这还只是同治、光绪政情的一般铺垫，比这更要紧的是，三个从湘军大营里走出来的领袖人物曾国藩、左宗棠、李鸿章左右了清朝的地方政治。朝廷之外，"中兴大臣"曾、左、李，是清廷不得不依赖的三根柱石。三人中间，曾国藩无疑是老大，地位最显要。这是因为大多数湘、淮军系出身的人物，都是或直接或间接从他的营帐下出去的。情况正如王闿运在《湘军志》中所说，至咸丰十一年（1861）底杭州攻陷之后，曾国藩的湘军系统的人马已经掌控大半个中国："西至四川，东至海，皆用湘军将帅，则皆倚国藩为重，略如胡林翼书所言'包揽把持'者。"②这里的"包揽把持"之人就是曾国藩，是同治年间朝外具有绝对权威的"大帅"。

早在咸丰四年（1854），当曾国藩发布《讨粤匪檄》，组织起湘勇水、陆联军的时候，"文宗（咸丰）以国藩一人兼统水陆军，心忧之"③。特诏贵州提督满洲人布克慎，就近看管曾国藩，怕汉人有异心。事实上，湘军大营里确实有人拥戴曾国藩当皇帝。湖南人

---

① 《满汉轻重之关系》，载李秉新等校勘《清朝野史大观》，第366页。
② 王闿运：《湘军志》，载《湘绮楼诗文集》，第640页。
③ 同上书，第588页。

欧阳兆熊（润生）曾经对一位"坐观老人"透露"彭玉麟有革命思想"。《清代野记》讲述说：湘军悍将彭玉麟攻克安庆（1861），声势壮大，士气正旺。曾国藩从上游乘舟而下，移帐安庆，扎寨皖江。舟行江面，尚未抛锚，已有彭大帅遣来亲信弁差，登上甲板，送上一张没有抬头、没有署名的亲笔字条，上书十二字："东南半壁无主，老师岂有意乎？""有意乎"的意思，当然是问曾国藩是否愿意割据东南半壁，图谋中原皇位。彭玉麟劝曾国藩当皇帝，记录说曾国藩阅字条后，色为之变，急急地说："不成话！不成话！雪琴（彭玉麟）还如此试我，可恶！可恶！"[1] 连忙撕了字条，吞进口中嚼碎，咽到肚里。

　　曾国藩有没有动过当皇帝的念头，只有他自己心里有数。从全国局势来看，清朝确实"可取而代之"。太平天国盘踞南京十几年（1853—1864），英法联军一度攻占北京（1860），北方的捻军（1853—1868）到处起义，连小刀会也在方圆十里的上海城墙之内建立过"义兴公司""大明国"（1853）。风雨飘摇中的清朝，人人可以踹上一脚，如若曾国藩带领湘军反戈一击，径取北京，直捣龙门，汉族人的"反清复明"还真的可能提前五十年，取清朝而代之。清朝入关二百多年后，由湘军来"光复中华"，建立"曾家王朝"并不是一件不可想象的事情。

　　不止彭玉麟一人劝过曾国藩当皇帝，还有一个更有名的"劝进"传说。据说湖南名士王闿运在南京两江总督府见过曾国藩，俩

---

[1] 坐观老人：《清代野记》，第5页。

人在密室单独谈话。王闿运，湖南湘潭人，战前他就拜在咸丰朝的权臣肃顺门下，称为"湖南六子"之一，阅历非常。王闿运虽然一辈子仕途不顺，只是个举人，可是诗文才情，还有政治想象力远远超出曾国藩。王闿运怀着近代湖南人特有的浪漫豪情，劝曾国藩挥师北上，取清朝代之。谈到这个敏感话题，曾国藩又是紧张得连忙顾左右而言他，搪塞过去。俩人离开密室后，家仆收拾房间，见曾国藩面前原是尘封的案几上写满了"妄"字。① 曾湘乡、王湘潭，俩人虽然是湖南大同乡，毕竟交浅言深，个性不投，曾国藩不会向王闿运表明心迹。

学者一般都把这些传说当作"野史"，言者姑妄言之，听者姑妄听之。但是，这段"野史"中间透露出来的信息却不是空穴来风，绝非荒诞。固然，曾国藩对"劝进"的话题讳莫如深，有关议论都被他密实地封锁在幕府和军帐中，后人难以稽考。比较起来，"劝进"李鸿章的话题在上海洋场就公开得多。中外会防，上海人把"淮军"迎到松江后，和"洋枪队"一起打了不少胜仗，李鸿章的威望急升，于是人们公开谈论曾、李有没有可能当皇帝。1863年前后，在上海的英国领事官威妥玛、清政府曾经聘任的前总税务司李泰国（Horatio Nelson Lay, 1832—1898）、英军军官"常

---

① 这段史事见于黄濬《花随人圣庵摭忆》转述："（王闿运）尝劝曾文正革清命，两人促膝密谈。及王去，曾之材官入视，满案皆以指蘸茶书一'妄'字。盖文正畏祸，不敢也。"（第236页）黄濬认为曾国藩、左宗棠，"两人皆非效愚忠于满清者。记日本某君作《清史》，谓左文襄始曾以策干洪秀全，不用，缒城遁去。此说理盖可信"（同上书，第235页）。平定太平军时期，湘、淮军领袖曾、左、李、彭等都曾怀有"异心"，萌生"革命"的念头，如果说还没有举动，那至少也不是一点儿念头也没有，不然坊间不会如此盛传。

胜军"管带戈登,还有战争期间聚在"中外会防局"(上海)周围的中外人士,暗中策反曾国藩、李鸿章反水。梁启超的《李鸿章传》提到,英国人曾经力劝李鸿章做皇帝。"戈登曰:中国今日如此情形,终不可以立于往后之世界。除非君自取之,握全权以大加整顿耳。"①"君自取之",就是劝李鸿章或者曾国藩登基加冕当皇帝。

如果没有当事人的证实,梁启超的记载不过也是一段姑妄听之的"野史"而已。好在近年公布的《赫德日记》留下了证据。为清朝忠诚服务数十年的总税务司赫德(Robert Hart,1835—1911)证明英国在华势力确实议论过中国的"新皇帝"。《赫德日记》记录:1863年6月15日晚上,赫德和威妥玛、李泰国三人聚餐。餐桌上,威、李两人谈论的是"瓦解清王朝"②的话题,俩人曾经有支持"常胜军"管带戈登策反曾国藩和李鸿章,推举他们出面"瓦解清王朝"的想法。这个关键时刻,被总理衙门的奕䜣和文祥称为"我们的赫德",完全站在了清朝一边。赫德不赞成英国同胞们的密谋,在他看来,清朝再腐败无能,毕竟付他巨额的薪水,他不愿背叛老板。还有,外国侨民在内战难定胜负的情况下,颠覆一国政府,毕竟是违法的。于是,赫德以自己的方式,向清朝密报了同胞们的谋反计划。1863年7月14日,赫德把他了解到的湘军、淮军和外国人的关系向清朝告发,他对主持总理衙门的满族人文祥报告

---

① 梁启超:《李鸿章传》,海南出版社,1993,第104页。
② 费正清等编《步入中国清廷仕途——赫德日记(1854~1863)》,傅曾仁等译,第348页。

说:"外间对曾国藩是否忠贞不贰产生了怀疑。"① 然而,这时的总理衙门已经获得了确切情报,认为这个消息"纯属无稽之谈"②。费正清等人在评注这段逸事的时候说:"在整个太平天国战争期间,外国人一直传播曾国藩的忠诚不可靠的谣言。但这些谣言无非是表示妄想由曾国藩取代满人的帝位并实行比较开明的统治。这种妄想反而助长了中国异族统治者的恐惧心理。"③

时过境迁,后来的历史证明曾、李俩人都算是一辈子小心翼翼地伺候同治、光绪和西太后,生前封称"宫保""爵相",虽没有得建"王"位,但也都封了"侯"爵。身后谥为"文正""文忠",先清朝而死,算得上末世里的"忠臣"了。无论曾国藩、李鸿章是否真的想过"黄袍加身",也无论湘、淮军人和英、美雇佣军人是否真的酝酿过"陈桥兵变",至少有一个事实已经在这种流言中成立:进入19世纪60年代,湘、淮军出身的军人官员虽然大多在地方任事,但都具有觊觎中央政权的实力。反过来说,同光年间中国社会的权力重心已经开始从中央向地方转移,曾国藩、李鸿章,还有湘、淮军人长期轮换任职的直隶总督、两江总督掌握了越来越多的权力,其实就是地方上的"小中央"。

并不是清朝中央愿意放弃权力,相反,清朝皇帝一贯勤政。同

---

① 费正清等编《步入中国清廷仕途——赫德日记(1854~1863)》,傅曾仁等译,第375页。

② 同上。关于戈登劝进李鸿章的秘事,清末一直有传闻,梁启超在《李鸿章传》中记录说:"(戈登说)君如有意,仆当执鞭效犬马之劳。鸿章瞿然改容,舌矫而不能言。"(第104页)今有《赫德日记》披露,则此传闻之事可以定案。

③ 同上书,傅曾仁等译,第487页。

治皇帝虽然纨绔，但小皇帝背后的慈禧太后却是个"专权"的寡妇。像明朝皇帝那样因为"倦政"，把朝廷交给臣子们闹着玩的情况，清朝从来没有出现过。清末国家权力重心往下移动，并不是出于自觉，而是无奈。这一方面是因为镇压太平天国，形成了湘、淮军人掌控地方的"尾大不掉"局面；另一方面也是因为大部分朝廷人士为了保持自己的传统权力，选取了"保守"立场。京官们初不愿加入"洋务"，后不愿领导"变法"，袖手旁观，失落了中央机构对"新政"的主导权。朝廷里的那些"大爷"和"大员"，确实不能领导清朝的"现代化"。

湘、淮军人全面崛起，引起权力结构失衡，"湖南人"成为清朝政治家们的敏感话题。《赫德日记》记载：1863 年 6 月 19 日下午 3 点，北京总理衙门，赫德与文祥、崇礼和薛焕会谈。谈话中，文祥、薛焕等人压抑不住地表达了他们对曾国藩和湖南人的厌恶。"我（赫德）和薛谈起了庆（吴长庆，安徽庐江人，淮军庆营首领），作为昆山的攻克者，戈登对这位指挥官十分赞许。薛焕说，'他是湖南人'。于是我（赫德）说：'曾国藩是一位杰出的人物，他所推荐的所有人都是好人。'文祥有点激动地打断我的话说：'不，他们不是。'然后他又冷静下来说：'十之有二，或者更确切地说，十之有八确实是好。'"① 这段谈话反映了总理衙门官员们的微妙心态，表明总理衙门对曾、左、李既依赖，又害怕，对"湖南人"有深深的忌防。总理衙门要靠"湘军"镇压南方起义，但又怕

---

① 费正清等编《步入中国清廷仕途——赫德日记（1854～1863）》，傅曾仁等译，第 354 页。

"湖南人"坐大。对于曾国藩这个不可遏制的湘军领袖，到底能够给他几分信任？八分，二分？奕䜣、文祥、薛焕、崇礼等总理衙门诸大臣的心里都没底。藏不住内心的忐忑不安，把或许应该是"内外有别"的私房话，在外国人赫德面前暴露出来了。

二、社会转型："官绅"、"军绅"及"商绅"

明清时代，是"官员"与"士绅"替皇上共治"天下"的"官绅社会"。"士农工商"，"士"为"四民之首"。中国传统社会里，士、仕相通，读书人与为官者本是一种人，上朝为官员，在家就是受乡人尊敬的"耕读"士绅。19世纪60年代，"官绅社会"的格局发生了根本改变，原因就是湘、淮军人迅速崛起，"军人"成为清朝政治的骨架。太平天国被"剿灭"后，"中兴功臣"们出将入仕，曾国藩、左宗棠、李鸿章等人进入枢机，参与中央决策。大部分的湘、淮军人留在地方，担任巡抚、知州、知县。这样，湘、淮军人在联省、行省、州、府、县自成势力，建立了实体性的地方政治架构。仔细查看的话，可以发现同治以前的地方政务比较简单，每年按季节收税、断案，维修祠祀庙宇，组织举子考试，就完了。可是，同治以后的总督、巡抚，甚至州、府、县的衙门权限都迅速扩大。湘、淮军人在地方截留税收，举办事业，奖励工商，从事外交，"直隶总督"（治保定）、"两江总督"（治南京），用了一批"道员"在治理，俨然就是"小中央"。这场行政变革相当大，清朝开国后很少起用不在八旗之内的汉人出任军职,康熙平定"三藩"以后,地方职位多半交还给科举出身的文职人员,再也没有任用过这么多的军人担任地方要职。可是同治以后,清朝的地方干部大多渊源于一个系统——湘、淮军人,带有很强的军事化特点。军人从政,军备优先,军情思维……20世纪上半叶统治中国的"军政",是从19世纪60年代开始的。

加拿大籍华裔历史学家陈志让教授把1912年到1937年的"新旧军阀"的统治称为"军绅政权"。他认为:传统中国社会里面,士绅对军人有主导地位,是"绅军政权"。辛亥革命以后,"北洋军阀"和"新军阀"先后执政,压过"士绅","绅军政权"逆转为"军绅政权"。① 这个观点非常锐利,20世纪上半叶中国士大夫知识分子从社会主导变成了社会附庸。科举考试中的士人举子,先是被湘、淮军人挤到边缘,后来又被新学堂学生代替位置,很多找不到自己位置的传统读书人惶惶如丧家之犬,原因盖出于此。不过,陈志让先生讲的"官绅社会"的瓦解、"军绅社会"的起源以"辛亥革命"为标志,其实应该比1912年更早,可以追溯到湘、淮军崛起。

熟悉"北洋军阀"历史的学者,常常很自然地把袁世凯"军阀"政治的崛起归到"湘军""淮军"的传统。这不仅是因为袁世凯本人在淮军系统起家,而且因为"湘军""淮军"都已经有了私家军队的苗头。曾国藩、李鸿章虽然都是"进士"出身,堪称"士绅",但实际上他们的"洋务"诉求已经超出了传统士大夫的利益。

---

① 参见陈志让:《军绅政权:近代中国的军阀时期》,三联书店,1980。

从个人作风来看，几十年领兵作战，"军头腔调"早已盖过了"书卷气息"。曾国藩的文章，"仁义道德"之下"洋务"气很重，"桐城文章"不过是缘饰。朝内的"清流党"人视这些外朝的实干派为"浊流"，每每要攻击这些朝外的湘、淮军人，就有这个道理。

就在湘军攻占"天京"前20天，曾国藩害怕他与各部文臣之间的龃龉，以及来自西太后、奕䜣的猜忌。《曾国藩日记》同治三年五月二十五日（1864年6月28日）记载："用事太久，恐人疑我兵权太重、利权太大。意欲解去兵权，引退数年，以息疑谤，故本日具折请病，以明不敢久握重柄之义。"① 曾国藩明白"飞鸟尽，良弓藏；狡兔死，走狗烹"的道理，好多年前已经把"湘军"拆散，分兵各地。他推荐兄弟曾国荃、曾国华，门生彭玉麟、李鸿章等人，既博得"荐人第一"的名声，又扩展了曾系的实力，还稍稍减缓了人们对"曾家军"的猜忌。曾国藩的辩解和避嫌都没有用，他还是害怕一旦天京攻陷，他会因"兵权太重"，被清朝除去。1864年8月15日，攻占"天京"不足一月，曾国藩便主动奏准裁撤湘军25 000人。

曾国藩是湘军将领中最讲"仁义道德"的，他用儒家的标语口号治军，这或许和他早年在北京曾拜过"理学家"唐鉴、倭仁等人为师有关。在曾国藩的治兵要诀《挺经》中，他就透露自己是变通儒学，把"仁"和"礼"交替着恩威并用："带勇之法：用恩莫如

---

① 同治三年四月十六日，曾国藩在给九弟国荃（沅甫）的信中说："功不必自己出，名不必自己成。"五月十二日又在给"沅弟"的信中告诫："盖独享大名，为折福之道；则与人分名，即受福之道。"[《曾国藩全集》（精华本），第156页]

仁，用威莫如礼。仁者，即所谓欲立立人，欲达达人也，待弁勇如待子弟，常有望其成立，望其发达之心，则人知恩矣。礼者，即所谓无众寡，无小大，无欺慢，泰而不骄也；正其衣冠，尊其瞻视，俨然人望而畏之，威而不猛也；持之以敬，临之以庄，无形无声之际，常有凛然难犯之象，则人知威矣。"① 过去有历史学家称曾国藩为"清朝的王阳明"。其实，王阳明治军和曾国藩极不相同。阳明极而言之地说："破山中贼易，破心中贼难。"他是用"心学"来激励士气，解放束缚，从内心激发将士们的斗志，阳明待将士真有仁爱心。曾国藩不同，他是"理学"一路，儒家的"仁义道德"，配上他喜欢琢磨人，暗中用恩惠利禄来盘算人的阴损性格，所谓"礼义廉耻"就变成了一条条"曾氏家法"，是管束和震慑营帐内所有下人的绳鞭。

　　才情旷达的李鸿章，就是被曾国藩用"曾氏家法"收服的。薛福成《庸庵笔记·李傅相入曾文正公幕府》记录说，李鸿章"志大才高"，初入曾国藩幕府，仍然一派简放性格，喜欢早上睡懒觉。曾国藩则是湖南乡间作风，每日黎明即起，必定召集全体幕僚一起吃早饭。李鸿章实在不堪天天早起之苦，一日推说头痛不参加晨集。曾国藩则派士兵不断去催，明告"必待幕到齐乃食"，李鸿章忽然觉悟，"披衣踉跄而往，文正终无言。食毕，舍箸，正色谓傅

---

① 曾国藩：《曾国藩日记》，团结出版社，2012，第147页。有说这句话的原文出自咸丰六年六月初四日（1856年7月5日）曾国藩致曾国荃（沅弟）家书，但目前收集最全的《曾国藩全集》（岳麓书社，1987）并没有收录，恐已在清末刊刻中失去此信。

相：'少荃，既入我幕，我有言相告，此外所尚，惟一诚字而已'"①。曾国藩一生所本的"诚"字，就是用湖南乡下的艰苦砥砺作风，套上儒家外衣，做成曾家礼法，约束"湘军"。曾国藩所谓的"正、诚、修、齐、治、平"，早已不是学问，不是思想，而是教条，而是军法。蠡测管窥，我们说曾国藩、李鸿章不太像"官绅"的脾气，而是"军绅"的作风了，也是有依据的。

"军绅"之外，清朝后期还有一股力量在崛起，虽然表面上还不常看见他们的表现，但是潜滋暗长，越来越成为中国政治前台博弈的重要角色，这股力量就是"商绅"。商人的力量，也是在同治年间朝廷剿灭太平天国的战乱中冒头的。各地"办团练"抗"长毛"的时候，组织者虽然大多是回家守制的京员、战乱中失官的幕僚，还有原本乡居的儒生，但庞大的军饷军费大多要由当地商人来承担。清朝中央财政破产，没钱发军饷，不得不答应各地军头采用太常寺卿雷以諴在扬州江南大营发明的"厘金"（1863）制度，向商人征收三厘（3％）的货物过境税。

战争中，湘、淮军的一大批军火、军需供应商跟在大营后面大发战争财。左宗棠在杭州的粮台胡雪岩是一个广为谈论的例子，李鸿章在上海的粮台马建勋则是另一个较少为外界所知的"红顶商人"。江苏丹徒籍贯的马建勋是老天主教徒，世代商人，和另一天

---

① 《曾国藩全书》编辑委员会编《曾国藩大传》上册，中国文史出版社，2002，第416页。此段掌故在吴永《庚子西狩丛谈》（岳麓书社，1985）中也有叙述，李鸿章称："我老师实在厉害，从前我在他大营中从他办事，他每天一早起来，六点钟就吃早饭，我贪睡总赶不上，他偏要等我一同上桌。我没法，只得勉强赶起，胡乱盥洗，朦朦胧胧前去过卯，真受不了。"（第108页）

主教世家上海董家渡朱家联姻。来上海避难后，朱家与法租界政、教、商界建立了密切关系，并为李鸿章采办"洋枪"和"粮草"。马家的商号开设在华洋交错的上海八仙桥一带，生意却深入淮军与太平军拉锯的江浙腹地。战后，马家不但在上海置有大量财产，还在松江拥有良田3 000多亩，溧阳有田产10 000亩。① 战乱后，"赤地千里"，江南田连阡陌，埋没多少"耕读世家"，又崛起了多少军绅、商绅家族。马家和朱家在上海商界非常成功，马相伯的外甥朱志尧在20世纪初期开办"求新机器轮船厂"，担任上海总商会会长。"马氏昆仲"精通九国文字，应对八国外交，翻译《马关条约》《辛丑条约》，结果谤议缠身，被叱骂为"卖国贼"，这是另一桩公案。

值得注意的是，战后的"洋务"中获得了发展的，大多是李鸿章周围的"南、北洋"商人。并不是其他湘军领袖不重视商人和工商业，曾、左、李一起开创了"同光中兴"时期的"洋务"事业。但是左宗棠在西北地区发展，曾国藩的湘军余部占据了中部腹地。1864年后，湘、淮军中"军队经商"是风气。李鸿章办江南机器制造总局（1865）的同时，还办了金陵机器制造局（1865）。此外，左宗棠创办福州船政局（1866），崇厚办天津机器局（1867），左宗棠办西安机器局（1869），左宗棠办兰州机器局（1871），丁宝桢办山东机器局（1875），王文韶办湖南机器局（1875），丁宝桢办四川机器局（1877），刘坤一办广东机器局（1879），吴大澂办吉林机器局（1881），奎斌办山西机器局（1884），刘铭传办台湾机器局

---

① 参见李天纲：《在信仰与世俗之间》，载朱维铮主编《马相伯集》，复旦大学出版社，1996，第1245页。

(1886)，王文韶办云南机器局（1890），张之洞办湖北机器局（1890）。几乎所有的重要省份，都依靠地方财力，或者在民间摊派，或者由士绅捐款，或者有商人投资，招募工匠，划定地皮，自己搞开发。但是，由于内地商业秩序毁坏，民生事业凋敝，和外洋通商困难，商人们的成功机会很少。李鸿章长期在沿海地区经营，硕果仅存的，只有"江南""金陵"等沿海数局存活下来。

19世纪70年代以后，湘、淮军系统又以上海为资金、技术和人才基地，借了"江南制造总局"和"轮船招商局"（1872）两块招牌，湘、淮军人和上海商人孵化出一大批新式企业。太平天国被平定以后，曾国藩、左宗棠、李鸿章都意识到军工企业转向民用企业的重要性，开始了"军转民"运动，但是只有李鸿章做成了一些属于"市场经济"的商业项目。军人们在上海"招商"，从创办军械制造的"机器局"，转向筹资建立民用民生的"织布局""矿务局""电报局""通商银行"。"上海两局"（"制造局"和"招商局"）以公司发起人和主要持股人的身份，开设了开平矿务局（1878）、上海机器织布局（1878）、天津电报局（1880）、南洋公学（1896）、中国通商银行（1897）。由赫德代为管理的"江海关"则参与创建了大清邮政局（1896）等。因为向商人让股、分利、放权，"商绅"们加入了"官督商办""官商合办"的朝廷事业，上海的近代工业、金融、商业和文化事业，除了外侨、外资开创性的引进事业之外，本土资本投资最早是由湘、淮军系统开始的。

王韬在《瀛壖杂志》中说，上海的粤、宁、苏籍"通事""买办",赚钱易如反掌,"顷刻间千金赤手可致"①。艳羡、嫉妒和无奈的心情,包含其中。"士绅"们的痛苦不单单在于"钱途"上的失落,还在于连传统的"仕途"也被商人堵塞。湘、淮军官在地方筹款,拮据的朝廷又卖官鬻爵,商人们通过"捐纳"的途径,买到"知县""知府",甚至"道台"的"红顶子"。花三五万两银子,捐个四品、五品的咸淡官职,光宗耀祖、耀武扬威的商人比比皆是。太平天国前,上海县的上级行政"苏松太道"的"道台"位子,已经被广东"十三行"来的香山买办吴健彰("爽官")给买走。战争期间,贩卖鸦片出身的宁波买办杨坊给清军做"粮台",买了"同知",又买"道员"。女儿嫁给美国军人华尔(Frederick Ward)后,杨坊更是"洋枪队"的后台老板,在上海不可一世。"捐纳"在清朝是合法的,卖官鬻爵,收入归公,不算是腐败。读书人纵有"进士""翰林"的功名,却是几十年补不上一个肥缺。② 从上海看到,随着"商战"的开展,工业化、城市化的提速,清朝已经不能再把

---

① 王韬:《瀛壖杂志》,第 8 页。类似的话语,后来出现在冯桂芬《上海设立同文馆议》中,如:"上海通事人数甚多,获利甚厚,遂于士农工商之外,别成一业。"(冯桂芬:《上海设立同文馆议》,载高时良等编《中国近代教育史资料汇编·洋务运动时期教育》,第 7 页)冯桂芬到上海后,受了同乡王韬的影响。李鸿章也讲过类似的话:"查上海通事一途获利最厚,于士农工商之外别成一业。"[《同治二年二月初十日(1863.3.28)江苏巡抚李鸿章奏》,载朱有瓛主编《中国近代学制史料》第 1 辑上册,第 214 页]王韬的思想与表述,经过冯桂芬的转述,成为李鸿章幕中的共识。

② 张仲礼说:"太平天国的兴起也导致了捐纳制度的变化。创造一个起平衡作用的绅士集团的最初目的不复存在。对于财源的渴求,导致政府削价以求增加捐纳。结果'异途'绅士的人数迅速增加。从 19 世纪上半叶至下半叶,增加了 50%,他们中越来越多的人进入政府,担任官职。"(张仲礼:《中国绅士:关于其在 19 世纪中国社会中作用的研究》,李荣昌译,上海社会科学院出版社,1991,第 153 页)

"天下"托付给读书人了,湘淮军人、南方商人的地位大大提高,这对希冀"读书做官"的士大夫们打击很大。

"招商"过程中,李鸿章的手下聚集起许多商人出身的干将。"沙船王"江苏宝山人朱其昂,捐官"道员",开设中美合资的"清美洋行",在沿海各地承办清朝的南北航运,是轮船招商局的发起股东。后来,在上海的广东大买办唐廷枢担任招商局总办,创办企业无数,经手钱财巨万。湘军出身的军人中,李鸿章的手段最为高明,他的门生遍布各行各业,牢牢掌握了上海的新式事业。除他的"夷务"助手如丁日昌、周馥等是他的老部下外,薛福成、马建忠、马相伯、朱其昂、唐廷枢、徐润、郑观应、盛宣怀等,都是些没有功名的商家子弟。这表明,"绅商"阶层在同治年间发展起来,成为清朝地方政治、经济和文化事务中的显要角色。

三、权力角逐:清末政治的死结

清朝政治有两大死结,让人费尽心机。死结越结越死,最终也没有解开,并导致中国社会走向末路。这两大死结,第一个是前湘、淮军人形成的军功集团和传统文官结成的行政系统之间的利益纠缠,第二个死结是新兴利益集团和传统利益集团之间的权力争夺。第二个死结和第一个还是有关,但更加复杂和没有头绪。就在太平天国战乱之中,"自强"运动兴起之后,中国社会兴起了一大批"新阶层",他们有的拥有新知识,有的具有大资本,有的建立了新关系,还有的结成了新联盟。原来中国人按职业把人分为"士、农、工、商",读书做官的社会等第最高,农民其次,手工业者、商人地位较低。但是,清朝无法维持这样的等第关系,传统的统治秩序在瓦解。由于清末财政崩溃,"商战"加剧,农村破产,人口往通商口岸地区流动,导致中心城市商人地位急剧上升。加上湘、淮军接管地方政治,行伍出身的军人们耀武扬威,清末社会确实在从"官绅"社会转向"军绅""商绅"社会。整个清朝在剩下的日子里,"士、农、工、商、兵"各个利益集团之间的矛盾没有理顺,相互冲突,不相协调,拖累了"改革"的步伐,清朝鬼使神差地走到悬崖。

从"官绅"社会,经过"军绅"社会的过渡,1864年以后的清朝正在走向一个"商绅"社会,可惜,这个趋势很少有人察觉。大清帝国和英国、法国等老牌强国不同,鸦片战争前,清政府并没有看到贸易、商业及工业的重要性,更没有执行"重商主义"朝政,尽管明清以来中国商业并不落后,规模不小,但商人地位始终不高。商人被轻视,固然有道德原因,但是根本问题还在于农耕时代财政来源主要是农业税,工商业税收的比例很小,皇帝不靠商人。清朝的农业赋税分成"本色"(按粮食产品征收)和"折色"(把粮价折成银两征收)。按民国初年清朝遗老们编订的《清史稿·食货志》记载,清初的税收增长在乾隆三十年(1765)达到高峰,其中"地丁"税额是2 991多万两,"本色"粮食是820万石。乾隆十八年(1753),属于商业、农副业税收的"盐税"574万两,"关税"540万两，芦、渔、茶税合计21万两①，只是个零头。清朝前期吸取万历皇帝大兴"苛捐杂税"，最终导致明朝灭亡的教训，在扩大商业税收（盐、矿、茶、关榷、交易等税）方面很慎重。皇帝并不依靠商人，商人们也就没有渠道进入社会主流。

清朝是在被国内外军力几乎颠覆的情况下，才意识到"振兴清朝"的使命迫在眉睫，才有"中兴大臣"出面主持的"商战"。即使如此，清朝还可以救，仍然有机会重回强国行列。同治年代，后起"强权"如德国、意大利和日本方才兴起：俾斯麦还没有领导普鲁士统一德国（1871）；加富尔还未能帮助撒丁王国统一意大利（1870）；日本天皇关于"明治维新"的诏书也要晚至1868年才发布。1864年的中国并不十分落后。太平天国突然爆发，江南地区"十年动乱"，固然延误了清朝的"现代化"，但是"同治中兴"开始"兴商"、"招商"和"商战"。然而，清朝的落后，不在于开始得太晚，而在于推进得太慢。各地的"开埠"、"洋务"和"变法"，始终没有得到北京朝政的呼应和支持。湘、淮军人和南、北洋商人结成的"军绅-商绅"联盟，始终受到中央的忌防和掣肘，这种复杂关系，是世界上所有"先进民族"和"后起强国"都没有的，是一个无法解开的结。

京官"廷议"，不喜欢湘、淮军出身的人，是同光时期朝廷的普遍风气，这和曾国藩、李鸿章的个人作风有关。京官们特别喜欢恶心曾国藩的为人，有段子说：湖南新宁人江忠源讲义气，周围凡

---

① 参见赵尔巽：《清史稿·食货志》，第13册，中华书局，1977，第3703页。

有湖南人死掉，必送上一口棺材，让他全尸返乡。曾国藩不同，他给活着的朋友暗中拟好联句，朋友刚死，尸骨未寒，就派人送上极工整的挽联，夺个"文思魁胜，知己第一"的名头。官场上有"江忠源包送灵柩，曾国藩包做挽联"①之谣，不是褒奖，其实很毒损，骂了曾国藩的虚伪人格。1864年湘、淮军收复江南，攻占天京，曾国藩、李鸿章并没有胆气取清朝而代之，自己当皇帝。可是，为什么京官要传言湘、淮军人欲作"取代"，并在日后的"洋务"中设计刁难呢？这些都和同治年间的基本矛盾有关。

马相伯在19世纪30年代作《一日一谈》，品评曾国藩的时候说："曾天资不甚高明而用力独勤，其治学治事都极有条理，有规矩，其为文与诗亦极用心思，然而规矩准绳过于形式，往往失之虚伪。其用人也亦不能容物，每每好用不如我者。"②曾经出入淮军大营的马相伯，知曾、李颇深，晚年纵论往事烟云，评价是中肯的。曾国藩的个性或许是有些隐忍，但是京官们恶心他还有更深入的社会原因。审视曾国藩任直隶总督时处理的"天津教案"（1870），内中并没有太大的过失，却招致了全国范围内狂澜一般的攻击。有湖南同乡跑去京师湖广会馆，把曾国藩的题匾拆下来烧了③，斥骂曾国藩为"汉奸卖国贼"。撤职后离开直隶，躲到南京两江总督府，结果还是"内疚神明，外惭清议"，一年多后，1872年3月12日在忧郁中中风而死。"天津教案"把朝廷文官集团与

---

① 李伯元：《南亭随笔》，中共中央党校出版社，1998，第220页。
② 马相伯：《一日一谈·人物月旦》，载朱维铮主编《马相伯集》，第1074页。
③ 事见梁启超所著《李鸿章传》记载："京师湖广会馆将国藩匾落拔除摧烧，即此时也。"（第56页）

湘、淮军集团之间的口水战推向了高潮。如果说1862年围绕开设"同文馆"的争议，京城保守派的矛头指向奕䜣等朝内大臣的话，1870年"天津教案"中的矛头则指向曾国藩、李鸿章等朝外疆臣。此例一开，今后湘、淮军系统的地方官员的"洋务"筹措，每每遭到京官们的阻挠和攻击。黄宗羲《明儒学案·东林学案》中提到的明末党争情况，即所谓"外论所是，内阁必以为非；外论所非，内阁必以为是"[①]的局面，又一次出现在清末官场。

古希腊哲学家赫拉克利特所谓"人不能两次踏进同一条河流"，历史也不可能等量齐观地重复发生，清朝和明朝的情形很不相同。和明朝的"内廷－外朝"的冲突相比，清末的朝外力量，可不是明末的那些"东林"书生，而是由湘、淮军人转化而来的"军绅""商绅"，是具有实权的"强势集团"。当然清末的内廷力量也不是明末的"宦官"，而是从科举正途上来的文臣，是传统的京城"官绅"，也是正在失去优势地位的"失势集团"。"军绅"、"商绅"和"官绅"之间的权力角逐，在许多枝节问题上死缠，把清末政治弄成一团乱麻，也把整个中国的"变法"前景彻底板结住了。

中国传统政治里面，不给民间社会以合法地位，民间利益很难恰当地反映出来。所有的社会矛盾，哪怕是最基本的利益纠纷，都必然要归结为朝廷最高层的权力斗争。朝廷只关心收税，不想和农、工、商对话，更不必为商人的利益操心。这时候，有的地方大员为了增收，向中央求情说项，算是曲折地代表了民间利益。我们

[①] 黄宗羲：《黄宗羲全集》第17册，浙江古籍出版社，2012，第1501页。

不能说"内廷"与"外朝"的冲突就是"保守"与"进步"的较量，但李鸿章幕僚班子内一直上书呼吁的"商战"要求，一定程度上反映了"同光中兴"过程中民间要求"改革"和"奖励工商"的要求，表达了沿海商业社会要求"开放"和"自由贸易"的愿望。

从"改革"和"开放"的内容来看，一般民众需要一个可以协商互动、自我管理、相互约束和不断发展的"市民社会"（Civil Society），而不是一个代行万事的"权能主义"（Authoritarianism）。平定太平天国以后，清朝统治并不缺传统的中央集权，缺的是新型的民间社会建设。但是，包括曾国藩、李鸿章在内，清朝官场决计不会赞同那些外国人异想天开时提倡的"伯理玺天德"（President）制度，像郑观应、王韬、马建忠等通商口岸的思想家提出的，要把国家按照"商民"和"公司"的原则来治理。同治年代的"官绅"、"军绅"和"商绅"们都是"特权"阶层，要看清朝的脸色行事。

平定太平天国以后，中国无从着手建立一种上下协商的"共和政治"（Republican），反而是更强烈地返回"寡头政治"。但是，如果清朝的"内廷"与"外朝"协同配合，一心一意推进"同治中兴"，那么"寡头政治"至少不会令清朝陷入经济崩溃，还是能够把它从湿淋淋的"中衰"中打捞起来，走上一条"民族-国家"的"富国强兵"之路。从湘、淮军开始，中国社会的重组有两条路，一条是"军绅"道路，另一条是"绅商"道路。袁世凯、孙中山、蒋介石走的是"军绅"道路，他们用军人政治代替清朝上层。另外一大批人，主要以江浙立宪派、南方财阀和上海总商会人物为代表,走的是"绅商"道路。他们设想以商人政治的方式,把地方上的中层社会建立起来。

民间的中层社会的健康发展,是中国的希望。在城市,在南方,中国的中层社会不断发展。辛亥革命时期,南方的军绅和绅商合作,推翻了清朝,建立了中华民国。但是,在此后的政治建设中,中上层社会的合作相当困难。军人垄断了上层政治,沿海商人和城市民众为主体的新兴中层社会不断遭到专制政权的打压。中国最大的问题还在于,无论"军绅"还是"绅商",上层和中层这两股主要力量都没有办法深入到最基层。在内地,在农村,在北方,存在着一个庞大的无法融入"现代化"的下层社会,拖住了中国社会前进的步伐。在消化那个传统的"下层"之前,"中层"不能发展,"上层"更不能稳定,中国就必然会陷入动乱。

可是,"内廷"与"外朝"之间的矛盾,"官绅"、"军绅"和"商绅"之间的反复角逐,妨碍了中国走上一条民族振兴之路,不要说中国式样的"市民社会"渐行渐远,有效的"法制国家"无从建立,就连同治年间清朝自己企盼的"富国强兵"的原始目标也无法实现。"同光中兴"三十年,清朝的自救运动最终归于失败。

原载《文景》2005 年第 12 期

1867：王韬与"天下一道"论

一、小引

王韬（1828—1897，江苏长洲人），历来被中国近代思想史学家视为"早期改良派"人物，但他还是不是一个文化史人物、学术史人物呢？如果我们把研究焦点转到中西文化交流史领域，看他在"西经中译""中经西译"活动中的特殊贡献，这方面活动给他思想带来的变化，以及他的文字带来的影响，这个问题的答案就显然是肯定的。王韬早期在英国伦敦会设于上海的墨海书馆做中西著作互译文员，跳出了儒家士大夫的思想限制。后因与传教士访问太平军占据的天京，还化名上书洪秀全，躲避清朝的追捕逃到香港。1867 年，是中国思想史上的一个重要年份。这一年，王韬应理雅各（James

Leggs）的邀请，离港赴欧，在爱丁堡、格拉斯哥、牛津等大学讲演、做报告，眼界大开。王韬是最早访问英国、法国的中国近代思想人物。王韬的生平、著作和思想，触动了中国思想史上的众多重大议题。他在中国近代文化史、学术史上应有一个重要地位，仅就他较早提出了一种新型的"大同理想"就足以确立。在中国进入了近代民族主义的阶段，他提出了一种"天下一道"的理想。这种出自"开放"精神的理想主义，源自19世纪维多利亚时代"进步主义"的乐观精神，代表了同光时期中国变法思想家中不多见的"世界主义"。

二、同光熙洽

从1864年太平天国灭亡到1883年中法战争发生，这二十年间，清帝国的日子，较诸在前的四分之一世纪，要好过一些。东南的起义烽火渐趋熄灭，西北的边疆动乱也被平定。美国刚刚结束南北战争，日本方才开始明治维新。苏伊士运河虽已开通，欧洲列强却又在相互厮杀。1870年的普法战争，1877年的俄土战争，不仅再度打破了欧洲的政治均势，而且暂时减弱了资本主义列强东进争夺在华商务权益的势头。即使觊觎中国边疆领土最穷凶极恶的沙俄，迫于野心与实力很不相称，也不得不签订交还伊犁的最后条约，承认左宗棠收复新疆是清帝国的内政。因此，这二十年间，国内人心思治，国际环境有利。依照中古时代"大乱大治，小乱小治"的观念，清帝国在逻辑上、在历史上都有了振兴的希望。

事实上，清帝国的统治已有若干改变。随着 1861 年咸丰皇帝死去，一场宫廷政变使一个被称作慈禧太后的女人，开始了她长达 46 年的独裁统治。中国随着最后的这名女主登场，内政外交都有了变化。承认以镇压太平天国和捻军起家的汉族军的某种地方自治权，促使了洋务运动的发展。设立总理各国事务衙门，并终于违反祖制，容许各国公使入驻北京，使清帝国不再通过粤海关和十三行那些相互勾结以谋求私利的官商而能与西方列强直接对话。1862 年开设京师同文馆，1872 年成立轮船招商局，1875 年首派大臣出使秘鲁，1876 年首派学生留学美国，1878 年左宗棠平定新疆，1882 年新疆建立行省，诸如此类发生于同治（1862—1874）、光绪（1875—1908）之际的事件，给了帝国朝野上下某种希望，乐观者称之为"同治中兴"或"同光新政"。

然而，晚清历史表明，"中兴"也罢，"新政"也罢，都不过属于皮毛的改变。出身于叶赫那拉氏族的太后，有能力将八旗玩于股掌之上，却没能力改变复杂社会政治问题。建立在满汉联合统治基础之上的帝国政权，有可能在权力分配方面进行调整，却不可能克服权力结构带来的基本矛盾。愈违祖制而愈遭反抗，愈行开放而愈受非议，这就是 19 世纪六七十年代的基本现象。

当那二十年人们都惑于现象，同声赞颂"中兴"，至少承认"新政"效应之时，持异议者当然被视作鸱鸮号鸣。这些鸱鸮其实是真正的改革者。在同、光之际，他们的人数很少，冯桂芬、郑观应、薛福成、马相伯、马建忠、陈炽、陈虬、宋育仁等，便是我们可以列举出的姓名。可是，从冯桂芬以下，这些改革者都是在中国论中国。他们从鸦片战争后，都在不同程度上接受西学，并以西方政教为尺度，抨击国政，呼吁改革。但他们的尺度都来自耳闻，或有目睹，也不过来自上海租界。然有一人生于江南长在上海，青年时饱受西式教养，中年后避地中国香港、英国，自34岁至62岁人生最宝贵的而立至耳顺的年华，都在域外度过。由域外看域内，眼光不同，批评不同，对中国的未来估计当然也不同。此即当时独具只眼者——王韬。他首倡"天下一道"论，在清学史上堪称别具一格。

三、弢园传奇

王韬，清道光八年（1828）十月初四日生于苏州府长洲县甫里村①，初名利宾，学名瀚，字兰卿，一字懒今。后因上书太平军，事发遭缉捕，改名韬，字仲弢、子潜、紫铨，自号弢园老民、天南遯叟，著作结集名为"弢园"。韬者，弓剑之衣也，引申为怀才而自晦之义。韬父昌桂，字肯堂，诸生，舌耕为生。王韬自称年少嗜酒，读书之余，结社赋诗，观荷探梅。18岁为诸生；次年（1848）赴南京应乡试，虽不中，却借机在白下眠花宿柳，冶游无度。② 可见他的家境不菲。19岁继父业，在陈墓镇设馆授徒。20岁娶杨氏，生女。

---

① 此据《弢园老民自传》（江苏人民出版社，1999）。王韬向称家乡为"甫里村"，曾署名"甫里逸民"，取唐代名士陆天随隐居时所称。实即今天甪直镇。因界属变迁，亦有"新阳""昆山"各说。

② 王韬晚年回忆这段生活，尚留恋不止。（参见王韬：《漫游随录·扶桑游记》，第33－55页）又，王韬《家大人客申江有感》："清闲我只羡农家，秋至篱边开豆花。"（《王韬诗集》，上海古籍出版社，2016，第32页）

此后三年，苏南水灾，家中"三为偷儿所苦"①。1849年，父亲忽然病故，"既孤，家益落，以衣食计，不得已橐笔沪上"②。再步其父后尘，转为中国近代第一代以译述西书为职业的新式知识分子。

原来，王昌桂于1847年到上海，在西人宅中"授经"。次年，王韬至沪探亲。船入黄浦江，这个开埠才六年的都市的繁华外观便令他感到"几如海外三神山"；继而同西人接触，入宅做客，参观印书，更使他对西方事物留下了深刻印象。因此，1849年夏他父亲去世，主持墨海书馆的英国伦敦会传教士麦都思（Water Henry Medhurst）数次函邀，他便于同年秋来沪，同西人合作。此后王韬述及自己的工作内容，只说"授书""授经""校书"。实际上，他们父子是在帮助以麦都思为首的"翻译《新约》圣经委员会"翻译中国第一部官话《圣经》。③ 十一年后，王韬离开墨海书馆，在香港英华书院协助理雅各将"四书五经"翻译成英文，从西经中译到中经西译，理雅各每月付王韬20元。无论在沪还是在港，传教士们对王韬都是友善的。

---

① 王韬：《家大人客申江有感》，载《王韬诗集》，第32页。
② 王韬：《弢园文录外编》，第269页。
③ 王韬《〈珊瑚舌雕谈初集〉序》称"二十岁，先君子客海上"（王韬：《弢园文录外编》，第263-264页），时在1848年。1848年6月，上海传教大会商议重译马礼逊、米怜（W. Milne）所译《圣经》，因其中多广东下层俚语，委员会由裨治文（Elijah Coleman Bridgmen）为首，由麦都思、施敦力（J. Stonach）、美魏茶（W. C. Milne）组成。除裨治文之外，余皆伦敦会士。故实际由麦都思裁决，裨治文的建议很少被采纳。此年，麦都思作为法国人，申请到英租界第二号租地道契，地址正在王韬所说其父授馆处北门外江海北关附近，后人称"麦家圈""墨海书馆"。当时租界未容许华人留宿，故王韬父子在此服务教会属非法居住，造成王韬心理创伤非轻。墨海书馆事，参见 Richard Covett, *The History of the L. M. S. 1795—1895*；G. Lanning & S. Couling, *The History of Shanghai*。另在 *The Missionary Magazine and Chronicle*, 24（1860）中，艾约瑟（Joseph Edkins）明确提到王韬是"麦都思翻译《圣经》的助手"。

但王韬的心情并不顺遂。今存《弢园尺牍》录有王韬早年致亲朋故交的多通信函，虽语多文饰，却透露他旅沪遁港的头十七年，始终由于感受中西两种文化的夹击所产生的失重心态。传统的士大夫教养使初到上海的王韬既不适应英国清教徒那种严谨刻板的工作方式①，又不甘心放弃出则以文章显达、退则以诗赋扬名的固有追求。② 于是，每见大吏，即行献策。可说是身处洋场，目注魏阙。然而，时不我济，徒伤命薄，眼见自己的言论化成别人的实践，他只能叹为"用其言而弃其人"③。

然而与西方传教士、神学家朝夕相处，知彼渐深，又不觉形成看人看事的另外尺度，这是不同于传统价值准则的新尺度。因此，在不满西方雇佣制度论钟点记工时得酬金的同时，王韬又对那些因种种原因而群集沪上的清朝士大夫越来越看不惯。尽管他还不敢明斥两榜出身的昏官贪吏，但因为渐渐进入了西方文化另一套理性制度之中，通过比较，看到了国人各种各样的怪毛病，便痛斥小文人

---

① 例如，《与贾云阶明经》谓："佣书西舍，贱等赁春。闭置终日，动遇桎梏。"（储菊人校《王弢园尺牍》，中央书店，1935，第44页）又《与许壬釜》谓："授书西舍，绝无善状，局促如辕下驹。"（同上书，第36页）此类牢骚话颇多。

② 王韬《奉朱雪泉舅氏》谓："何时遗弃网罗……出则与燕、许争文章，抗踪一代；处则与皮、陆同志趣，并轨千秋；此固恒情之所慕，而吾生之大快者也。"（储菊人校《王弢园尺牍》，第55页）此函作于咸丰八年（1858），时王韬受雇于上海传教士，协助译书将近十年，仍在幻想成为唐朝张说、苏颋那样的名相，或者皮日休、陆龟蒙那样的名士。

③ 王韬：《答伍觐宸郎中》，载储菊人校《王弢园尺牍》，第111页。冯桂芬《校邠庐抗议》明显受王韬的影响。冯原所通晓的"时务"属于传统型，如漕、盐、河政、吏治赋税等。同治二年二月初十日（1863年3月28日），冯桂芬代李鸿章拟奏章文字，与冯著《上海设同文馆议》同，而思想及某些文字则与王韬《与周弢甫徵君》同。《采西学议》："闻英华书院、墨海书馆藏书甚多"（冯桂芬：《校邠庐抗议》，第56页），则当闻自王韬、李善兰。冯在周腾虎处见王韬《与周弢甫徵君》，"极为叹赏，以为近来谈西务者，当以此为左券"（王韬：《瀛壖杂志》，第82-83页）。

附庸风雅，蝇营狗苟。他看破了传统士大夫的积习，开始嘲讽那些大名士，骂他们谬托通人而欺世盗名。这种对于昔日儒业朋辈们的不屑，时时出现在他给至戚知友的书信中。①

既然夹在两种异质文化之间，对彼我两个世界都不适应，那么，一个在学术界争讼多年的问题，即王韬是不是署名"黄畹"的那道《上逢天义刘大人禀》②的作者，王韬因此受到清政府通缉是

---

① "至于出而订交，品类尤杂，久涸势途，面目都变。……更有自称名士，谬托通人、诩势矜才，分朋隶甲，入其党则裸壤炫为龙章，逃其门则琳瑜等诸燕石；徒高标榜，无当学问。"（储菊人校《王弢园尺牍》，第 53 页）

② 逢天义，太平天国爵号。刘大人，指刘肇钧，时任太平天国总理苏福省民务，相当于后来的苏南地方行署专员。署名"黄畹"的这份禀帖，于 1862 年由清军缴获，经辨认黄畹即王韬。清朝上海道因而通缉王韬，并一度捉拿归案。后经英国驻上海领事麦华陀等竭力交涉，王韬被保释，旋即登洋轮逃往香港。（参见储菊人校《王弢园尺牍》，第 70－71 页）清廷指黄畹即王韬，在死罪前，王韬矢口否认，但全力保他的麦华陀、慕维廉（W. Muirhead）都未否认。后经罗尔纲考证，亦定黄畹即王韬（参见罗尔纲：《上太平军书的黄畹考》，《国学季刊》1934 年第 2 期），但也有人以此为冤案（参见吴静山：《王韬事迹考略》，载上海通社编《上海研究资料》，上海书店，1992；杨其民：《王韬上书太平军考辨》，《近代史研究》1985 年 4 期）。但所举乏证论据太为间接，类为推断。王韬不是在上书时才与太平军首次接触。艾约瑟初见洪仁玕的信函就是王韬起草的。1861 年 3 月，王韬"与英国牧师艾迪谨（约翰）同作金陵之游"（据胡適录故宫博物院所见 1861 年 3 月 11 日《蘅华馆日记》），很可能见到过太平军高层首领。现据中国第一历史档案馆《关于逆党黄畹案》补充证明黄畹即王韬数条：(1) 案涉威妥玛、卜鲁斯、麦华陀各级外交官，他们都只是拒绝交出王韬，劝说清吏"只将罪魁重惩，其从者皆因势迫相随，可以从宽……凡贼丛中有自拔者，则贵国施恩普赦其罪，无非中华圣教全仁之理，亦是历朝中万古明君之行"。此显为代王韬说项求赦之词。(2) 引渡王韬的交涉，从三月至九月，麦华陀先是持吴的担保无事、可以回沪片为凭；中又劝清廷宽大为怀；最后要求放出王韬，由清廷自行缉捕。可见始终以认罪为前提，并无"信属捏造陷害"之辩。(3) 五月中，或因王韬口供中有"诬陷"一说，刘郇膏驳回说："欲害王瀚，自必直用真名，何必捏造。"麦华陀并不辩。又兼李鸿章证明，文书手迹与他早先收到王瀚上书相同。(4) 九月二十九日，李鸿章函称"将虑麦领事多遣兵捕，将该犯护支上船，飞远开行。而最终果然"，官场蹊跷存焉。吴熙、李鸿章，乃至曾幕人物冯桂芬、周弢甫、张文虎、李善兰都有能力和理由营救王韬。

不是冤案便不难判断。那篇文章确属王韬作品。除以往学者已寻出的证据外，急于用世而不获所售，同宗基督而谬托知己，惯为博徒而轻于冒险，这样的错误心态，外加当时太平天国虽已内外受挫，但与腐朽的清帝国相比，孰为鲁缟，尚在未定之天。因此，似乎用不着从化名考索，也用不着列举王韬避地香港后那些自辩如欲盖弥彰，但就文章看文章，所献策略与王韬向清朝大吏的上书，预见相反而思路相同，便可断定作者非王韬莫属。两个口袋掏出的是同一货色。王韬没有想到的是他在关键时刻押错了宝，而他在1861年冬给太平天国苏福省行政长官的禀帖，次年夏天便落入清军之手。当时上海的治外法权还在襁褓中，虽有英国驻沪领事和传教士庇护，王韬身居租界也难逃清朝地方当局的缉捕。于是，他不得不抛妻别女，将图书财物托付给前妻兄长，便仓皇登轮，逃往香港。

　　王韬到香港后便改名①，那本是传统的文人积习。改名为韬，字仲强，寓良弓在囊，待主取用之意。② 没想到他所指望的主人，湘军头目曾国藩早死，淮军头目李鸿章迟至二十年后，才因他已在香港办报成名，而表示愿罗致入幕。③ 这堪称晚清首例"出口转内销"。当清帝国赖以镇压太平天国的汉族军阀，凭借缴获的黄畹《上逢天义刘大人禀》原件而缉捕王韬，并迫使他逃亡香港的时候，

---

① 王韬于逃亡香港后，始改今名。
② 参见《说文解字》"韬"字，及段注。弢与韬同。王韬，号仲强，排行第二。王韬有姐，名媖，字伯芬；有弟，但少年便吸毒成瘾，吸毒时常盗卖家产，28岁即病死，王韬不得不抚养亡弟的遗孀孤子。
③ 李鸿章在《致冯竹如书》中说："昆山王君，不世英才，胸罗万有，沦落香港，殊为可惜。执事能为我招致，不惜千金买骏骨。"（转引自钟叔河：《曾经沧海　放眼全球——王韬海外之游与其思想发展》，载王韬：《漫游随录·扶桑游记》，第26页）

他们没有料到此举给中国造就了怎样一名真正"知时务"的人才。即使王韬本人，当他化装爬上洋轮驶往香港的途中，也绝没想到，不到五年，他居然能在当时西方世界最高学府牛津大学发表讨论中西文化优劣的演说，并在爱丁堡参观时被称为中国"学士"。①

王韬与伦敦会有联系，但因他在著述中并不袒护教会，对天主教还加以批评，加之一贯的江南名士作风，诗酒高会，冶游无度，愤世嫉俗，顾盼自雄，曾与宝山蒋敦复（剑人）、海宁李善兰（壬叔）并称"海上三异人"，因此人们常以为他是传统士大夫流。现在有确凿的证据表明，他是一个受洗基督徒②，尽管基督教思想确实没有改变他什么。这个矛盾现象是晚明基督教再度入华以来士大夫信徒的老问题。它说明两种文化的互相吸收转换过程是多么艰难。改宗皈依基督教并不意味着同自己的文化传统实行决裂。信徒再虔诚，所受教养的影响和环境的拖累也不可能一朝改观，哪怕是一个翻译了《圣经》的人。一个相关问题是：王韬是否通英语？据查证，他的英语不敷应用。③ 这对一个与英国传教士相处几十年的

---

① 参见王韬：《漫游随录·扶桑游记》，第 98－100 页、第 133 页。
② 柯文（Paul Cohen）在《在传统与现代性之间：王韬与晚清改革》（Between Tradition and Modernity: Wang Tao and Reform in Late Ch'ing China）中引用 The Report of the Directors to the Sixty-first General Meeting of The Missionary Society 1855，第 53 页，见王韬用"王兰卿"（Wang Lan-King）名字登记在案。他是 1854 年 8 月 26 日受洗，当年 10 月 15 至 19 日《葡华馆日记》记，他和麦都思、麦华陀一起去洞庭山散发《圣经》。
③ 在墨海书馆，王韬对郭嵩焘说，他的工作只是"为之疏通句法而已"（郭嵩焘：《郭嵩焘日记》第 1 卷，湖南人民出版社，1981，第 33 页）。在牛津大学演讲，在苏格兰游玩，王韬都带有译员（参见王韬：《漫游随录·扶桑游记》）。回香港后办《循环日报》，编译《普法战纪》，都由张芝轩口述。尽管王韬是最早提倡士大夫学英语、设广方言馆的人，后又在香港提倡英语教学（参见王韬：《〈英语汇腋〉序》），但他并没有认真学过英语。

人来说是奇怪的，但也可见当年士大夫对外国语言文字、文化传统的态度。

离开上海到香港，王韬便受英华书院院长理雅各聘用，合作翻译中国经典，从1863年起，相继完成了将《尚书》《诗经》《左传》《礼记》《竹书纪年》等译成英文的工作。时值同、光之交相对平静的年月，又远离内地的政治旋涡，王韬的用世热情被压抑下去。"闭门日多，罕与通人名士交接。"① 1867—1870年，应理雅各邀请，王韬离港赴欧，至苏格兰理雅各家乡继续助译《易经》。途经意大利以及马赛、里昂、巴黎等法国城市。在伦敦游览，在牛津演讲，会见了威妥玛、李泰国等朋友。在苏格兰杜拉（Dollar，又译"多勒"，理雅各出生的村庄）见北极壮色，工作间隙访爱丁堡、阿伯丁、格拉斯哥。此行在清"蒲安臣使团"初使泰西之先，在国人中间为欧行捷足；作为中国的"访问学者"，王韬也是清末第一人。异国的风土民情固然使他大开眼界，但刚经历工业革命和实行自由贸易的英国资本主义社会留给他的印象更深。同时，他和传教士、外交官、汉学家有良好的私人关系。这使他在1867年返港后所写的《漫游随录》，在同类作品中算得较为真切细致。

1872年，理雅各退休回国，王韬和黄胜倾其财力，加上朋友资助，用一万银圆买下他的伦敦会香港印刷所（L. M. S. P.），创办第一家华商出版社：中华印书总局。随后，在洪士伟、伍廷芳、胡礼垣、何启的协助下，王韬自任主编，创办第一份由华人自办的

---

① 王韬：《漫游随录·扶桑游记》，第63页。

中文日报《循环日报》,和上海《万国公报》、江南制造局周围的变法人物相呼应,形成一种改革舆论,影响了岭南和江南的青年一代。① 而王韬也实现了角色转换,以"学贯中西"的知时务名士的面目,重新引起人们注目。1871 年,他编译出版的《普法战纪》在国内和日本都引起轰动。那时曾国藩便想罗致他入两江总督幕府,因曾于次年病逝作罢。1879 年,寺田宏、重野安绎、冈千仞、龟谷行等一批日本名流邀请他访日两月。行程中,他两次途经上海,受到盛宣怀等人的接待。在日本,又受到清朝驻日公使何如璋、副使张斯桂、参赞黄遵宪等的殷勤照拂。这都表明他在清政府官员眼中已不再是"逆犯",而是必须结纳的在野闻人。这次旅行留下一部《扶桑游记》。

从日本旋港,王韬加紧谋求回沪的努力。此事迁延十数年②,最后得到李鸿章出面,致函上海道冯竹如:"昆山王君,不世英才,胸罗万有,沦落香港,殊为可惜。执事能为我招致,不惜千金买骏

---

① 王韬在这两项事业中的努力,参见柯文《在传统与现代性之间:王韬与晚清改革》第 73-81 页,"王韬与近代中国报刊之源"的考录。另:王韬的女婿钱徵一度由沪赴港,帮助主持《循环日报》,返沪后成为《申报》著名主编。国内学术界把王韬、马建忠、薛福成、郑观应等人划为"早期改良派",柯文又把如上这群加上唐景星、何启、伍廷芳、容闳、马相伯等人,称作"沿海型改革家"(littoral reformers)。后一划分注意空间性,但仍未对 19 世纪的"江南""岭南"两个改革策源地做进一步考察,因而对王韬思想之影响的估计与定位仍可以深入研究。

② 早在 1874 年,王韬求敕于当年大员李鸿章:"伏维阁下,河海之量,天地之恩,哀其穷,悲其遇,而早为之所"(王韬:《拟上合肥相国》,载储菊人校《王弢园尺牍》,第 140 页),但无结果。在此前后,王韬通过麦华陀、唐景星与冯竹如、丁日昌联络,但最后起作用的可能是马建忠,"能成斯志,惟在阁下。乞于修书上傅相之时,为韬从容委曲以言之,不必登姓名于荐牍"[王韬:《弢园尺牍续钞·与马眉叔观察》,光绪己丑(1889 年)活字版,第 20-21 页]。

骨。"有此安排，王韬终于在1884年重回上海，并且受到上海的新派人物推重。格致书院选举他为掌院，《万国公报》聘他为特约撰稿人，《申报》聘他为编纂主任，唐景星、郑观应还在招商局为他造册挂名，支取生活费。① 1885年自办木活字印书馆"弢园书局"。② 有三件事可以代表他的时代地位：1879年春，在上海，郑观应携《易言》（《盛世危言》前本）来，求序于王韬③；1895年，英商汉璧礼（Thomas Hanbury）回国，捐银600两，委托广学会以"何为当今中国变法当务之急"为题征文全国，王韬任评委主任，给了康有为末等奖④；1893年，经郑观应（一说陆皓东）介绍，孙文得以拜见王韬，王韬亲笔为孙修改了《上李鸿章书》，推荐到《万国公报》发表。⑤ 1897年，王韬病逝于城西草堂。⑥

---

① 参见《盛宣怀档案·江浙漕务逐月收支各款细数》，光绪十六年九月至十七年八月。亦参见汪熙：《试论洋务派官督商办企业的性质与作用》，《历史研究》1983年第6期。

② 王韬回沪居所不能确认。自李鸿章允许他返沪后，他便在信中请杨醒逋寻寓所，只说择处"恐其入山不深，入林不密"（《弢园尺牍续钞·上潘伟如中丞》），但实际最后租定的是跑马厅西侧的新起住宅，贴近申园、张园（参见《弢园尺牍续钞·与伍秩庸观察》）。又见王韬有"淞北寄庐""沪北淞隐庐"等号，当时"淞北""沪北"均指今苏州河以北，可能有其印刷所设在虹口、闸北一带。《上海县志》中说，王韬晚年搬出寓所，自建"城西草堂"于西门内。

③ 参见王韬：《杞忧生〈易言〉序》，载《弢园文录外编》。

④ 当时征文奖设一等奖15名、二等奖10名、三等奖10名、四等奖10名、五等奖40名。[参见 Annual Report of the C.L.S., 1895，上海基督教全国两会图书馆（原李提摩太图书馆）藏]

⑤ 参见冯自由：《革命逸史》第4集，中华书局，1981，第24页。孙文书（广东香山来稿）《上李傅相书》刊于《万国公报》第69册、70册（1894年10、11月）。

⑥ 据蔡尔康《铸铁庵读书应事随笔》稿本，转引自吴静山：《王韬事迹考略》，载上海通社编《上海研究资料》，第670-691页。

四、近代职业文人

王韬是近代第一批职业文人，他在租界里完成了从一个旧读书人向现代知识分子转型的全过程。他先是在墨海书馆里接触到一个全新的知识世界，此后就靠着当编辑、翻译、报人、出版商和流行文作家谋生。尽管他对此仍感自卑，但对自己能留下如此众多的著作，暗中还是得意的。据《弢园著述总目》称：60 岁前已刻未刻著作三十六种；另《弢园老民自传》列 53 岁前有二十六种，其中四种不见于《总目》，勉强合于他 63 岁时《序〈剑华堂续罪言〉》一文所称"四十余种"。① 王韬晚年急于自编全集，说是"深惧一旦溘然，平生著述必为人拉杂摧烧"，他对自己的平生著述颇具信心，"盖惧没世无闻"②。然而，他著述太多，还遗有本人从未登录的著作。据美国学者柯文教授查阅，美国纽约公共图书馆藏有《周易集释》《礼记集释》《毛诗集释》，这应该是理、王两人合译中国经典的副产品，携至英伦，却未知从何途径流到纽约。③ 王韬返沪后为各报撰稿，在 1890 年 10 月至 1894 年 1 月，每月以"天南遁

---

① 参见王韬：《弢园老民自传》，载《弢园文录外编》，第 273－274 页。
② 同上书，第 273 页。按《弢园著述总目》，"未刻书目"中列有《皇清经解详勘记》二十四卷，题解谓参前人文集说部，"其中有关经义者，从经为次，摘录纂辑，列入丛钞"。疑此三种，或系自《勘记》中依经分类的名称。因未见原稿，待考。陆澹安在南市旧书摊购得日记后，交施济群在《新声杂志》上连载。（参见郑逸梅：《王韬的〈蘅华馆日记手稿〉》，载《书报话旧》，学林出版社，1983，第 125 页）
③ 参见柯文《在传统与现代性之间：王韬与晚清改革》一书中的考证。

叟"等名，在《万国公报》发表一篇论文，其中有的转录自《弢园文录外编》，但亦有新作名篇，有《救时刍议》《拟上当事书》等。初步查考，计有 17 篇，还有其他散见论文。王韬的日记最是散失，早年他在上海记了 12 年日记。上海图书馆藏有《蘅华馆日记》稿本，起于 1858 年，迄于 1860 年。另有始于 1849 年 6 月的同名和异名日记，今藏于台湾"中央研究院"历史语言研究所。两处合璧，尚缺 1855 年春至 1858 年冬的部分，很可能就是 19 世纪 30 年代毁于《新声杂志》印刷所火灾中的那一部。

  王韬的著作可分为两类，著名的时论确立了他改革思想家的地位，大量的笔记、小说、游记被认为具有文学史价值。① 王韬对一个成功读书人生命价值的理解，表述起来还是非常传统，即"少为才子，壮为名士，晚年当为魁儒硕彦"②。就是说，少为文人，晚称通儒，越到晚年越希望人们承认他确实是如孔子那样的当世圣人。③ 不幸他也犯了儒者的通病，即希纵孔孟，露才扬己，适足以露短显拙。王韬在儒家经学上的造诣不高，大半属于因袭江南经学之旧。但是，他周游欧亚各地，见闻广于并不"远游"的当年圣人

---

  ① 鲁迅在《中国小说史略》中说："长洲王韬作《遁窟谰言》《淞隐漫录》《淞滨琐话》各十二卷……其笔致又纯为《聊斋》者流。一时传布颇广远。然所记载，则已狐鬼渐稀，而烟花粉黛之事益盛矣。"（转引自忻平：《王韬评传》，华东师范大学出版社，1990，第 235 页）王韬把士大夫文学变成近代市民文学，是在报刊连载文学的开创者。
  ② 王韬：《与杨醒逋明经》，载储菊人校《王弢园尺牍》，第 105 页。
  ③ 参见王韬《弢园著述总目》。王韬在"已刻书目"中首列《普法战纪》，题解谓此役"所关尤大"，并罗列国内及日本刊版如何通行，显然有比附孔子作《春秋》之意，其下题解屡暗引《孟子》中有关孔子作《春秋》的话，更可透露他对自己著述传世的极高期望。

何止百倍？他长期与西方学者合作，互译中西"圣经"，于华洋之"礼"皆能言之，如作一部《孔耶异同论》，或《朱（熹）加（尔文）二子相通说》之类，定能激起轰动效应，不至于被李鸿章讥作徒剩骨架的千里马。然而，王韬竟欲与乾嘉汉学诸老争胜，踢翻在前的毛奇龄，跨越在世的王先谦，反而是扬短避长。不过，王韬又是聪明的。他虽宣称《弢园经学辑存》已成六种，却说"经学诸书，卷帙繁重，无力付梓，容俟异日"①。他虽宣称早已著成《弢园文录内编》，"多言性理学术"，不待说其中精义远胜于"国朝"汉、宋诸儒，但却又叹息"辛酉冬间溺于水，一字无存"②。

没有被 1861 年寒冬冰下之水吞没，而又有力付刊的，只有"多言洋务，不欲入集中"的文章，结集"曰'外编'"③。这是由《循环日报》上的文章和多年积稿汇辑而成。据说托人校对，非但"字多舛误"，而且"前后编次都未允当，尚待重订"。编次真的有问题，主要问题是不按结集惯例，论时事而不注出处，作序跋删除纪年，求体系而错乱作序，示一贯而增删旧文。比较容易识别的是那些社论、时评作品，法事、俄事、越事、台事、琉事，兼及中外，虽不著写作时间和出处，但参照有关历史记录，评踪辨迹，却显示此人到底谙熟"夷情"，通晓世事，见多识广，头脑远比帝国总理各国事务衙门的那班亲贵大臣清楚。他对当时国际国内重大事件的分析和判断，也在同时代的一般学者之上。因此，他虽自以为

---

① 王韬：《与余谦之大令》，载储菊人校《王弢园尺牍》第 105 页。
② 王韬：《弢园文录外编·题解》。
③ 王韬：《弢园文录外编·自序》。

这些"言洋务"的文章难以传世，但历史却恰好证明这是他在中国近代思想界留下的最有价值的文献。

《弢园尺牍》《弢园尺牍续钞》像是经过润色的作品。确实王韬时常把尺牍作为条陈，"与人书，多谈时务"①。这就使他的信函多具有政治史和文学价值。《普法战纪》使王韬获取了名声，并且是他最为得意的著作。流氓皇帝拿破仑三世愚蠢地挑起这场战争，它的进程和结局对于19世纪后期的世界历史影响那样剧烈，致使那时欧洲最杰出的学者都被吸引而纷纷讨论。王韬的著作，较诸马克思的《路易·波拿巴的雾月十八日》、雨果的《小拿破仑》等名著，不啻小巫见大巫。但作为东亚文士，居然在拿破仑三世刚战败伊始，就写出有史有论的这样一部书，在香港出版，其中甚至有巴黎公社的信息，这不能不说是晚清中国学者认识世界形势的清晰程度的一个表征。难怪正在从事改革的日本学者对此书佩服之至。而略具开放头脑的曾国藩也因此对王韬刮目相看。② 能同时表现出这一层面见识的著作，尚有《法国图志》《俄志》《美志》《西古史》《西史凡》等。王韬曾想通过国际合作的方式对欧、美洲国家历史进行系统研究。

19世纪后期，王韬还进行西学知识的普及，著有《华英通商事

---

① 王韬：《〈弢园尺牍〉序》，载《弢园文录外编》，第217页。
② 邀请王韬访日的重野安绎，把《普法战纪》与《海国图志》做比较，意识到鸦片战争后三十年间的变化："（魏源）于海外情形，未能洞若菩龟，于先生所言，不免大有径庭。窃谓默深未足比先生也。"（转引自王韬：《漫游随录·扶桑游记》，第202页）曾国藩也赞许此书。这一情景反驳了时下学术界的成见。同光时期，沿海知识分子和通商大臣的世界意识，并不像某些学者估计的那样低下。

略》《西国天学源流》《重学浅说》，都是协助伟烈亚力编译的作品，《格致新学提纲》《光学图说》，则是据艾约瑟原译改编的作品。王韬似乎没有直接参加江南制造局的译书工作，但无论他早期在墨海书馆，还是晚年回沪后与广学会、美华书馆交往，都没有断绝过与"西儒"合作译书的事业。他所从事的译书事业成果，成为戊戌时期内地变法家孜孜以求的读书津梁。如梁启超所说，"教会之在中国者，亦颇有译书。光绪间所为'新学家'者，欲求知识于域外，则以此为枕中鸿秘"①。

可惜返沪后的王韬，病老交困，虽笔耕仍勤，却多是在报刊上换钱的"游戏之作"，所谓"干宝搜神、东坡说鬼"之类，其社会价值只可谓开创了商业性消费型的市民文学。王韬的晚年颓唐，也令他早期对中国思想文化领域的影响迅速减退。从中法战争到中日战争，因"同光新政"的失败，中国的改革思潮再度高涨，但王韬却悄无声息了，以至后人竟以为他不曾见到甲午战争结局便已死去。

五、"天下一道"与世界主义

其实，王韬不仅活着看到中国被日本打败，也活着目击了清末维新运动的势头。他在1897年去世时刚年届古稀，正当孔子所谓

---

① 梁启超：《清代学术概论》，载朱维铮校注《梁启超论清学史二种》，复旦大学出版社，1985，第79页。

"从心所欲不逾矩"的年纪。可是他已甘愿退出历史舞台,这似乎显示了他晚年的颓唐,但正是他终于克服文化传统负面影响的无言表征。他已经通过自称"逸民""老民""废民",用他的一世飘零和醒目言论,在晚清思想界留下了一道独特印痕。他生活的同光时期,思想界没有道咸时期的凝重和惘然,没有甲午后的惶恐和激越,但也绝不平稳。几十年的中外交涉和内部变革,使"中西古今"的社会主题更加凸显。思想界已接受了"中体西用"的框架。尽管早在龚自珍时代就已提出的改革主张,被装进这个框架而显得非驴非马,但较诸鸦雀无声时期仍然甚嚣尘上的墨守祖制声浪,终究跨前一步。为了促使思想界跨出这一步,王韬出过力,虽然未必自觉,但当他有所自觉时,思想界已在按他的愿望前进了。新的代表已经出现,他大有"息影"的理由。

贯穿王韬政论的是一种旧式的"世界主义"理想。他企盼着"天之所覆,地之所载,日月所照,霜露所坠,舟车所至,人力所通,凡有血气者莫不尊亲,此之谓'大同'"①。但王韬和麦都思、理雅各,又都一贯以为中国文化与西方宗教并不需要对立,耶儒可以相通,"耶稣教则近乎儒者也"②。这样,王韬实际导入了英国传教士理雅各、李提摩太(Timothy Richard,1845—1919)等人提倡的"世界主义观念"(Universal Sense)。③ 这种观念认为,人类不分国家、民族、人种、阶级等,都是上帝的儿女,应该平等相

---

① 王韬:《原道》,载《弢园文录外编》,第 2 页。
② 同上书,第 1 页。
③ 梁启超是晚至 1895 年在北京与李提摩太交往后,才听说和接受这一观念的。〔参见 W. E. Soothill, *Timothy Richard of China* (London, 1924), pp. 218 – 220〕

亲，自由诚挚。

宗教理想在炮舰、商船面前转为现实冲突的讨论，于是"大同"之境也降为"春秋列国"。① 在此层面，王韬仍是一个"世界主义"者，他仍然指望一个"车同轨、书同文、行同伦"的现实世界。② 人类在制度、行为、语言、生产、生活中必然会出现某些一致，而通商贸易和战争兼并将在世界趋同中起作用。"将来天下各国必至舟车之致远同，枪炮之利用同，兵力之战胜同，机器之制造同……混同之机于是乎在。"③

王韬对"同光中兴"最有名的批评是"徒袭皮毛"④。当时，南、北洋通商大臣，两江、两广、湖广、闽浙总督都在轰轰烈烈搞洋务，可在香港局外人王韬看来，是"夸张纷饰，玩愒因循，蒙蔽模棱，拘墟胶固，于两国之情昏然如隔十重帘幕"⑤。19世纪70年代，王韬在《洋务》《变法》《变法自强》《兴利》《除弊》等政论文章中，对社会改革有一套看法。他不像保守派批评变法那样，以为西法是诸弊之源。他批评的"变法"，是那种把西法作为"缘饰""具文"的颟顸态度，只在"器物"层面学西方，不懂得理解西方的文化制度和宗教信仰，这才导致中国屡战屡败。因此，他提出必

---

① 参见王韬：《答〈强弱论〉》，载《弢园文录外编》，第166-170页。文中以"东南"（吴越）称亚非，"西北"（秦晋）称欧美，以春秋列国比当时世界，以后这一判断成为变法家中间的流行说法。（参见李天纲：《略论王韬对中西文化的认识》，载马勇、公婷等编《中西文化新认识》，复旦大学出版社，1988，第196-211页）
② 参见王韬：《原道》，载《弢园文录外编》，第1-2页。
③ 王韬：《〈普法战纪〉后序》，载《弢园文录外编》，第195-196页。
④ 王韬：《赠日本长冈侯护美时奉使荷兰》，载《王韬诗集》，第193页。
⑤ 王韬：《杞忧生〈易言〉跋》，载《弢园文录外编》，第267页。

先整顿现状,"而后所有西法,乃可次第举行"①,从器物、技艺、经济到制度法律(政治)、习俗教化(文化),他都准备迎接西方的挑战。如在《重民(下)》一篇中,他详细描述和赞扬了西方民主政治,明确主张英国式君主立宪制,"民以为不便者不必行,民以为不可者不必强"②。这种主张固然出于理性要求,但面对曾、李"新政"迟迟不肯深入,他那种紧迫的开放意识,看着着急,也实在是一种动力,"中外隔阂,非此不能消息相通"③。

同光时期思想中的一个现象是,"世界主义"的普及和"民族主义"的发生有共生关系。王韬一面倡导"西法""西学",另一面也为国人争利权,设法为中国取得应有的国际地位。他恐怕是最早提出取消"治外法权"的人,要求取消这种"独行于土耳其、日本与我中国"的制度,认为办法是打破"以外交为耻"的心理,进行文明谈判。④为争利权,他要求"设官泰西"以保护侨民;他对华商在与西人的竞争中渐渐崛起而兴奋⑤;他见沿海和长江各口岸不断增设商埠,使利权受损而深感痛心。⑥ 颇可诧异的是,王韬居然有一种类似于"地缘政治"的眼光。他对俄国的"东进""南下"最为警惕,以为这是唯一对中国领土有觊觎之心的国家,因而主张"中外合力防俄""合六国以制俄"。他的说法,有时可用两句老话

---

① 王韬:《变法(下)》,载《弢园文录外编》,第14页。
② 王韬:《重民(下)》,载《弢园文录外编》,第19-20页。
③ 王韬:《变法(下)》,载《弢园文录外编》,第14页。
④ 参见王韬:《除额外权利》,载《弢园文录外编》,第73-74页。
⑤ 参见王韬:《西人渐忌华商》,载《弢园文录外编》,第75-77页。
⑥ 参见王韬:《旺贸易不在增埠》,载《弢园文录外编》,第77-78页。

"以夷制夷""合纵连横"来形容，但也与拿破仑、俾斯麦的论调相近。王韬晚年在上海，还与日本海军部和兴亚会的人物联络，谋划"大东亚"计划，以抗俄之野心。①

传统的中国近代思想史是把人物以"革命性""阶级性"为标准，排成一个逐渐"进步"的序列，这便使王韬的地位比较尴尬。王韬这样未曾介入任何集团的知识分子，代表的只是社会舆论，其立足点有时是商人，有时是华侨，有时还是新教传教士。总的来说，他谈国际事务时隐伏着英国观念，这与他的英国文化背景有关；谈国内事务时又带有指责时政、臧否人物的士大夫意气，这与他早年形成的个性和日后遭遇有关。而王韬时时专注于文化变革的讨论，也是同时代人中罕见的。拿着哪家的教材本子，来为这样的人物定"成分"，确实很难。

王韬远学韩愈，近似洪秀全，作了五篇"原论"（《原道》《原学》《原人》《原才》《原士》）。历史上，每当"礼坏乐崩"的时候，那些自负"当今之世，舍我其谁"式的人物，便往往以重新揭露社会终极法则的口吻，宣称旧事物、旧观念必将死亡。王韬与前人的不同之处在于，他每"原"一理都把西学当作参照尺度，从比较中判断中国传统价值体系的优劣短长。《原道》把世界各种宗教流派和儒家教义加以整合，说舍异趋同才是中国以政统教的真正奥秘。《原学》采取将取先予的故技，说中国本为西土文教之先声，暗示大可以"礼失而求诸野"，找回新学。《原人》则以为中国古来倡导

---

① 参见王韬：《弢园尺牍续钞·与伍秩庸观察》《弢园尺牍续钞·与盛杏荪观察》。

的修齐治平之首本始于一夫一妻制，与基督教伦理并无二致。《原才》认为能与国家同休戚共患难者才是真才，能使国家长治久安的才叫贤才。而清朝则相反，取的是专说空话的伪才，伤的是代表国家之气的贤才。《原士》鼓吹"以简治天下"，实即通过攻击八股取士制度造成大量废物，使从事直接生产者深受其害，而要求改革整个官僚制度，像西方那样"为上者教养皆有实用"。可见，王韬想通过西方式的求实精神，来完成士大夫的思想近代化。这种"原"意识，在以后的思想史上不绝如缕，康有为、章太炎的"原"论，都必得要参看中西文化之关系。

　　王韬较早意识到中国文化存在着危机，不变不足以应世。这种直觉来自对东西方文明的比较，他说："西北（欧洲）恒强，东南（亚洲）恒弱，东南柔而静，西北刚而动。静则善守，动则善变。"① 他还看到宗教和意识形态在中西方社会的不同功能，认为"我中国以政统教……泰西诸国皆以教统政"②，说的是"国教"在英国政治中的重要性。他还暗含嘲讽地批评曾国藩、郭嵩焘的"诚以待人"的外交思想，指出："西人办事……其所争者，必据乎理，则我亦惟持理以折之而已。若欲感之以情，则断不能。"③ 这是在批评大员们不明西方法理社会与东方伦理社会之间的区别。这类比较在"弢园"著述中俯拾皆是。"世变至此极矣。中国三千年以来

---

　　① 王韬：《答〈强弱论〉》，载《弢园文录外编》，第 166-167 页。
　　② 王韬：《原道》，载《弢园文录外编》，第 1 页。在这一点上，王韬接受了在华传教士强调基督教会在西方社会中的重要性的说辞，而康有为在"戊戌变法"后立"孔教会"为"国教"，主张"政教合一"的做法显然是受了王韬等人的影响。
　　③ 王韬：《与唐景星观察》，载储菊人校《王弢园尺牍》，第 117 页。

所守之典章法度，至此而几将播荡澌灭。"① 在西方文明全面入华的情势下，王韬主张一种历史上从未有过的变法。

王韬在当时的环境中，不可能不尊孔儒，但他心中的变法绝不到孔子为止，"孔孟之道"挡不住"西学""西政"，因为"道不自孔子始"②。再者，"三代之法不能行于今日"，"孔子而处于今日，亦不得不一变"③。他也说过"天不变，道亦不变"，但是"道不外乎人伦。苟合从伦以言道，皆其歧趋而异途者也"④。恰是否定了清朝统治者所谓"道"将如自然一样永恒不变，把"道"转换成用西方宗教伦理解释的"人伦之至"，王韬是想实现中国三千年未有之巨变，以顺应"人伦"（人道）的办法来挽救中国文化。

王韬的社会文化变革的理想，有不少著述，却从未有一次实践的机会。他曾以诗言志："不作人间第二流……千古文章心自得，五洲形势掌中收。头衔何必劳人问，一笑功名付马牛。"⑤ 他也曾自信地预言："全地球可合为一家。中国一变之道，盖有不得不然者焉。不信吾言，请验诸百年之后。"⑥然而，王韬终于在1897年寂寞地死去。在他死后第二年，中国果然出现了变法维新的热潮，但

---

① 王韬：《答〈强弱论〉》，载《弢园文录外编》，第166页。过去把王韬划在"早期改良派"人物考察，因而忽视了他在"道""器"、"体""用"之说中的变革所具有的彻底性。柯文在《在传统与现代性之间：王韬与晚清改革》中论述王韬"民族主义"思想时给予了准确评论，但我们还可以从"世界主义"的角度对他变法方案的彻底性加以认识。
② 王韬：《原道》，载《弢园文录外编》，第1页。
③ 王韬：《变法（上）》，载《弢园文录外编》，第9页。
④ 王韬：《原道》，载《弢园文录外编》，第1页。
⑤ 王韬：《漫游随录·扶桑游记》，第192页。
⑥ 王韬：《变法自强（下）》，载《弢园文录外编》，第34页。

随即被淹没在血泊中。他死后第四年，中国又出现了"巨变"，结局却是清宫"西狩"，国人忧虑"瓜分豆剖"。清朝连自成一家都难保，更谈不上与全世界合为一家。辛亥革命以后，改朝换代后的思想家再不必以为清朝国运忧虑的方式来谈"变法"，因此王韬的新锐思想在此后风云变幻的岁月里长久被人遗忘，只有他那些描写"四马路"风花雪月、才子佳人的闲书还有一些读者，便不奇怪。但他的预见究竟如何？历史将会做出客观的结论。

原为李天纲编校《弢园文新编》（三联书店，1998）的序言，辛得朱维铮老师亲笔修改，后以《清学史：王韬与天下一道论》为题，共同署名发表于《复旦学报（社会科学版）》1995年第3期

1868:"启蒙"的发端
——林乐知与《万国公报》

同光时期，是中国思想文化史上比较特别的年代。诸多学科和各学科内部暂时调和了原有分野，面对一个"闯入者"，继明末"利徐"之后，在更大的空间意义上壮大了"西学"。"西学"与"中学"的简单对垒，"中外之别"，一度成了人们认识上的首要区分。为了跟上时代，也为了克服自己的畛域之见，先进的思想人物无不企图跨越这"楚河汉界"。冯桂芬"抗议"："法苟不善，虽古先吾斥之；法苟善，虽蛮貊吾师之。"[①] 李鸿章奏称："取外人长技以成中国之长技。"[②] 王韬作《六合将混为一》，容闳作《西学东渐记》。薛福成、马建忠在内政外交上推行"万国公法"。康有为、梁

---

① 冯桂芬:《校邠庐抗议·收贫民议》，载翦伯赞等编《中国近代史资料丛刊·戊戌变法》（一），上海人民出版社，1957，第18页。
② 《同治四年八月初一日李鸿章折》，载中国史学会主编《中国近代史资料丛刊·洋务运动》（四），上海人民出版社，1961，第14-15页。

启超欲"构成一种'不中不西即中即西'之新学派"①。还有,谭嗣同《仁学》力主"中外通",章炳麟《原学》比较希腊与周室、卢梭与庄子。

按一般估计,这条鸿沟是由于当时中西文化的巨大差异导致的。同理推论则是:一回生,二回熟,在弥合中西差异上,肯定会是后人胜于前人。换言之,"新学"要到康梁才成熟,而同光人物只配陪衬为"早期改良派"。然而,当我们取甲午前和戊戌中处在思想界显流的两代人比较,仅就了解西方程度而言,前代仍领先于后代。马建忠的西学比康有为的西学高明许多。分别在甲午前后表率思想界的两代人,很多关节点上并无替代关系。同光之间,中国,至少是东南沿海,确实开始了程度不小的开放。商人来口岸,教士去内地,使臣游历泰西,幼童派往欧美。局里和中枢聘有洋顾问,军火工业,上海、福州、金陵与克虏伯的主要产品大致同步。其他如电报、电话、铁路、轮船、矿山、钢厂、机器纺织等,均在艰难中一体开办,在亚洲首屈一指,表面看与欧洲的代差也不过十几年。这几十年的中外交接,风雨如磐,磨炼出王韬、马相伯、马建忠、薛福成、容闳、郑观应、徐寿、华蘅芳、汪凤藻、钟天纬、李善兰、沈毓桂、蔡尔康等一批新型人物。但是,康有为、梁启超、谭嗣同为代表的戊戌浮现出来的人物,却大都没有参与和见证这几十年的变革。和前辈相比,他们反而更近传统。出身公车,来自内地,不通外语,较少有与西人交往的机会。虽然他们就"西

---

① 梁启超:《清代学术概论》,载朱维铮校注《梁启超论清学史二种》,第79页。

学"在中国的推广实施提出了更激进的方案，但实际却无力指导这场运动。于是，急匆匆地，梁启超认马相伯为师，康有为的变法论文由王韬讲评，湖南时务学堂请钟天纬授课，都是有名的例证。

两代以西学为参照的变法思想家，后人比前人激进，前人却比后人成熟。除了追究其社会原因，我们是否可以根据两代人接受了不同的"西学"来加以解释？上海、香港周围的沿海人物在"中外洽睦"的开放状态下接受全盘的西学，而内地来的年青举子接受的却是经过过滤的"二手货"。一个微妙的事实是，第一代人物"早期改良派"与传教士游，一起翻译介绍，以"西学"为媒介，对第二代人物"变法思想家"施加影响。"教会之在中国者，亦颇有译书。光绪间所为'新学家'者，欲求知识于域外，则以此为枕中鸿秘。"[1] 梁启超的话被用来概括时代，常常有不准确的地方，但把这句话视作他的自我陈述则是真实。在"学问饥荒"中，他们这批人所能吞食的只有与神学粘连的"西学"，影响虽大，但在学识功力上还不及前人。

说来令人感叹，几乎是独力承担19世纪下半叶中外文化信息传递使命的，仍是基督教士。这类机构，无论属教属官，是中是外，均由传教士建立和指导。丁韪良的京师同文馆，傅兰雅（John Fryer）的江南制造局翻译馆、格致书室[2]，韦廉臣（Channing Moor Williams）、李提摩太的广学会，林乐知的中西书院，狄考文

---

[1] 梁启超：《清代学术概论》，载朱维铮校注《梁启超论清学史二种》，第79页。
[2] 格致书室（The Chinese Scientific Book Depot）1885年创办于上海，专售江南制造局翻译馆和其他西学机构所译图书。

(Calvin Wilson Mateer)的登州文会馆，卜舫济（Francis Lister Hawks Pott）的约翰书院，李佳白（Gilbert Reid）的尚贤堂，以及由这批传教士联合组成的益智书会，还有负责这些文字出版活动的墨海书馆、美华书馆，所有这些事业，包括了大学、中学、出版社、书店、研究所、翻译局、教材局、协会、学会、图书馆、博物馆等，大部分是在传教士的本职之外义务进行，构成了一个广大的"西学"阵营。四十年里，在19世纪末大批青年出国，以及随之的留学生翻译运动之前，他们启蒙了整整两代人。中国大部分的士人，都直接认此"西学"为西方文化。其中，影响最大，长年累月为人注目，也确实全面表达教会立场、综合传递西方信息的即为著名的《万国公报》（*The Review of the Times*）。

《万国公报》，前身为创刊于 1868 年 9 月的《教会新报》。因此，我们把 1868 年定为中国近代思想史上一个具有特殊意义的年份。自 1874 年 9 月第 301 卷起改名为《万国公报》。报名更易，体现了编者意图的变化，从"西教"易为"西学"。一份教会通讯，新生为综合性时事报刊。林乐知是主编，除了生病、探亲和临时出任别的事务，他为报纸尽了一生之力。《万国公报》虽是林乐知的一生事业，但就他的个人经历来看，办报多少是一件偶然的事情。1836 年，林出生在佐治亚州，1858 年在本州爱摩利学院获学士学位，次年底偕年前新婚的夫人和出生 5 个月的女儿来华，半年后抵沪。1861 年至 1865 年，美国发生南北战争，林与差会（南监理会，即 Methodist Episcopal Church, South）失去联络。在经费无着、自谋生计的几年里，林乐知做过商人、教师、翻译和编辑。林乐知接受的只是一般的宗教教育，他不是偏狭的唯灵性格，而是勇于冒险、适应性强的美国人。他在有了教会、商界和中国官场学界的背景之后，办一份像《万国公报》这样时事"启蒙"性质的报纸，显得颇为合格。

和明末利玛窦、汤若望等耶稣会士一样，19世纪80年代以前的传教士很少从一开始便自觉以传播"西学"为己任。他们都是在强固的中国文化墙上碰壁后，转而在神学之外拾起西方世俗文化作为武器的。林乐知的宗教观较开放、宽容，对中国文化也有理解和兴趣，同时，他一生的信仰仍是不懈。当年因薪水断了，为生计所迫而勉力办报，正是因为他意识到自己的神工义务。他希望《教会新报》是一份全国基督教机关报，指望靠教会和教友的财力维持，报纸也靠传教站代售。独力办一份跨教派的报纸，其困难可想而知。然而，一线生机在引导林乐知，那便是报纸的教外影响在扩大。为了迎合这一趋势，他在易名改刊后的第一期便全录《京报》。1878年7月后，又调整栏目，"政事"与"教事"分设，以政事为主。约请各教派志同道合的领袖如北京艾约瑟、德贞（John Dudgeon）、山东韦廉臣、狄考文，山西李提摩太、汉口杨格非（Griffith John）、广东花之安（Ernst Faber）、上海慕维廉（William Muirhead）、潘慎文（A. P. Parker）写稿。[①] 形成以新闻为主，政论当家，侧重西国政情商情，注意普及声光化电等科技知识的特色。报纸还注意收集历次殿试府试及第名单，以吸引儒生。林乐知明白，凭教条不能占据中国文化的优势，只

---

① 参见《万国公报》，华文书局，1968年影印合订本。以下引用《万国公报》均出于此本，标示年月日和刊期，页码不一一注明。

有在辩教护教的同时又阐学论政，加入中国文化主流的涌动，才能为基督教取得地位。"中国不是一个野蛮民族"[1]，清末与明末的传教士得出同样的结论，而这条从"西僧"到"西儒"，从下层民众到上层士绅的传教路线，也与利玛窦的历程相同。

是否应该兼顾传播西方世俗学说，新教传教士中间也和明末一样，充满争论。1877年全国传教大会上，丁韪良做题为《论世俗文艺》（Secular Literature）的主报告。在随即进行的讨论中，林乐知的同会教士，福州保灵（S. L. Baldwin）第一个发言，支持和赞扬《万国公报》。他认为"该报大有益处，并使中国人心目中产生了对西方人的友好感情。在福州地区，报纸已经有渠道进入官场和士绅中，并获得好名声"。报纸尽管涉及科学和政治，但总的风格是宗教的。因此，"没有理由让他们停止这工作"。直到第六位发言的杨格非，开始明确反对林乐知，说："世俗文艺固不错，福音却更佳。传播科学可能重要，但我们众人都有更紧要的事情做。我们被教会和基督派来中国，不是为了促进科学，而是像耶稣那样去阐明真理。""林乐知先生的工作已大致表明他适于这一线的工作，那就让他继续进行，或许还有两三位合适者愿意加入。但是，我们作为另一个已选择了上帝，为他在中国广布福音的整体，还是让自己奉献给更高的召唤。"针对韦廉臣"新闻出版统治世界，并已开始统治中国"的辩护，传教业绩突出的内地会"传教英雄"戴德生

---

[1] *Records of The General Conference of the Protestant Missionaries of China* (Shanghai, 1877), p. 162. 黎力基（Rudolph Lechler）语，上海基督教全国两会图书馆（原李提摩太图书馆）藏。

(Hudson Taylor)引经据典地反唇相讥:"别搞错,是耶稣基督统治这世界。"林乐知对批评意见做出抗辩:"倘若传教士们忽视世俗文艺,宗教便会衰退,中世纪的黑暗便会重新降临。"戴德生仍用现成的教条反驳:"人们共知上帝之音,我到世上来,乃是光,叫凡信我的,不住在黑暗里。"①

挟成功传教之威的内地会戴德生和一批主要在农村活动的教士,倾向于"基要主义",想在"圣"与"俗"之间划界,把林乐知等人在大城市里占用大量传教经费,利用现代和间接的手段传教的贬入俗派,而自称正统。从神学权威和传教大会的气氛来看,戴德生占有优势。会议形成了一种"间接传教"——借用世俗知识传播神圣信息的说法,对林乐知等人并不是恭维。新教传教大会固不同于天主教的裁判,林乐知等人尽可以保持任何见解和做法,但考虑经费来源、各地订户和在基督教界的地位,面对具有神圣教义的世俗派,还是不得不随时随地兼顾教会的内与外、圣与俗,也就因此形成了《万国公报》的特点。

来华传教士凯旋归国后有被封为"布道英雄"的,但比他们地位更高的是那些在国内提出了重要神学思想的教会领袖。来华传教士的基本思想,还是来自自己差会的神学思潮。就此惯例,19世纪下半叶强劲起来的"社会福音"(Social Bible)、"基督教社会主义"(Christian Socialism)等"现代派"神学思想,对林乐知一派还是比较有利的。世俗主义的神学思潮,在19世纪80年代随着美

---

① 本段引文出自:*Records of The General Conference of the Protestant Missionaries of China*, pp. 227 - 241。

国"学生志愿海外传教运动"(SVM)传入中国，对后期《万国公报》影响很大，使对中国社会问题的讨论骤增。新理论并非专为中国传教而设，但其中"干预社会危机""肉体与灵魂并救"的入世态度，确实为林乐知等人所需。

神学界的另一新倾向，倒是与几百年的海外传教直接相关，这就是在 19 世纪末终于成型的比较宗教学。花之安代表在华新教参加 1893 年 9 月 11 日的芝加哥"世界宗教议会"(Parliament of World Religions)，他提交的论文是《儒家的起源与发展》。"不同兴趣、信仰、阶层、种族在这一舞台上同样伟大。"[①] 这种说法是对明末以来利玛窦和耶稣会士们尊重中国文化，所谓"学术传教"做法的肯定。这种以人类博爱精神，对异民族文化平等相待的思想，对在华灵性派传教士们固守《圣经》的习惯不无冲击。林乐知"中西学并重"的思想，李提摩太对康有为孔教会的宽容，李佳白尚贤堂聚佛、道、儒一堂，讨论中国文化之未来，都是基于这种"世俗化"的国际基督教神学背景。

当然，更主要的背景是 19 世纪西方理性精神的壮大，世俗文化的膨胀。丁韪良陈述他在京介绍"西学"的理由："是科学而非宗教在我们自己民族中打破了诸如此类的迷信。"[②] 宗教已不能解释科学，而当时的科学却在解释宗教。林乐知在报纸上介绍"西

[①] *The Chinese Recorder and Missionary Journal*, Vol. xxvi, No. 3（1895.3），p. 102. 1893 年 5 月至 10 月哥伦比亚世界博览会期间，在芝加哥用"世界宗教议会"的名义举办 41 个教区参加的会议成为比较宗教学的奠基会议。（参见夏普：《比较宗教学史》，吕大吉等译，上海人民出版社，1988，第 181 页）

[②] *Records of The General Conference of the Protestant Missionaries of China*, p. 232.

学"的做法，其实也与神学新潮啮合，他是要建立一种与现代科学相协调的神学。

通常，《万国公报》被作为较早创刊的中文报纸受到肯定，但华南的中文报刊出现得更早。在上海，《申报》发行日期只比《教会新报》迟四年，而日出一报，本地信息更多。其实，本报之所以影响巨大，在于它在中国识字率最高的江南地区，于洋务初兴的时期，用同人报的笔触，长时间地做一类工作：介绍西方，针砭中国，推动中国社会内部的改革，即所谓"改良"和"变法"。就此领域的启蒙意义而言，各报无出其右。

"西学"，在士大夫的认识史上是个不断流变和充实的概念，随着对西方文化认识的深化而逐渐成形。早期，中国人以为中学形而上，西学形而下，因此，"西艺"，即工艺技术几可等于"西学"全部。稍后，知道西方之学亦有根本，便企图对"西学"分类，如郑观应分之为"天""地""人"，梁启超分之为"政""教""学"三部，更有人分之为"经、史、子、集"四大类。[①] 这些分类以"中学"为参照，化西为中，有明显的局限性。但是，在传教士这里，"西学"一开始便是一个完整而确定的概念，即19世纪的西方知识体系。传教士们一般都有大学学历，至少掌握教科书水平的学识。经过几十年的自修和研究，成为东方语言和文化专家的著名学者亦为数不少。因此，可以说这些传教士能在西方学术界的一般水平上理解世界。花之安的《自西徂东》也借用了"仁、义、礼、智、

---

① 参见郑观应《盛世危言·西学》，梁启超《西学书目表》。王仁俊《格致古微》（光绪二十二年刻本）把"西学"按经、史、子、集排列。

信"来划分学术门类,但其内容无所不包,英文译名即 *Civilization*, *China and Christian*。林乐知明确交代他所认识的"西学":"一曰神理之学,即天地万物本质之谓也;一曰人生当然之理,即诚、正、修、齐、治、平之谓也;一曰物理之学,即致知格物之谓也。"[1] "神理之学",为神学(Theology);"人生当然之理",为哲学(Philosophy);"物理之学",为物理学(Physics)。透过那个时代特有的学科翻译特色可知,林乐知划出了形而上之学、社会之学和自然之学,与今天的神学及人文学科、社会科学、自然科学的分类基本啮合,涵盖了整个西方近代文化。

一般来说,世俗知识的传播确实只是一种传教手段,比如说假此展示西方基督教文明。但每次具体的评论介绍都有不同的目的,不能笼统地指为是暗中贩卖精神鸦片的欺骗。传教士指出清朝自强运动是"徒袭皮毛",因而在士大夫们只看到"船坚炮利"等应用技术的时候,着力介绍西方自然科学的思想基础——培根学说。《万国公报》自1878年9月起连续八期刊登慕维廉摘译的《格致新机》[2],即培根的《新工具》。用19世纪70年代的中文术语表达英国经验主义哲学很困难。译文佶屈聱牙,但思路仍然是清晰的。著名的培根"四假象说"("心中意象"[3]),几乎被逐字翻译。值得注

---

[1] 林乐知:《中西关系略论·论谋富之法》,载《万国公报》第358卷,光绪元年九月十八日。

[2] 慕维廉:《格致新机·小序》,载《万国公报》第505卷,光绪四年八月十八日。

[3] 慕维廉:《格致新机·心中意象或名诸疑大全》,载《万国公报》第507卷,光绪四年九月初七日。慕维廉翻译培根"四假象说"名称为:"诸疑分为四等:一万人意象,一各人意象,一市井意象,一士学意象。"翻译对照,参见培根:《新工具》,许宝骙译,商务印书馆,1984。

意的是《新工具》中反对盲目崇拜教会圣贤的文字得以保留，表明19世纪的欧洲传教士们早已思想开明，不以为忤。这种倡导新知的理论虽未马上给中国带来自然科学理论研究的繁荣，但却意外地做了19世纪八九十年代士大夫们打破文化痼弊，"讲求实学""黜华求真"的"新工具"。

传教士们的思想并不保守，作为"富国富民之术"的经济学，虽与宗教无关，但也得以介绍。早期为了适应口岸近代税收、海关、金融、集资和企业管理，他们的翻译偏于一般经济制度的介绍。后期因社会矛盾突出，又偏于介绍政治经济学。艾约瑟用亚当·斯密《国富论》（*An Inquiry into the Nature and Causes of the Wealth of Nations*）为底本，掺入自己的见解，译编成了《富国养民策》。从1892年8月在《万国公报》首载起算，则艾约瑟的作品比严复翻译的《原富》（1901）早了将近十年。马林①在1894年12月编译了亨利·乔治（Henry George）《进步与贫困》（*Progress and Poverty*）的部分章节，发表于《万国公报》，题为《以地租征税论》②，作为与卜舫济《敛税要则》的商榷文。这些都表明19世纪90年代"西学"的介绍终于分解和具体到学者学派的阶段。1894年就有亨利·乔治"地税归公"理论的介绍，要比这本书后来的正式翻译出版早了几十年。孙文用"单一地税"理论为骨干编成《民生主义》，很可能就是从《万国公报》本期文章初次阅读亨

---

① 马林（W. E. Macklin），加拿大基督会医学传教士，1886年来华，先后在上海、南京传教。
② 马林：《以地租征税论》，载《万国公报》第72册，光绪二十年十二月。

利·乔治。①

当时中国社会的经济政治结构与西方很不一样，阶级基础完全不同，因此社会主义与其说是作为实践，不如说是作为理想和空想引进的。马林像是属于"基督教社会主义"的人物，他认为土地是上帝赐予人类的。从这一点开始，社会主义与中国社会相通。贝拉米（Bellamy）《回顾》（*Looking Backward*，1888）在初版三年后就作为畅销书通过《万国公报》进入中国，激起了比西方读者更强烈的宗教情绪。1891年12月至1892年4月，李提摩太就把这本书翻译成《回头纪略》，在《万国公报》连载。变法人物读到了"西方"的和"平等"的双重理想境界，正是对"西化"和"四海之内皆兄弟"理想上的情感倾注，才产生了谭嗣同的《仁学》、康有为的《大同书》这样的怪异之作，一种"乌托邦"。中国最早介绍马克思也是用这种情绪和方式进行的。李提摩太在1899年四月作《大同学》，强调其中的"平等"。马克思"穷黎……不得不出其自有之权，用以安民而救世"的"阶级"学说虽已与教义不符，但李仍然宽容地客观介绍，亦是《万国公报》的一贯态度。

在《万国公报》的作者中，韦廉臣、慕维廉偏于神学、科学和汉学，丁韪良、狄考文偏于教育，花之安、艾约瑟偏于中西学术，林乐知、李提摩太、李佳白比较多地发表政论。林乐知最为明显地超越了自己的信仰，专门介绍西方文化，他确实有教会保守派人士批评的擅于政而疏于教的倾向。唯其如此，他使《万国公报》成为

---

① 孙文的《上李傅相书》，正好就是在《万国公报》的前二期（第69、70册，1894年10、11月）上发表的，他非常可能就是从这两期杂志上读到亨利·乔治之理论的。

一份中国人的启蒙报纸，很多文章的单行本是士大夫必读之书。如1875年6月12日，他的《译民主国与各国章程及公议堂》，非常完整地介绍了美国宪法和"三权分立"学说。此文为读者深入理解《万国公报》经常涉及的"公议堂"（议会）、"伯理玺天德"（总统）、"民主之国"（共和国）等制度而作，是19世纪90年代中期之前对民主制度最准确的中文表述。报纸常年刊登"大英国事""大美国事"，翻译《泰晤士报》《纽约时报》新闻，令李鸿章、郭嵩焘及其幕府人物都暗中欣赏起"花旗国""华盛顿"。林乐知称："本馆所以译论此事者非有辩论之心，亦无以此争长之意也。"① 其实，这是对清朝政体向适应世界事务方向演进寄予希望。林乐知确实指望中国出现像西班牙、德国、瑞典、土耳其、日本那样的民主化进程。

甲午以前的整个时期，林乐知和其助手们一直在倡导一种稳健的改革主张。他的《中西关系略论》是寻找政治社会结构的中外相通；他和沈毓桂共创中西书院则是想在思想文化领域建立"中学"与"西学"的和谐关系。为此，是他们合作，首先提出了一个"中学为体，西学为用"的口号，成为同光时期的主流思想。中西书院"延请中西名师教授，半日教西学，半日读儒书"②。这是他"吾教与儒教同重"，以及摩西"十诫"与儒道相合说③之类的主张在世

---

① 林乐知：《译民主国与各国章程及公议堂》，载《万国公报》第340卷，光绪元年五月初九日。
② 林乐知：《设立中西书院启》，载《万国公报》第657卷，光绪七年八月初二日。
③ 刘常惺：《摩西"十诫"与儒道相合》，载《万国公报》第379卷，光绪二年二月二十三日。

俗教育中的翻版。沈毓桂解释这一思想："揆今之时，度今之势，专西学而废中学不可，专中学而废西学亦不可，二者得兼，庶为全才。"① 按沈毓桂文中张书绅批注的理解是："专尚中学固不可也，要必赖西学以辅之；专习西学亦不可也，要必赖中学以襄之。"② 这些解释都围绕着林乐知"中西并重，毋稍偏颇"的中西书院宗旨展开。后来沈毓桂作《西学必以中学为本说》，又于1895年4月的《救时策》③ 中明确提出"中学为体，西学为用"。考虑到林乐知是《万国公报》的实际主编，他的中文能力很强，沈毓桂的文字必经他审定，因此都还反映了林乐知的思想。

"中体西用"一经提出，便成了同光时期人人赞同，但又各自诠释的一个流行口号，因而成了一个含义复杂的命题。各家讲"中体西用"，未必是林乐知、沈毓桂原来的想法。众说纷纭中，张之洞《劝学篇》中的类似思想最为流行，然而张的版本与滥觞于《万国公报》的"中体西用"说有很大的不同，不得不用哲学的方法加以辨析。历来"体用""本末"的传统哲学范畴，表达着类似于全体与部分、主要与次要、内容与形式、本质与现象等不同关系。林乐知和沈毓桂是在文化交流的"主体性""自主性"的意义上首创和讨论这一命题。林乐知等人之所以提出这一原则，是因为看到了义化传播中的肤浅现象。例如，有人把西文等同于西学，也有人把一门技艺说成西学全部。他们认为之所以出现此类"徒袭皮毛"的

---

① 林乐知：《消变明教论》，载《教会新报》1869年12月4日。
② 沈毓桂：《敏事慎言论》，载《万国公报》第738卷，光绪七年四月初十日。
③ 沈毓桂：《救时策》，载《万国公报》第75册，光绪二十一年三月。

浅陋之见，是因为中国人在学习中失去了主体性，把"西学"仅仅作为一种实用知识，不过心，不入脑，不求甚解。因为不能从知识的主体性来理解外部输入的新知，故而"中学既不能窥其藩篱，西学更无由测其门径……纵有所得，泛光掠影而已，一知半解而已"。在这里，阐发和提高"中学"，是为了更好地理解"西学"，使"西学"在更高层次上得到正确的理解，"假西学为中学之助，即以中学穷西学之源"①。主张通过主体文化的发展、提高来深刻地洞察、吸收外来文化，这在当时文化相隔甚远的格局下，不失为一种合理见解。这种"主体性"思维，与冯桂芬、李鸿章、张之洞在此问题上把中西文化各自分割，用"体"和"用"的部分相互拼接，造成"非驴非马"的说法趣味迥异。林乐知、沈毓桂版本的"中体西用"在教育界得到了较好的理解，各地新起的新式学校均挂牌"中西学堂"，教学也是一半英文、一半中文，两不偏废。马相伯、梁启超、章太炎、蔡元培，乃至陈寅恪、冯友兰等教育家均持此理解。

《万国公报》是同光时期"中西并重"思想的策源地，从林乐知到李提摩太、李佳白，传教士们一直在批评和比较儒家，但反对把中国文化"轻于废弃而以西学代之"②。除了林乐知和沈毓桂等人自撰社评、社论之外，其他征稿、来稿也有反映这一观点的。

---

① 沈毓桂：《西学必以中学为本说》，载《万国公报》第 2 册，光绪十五年二月。
② 李佳白：《论调和新旧学界之法》，载《万国公报》第 204 册，光绪三十一年十二月。

《格物探源》①、《儒教辨谬》②、《自西徂东》③ 等著作，都是熟悉和研究中国文化的传教士作品。他们对中国学术传统做了认真的比较和清理，其中固然有传扬西方基督教文化的主旨，但对中国文化也采取了非常慎重的尊重态度，并非一棍子打死。至 19 世纪 90 年代以后，更年轻一辈的传教士接受了"世界主义观念"（Universal Sense）和"比较宗教"（Comparative Religion）的思潮，甚至作了《救世教成全儒教说》④、《中国宜广新学以辅旧学说》⑤、《中国能化旧为新乃能以新存旧论》⑥。且不论这种理性宽容会纵容中国文化的保守性，事实上李佳白也果然在辛亥后以他的理由支持过袁世凯，单就教会内部的神学突破而言，《万国公报》代表了 19 世纪相当进步的西方文明精神，那就是尊重当地文化，提倡"文化多样性"。传教士们在传播西方文化的同时，也适当肯定和赞美中国文化，这是自明末耶稣会士以来的突出现象。这其中有他们顺从和适

---

① 《格物探源》是英国传教士韦廉臣的作品，最早以基督教观点来评论儒家思想，全书首篇刊载于《万国公报》第 301 卷至 384 卷（同治十三年七月二十五日至光绪二年三月二十八日）。

② 《儒教辨谬》署名"闽知非子"，对儒家思想做出了分析和批评。全文连载于《万国公报》第 481 卷至 518 卷（光绪四年二月二十日至十一月二十一日）。

③ 《自西徂东》为德国传教士花之安的作品，全书对基督教、儒教思想做比较，连载于《万国公报》第 702 卷至 750 卷（光绪八年六月二十九日至光绪九年六月二十五日）。

④ 安保罗、沈少坪：《救世教成全儒教说》，载《万国公报》第 93、94、96 册，光绪二十二年九、十、十二月。

⑤ 李佳白：《中国宜广新学以辅旧学说》，载《万国公报》第 102 册，光绪二十三年六月。

⑥ 李佳白：《中国能化旧为新乃能以新存旧论》，载《万国公报》第 97 册，光绪二十三年正月。

应中国文化的不得已,但也有一些深入异质文化内部的"同情理解"。对于这种复杂而复合的心态,必须要仔细辨析研究才是。

林乐知和他的《万国公报》通常都采取稳健而有理性的变法主张。但眼见几十年的宣传终归无效,清朝最后败于改革进取的日本,甲午时的林乐知也愤世嫉俗起来,经两年多的评论、翻译,全国乃至世界范围内的约稿,著作结为《中东战纪本末》①一书,影响遍及海内。对许多内地士人来说,它比炮声更有伤自尊。林乐知在《险语对》中忍不住数落中国人的病根,指陈:"骄傲""愚蠢""惬怯""欺诳""暴虐""贪私""因循""游惰","以上八者,其祸延于国是,其病先中于人心",是致败之因。这个时刻的林乐知,已经不单单是一个外在于中国事务的传教士,他还是一个几十年来"同光新政"的参与者。他以半个中国人的身份来批评清朝的因循保守,至少有相当一部分士大夫是默默自认的。林乐知开始在民族性格的层面上反省中国文化出路,他这种"哀其不幸,怒其不争",痛定思痛的批判性启蒙,启发了20世纪"国民性"讨论。

即使在甲午惨败的时候,林乐知还未失去对中国文化的挚爱、同情及信心。他寓华四十多年,"视华如寄籍之地",自称无异于华人,他的事业离开了中国也确实一无所有。林乐知的批评显然只是

---

① 林乐知、蔡尔康著《中东之战关系地球全局说》(载《万国公报》第70册,光绪二十年十月)、《中日两国进止互歧论》(载《万国公报》第71册,光绪二十年十一月)为后来结集的《中东战纪本末》开卷文章。《中东战纪本末》在光绪二十三年(1897)结集,由上海广学会印行,风靡全国。此书收录有关甲午战争的上谕、奏疏、函件、条约、布告,以及议和过程的记录,而林乐知等人对于中国时政的批评文章引起的反响异乎寻常。

针对官场和士绅反映出来的中国文化。甲午以后，林乐知这一批聚集在广学会周围的传教士几乎把《万国公报》变成了专言变法的报纸，尤其注重文化和政治体制的变革。《交通推原》①，作者卢赣章（1854—1928，福建同安人）提出以汉字拉丁化来推动社会变革，这是20世纪中国"文字改革"的先声。《文学兴国策》②，作者日本前任美国大使、时任文部大臣森有礼（1847—1889）主张日本式的文化、教育体制改革。在几十年办学实践后，又全面要求建立完整的大学、中学和教育部的现代教育体系，逐渐代替科举制。由于《万国公报》在这时已享有的舆论权威，清廷有不少人主张聘作者们当"国师""顾问"，连光绪皇帝、"帝师"翁同龢都关注林乐知、李提摩太等人，"洋顾问"们自然也就更加自信地对变法运动做出更加具体的指导。如《新政策》③，公布了李提摩太向翁同龢当面提出的"教民、养民、安民、新民"的"四民说"；《行政三和说》④，李提摩太等劝解清廷东西"两宫"、新旧"两党"、儒耶"两教"能够和解；《君民一体说》⑤，林乐知等告诫清廷要对人民"相亲相信，即相爱相敬"，以免列强"瓜分"中华；《速兴新学条例》⑥，上海广

---

① 卢赣章：《交通推原》，载《万国公报》第81、84册，光绪二十一年九月、光绪二十二年正月，选自《交通推原》的第二、四章。
② 林乐知：《〈文学兴国策〉序》，载《万国公报》第88册，光绪二十二年四月。《文学兴国策》是"日本前使美大臣森君，就询美国诸名流，得其复书，汇录成帙者也"。
③ 李提摩太：《〈新政策〉序》，载《万国公报》第87册，光绪二十二年三月。
④ 李提摩太、蔡尔康：《行政三和说》，载《万国公报》第118册，光绪二十四年十月。
⑤ 林乐知、蔡尔康：《君民一体说》，载《万国公报》第127册，光绪二十五年七月。
⑥ 广学会：《速兴新学条例》，载《万国公报》第115册，光绪二十四年七月。

学会提出一整套完整的教育、文化和社会体制改革方案及步骤；此外，还有著名的《新政诀》《匡华新策》等条陈，都在戊戌前后提出了用以指导清朝变法的政策和策略。

"外人与戊戌变法"①有密切关系，如蒙邀请，他们愿意参与指导"西学"和"变法"，这是事实。但是，如果据此意愿而说他们是在代表西方或差会干预内政，则不符合实际。②他们的主张基本上是出于中国本身利益，已经脱离于列强和差会的利益及兴趣，还招致了某些西方利益团体的不满。在教会看来，这是俗务，不应花费主要精力；在外交家看来，用文化革命法改造中国，致富致强，又太迂阔。当然，林乐知、李提摩太的"变法"策略，在因甲午战败而异常激愤的中国士绅方面终于博得了一些喝彩。

"在林乐知任主编期间，没有哪一份杂志像《万国公报》这样，在中国取得了如此广泛的影响。"③这个评价是事实。《万国公报》这种深入持久的影响具体所及，却是不容易弄清的。倘自《教会新报》起算，则《万国公报》全报除中断了六年外，一共出版了四十年，整整是两代人的思想塑造期。粗略地估计，1868年创刊后十年，因偏于教务和发行量较小，影响仅限于教会圈和通商口岸，宣传效果并不太大。戊戌以后的十年，由于《时务报》《知新报》《湘学报》等士绅报纸仿《万国公报》而起，庚子以后又有留学生刊物创办高潮，《万国公报》的影响便急剧下降。除去首尾十年，《万国

---

① 参见王树槐：《外人与戊戌变法》，台北"中央研究院"近代史研究所专刊，1980。
② 顾长声在《从马礼逊到司徒雷登》（上海人民出版社，1985）中持这种观点。
③ W. E. Soothill, *Timothy Richard of China*, p. 173.

公报》扎扎实实影响了中间时期的一代人，而这一代人正好就是在戊戌中来到最前沿，呐喊、著述，并从事变法活动的那一批。

按学术界传统，分别在同光之际和戊戌前后表现自己的被划作"早期改良派"和"资产阶级改良派"，其间的定性依据仍有待论证，但这两代人的分野是明显的。就我们的题目而论，活动于海外、上海、香港，身在洋务岗位的前一代人通常是《万国公报》的作者、朋友，很多还是基督徒，而后一代人则是报纸的长期读者和崇拜者。① 他们一开始便公开地接受传教士的许多见解，通过他们了解和理解西方。由于这中介渠道并不充分和全面，缺乏前一代人物周游列国、身居口岸，与传教士朝夕相处、仔细切磋中西文化的稳定环境，他们的"西学"是片面的，他们用激昂的热情、高涨的斗志以及离谱的想象来弥补。

康有为在19世纪80年代才开始读到《万国公报》和上海广学会、江南制造局翻译馆翻译、介绍的"西学"作品。"其时西学初输入中国，举国学者莫或过问，先生僻处乡邑，亦未获从事也。及道香港、上海……乃悉购江南制造书及西教会所译出各书尽读之。"② 这里，所谓"西学初入""举国莫问"的说法都是出于内地青年的孤陋寡闻，也可见他们与西学先驱们的疏远。康有为很少披露自己的读书生活和思想来源，但他自述是在光绪五年（1879）"得《西国近事汇编》、李圭《环游地球新录》及西书数种览之"，

---

① 参见 Paul Cohen, *Between Tradition and Modernity*, *Wang Tao and Reform in Late Ching China* (Cambridge: Harvard University Press, 1974)。

② 梁启超：《南海康先生传》，《梁启超全集》第二集，中国人民大学出版社，2018，第362页。

是他日后"讲西学之基"①。这些都是首载《万国公报》的文章。后来，他把自己编的第一份报纸也取名《万国公报》，可见早年印象之深刻。梁启超坦率地承认了自己的西学起点："余，乡人也……实中国极南之一岛民。"②"（1890）下第归，道上海，从坊间购得《瀛环志略》，读之始知有五大洲各国，且见上海制造局译出西书若干种，心好之，以无力不能购也。"③康、梁的"西学"知识都是二手货，且都是在科举考试，道经上海时偶然接触到的沪版翻译作品。不几年，梁启超以导师的身份，为全国后学开列《西学书目表》（1896），内中所收均为林乐知、李提摩太、艾约瑟、韦廉臣的著作，曾在《万国公报》连载。在《报章》一栏，作者们推荐的全是《万国公报》及同类的教会出版杂志。

林乐知、李提摩太等人的名声渐渐达于宫廷巨卿。甲午之前，光绪多浏览宋元版本书，读《万国公报》等评论，遂"大购西人政书览之，遂决变政"④。其实光绪留心"西学"不比梁启超晚，1892年，《万国公报》已有《恭记皇上肄习英文事》⑤。此时，李提摩太听说光绪皇帝开始向同文馆老师学习英语，高兴异常，觉得此事"未始非中国振兴之转机"。据《翁文恭公日记》，翁同龢对

---

① 康有为：《康南海自编年谱》，载沈云龙主编《近代中国史料丛刊》（二），文海出版社，1966，第11页。

② 梁启超：《三十自述》，载李华兴、吴嘉勋编《梁启超选集》，上海人民出版社，1984，第374页。

③ 同上书，第375页。

④ 梁启超：《戊戌政变记》，载汤志钧、汤仁泽编《梁启超全集》第一集，中国人民大学出版社，2018，第639页。

⑤ 《恭记皇上肄习英文事》，载《万国公报》第37册，光绪十八年正月。

"西学"的兴趣也在 19 世纪 80 年代已萌。"十四年（1888）戊子七月……二十九日，入署遇纪曾公（泽），曾公以《西学十六种》见赠。"① 外臣张之洞对林乐知、李提摩太诸人及《万国公报》事业的兴趣更加热切。光绪八年（1882），张在山西巡抚衙门档案里发现李提摩太给他前任的开矿、修路、办厂、建新式学堂的建议书②，这些在沿海并不太新鲜的主张深深打动了张之洞。他随即召见李提摩太，要求他放弃教职，任此新政。据说，张之洞在湖广总督任上，又曾试图请李提摩太主持新学堂。张之洞与《万国公报》关系甚密，他在湖广、两江任时的活动都受到重点报道。张之洞作《上海强学会序》在《万国公报》首次刊登。1894 年，张之洞曾向广学会及《万国公报》捐助银 4 000 两。林乐知的时论中经常表彰张的改革举措。如此，张之洞的《劝学篇》受《万国公报》影响便不足为奇。李鸿章也在甲午前后，更加借重和拉拢广学会诸子，准备加以重用。此前，他曾赞助格致书院、中西书院的开办。1890年，他延揽李提摩太主笔天津《时报》；1895 年，他介绍李提摩太会见翁同龢。李鸿章的轮船招商局是《万国公报》的最大订户，《泰西新史揽要》一次便购去 100 本。清末名公子孙宝瑄（1874—1924）在记叙自己读书生活的《忘山庐日记》中，记录了他在上海与章太炎、贵翰香、严复、谭嗣同、梁启超、夏曾佑、蒋观云、汪康年、宋恕、陈虬、陈介石等人的交往，他们均按月阅读和讨论

---

① 翁同龢：《翁同龢日记》，载《中国近代史资料丛刊·戊戌变法》（四），神州国光社，1953，第 514 页。
② 参见李提摩太：《救民必立新法》，载《万国公报》第 404 卷，光绪二年七月二十二日。

《万国公报》刊载的文章。例如，他个人对《百年一觉》中所说两千年后的无阶级社会尤为动情。①

和第一代人用"求富求强"作为变法动力不同，戊戌时第二代变法人物用"保种、保教"的口号激励人心。客观上是因为清朝又一次出现了生存危机。但是，清末"变法"思想的表现形式却无疑受到了《万国公报》几十年一贯主张的影响。李提摩太的《救世教益》，在"四民说"中的"教民"部分，特别向中国士大夫推荐以世界主义价值对抗丛林法则的基督教，说："救世教拟欲将各国律法比较，然后再作万国公法，使人按公法而行，不可一味恃势。"② 林乐知的《基督教有益于中国说》，用儒家语言推荐基督教，说："道之大，原出于天，而教之大，本存乎爱。"③ 李提摩太和林乐知推荐的基督教都包含两种基本含义：（1）宗教信仰是宪法律例的基础，并借以维持道德、伦理、政治上的共识；（2）基督教提倡用一种跨宗教的普遍仁爱精神，来代替种族主义、民族主义等弱肉强食的生存竞争法则。传教士借助中国社会的危机，唤醒了近代中国人的宗教意识。但是，康有为、梁启超等人的变法运动，更多地接受了前一种推荐和提倡，而对后一种告诫和提醒则并不在意。戊戌前后的"变法"意识并不钟情于他们的基督教。它在汲取了基督教的"有用"精神之后，一头扎进传统文化中，借儒家文化新建自己的宗教。

---

① 参见孙宝瑄：《忘山庐日记》，上海古籍出版社，1983，第 106 页。
② 李提摩太：《救世教益》，载《万国公报》第 36 册，光绪十七年十二月。
③ 林乐知：《基督教有益于中国说》，载《万国公报》第 83 册，光绪二十一年十一月。

康有为标榜"保圣教",以抗"西教",实际上他的"孔教"对基督教做了大量模仿,用他的话说,是"欲侪孔子于基督"①,用别人的攻击,是"欲废孔教以行其佛、耶合体之康教"②,"借保护圣教为名,以合外教"③。确实,康有为的不少行为在儒家文化传统中找不到根据,这一点上的思想来源是林乐知、李提摩太。康有为把孔子解释成如耶稣一样,兼有神性和人性的教主:仿《万国公报》的公元纪年作为孔子纪年,建立组织严密、教团式的孔教会,制定烦琐的教会仪式,等等。他以马丁·路德自居,显然是在刚接触《万国公报》时,慕维廉所作《路德买丁记》(1881年6月4日),给他留下了深刻的印象。康有为另一个具有比较宗教意义的思想是其"大同说"。而"大同"一词,首次在康有为相似意义上的使用,是1891年12月《万国公报》上的《回头看纪略》。较早的韦廉臣《耶稣示人以四海为兄弟》,稍后的林乐知《基督教有益于中国说》,都传递了"万民皆为兄弟,天下一家,中国一人"的基督教人道主义博爱思想。这些都是康有为结撰"大同说"的来源。康有为抄袭时髦起来的今文经学的同时,又吞噬了透过《万国公报》折射出来的基督教神学。这一点,他倒是曲折地承认过。1895年,康有为对李提摩太说:"中国的改革必须建立在一个道德基础之上,上帝的父权地位和各民族的兄弟之情,必须在中国人的

---

① 梁启超:《清代学术概论》,载朱维铮校注《梁启超论清学史二种》,第65页。
② 叶德辉:《叶吏部〈正界篇〉》,载苏舆编《翼教丛编》,上海书店出版社,2002,第95页。
③ 叶德辉:《叶吏部与南学会鹿皮门书孝廉书》,载苏舆编《翼教丛编》,第168页。

良知中加以发现。"①

谭嗣同的《仁学》,除了像《大同书》那样延揽了基督教的某些伦理学说之外,比较突出的还有它那同样诡异并充满想象的本体论。这种本体论显然是由刚刚习得的混杂着神学、哲学和科学的19世纪新教理论,加上熟悉的理学、佛学构成:"能为仁之元而神于无者有三:曰佛,曰孔,曰耶。'"② 谭嗣同进一步交代:"凡为仁学者……于西书当通《新约》及算学、格致、社会学之书。"③ 谭嗣同生长、游历于内地,但对上海的"西学"充满热情,其渠道"除购读译出诸西书外,宜广阅各种新闻纸,如《申报》《沪报》《汉报》《万国公报》之属"④。由于渠道狭窄,缺乏严格的课程训练,这种"西学"衰变成游谈无根的《仁学》,让学者难以辨析其来源。经《万国公报》普及开来的"神创说""元素说""原子说""全体论""以太说""经验论",经过谭嗣同的理学、佛学理解之后,统统被揉进一个自我圆满的体系,形似包容中西先进学说,实则混乱并独断。这说明一个真诚地叛离传统文化的"造反者",要成为一个真正的"改革者",其道路是何等艰难。理论上的模仿和学舌并不真正可靠。

借神学作为哲学上的本体论,不只是《仁学》,还是19世纪90

---

① 《广学会年报告(1895)》(*Annual Reports of the Christian Literature Society, 1895*),基督教三自爱国运动委员会图书馆藏。
② 谭嗣同:《仁学自叙》,载汤仁泽编《谭嗣同卷》,中国人民大学出版社,2014,第20页。
③ 谭嗣同:《仁学界说》,载汤仁泽编《谭嗣同卷》,第23页。
④ 谭嗣同:《书简》,载汤仁泽编《谭嗣同卷》,第353-354页。

年代的时髦。海门一名绅士在上海劝人习道，称"二十六原质皆气所成……惟成道者，能以神化气，而成至神至妙至精之物"①。章太炎于学术向来认真，"贬《仁学》拉杂失伦，有同梦呓"②，但当他与人争"灵魂不能离质点而存"③ 的命题时，自己也陷入了用"电气""精血"来解释形上之学的机械论。且不论这种认识论在中西学传统中都能找到某些原型，只就其当时所现的形态和命题考察，它与《万国公报》等传播媒介宣传的"格学与教事互参"理论一脉相连。

康有为、梁启超、谭嗣同等人长期受传教士潜移默化的影响，终于在戊戌中形成对他们的崇拜和依赖，这与当时获得权力后的倨傲态度恰成对照。1894年8月，《万国公报》刊登李提摩太《拟广学新题征著作以裨时局启》，康有为以投稿者应征。在80位得奖者中，康有为得六等末奖。从变法诸大师到孙宝瑄这样的赋闲公子，有事无事都喜欢去昆山路李提摩太寓、八仙桥林乐知寓，以及江南制造局、格致书室、博物院路亚洲文会，拜见李提摩太、林乐知、傅兰雅、艾约瑟、慕维廉等人。

广学会和《万国公报》对戊戌变法的指导作用，因为李提摩太主动赴京益发明显。梁启超欣然应允任李提摩太的中文秘书。康有为则向光绪举荐李作为政府顾问，由孙家鼐引见给皇帝。李提摩太的《泰西新史揽要》(《万国公报》单行本)放在光绪书案之首，同

---

① 孙宝瑄：《忘山庐日记》，第376页。
② 同上书，第180页。
③ 参见章炳麟：《人无我论》，载《章太炎全集》(四)，上海人民出版社，1985，第429页。

时翁同龢向李提摩太详问《救世教益》中的教民、养民、安民、新民四大政。梁启超还退而求其次地邀请李提摩太、林乐知在《万国公报》的助手蔡尔康去时务学堂授课。还是李提摩太，在戊戌变法失败后维新人物被追杀的时候，于最后时刻营救了康有为，使其感激涕零。

皇帝、巨绅的光顾，使《万国公报》销量大增。1889年复刊后，当年共印10 529份；1890年，共印11 300份；1895年，发行量较复刊初翻了一番，出现加印，甚至还有盗印。至1898年，《万国公报》发行量达到顶峰，共印了39 000份。上海商人曾买来向各地免费赠送，一位寓沪翰林每月购30本寄往北京。他们甚至要求广学会和《万国公报》的总部及社址迁往北京，佐助变法。康有为更是干脆自印自编起自己的《万国公报》。一份终究是带有教会目的的中文报纸，在政治生活的大变革时代走上了它的黄金时代。

这现象多少有点儿误会，因为这报纸在进入真正的舆论、理论权威的过程中原本具有致命的弱点。第一，是其教会背景。它必须时时刊发反映教会立场的文章。尽管19世纪90年代中国人认识到了宗教在中西文化中的意义，但当务之急毕竟是政体的变革。第二，是作为外国人的局限。无论林乐知、李提摩太寓华多久，华语多流畅，他们办的报纸终究不脱局外人议政之嫌，尤其是大量编译和直译的稿件，都反映了原作者的立场，因而使得报纸面目模糊。为了避免这个缺陷，传教士作者用大量自撰文来加强报纸的主体性，华人助手也为之润色。但由于各种原因，这些评论不免隔膜游离，晦涩难懂。第三，作为广学会的同人报纸，几十年中形成的兴趣、能力，使作者们很难应付 19 世纪 90 年代国内外深刻变化的形势。林乐知的中外关系兴趣以及一个跟踪世界时事报道的编译部，能使报纸介入中国变法事务的特色保持下去，但已受到新起报纸的挑战。李提摩太真想成为一个"洋顾问"，摆脱作为传教士和外国人的局限，他的知识不足，必须回英国进修。在中国士大夫已经摸到进化论、社会主义、无政府主义思潮的情况下，只有新近来华的马林等少数传教士比较熟悉，但报纸和广学会都掌握在老一辈人手中，难以更新。戊戌变法后，《万国公报》陷入不堪回首的低落时期。作为有神论者和宣传天下一家的基督教人道主义者，他们不能附和达尔文、斯宾塞的进化论，以及在此理论下激发的民族主义；作为英美思想界的衍流，他们主张进步主义，厉行稳健的改革，因而也不能引导革命派，或者无政府主义者。几十年只在沿海城市，以中外关系来观察和解释中国问题的他们，眼见新暴露出来的南北分离、地方独立、满汉相争、帝后对立、财政危机、军阀坐大、自治立宪等各种问题，都很茫然，他们的言论失去了甲午、戊戌时期的那种犀利。

所有这一切都反映了一个事实：戊戌以后的思想界更集中于"新旧更替"主题，同光之交的"中西相争"已退居次席。"西学"在此后的思想生活中并非不重要，但由于留学作为运动的兴起和各中央、地方新学机构的出现，偏离了"同光新政"时期的主流思想路线，传教士们主张的那种"西学"，终于完成了它的启蒙作用，失去了影响力。1905 年，广学会继任总干事季理斐（Donald MacGillivray，1862—1931）把本会的英文名称 Society for the Diffusion of Christian and General Knowledge among the Chinese 去掉了"General Knowledge",即象征性地表示要回到传播基督宗教的原路上,放弃对中国"变法"政治的影响。1907 年 12 月,林乐知去世后《万国公报》停刊。

原以《简论林乐知与〈万国公报〉》为题,
载于《史林》1996 年第 3 期

1896：李鸿章的挫败

一、访美归来的浩叹

在清末政坛上，湘、淮军出身的政客们都是出名地不服输，都有一股"屡败屡战"的劲头，这是在与"太平军"死缠烂打中练就的。曾国藩反复讲，再困难的时候也要"挺"住。李鸿章在1896年重温了这一说法，称之为老师的"挺经"。当年，湘军已经几次濒临绝境，被打到水里，又爬上了岸，最后还反败为胜。所以，甲午战败，《马关条约》使中国元气大伤，李鸿章还是没有灰心。

李鸿章已经没有内力可恃，全靠他的外交手段了。英、美、法、德、俄诸列强中，合纵连横，他最想依靠的是美国。1896年是中美关系史上的一个重要年份，这一年，由于李鸿章的访美，美国举国谈论中国。李鸿章在历次清朝访美官员中级别最高,《纽约时报》连篇累牍报道中国事务,改变一贯奉行的"孤立主义"外交,重视中国,积极介入中国事务。以前,美国人认为美洲已经够大了,不必去管欧洲的事。至于更加遥远的中国,只有在早上喝茶时,才会想那是一个种植茶叶的国度。李鸿章的访问掀起了舆论。19世纪中美关系的建立,要归功于李鸿章的成功访美。

甲午战争后,用中美关系牵制中日、中英、中俄等关系,是一项比较可行的方案。美国的对华政策,对中国最为有利。当时的日本、俄国、德国、法国,甚至英国,都或明或暗地提出了染指中国领土的要求,只有美国强烈反对领土占领。李鸿章访美后,美国的对华外交政策酝酿成熟。1899年9月6日,美国国务卿海约翰(John Milton Hay, 1838—1905)正式向德、俄、日、英、意、法等国发出了"门户开放"(Open Door Policy)照会;1900年7月,要求各国"维护中国的领土和主权的完整……为世界各国捍卫与整个中华帝国平等公正地通商的原则而寻求一种解决方法"①。亏得"门户开放"政策,以及在此原则之上形成的"门罗主义",才在1900年"义和团"运动之后保住中国,没有被进一步瓜分领土。

1896年8月28日,李鸿章带着"清国总理大臣""外务大臣""北洋大臣"的头衔,乘坐"圣路易号"邮轮抵达曼哈顿西部的纽约港。港中百多艘船舰,排列如仪,汽笛长鸣。上岸后,穿过炮台公园,沿百老汇大街,经第四街进入华盛顿广场,再经第五大道,

---

① 邹谠:《美国在中国的失败,1941—1950》,王宁、周先进译,上海人民出版社,1997,第2页。

到达下榻处的华尔道夫酒店。大街上人流如潮，《纽约时报》说，有 50 万纽约客在第五大道和中央公园等处，夹道欢迎和观看李鸿章乘坐的四轮马车。① 李鸿章是出名的"要面子"人物，在纽约的高楼大厦和鲜花人群中穿行，内心的得意，或许暂时盖过了去年的沮丧。

中美关系是李鸿章的一张大牌，拿到手后，自然得意。从一个细节，可以看到他对 1896 年美国之行的美好记忆。晚年李鸿章经常炫耀他的那根手杖。写《庚子西狩丛谈》的吴永，是曾国藩的孙女婿，1896 年在贤良寺伺候李鸿章左右。他看到从美国回来的李鸿章在家中"常自持一手杖，顷刻不释，或饮食作字，则置之座侧，爱护如至宝"②。这根拐杖很名贵，上面有一颗"大逾拇指"的巨钻，周围镶有一连串小钻石，"晶光璀璨，闪闪耀人目。通体装饰，皆极美丽精致。……值十数万金"③。手杖是美国前总统格兰特（Ulysses S. Grant，1822—1885）退休时，国会为表彰他在"南北战争"中的功绩，赠送给他的纪念礼物。1879 年 5 月 23 日，格兰特总统环球旅行，访问中国，在天津会晤李鸿章。李鸿章很不礼貌地拿来手杖，反复把玩，无意归还。当时格兰特表示：国会礼物，不便随意赠人。然而，当 1896 年 8 月 31 日，李鸿章前往纽约曼哈顿区西北高地的河滨公园拜谒格兰特陵墓，在隆重的祭奠仪式

---

① 参见《李鸿章纽约访问记》，载郑曦原编《帝国的回忆：〈纽约时报〉晚清观察记》，李方惠等译，第 334 页。
② 吴永：《庚子西狩丛谈》，第 115 页。
③ 同上书，第 116 页。

之后，总统遗孀朱丽叶将此手杖作为国礼，郑重地赠送给了他。①此后，李鸿章逢人便说，还是美国人够朋友。

美国的"门户开放"政策，是 20 世纪世界公认的外交原则，它摒弃了殖民主义者圈占别国土地的恶习，把自由通商、公正贸易作为国际关系的基础。但是，"自由贸易"还没有成为清末人的共识。即使甲午惨败，北京的保守势力还在抵制国际社会，还是以为可以拒敌于千里之外。李鸿章的外交努力，又一次成为他的罪名，回北京后受到各种攻击。时隔二月余，1896 年 11 月 19 日，《纽约时报》发布了一条消息：李鸿章可能会辞职！报道说："自从清国北洋大臣李鸿章出洋访问回国后，一直受到清廷冷遇，而他自己也已对此深表厌恶。因此，他已经打定主意，决定向皇帝陛下请辞，退休去过安静的生活。"②

李鸿章被打入"冷宫"，感觉到了"冷遇"。从纽约回到北京之后，"命大学士李鸿章在总理各国事务衙门行走"，并无实事可干。10 月 21 日（九月初五日）不知什么原因，李鸿章当天出城到圆明园废墟"禁苑"转了一圈。24 日，马上有人揭发，以"李鸿章擅

---

① 《李鸿章纽约访问记》并没有提到向李鸿章赠送格兰特总统遗物手杖，但双方确有相赠。李鸿章在祭奠格兰特总统陵墓典礼结束后，于"离别时留下了纪念品，并接受了夫人回赠的珍贵礼物"（郑曦原编《帝国的回忆：〈纽约时报〉晚清观察记》，李方惠等译，第 334 页）。根据吴永看到的手杖，以及李鸿章讲述的故事，可以确定格兰特的手杖确实被李鸿章带回了中国，并在贤良寺中使用。唯吴永说是在格兰特夫人"即日为公设宴，招致绅商领袖百余人列席相陪。席散后，夫人即使杖立台上，当众宣告（相赠）"（吴永：《庚子西狩丛谈》，第 116 页），恐为演义，《纽约时报》报道并未提及此戏剧性情节。

② 《李鸿章受冷遇，要求退休》，载郑曦原编《帝国的回忆：〈纽约时报〉晚清观察记》，李方惠等译，第 133 页。

入圆明园禁地游览，殊于体制不合"的罪名，交吏部评议处分。30日，吏部交上来的动议是"应得革职处分"。西太后算是手下留情，"改为罚俸一年"①。这样不客气地对待刚刚周游各国、搞定外交乱局的"洋务"功臣，目的显然是要杀杀他在洋人面前的威风，同时也平息北京对他的"卖国"指责。

在官场油滑了一辈子的李鸿章，赋闲在北京贤良寺住所，门庭冷落，不胜寂寞。眼见"中兴"大业无可挽回，他这才叹出了心头抑郁了三十多年的长气，愤懑地说："我办了一辈子的事，练兵也，海军也，都是纸糊的老虎，何尝能实在放手办理？不过勉强涂饰，虚有其表，不揭破犹可敷衍一时。如一间破屋，由裱糊匠东补西贴，居然成一净室……即有小小风雨，打成几个窟窿，随时补葺，亦可支吾对付。乃必欲爽手扯破，又未预备何种修葺材料，何种改造方式，自然真相破露，不可收拾，但裱糊匠又何术能负其责？"②

曾经发动自己的幕僚们造势吹捧，树立里程碑，说自己的"洋务新政"是清朝的"同光中兴"。三十年间，从国外进口了洋枪洋炮，搞起了军械工厂、织布局、广方言馆、同文馆，新设总理衙门，练出了北洋、南洋水师，像是建立了一套新式事业。结果甲午海战，一日而败，"中兴之师"被证明是一只"纸老虎"，李鸿章再也不能粉饰下去，只能承认自己是个"裱糊匠"，大清朝不过是"东补西贴"的"一间破屋"。本来想启动最新的外交成果，请美国调停、贷款、兴业，结果再次"振兴中华"的方案又不能实现。都

---

① 朱寿朋：《光绪朝东华录》（四），中华书局，1958，第3877页。
② 吴永：《庚子西狩丛谈》，第107页。

说湘、淮军人"屡败屡战",最能打烂仗,李鸿章碰到最后的钉子,彻底灰心了。

二、贤良寺里的反省

李鸿章并不是一个诚实的人,但他在垂暮之年的一声浩叹是真实的。李鸿章也不是一个真有学问、善于思考的人,但赋闲在北京,"终岁僦居贤良寺"①,他却思索了"同光中兴"的失败原因。几十年里,他打仗、办外交,没有时间思考。难得的空闲,跌宕的经历,加上依然灵便的头脑,他的回忆与思考本来应该对正确认识中国之命运大有裨益,非常可惜的是,他还是那副"思拙于行"的秉性。被卷入太深,反而不能洞穿他的时代,看清那个体制。他当然知道清朝"改良"之不彻底,关键在于满洲贵族不愿放弃权力,但他还是把积怨都发泄在以翁同龢为首的"清流党"头上。长期的个人恩怨和人事纠缠,把体制内改革推动者的思考框住了。

政治斗争总是包含很多个人恩怨。甲午年,李主和,翁主战,翁、李矛盾不可开交。据说,战前李鸿章和小村寿太郎谈判,谈妥用 100 万两银子作为赔款了结"东事"(中日朝鲜争端)。因为翁同龢的"帝党""主战"而放弃,结果导致战后赔款 2 亿两。"主和"的李鸿章感叹地说:"小钱不花,要花大钱,我亦无法。"② "翁常

---

① 吴永:《庚子西狩丛谈》,第 107 页。
② 坐观老人:《清代野记》,第 21 页。

熟"和"李合肥"的矛盾,导致了"祸国殃民"的后果,当时民间有"宰相合肥天下瘦,司农常熟小民荒"的对联,一定程度上反映了这层反常关系。"和""战"两派的个人恩怨确实存在,历史研究不能忽视个人恩怨。我们不把它们作为审视历史时的终结,但却要承认它们是事件的开端。

《纽约时报》说李鸿章要"请辞"的报道,有一点儿不确实。赋闲在贤良寺,李鸿章决不辞去总理衙门的职务,他要与老对手翁同龢耗下去。一天,袁世凯登门为翁同龢说项,请李鸿章辞职,"暂时告归,养望林下,俟朝廷一旦有事",李鸿章大骂说:"你告诉他,叫他休想。……我一息尚存,决不无故告退,决不奏请开缺。"① 李与翁的矛盾,往复几十年,积怨极深。被困在家中的李鸿章,把"自强"运动的失败,归到以翁同龢为首的"清流党"的"言官""词臣"们头上。他对在身边伺候的人说:"言官制度,最足坏事。故前明之亡,即亡于言官。"② 李鸿章的意思是,翰林院这些动口不动手的"言官"只会唱高调,不切实际。

翁同龢与李鸿章有几十年的个人恩怨。有一本坐观老人所写的《清代野记》,记录了"翁李之隙""李文忠致谤之由",说苏州京官和外朝大臣李鸿章特别合不来,说者自有掌故,称北京"政府龃龉之者,非他人,即翁同龢也"③。翁、李不和,有两段恩怨。那是1863年,淮军攻克苏州,在拆毁李秀成忠王府一座歌颂太平天国

---

① 吴永:《庚子西狩丛谈》,第 114 页。
② 同上书,第 107 - 108 页。
③ 坐观老人:《清代野记》,第 21 页。

的牌坊时，发现有翁同龢、潘祖荫、彭蕴章等人的题名。李鸿章命令先不能拆除，要追查这几位苏州京官的通匪案。尽管事后知道这是苏州乡绅冒名，但他已经把翁、潘、彭等大家族吓得半死，从此和这几位有权势的苏州京官结下怨恨。翁、李矛盾起源于此。

这一层恩恩怨怨中，翁同龢等人看不惯李鸿章的因素居多。虽然跋扈，但很实际的李鸿章倒是不计较与苏州人交朋友。他交上的一位在野的苏州朋友，对他的事业起过关键作用，甚至超过他的老师曾国藩对他的影响。这个苏州人就是当时躲避太平天国战乱到上海，帮着李鸿章和租界洋人接上关系的冯桂芬。在19世纪60年代的上海，冯桂芬是唯一有"进士"和"翰林"头衔的人，是地位最高的士大夫。李鸿章领淮军到上海后，和冯桂芬"共事最久，知之最深"。李鸿章在《筹议海防折》里的名言，说中国正经历"数千年未有之变局"①，正是冯桂芬《校邠庐抗议》中的观点。李鸿章实施的种种"洋务"，很多是冯桂芬的主张。戊戌变法前，光绪皇

---

① 李鸿章在《筹议海防折》（1874年12月10日）中称："一国生事，诸国构煽，实为数千年未有之变局！"把鸦片战争以后的变局定为数千年未有。这个说法，在当时尚未刊刻，但冯桂芬的《校邠庐抗议》中已经明确表达。《校邠庐抗议》中的《自序》（1861），起始便称："三代圣人之法……世更代改，积今二千余年，而荡焉泯焉矣。"（冯桂芬：《校邠庐抗议》，《自序》第1页）《采西学议》："顾今之天下，非三代之天下比矣。"（同上书，第55页）《制洋器议》："有天地开辟以来未有之奇愤，凡有心知血气，莫不冲冠发上指者，则今日之以广运万里、地球中第一大国而受制于小夷也。"（同上书，第48页）更早从苏州昆山来到上海英租界为墨海书馆工作的王韬也有类似的说法，他在《变法自强（下）》中说："居今而论中州大势，固四千年来未有之创局也。"（王韬：《弢园文录外编》，第32页）王韬此文发表于19世纪70年代，但其思想在19世纪60年代先于冯桂芬出现，并影响了后者。关于王韬思想影响了冯桂芬，还有一个证据是王韬在《瀛壖杂志》中自述的："（冯桂芬）尝见余致周弢甫书，极为叹赏，以为近来谈西务者，当以此为左券。"（王韬：《瀛壖杂志》，第82-83页）

帝研读并向全国推荐冯桂芬的著作，大约也和李鸿章的赞誉有关。1874年冯桂芬死后，李鸿章曾上疏，要求在苏州建立专祠纪念。

李鸿章是安徽合肥人，虽是进士出身，可是驾驭三军，杀人无数，官做得再大，也难掩有一股"痞子气"。翁同龢是常熟人，属苏州，状元出身，一门显赫，温文尔雅，深文周纳中藏着玄机。这两种人常常搞不到一起，翁常熟不喜欢李合肥，个人秉性不同很重要。李鸿章如何"痞"，可以举一个例子。那年，给同治皇帝办丧事，满人中堂灵桂的舆夫把轿子停在大堂。李鸿章的舆夫不服，说："此我们中堂停舆处，尔何人敢停？"对方说："我家亦中堂，且满中堂位在尔中堂上。"这边又说："非我中堂，尔中堂尚有今日耶？"言下指大清朝全靠了李鸿章的维持，否则满洲人早就完了。下人们很快把争端提升到"满汉相争"的高度。仆人动粗，李鸿章也不文雅，双方要打起来的时候，李鸿章的发话很是"痞子腔"："让让他，让让他，不要惹动疯狗乱咬人，不是玩的。"① "疯狗"是谁？满洲大人们嘛！他怎么敢？

李合肥的"痞子腔"，是他自己透露的。就在1896年的贤良寺里，吴永记录了他经常和客人讲的一段旧话，几乎承认他的外交手段就是和外国人胡搅蛮缠，用他的话说，就是打"痞子腔"。当年曾国藩处理"天津教案"，斩了20个闹事民众，抵偿了20个被杀的外国领事、传教士和商人的性命，派了当事人崇厚到法国道歉。曾国藩对外国人以诚相待，朝廷内外却是一片非议，大骂"卖国"。

---

① 《李文忠致谤之由》，载李秉新等校勘《清朝野史大观》，第880页。

北洋鼎沸，连湖广会馆里他的题匾也被砸了。清廷不得已调他下南洋，由李鸿章北上，接任直隶总督、北洋大臣，掌管外交。交接之日，师徒俩的对话非常精彩，可以抄录作为李鸿章平生个性和外交思想的印证：

曾国藩："少荃，你现在到了此地，是外交第一冲要的关键。我今国势消弱，外人方协以谋我。小有错误，即贻害大局。你与洋人交涉，打配做何主意呢？"

李鸿章："门生只是为此，特来求教。"

曾国藩："你既来此，当然必有主意，且先说与我听。"

李鸿章："门生也没有打什么主意。我想，与洋人交涉，不管什么，我只同他打痞子腔（'痞子腔'盖皖中土语，即油腔滑调之意）。"

曾国藩以五指捋须，良久不语，徐徐开口说："呵，痞子腔，痞子腔，我不懂如何打法，你试打与我听听？"

李鸿章急忙改口："门生信口胡说，错了，还求老师指教。"

曾国藩捋须不已，久久才说："依我看来，还是用一个'诚'字。诚能动物，我想洋人亦同此人情。圣人言：忠信可行于蛮貊，这断不会有错的。我现在既没有实在力量，尽你如何虚强造作，他是看得明明白白，都是不中用的。不如老老实实，推诚相见，与他平情说理，虽不能占到便宜，也或不至于吃亏。无论如何，我的信用身份，总是站得住的。脚踏实地，蹉跌亦不至过远,想来比'痞子腔'总靠得住一点。"①

李鸿章口口声声也是真诚地表示:"我是要传他(曾国藩)衣钵的"②,表示他不会像左宗棠那样既受了曾国藩的荐举,又另立山头,不相往来。③ 李鸿章继承曾国藩的外交路线是真,但他和曾国藩完全是两种德性、两副脾气。比如说,对于"汉奸""卖国贼"这样的骂名,曾国藩本着一个"诚"字,诚惶诚恐,很难承受。"天津教案"后,曾国藩被人痛骂,"内疚神明,外惭清议",郁郁寡欢了一年多便死了。④ 相反,李鸿章顶了三十多年的"卖国贼"骂名,仍然我行我素、没心没肺地活着。曾国藩曾说用人要防"二气",一种是湖南人的"土气",另一种是江浙人的"官气"。李鸿章这个人,既不是"土气",也不是"官气",他这个合肥人是"痞子气"。

历史表现为个人恩怨,但又不能归结为个人恩怨。李鸿章的敷

---

① 本段曾国藩、李鸿章对话根据吴永《庚子西狩丛谈》(第109页)改写而成,引号内为问答之间的原话。

② 吴永:《庚子西狩丛谈》,第114页。

③ 按薛福成《庸庵笔记·曾左二相封侯》(江苏古籍出版社,2000),"左宗棠系曾国藩所荐,其所用得力之老湘营,亦系曾所遣。将领刘松山等,又曾所举"(第31页)。按《庸庵笔记·左文襄公晚年意气》记载,左宗棠在曾国藩还活着的时候,"见宾客无他语,不过铺陈西陲功绩,及历诋曾文正公而已"(第43页)。

④ 曾国藩接手天津教案时,已经因忧虑过重,身心疲惫,曾诉说:"臣于洋务素未研求,昨二十一日眩晕之病又复举发。连日心气耗散,精神不能支持,目光愈蒙。二十六日崇厚来臣处面商一切,亲见臣昏晕呕吐,左右扶入卧内,不能强起陪会。……此次以无备之故,办理过柔,寸心抱疚,而区区愚虑不敢不略陈所见。"(曾国藩:《密陈津郡教案委曲求全大概情形片》,载《曾国藩全集》第11册,第2版,岳麓书社,2011,第510-511页)曾国藩长期忧虑,加之家族兄弟九人,享寿少有过于65岁者,基因或有问题,则在天津教案平息后死于被贬谪的两江总督任上。

衍粉饰,就在于他每每把"同光中兴"的失败,都归结为朝廷中央的政敌们滥施恩怨。他们把湘、淮军督抚们在各地举行的"自强"运动的艰难曲折,都归结为朝内保守势力的阻挠,这是曾、李一派人物的惯常说法,是他们集团内部的共识。曾国藩曾说:"自宋以来,君子好痛诋和局而轻言战争,至今清议未改此态。有识者虽知战不可恃,然不敢壹意主和。"① 其中提到的"君子",就是指在朝中都察院"清议"的御使大夫们,"主战"派的首领就是翁同龢。他们总是催促说,"练兵"几十年的湘、淮新军应该上阵"试枪"了。湘、淮军将领们则保持实力,不愿开战。对于这一点,李鸿章说得很清楚,中央这样做,是针对李鸿章尾大不掉的权力。为了约束湘、淮军的军权,中央时时掣肘。李鸿章在《与郭嵩焘书》中说:"都中群议,无能谋及远大,但以内轻外重为患,日鳃鳃然欲收将帅疆吏之权。"②

曾国藩、李鸿章都简单地认为"言官"们只读书,不做事,不懂"洋务",专门与他们作对,使他们的"同光中兴"毁于一旦。把"自强"运动的失败归结为"保守派"的顽固,这样的说法,为很多人接受,其实似是而非。最不能解释的就是翁同龢、张之洞、张謇等人的洋务主张和实践一点儿都不逊色。"洋务派"的首领们虽然求"变",但在开始的时候都没有很好地想过中国的政治制度出了大问题。1864 年春天,李鸿章在上海尝到洋枪洋炮的厉害,

---

① 曾国藩:《复李鸿章》,载《曾国藩全集》第 10 册,第 2 版,岳麓书社,2011,第 417 页。
② 转引自梁启超:《李鸿章传》,第 128 页。

便在给总理衙门写信时说:"中国文武制度,事事远出西人之上,独火器万不能及。"① 当时的李鸿章,还是一副兵痞头脑,眼睛里除了枪炮,就是弹药。三十年后,李鸿章对西洋文化的认识深入了,但却无权推进"变法"。到了1896年,李鸿章除了尽力在清廷"洋务"划定的外交、军事、经济和文化教育范围内改革外,对中央的政治体制改革基本上没有作为。中国的前途,是否有一条从制度上根本改革的道路,他们湘、淮军集团和宫廷内部各个集团的矛盾症结在哪里,相信他也有过考虑,但在不断碰壁中也就断了此想。

一年多前,在日本马关谈判《马关条约》,甫坐定叙旧寒暄的时候,日本的"改革之父",李鸿章的老对手伊藤博文(1841—1901)首相以战胜者的姿态,得意扬扬地谈到日中两国的政治体制在"明治维新"和"同光新政"以后走上了两条不同的道路。伊藤假意奉承说:"日本之民不及华民易治,且有议院居间,办事甚为棘手。"言下之意是:李鸿章,你们专制政体,权力很大,谈判可以说了算;不像自己在日本,民主政体,有议会里的议员们牵制着,回旋余地不大。李鸿章应该知道这是伊藤博文在利用日本议院民主政治和他讨价还价,争取有利的谈判地位。但是,他伊藤博文还是在炫耀日本政治体制改革的成就,有了中国没有的"三权分立"民主政体,就可以分担责任。李鸿章落入圈套,本能地说:"贵国之议院,与中国之都察院等耳。"李鸿章在伊藤面前又一次暴

---

① 转引自《筹办夷务始末·同治朝》卷二五。

露了他和都察院"御史""言官"们的纠纷,也暴露了他对现代政治的隔膜。他还是把"清流党"否定他的和议计划、搁置他的洋务预算,都看作个人恩怨,并不认为清朝的体制出了大问题。不料,伊藤接下来就嘲笑中国政治的落后,指出清朝这次战败,正是在于"同光新政"缺乏日本那样力度的政治体制改革。他说:"十年前曾劝(中国)撤去都察院,而(李)中堂答以都察院之制起自汉时,由来已久,未易裁去。"① 伊藤博文扬扬自得于"脱亚入欧"的政治体制改革,李鸿章则还是怀抱着湘、淮军体系崩溃后的个人沮丧,两副神情,完全是在两个不同层面的显扬。伊藤博文十年前在天津与李鸿章见面,中日双方的"维新"事业的成就还不分伯仲。十年后,清朝因拖延各项改革,陷入了战败后的被动。

　　以上李鸿章和伊藤博文的谈话内容,被上海报人蔡尔康辑录成《中东战纪本末》,即刻发表在基督教广学会出版的《万国公报》上。其中透露了很多李鸿章甘处下风的失态话语,诸如说到中国的"新政"施行不当,不如日本,中国中央财政十分拮据,难以筹得巨额赔款。伊藤无耻地回应说:"中国之地十倍于日本,中国之民四百兆,财源甚广。"② 李鸿章竟然会觍着脸说:"中国请尔(指伊藤博文)为首相何如?"③ 伊藤博文居然大言不惭地说:"当奏皇

---

① 蔡尔康辑《中东战纪本末》,载邵循正等编《中国近代史资料丛刊·中日战争》(五),上海人民出版社,2000,第368页。
② 同上书,第409页。
③ 同上书,第409页。

上,甚愿前往。"① 中国人可以请法国人训练海军,可以请德国人训练陆军,也可以聘美国人为外交顾问,但是自己虚席以让,请日本人来做首相,这个玩笑开大了。李鸿章的"痞子腔"打到这个份上,实在出格,自然引起中国读者极大的羞辱感。

三、名相功业的挫折

世界近代历史上有一个有趣的现象,18 世纪是"皇帝的时代",世界历史由几个专制君主统治着:在法国是"太阳王"路易十四,在俄国是"改革家"彼得大帝,在普鲁士是"开明专制"的腓特烈大帝,在中国就是完成了"满汉一体"的康熙皇帝。然而,到了 19 世纪,历史一下子转变成了"宰相的时代",宰相们大有作为:在奥地利是"神圣同盟盟主"梅特涅(Klemens von Metternich, 1773—1859)亲王首相,在法国是"七月王朝"时期两度出任首相、一度出任为内阁大臣的梯也尔(Adolphe Thiers, 1797—1877),在英国是四次出任首相的自由党领袖格莱斯顿(William Ewart Gladstone, 1809—1898),在德国是"铁血宰相"俾斯麦(Otto Fürst von Bismarck-Schönhausen, 1815—1898),在日本是主政"脱亚入欧"的伊藤博文,在中国勉强能够被列入名相之列的

---

① 蔡尔康辑《中东战纪本末》,载邵循正等编《中国近代史资料丛刊·中日战争》(五),第 409 页。

就是"中堂"李鸿章。① 英、法、德、奥、日各国都是在 19 世纪，由这些强悍的相臣们操盘，完成了"民族-国家"的建设，进入"列强"之列，但同时期李鸿章的"中兴相业"却没有成功，沦为失败。

历史上还有一个现象：一个时期的政治家往往集中出在一个地方的人群中。由于淮军在清末政局中的崛起，许多安徽籍将领，凭"子弟兵"的关系，从李鸿章处领到了各省督抚和知州、府、县的位置。清末政坛上，出自湘军的"湖南帮"和出自淮军的"安徽帮"，与传统靠科举正途、苦读、考试和磨勘慢慢爬上来的"江浙帮"形成文武对应、朝野呼应的局面。湘、淮系里也有不少江浙籍的大幕僚，如丹徒马建忠、无锡薛福成等；以翁同龢为首的"江浙帮"也包括其他省份的士人，如南皮张之洞、丰润张佩纶等。同光时期官员的湘、皖、江、浙、直隶等籍贯的分别是明显的，但并不是绝对的。只是形成一定程度的籍贯观念后，当事人也更乐于从"地望"的角度看问题。

日本的近代政治状况也有些类似。由于伊藤博文在日本政坛的崛起，他在关西的家乡、山口县长门地方（靠近当时中日谈判地点马关镇）带出了一大批政治家，也都占据了日本政坛要津。1895 年 4 月 10 日，马关镇春帆楼上，李鸿章和伊藤博文举行第四次谈判，开场寒暄的闲谈中，李鸿章提起了他和伊藤博文的籍贯，又莫名其妙地自摆了一个下风，奉承伊藤，有如下一段话：

李鸿章："长门乃人物荟萃之地。"

---

① 梁启超在《李鸿章传》中将李鸿章与梅特涅、俾斯麦、格兰斯顿、梯也尔、井伊直弼、伊藤博文的地位、作用做了比较。（第 101 - 103 页）

伊藤博文："不比贵国湖南、安徽两省所出人物。"

李鸿章："湖南如贵国萨斯马，最尚武功，长门犹安徽；然不能比，所逊多矣。"

伊藤博文："此次败在中国，非安徽也。"①

这又是一段匪夷所思的对话。伊藤博文奉承中国的"湖南帮"（湘军）、"安徽帮"（淮军），以湖南省比萨摩藩，以安徽比长门市。李鸿章说人才所出，安徽不如长门。最后还是伊藤博文安慰李鸿章，甲午战争日本胜出，但是"安徽帮"不需要为全中国的失败担罪名，淮军将领们是在代表中国作战。"此次败在中国，非安徽也。"中、日两国宰相，固然拿着各自的"地望"来开玩笑，轻松谈判气氛，但是，地方的帮派势力确实是中、日两国政治格局中的真实存在，湘系、淮系主持着晚清中国的军事和政治，这是很明显的事。

这番谈话表面轻松，拉扯各自的"家乡话"。但是这番谈话实在切中了中国政治的要害。中央政权的地方化分割，是清朝政治的一个新问题。"湖南帮""安徽帮"在"太平天国"以后的猛然崛起，导致了清朝政治的极大变数。像很多没落的王朝一样，清朝走过了"康乾盛世"之后，统治基础日渐薄弱。想用200万满人，加上蒙、汉八旗的少数人口，统治着一个庞大帝国，无论如何是不够的，必须从汉人社会寻找新的支持集团。湘、淮军集团，是清朝不能不用，却又不得不防的大势力。

清朝入关时，"八旗"兵、"绿营"军横扫中原，马踏江南。占

---

① 蔡尔康辑《中东战纪本末》，载邵循正等编《中国近代史资料丛刊·中日战争》（五），第407页。

领中国后，他们是军政合一的统治阶层。"八旗子弟"在清中叶开始腐朽，被太平军一冲而垮。这时候，曾国藩、李鸿章领湖南、安徽地方民兵性质的"团练"，揭竿而起，死缠烂打，最终力挽狂澜，攻占"天京"，成为能够救清朝于不亡的主力军。战后，湘、淮军没有解散，全编制地转为清朝的正规军，分派到各省担任防务。在随后的"自强"运动中，湘、淮军用洋枪、洋炮、洋舰、洋操武装起来，直到甲午年间被打败。此后，又收拾败军，编练成伍，号称"新军"。1864年到1911年，清朝剿灭太平天国后，就是靠着湘、淮军，赖以维持了最后那不算很短的四十多年。

从"无湘（淮）不成军"的现实来看，剿灭"太平天国"后，清王朝的依靠力量已经从满人八旗贵族阶层全面转移到汉人地方士绅群体。大量汉族官员充作封疆大吏，更有曾国藩、李鸿章这样的"功臣"进入中央决策层。军事上更是不得已地将防务大权向曾国藩、左宗棠、李鸿章的湘、淮军拱手相让。西太后和光绪皇帝，"孤儿寡母"，几乎全是靠宫内外的一大群汉族官员士绅维持。问政于汉人，这固然扩大了清朝的统治基础，但也是清朝满族人最放心不下的一个心病。

乾隆年以后已经渐渐消弭的满汉矛盾，在光绪年间又以非常微妙的方式潜滋暗长起来。满朝文武，除了大群的江南读书人之外，又出现了越来越多的湖南、安徽将军。北方的满族将军们对南方的"洋务"一窍不通，颟顸懵懂。有些守在东三省看管清朝龙兴之地的满洲将军，居然不知道南方在同治年里曾经被汉人颠覆，这些人怎能依靠！现在，最高阶层的满族统治者需要担心的是，汉族大员们会不会有朝一日合起劲来，推翻清朝，建立自己的王朝。这一点并非多虑。如果湖南人的"湘军"，加上安徽人的"淮军"，已经占据了江南各项税赋，再联络朝内外的官员，齐心协力，并且敢于放手一搏的话，清朝就完了。

改朝换代，汉族人当皇帝，这个话题，湘、淮军大营里也不是没有议论过。《清代野记》记载"彭玉麟有革命思想"。当时曾国藩手下悍将衡阳彭玉麟攻克安徽，大江南北都在湘军麾下。他列队江边，迎接曾大帅沿江东下。船未靠岸，就差仆人递上一封无头无尾的密信，内只有十二字："东南半壁无主，老师岂有意乎?"据说当时曾国藩说的是："不成话！不成话！雪琴还如此试我，可恶！可恶！"① 把信撕碎了，团起来，吞咽下肚。湖南人劝曾国藩当皇帝，不止一人。湖南文人王闿运撰写《湘军志》，得罪湘军，当初他和湘军统领曾国藩谊兼师友。一日在大营中，两人隔案对谈，王闿运劝曾国藩自己当皇帝。据传曾国藩当时顾左右而言他，而帐中人事后在曾国藩积尘的案桌上发现用手指写满了"妄"字。曾国藩大约真的不敢称帝，但他的手下和身边有这种声音，终究传到了北京。1864年以后的西太后，确实有理由害怕在那群粗朴冲动的湖南人中，或者另一群因为军功而虚骄起来的安徽人中，新出一个"赵匡胤"。

曾国藩从湘军中分兵，在上海建立淮军，树立安徽人李鸿章的威信，就有减轻西太后对他的猜忌的意思。后来翁同龢的"清流

---

① 坐观老人：《清代野记》，第5页。

党"支持左宗棠的"塞防",对抗李鸿章的"海防",也有分化湘、淮军的意思。清朝的湘、淮军将领"拥兵自重"的局势,连外国人也看得清楚。在上海,"长胜军"将领美国人华尔也曾在军帐中劝进李鸿章,说清朝已经无药可救,他愿意自告奋勇去外国招兵买马,联络各国的外交支持,扩充"洋枪队",请李鸿章当皇帝。梁启超的《李鸿章传》说英国军人戈登也劝进李鸿章:"戈登曰:中国今日如此情形,终不可以立于往后之世界。除非君自取之,握全权以大加整顿耳。君如有意,仆当执鞭效犬马之劳。鸿章瞿然改容,舌矫而不能言。"① 华尔、戈登劝李鸿章当华盛顿,自己想当参加美国独立战争的法国军人拉法耶特。但是,李鸿章也是用他的"痞子腔",打哈哈地拒绝了。确实,1864年前后,清朝岌岌可危,充满了"改朝换代"的可能性,要是曾、左、李联手抗旨的话,他们是可以取清朝而代之的。

曾、左、李忠心拥戴清朝,对此,西太后虽然常常感激涕零,但也不得不防他们。提防之策就是起用满人,进入要津。西太后任用自己的亲信恭亲王奕訢主持总理衙门就是第一策。"鬼子六"奕訢受到满贵们的妒忌,但满人中如此公之能够任事的却绝无仅有。无奈,西太后就只能在汉人之中玩平衡。利用翁同龢等"言官""词臣"组成的"清流党",不断地参奏、弹劾地方大员,在中央牵制湘、淮军封疆大吏的行动。分化曾、左、李,利用"海防""塞防"之争,拉拢湘、淮军旧将,效忠于西太后个人。一切以个人和

---

① 梁启超:《李鸿章传》,第104页。

集团利益为重，而把清朝真正需要的"改革大计"放在一边。清朝在"预备立宪"之前，一直不用体制上的分权来平衡全体国民的利益，而是用种种伎俩，无所不用其极地维护朝廷利益，这就是曾国藩、李鸿章在"洋务"活动中束手束脚，不能从事体制改革的主要原因。

"翁李之隙"表现为"清流党"与"洋务派"之间的矛盾，实质上又是从科考翰林出身的京官与恃军功上位的疆臣之间的矛盾。① 几十年里，为了各种大小事务，两派常常对着干。在甲午战争的时候，翁同龢和光绪皇帝组成"帝党"，主战，李鸿章和西太后主和，人称"后党"。各种错综复杂的矛盾关系，使得任何变革现实的措施都遇到很大的麻烦。在高喊"同光中兴""振兴中华"的口号时，他们没有分歧，可是对于具体的项目、账目、人事和外事，他们争得不可开交。内廷说是，外朝说非；外朝说是，内廷说非。完全是历朝历代的"党争"形势。以至李鸿章愤懑地说："清议之祸，与明季同出一辙，果孰为之耶？"② 情况确实和明朝万历、天启、崇祯年的"党争"相似。李鸿章的"名相功业"不如伊藤博文，中国的变法、维新始终不顺，原因就在于清朝不正常的政治格局。

---

① 开设京师同文馆之争，已经表现出科举正途出身的京官与湘、淮军人出身的疆臣之间的权力之争。"清流党"的崛起，再次表现为京官与疆臣之间在西太后面前的争宠。石泉说："清流在政治上成为一新兴势力，实始于光绪初年，而其孕育则在同治朝。盖是时国家复归承平，军功出路又日狭于科举正途。士子之优秀者，多获高第，居京师。"（石泉：《甲午战争前后之晚清政局》，三联书店，1997，第45页）"清流"运动在权力结构中，是京官向疆臣的又一次反扑，也被朝廷用来制约李鸿章等人日益扩展的"洋务"权力。

② 转引自钱谷风：《清王朝的覆灭（读史札记）》，学林出版社，1984，第173页。

四、评价李鸿章

从同治三年（1864）"太平天国"被剿灭，到光绪二十年（1894）"甲午战争"大溃败，清朝有三十年的相对稳定时期。其间这个王朝看上去还能维持，局部地区和某些方面还有些新气象，史称"同光中兴"。"同光中兴"被认为是"中国保守主义的最后抵抗"[①]，说它是在平定太平天国之后的一场旧秩序重建运动。然而，曾国藩、左宗棠、李鸿章、郭嵩焘，这些湘、淮军人在战后的行为都不保守，就其"洋务""自强"的主张和实践来讲，"同光中兴"是中国现代化运动的开端。李鸿章确实想用"变法"来挽救清朝，他在同光之际日益尖锐的满汉矛盾中，一直维护着清朝，却也一直不能突破。1896 年，"中兴"大业已经湮灭，"息影"家中的李鸿章还想帮清朝接续香火，却忽然被抛出政治权力的中心，权势全无。"四十年来，中国大事，几无一不与李鸿章有关系。"[②] 从一个

---

① 参见芮玛丽：《同治中兴：中国保守主义的最后抵抗（1862—1874）》，房德邻等译，中国社会科学出版社，2002。芮玛丽（Mary Clalaugh Wright）认为：法国大革命后出现的伯克（Edmund Burke, 1729—1797）的"保守主义"和太平天国之后曾、左、李的秩序重建主张有一致之处，因而命之为"中国保守主义"（Chinese Conservatism），"其目的在于保存太平天国和鸦片战争前中国社会的儒教的、理性主义的、士绅和非封建的世系"（第 1 页）。其实，奕䜣、李鸿章等人的主要工作并不是重建战前旧秩序，相反是借用"西学"、"西艺"和"西人"，在沿海地区引进和建立了一套新制度。比较接近"保守主义"要义的同光大员，反倒是辜鸿铭在《清流传》（*The Story of a Chinese Oxford Movement*）中论述的"中国的牛津运动"领导者张之洞。

② 梁启超：《李鸿章传》，《序例》第 1 页。

人身上能够看到一个民族的四十年,这样的人物,后人无论如何也是应该重视、不能忘记的。遗憾的是,对于李鸿章至今并没有一个比较公允的评价。

中国近代史的研究,关系到李鸿章的地方很多。历史学家有评判特权,而学者本能地喜欢用评价的态度做学术研究。更通常的是,学者往往会把自己的研究对象不分主客地与自己的好恶混在一起,把当事人的纠纷和后来人们的意识形态纠缠在一起,结果越研究越糊涂。"汉奸""卖国贼"是当时"清流党"和"帝党"的谤议。后世学者又用民族主义理论,编织了一顶"反动派"的帽子;20世纪后半叶,19世纪欧美政客们封给李鸿章的"中国改革家"的桂冠,又渐渐地戴回到他头上。其实,对政治人物的评价是不能脱离政治环境的,政治人物的个人品行、个人恩怨,只要无关大局,都是相对次要的。比如我们可以津津乐道地说:"曾国藩是伪君子,李鸿章是真小人。"但这种品评对我们理解晚清历史并无太大的帮助。要探究清朝历史误入歧途的根源,还是要回到那个环境中。

一定要评价,还是梁启超的评价比较中肯。按理说,康有为、梁启超参与组织戊戌变法,属于"清流党"和"帝党"系统,李鸿章及其幕僚是一股有点儿异己而不得不用的力量,因而不会有很高的评价。1901年11月7日,李鸿章去世。12月26日,梁启超草就了一部《李鸿章传》,他说李鸿章是:"知有兵事而不知有民政,知有外交而不知有内治,知有朝廷而不知有国民。日责人昧于大局,而己于大局,先自不明;日责人畛域难化,故习难除,而己之畛域故习，以视彼等，犹不过五十步与百步也。……吾故曰：李之受病，在不学无术。故曰：为时势所造之英雄，非造时势之英雄也。"① 这是一个不太公正的评价，他把李鸿章受保守派掣肘而不能实现的改革都怪罪到李鸿章头上。即使如此，梁启超还是认为："若举近四十年来之失政，皆归于李之一人，则李固有不任受者矣。"② 李鸿章既以"洋务"与西太后、光绪皇帝、帝师翁同龢，以及众多分分合合的"言官""词臣"们周旋，同时他自己也被清王朝玩弄于股掌之上。梁启超说："吾敬李鸿章之才，吾惜李鸿章之识，吾悲李鸿章之遇。"③ 这如果是一种最后的评价，那么还算公正。

同光之际王朝政治中的关键问题，不是李鸿章才干不堪大任，也不是李鸿章私心有所贪得，而是同治以后纷乱的政治格局不同于上下一心、"尊王攘夷"的日本。表面各种舆论集团的背后隐藏着深刻的满汉矛盾，西太后对"曾湘李淮"的拉拢和猜疑，注定了中国的现代化事业只能以艰难地进一步、轻易地退两步的节拍前前后后。

1896年底，李鸿章要退出政坛的消息在国际社会不胫而走，最失望的莫过于美国人。刚刚3个月前，李鸿章作为美国历史上接待规格最高的中国贵宾，被称之为"李中堂"，连带的头衔还有"清国总理""外务大臣""北洋大臣""直隶总督"。为人臣子，李

---

① 梁启超：《李鸿章传》，第43-44页。
② 同上书，第8页。
③ 同上书，第1页。

鸿章已经做到了"一人之下，万人之上"。美国人想当然地把这样的权势者当作中国的脊梁、美国的朋友、今后谈判的对手，指望他能够成为美中关系的推动者。不惜赞美之词的美国人，还在《纽约时报》上给了李鸿章好几个封号："军事家""政治家""金融家""外交家"。这样的评价，其实是掺了水的评价。这不是单给政治家个人的，还是给清朝加油，给中国打气。

李鸿章死在 1901 年，死在"义和团"之后北京的愁云惨雾中。拖着 79 岁的老病之躯，四方奔走，八方哀求。9 月 7 日，签订《辛丑条约》；17 日，把八国联军送出城；10 月 6 日，把逃到西安的慈禧太后迎回宫；11 月 17 日，他就撒手人寰了。中国近代史上的一代枭雄——李鸿章在北京死了。李鸿章的身子死在辛丑年，他的事业却早在甲午年就死了。1895 年，李鸿章的"中兴梦""强国魂"，就已经在"黄海之战"中灰飞烟灭了。余下的几年，洋务干将一个个凋零，朝政一点点起色都没有。最后是北方拳民和愚昧满人一起胡闹到不能收拾，才又一次请出李鸿章。

辛丑时，李鸿章出山谈判，和老"清流"张之洞共担危局。他已经没有力气和他的老政敌争论了，遇到分歧，他只有息事宁人地说："香涛（张之洞）作官数十年，犹是书生之见耳。"① 张之洞还是不依不饶，反唇相讥地说："少荃（李鸿章）议和二三次，遂以前辈自居乎？"② 这两句对话，随口说来，反成绝对，是非常工整的"对子"，清末社会传为佳话。今天看来，时至 1896 年，清朝

---

① 转引自黄濬：《花随人圣庵摭忆》，第 291-292 页。
② 转引上书，第 292 页。

"自强"无门,跌入深渊;无奈而战,战而不胜,最后只能"议和"。这场四十年的大结局,全社会要负责任。把全部责任都推给李鸿章,骂他是"汉奸""卖国贼""投降派",别人都没有份,卸掉了自己的责任,这种评价确实太过分了。

原以《李鸿章的凋谢》为题,载于《悦读》2003年第2期

1897：经世学的近代转向

一、经学家宋恕

　　1897年前后的上海，来自浙江平阳的宋恕（1862—1910）是一位具有影响力的人物。在变法舆论中心上海，在一群浙江籍寓沪学者中间，宋恕较早熟悉"西学"和"时务"，因而备受关注。在意识到旧学术体系的危机之后，士大夫们对经世学趋之若鹜。有以"《春秋》经世"，讲"微言大义"；有以"六艺"经世，讲分门别类的应用知识。大家都以为"经世学"是一种从"经学"里派生出来的实践之学，可以谋生，可以治世，可以兴书院，也可以救国。宋恕在"经世学"上引领同侪，他既在苏杭经学家俞樾的门下，又能通过在瑞安、上海的家族、友朋关系，辗转连接到李鸿章、张之洞两大幕府，因而是一位枢纽人物。虽然宋恕后来没有机会站到戊戌变法的第一线，但与他交往的一批重要人物如谭嗣同、康有为、梁启超、章炳麟、汪康年，以及思想史上不太显著的夏曾佑、孙宝瑄、陈虬、陈黻宸等人都受到他的影响。

甲午战争以后，宋恕的一些观点就被圈内人注意。这些观点不只是"公车上书"式的呼吁，他用"经世学""实学"来分析时局，因而深入到制度根源。这种带着经学色彩的批判，既传统又新锐，既激烈又中肯，对聚到上海的各地士大夫很有说服力。据宋恕《乙未日记》，宋恕于乙未年（1895）二月二十二日（3月18日）"始识一六"，结识康有为。"一六"，即康有为。闰五月二十三日（7月14日）"始识李提摩太"。1995年春，孙宝瑄从北京移居上海，就很佩服宋恕："盖（宋恕）先生专以崇实为本，恶汉、宋以来专执书本为学问，即程、朱主静，亦谓无裨于民物政教，皆虚学也。"①1895年5月，夏曾佑致书宋恕，谈及自己和圈内同人的钦佩之情："每闻群公言及执事之学识，时用引领，而劳薪不息。……紬绎再三，涣然冰释，怡然理顺。不刊之论，可悬国门，非鄙人所能望其肩背也。"② 1897年1月，章炳麟（1869—1936，浙江余杭人）从杭州来到上海，思想发生很大变化，部分原因是受了宋恕的影响："炳麟少治经，交平子（宋恕），始知佛藏。"③ 梁启超（1873—1929，

---

① 孙宝瑄：《忘山庐日记》，第73页。
② 夏曾佑：《致宋燕生书》，载胡珠生主编《宋恕集》，中华书局，1993，第529页。
③ 章炳麟：《瑞安孙先生伤辞》，载《章太炎全集·太炎文录初编》，上海人民出版社，2014，第230页。章炳麟承认他对佛学的兴趣是因为宋恕的劝告，其实他在上海《时务报》时期得到宋恕思想的多重启发，《忘山庐日记》的记载可以证明。

广东新会人）夸赞宋恕："东瓯布衣识绝伦，梨洲以后一天民。"①蔡元培（1868—1940，浙江绍兴人）评价说："与康（有为）、谭（嗣同）同时，有平阳宋恕、钱塘夏曾佑两人，都有哲学家的资格。"②

《六斋卑议》已经提出"议院""自治"，比较康有为《上清帝第二书》（"公车上书"，1895）还在"发明孔子之道"，敬呈"公羊之义"，至《请定立宪开国会折》（1898）方才复述"上下议院"的说法，学者们注意到宋恕确实是变法思想史上的先导人物。但是目前研究都跳过了"经学""经世学"，直接从哲学史、思想史的角度来讨论。对他的观念、概念做现代学术分析，当然更易于思想诠释，但不方便做处境化理解。蔡元培在五十年以后有意把宋恕当作哲学家，宋恕当时却自以为是经学家。宋恕在上海求志书院课馆，该书院分科就设"经学、史学、掌故、算学、舆地、词章"六斋，经学为首要学科。经学是过去的学问，但是我们如果从周予同先生提倡的"经学史"角度阅读《六斋卑议》，研究戊戌变法的经学背景，则对宋恕这位瑞安新学人物的理解或许还能深入一步。

清末的"经学"与"经世学"是既有联系又有分别的两种学术。明清之际，徐光启、李之藻、顾炎武、钱大昕等人都将天文、舆地、历法、推步、河工、农作列为"致用之学"，以"天文"称天文学，以"坤舆"代地理学，以"勾股"代几何学，以"格致"代物理学，以"广方言"代外国语言文学，等等。那时候经外无学，在一些力图

---

① 梁启超：《广诗中八贤歌·咏平阳宋恕平子》，载汤志钧、汤仁泽编《梁启超全集》第十七集，中国人民大学出版社，2018，第 597 页。

② 蔡元培：《五十年来中国之哲学》，载高平叔编《蔡元培史学论集》，湖南教育出版社，1987，第 201 页。

变革的儒生看来，经学与经世学是统一的，即后者是前者的实践，是应用之学。时至清末，"西学"又一次进入中国，"西学"呈现出一个完整的知识体系。清末学者的进步在于认识到，传统的"经学""实学"知识，已经不能涵盖现代知识体系，未来学术应该"走出经学"。19世纪60年代，上海、天津一批士大夫倡言"经世"，学习"西学"，吸纳外来文化。"走出经学"的经世学，试图包容外交学、公法学、政治学、经济学、历史学、地理学、哲学和神学等。1862年建立的京师同文馆，沪、穗广方言馆，以及一批改良书院，如江阴南菁书院，上海龙门、求志、格致、中西书院，以及温州瑞安孙、项家族兴办的学计馆、方言馆，等等，都是在经学体系下发展"经世学"，以适应时代。1826年，湖南人魏源协助同为湖南人的江苏布政使贺长龄编成《皇朝经世文编》，分"学术、治体、吏政、户政、礼政、兵政、刑政、工政"八纲；1888年，上海人葛士濬编成《皇朝经世文续编》，增设了"洋务"一纲20卷。① 60年间的"经世学"变化，就是因"洋务"而引进了"西学"，建立起"新学"。这样的"经学-经世学"是开放之学，又是渐进的改良、温和的革命，也像是一

---

① 从"经世文"看明清"经学"如何从"五经"和"四部"知识体系向现代知识形态的转型，应该是一种比较切实的考察方法，唯有迄今的研究并不充分。从陈子龙等人编《明经世文编》(1638)，到魏源编《皇朝经世文编》(1826)、饶玉成编《皇清经世文续编》(1882)、葛士濬编《皇朝经世文续编》(1888)、盛康编《皇朝经世文续编》(1897)、陈忠倚编《皇朝经世文三编》(1897)、麦仲华编《皇朝经世文新编》(1898)，再到邵之棠编《皇朝经世文统编》(1901)，各编的纲目逐渐展开，慢慢呈现出现代知识格局。康有为弟子麦仲华（1876—1956）之《新编》，分21门：通论、君德、官制、法律、学校、国用、农政、矿政、工艺、商政、币制、税则、邮运、兵政、交涉、外史、会党、民政、宗教、学术、杂纂，从经学到经世学，再到新学的路径艰难展开。

种文化保守主义。直到 1901 年，南洋公学特班招生，已经将学习科目分为"政治、法律、外交、财政、教育、经济、哲学、科学、文学、论理、伦理"①，但在士大夫的认识中仍然是"经世学"："南洋公学开特班，招生二十余人，皆能为古文辞者，拟授以经世之学，而拔其尤，保送经济特科。"②

宋恕，字平子，又字燕生，温州平阳人。孙锵鸣招为女婿，嫁之以四女，宋恕按《尔雅·释亲》"妻之父为外舅"的雅称，呼锵鸣为"外舅"，即岳父。宋恕治学，一直被认为是经学出身。孙锵鸣（1817—1901），道光辛丑（1841）进士。丁未（1847）会试，孙锵鸣为房师，荐拔李鸿章。锵鸣之外，宋恕也向岳伯父孙衣言（1815—1894）求教，与妻子的堂兄孙诒让（1848—1908）切磋。孙衣言与俞樾为道光庚戌（1850）同科进士，同在曾国藩门下，同入翰林。③ 因为父辈的师生及交游关系，宋恕在咸同年间的江南经学格局中有重要地位。曾国藩、李鸿章、孙衣言、孙锵鸣都不是书斋里的经学家，宋恕也远不及孙诒让的校勘功夫，但他讲求"文章、义理、考据"的不同章法，了解方言、舆地、时务和洋务，扛"经世学"大旗。俞樾称宋恕"有排山倒海之才，绝后空前之识"④，良非虚言。宋恕跟随孙锵鸣在外授学，从事书院馆课制艺。平阳宋恕、瑞

---

① 高平叔：《蔡元培年谱》，中华书局，1980，第 13 页。
② 蔡元培：《蔡元培文录》，商务印书馆，2019，第 5 页。
③ 朱芳圃所著《孙诒让年谱》（商务印书馆，1934）："（衣言）公同年有武陵杨彝珍（性农）、德清俞樾（荫甫）、江宁寿昌（湘帆）、丹徒丁绍周（濂甫）、祥符周星誉（叔畇），皆宿学名儒。"（第 4 页）
④ 温州博物馆编《宋恕师友书札》上册，浙江摄影出版社，2011，第 10 页。

安孙诒让已经在家族内形成了大量共识,即经学要为"变法"提供思想资源。1896年到上海加入强学会的章炳麟,在政情和人脉上求教于老到的宋恕,宋恕则在经学文章上称道"江浙无双"的章炳麟。宋恕与章炳麟为曲园师堂下之"同门"①,章炳麟却称孙诒让(以及宋恕)是"宾附"俞门,未免还是崖岸太深,恃经学过甚。

岳父孙锵鸣是李鸿章房师,岳伯父孙衣言曾入曾国藩幕府,宋恕与江苏政、学两界熟识,是浙江士人群体与江苏(上海)学者之间的桥梁。1887年四月,随岳父孙锵鸣来龙门书院课馆,七月去南京钟山书院任教。宋恕初次来沪,居住时间不长,但定下明确的学术方向,立志借鉴日本明治维新。"丁亥相从到沪滨,便求东史考维新;百年心醉扶桑者,我是支那第一人。"② 在上海,宋恕结交了龙门书院高才生张焕纶,谊在师友之间。1896年,钟天纬为首,张焕纶、宋恕、赵颂南、孙宝瑄、胡庸等"为申江雅集之会,每七日一叙,公拟改良教育,倡新法教授议"③。宋恕的居间串联,

---

① 见1898年6月15日宋恕《上俞曲园师》,此信驰贺俞樾之孙陛云(阶青)本科进士殿试一甲三名(探花),内中除了称俞樾、孙锵鸣为师,俞陛云为师兄外,另称章太炎为"同门"。此信为章太炎在武昌开罪张之洞、梁鼎芬之事向俞樾说情,可证两人之情谊。宋恕亟请俞樾向湖南巡抚陈宝箴推荐章炳麟,令其摆脱困境。"同门余杭章枚叔(炳麟),悱恻芬芳,正则流亚,才高丛忌,谤满区中。新应楚督之招,未及一月,绝交回里。识者目为季汉之正平,近时之容甫。今湘抚陈公爱士甚,师可为一言乎?私窃愿之,非所敢请也,非所感不请也。"(胡珠生编《宋恕集》,第588页)宋恕在俞樾门下久,1890年拜俞樾为师;同年夏,俞樾便将宋恕推荐给张之洞,预备出使欧洲四国之用,后因病滞留上海,未成行。
② 宋恕:《外舅孙止庵挽诗》,载胡珠生编《宋恕集》,第862页。
③ 钟天纬:《刖足集》附录,转引自璩鑫圭、童富勇编《中国近代教育史资料汇编·教育思想》,上海教育出版社,1997,第447页。

上海和浙江学者为推进教育改良事业走到一起，他们实践的"经世学"在戊戌变法前有相当大的影响。这一年，广东籍变法人物康有为、梁启超、麦孟华等受命来上海创办《时务报》，必须依靠这一批江、浙籍的老练学者。苏南和上海的学者率先开展"西学"翻译、"新学"研究，从事书院改造，如徐有壬（1800—1860，顺天宛平人）、张文虎（1808—1885，南汇周浦人）、冯桂芬（1809—1874，江苏吴县人）、李善兰（1811—1882，浙江海宁人）、徐寿（1818—1884，江苏无锡人）、王韬（1828—1897，江苏长洲人）、华蘅芳（1833—1902，江苏金匮人）、钟天纬（1840—1900，江苏松江人）、赵元益（1840—1902，江苏新阳人）、马相伯（1840—1939，江苏丹徒人）、马建忠（1845—1900，江苏丹徒人）、经元善（1840—1903，浙江上虞人）、郑观应（1842—1922，广东香山人）、张焕纶（1843—1902，上海人）、盛宣怀（1844—1916，江苏武进人）、葛士濬（1848—1895，上海人）、张謇（1853—1926，江苏南通人）等，都是较早从事"洋务"文化活动的在沪苏人，他们的"西学"造诣、世界眼光和社会资本远远超过"少年新进"者。单以言论激烈和启蒙强度不及"戊戌"一代，便看轻这一辈"早期改良派"是一种片面认识。

经世学是经学的边缘学科，宋恕在俞樾门下也是边缘人物。"经学"在乾嘉年间形成"吴""皖"两派，后人又加上"扬州学派"。道咸年间，浙西学风转入考据，以俞樾（1821—1907）为代表。俞樾治学沿袭长洲陈奂（1786—1863），陈奂则师事金坛段玉裁（1735—1815）、高邮王念孙（1744—1832），由此上溯到休宁戴震（1724—1777）、嘉定钱大昕（1728—1804），江南、浙西的经学传统同源一体。俞樾在同光年间任上海龙门书院讲习，后主讲杭州诂经精舍。诂经精舍由仪征阮元（1764—1849）创办，章炳麟为精舍学生。俞樾在吴越之间讲授经学，杭、嘉、湖地区兴起朴学，是浙学的一次高峰。章炳麟《俞先生传》赞曰："浙江朴学晚至，则四明、金华之术拂之，昌自先生。宾附者，有黄以周、孙诒让。"①宋恕固然功名不彰，仕途不顺，但他在沪、苏、宁各大书院掌学，学问扎实，眼界开阔。1890年三月初八日（4月26日），宋恕初见俞樾，次月又见俞樾，即"呈帖拜门"②，跻身于"曲园居士"门徒之列。

经历"同光新政"的"变法"，上海学界流行的经世学已经不同于"乾嘉之学"（考据）、"常州学派"（义理）和"桐城之学"（文章）讲经世。诸家讲经世，沪上新学群体是借用经学讲"西学"。上海经世学群体借用顾炎武、钱大昕等人"实事求是"的说法，认为"经学"里有着天文、地理、历算、数学、政治、经济、法律等实用知识，属"朴学"，是"实学"。钟天纬、张焕纶等人在广方言馆、龙门书院求学时有"经科"，俞樾是上海广方言馆的经学老师，孙锵鸣在龙门书院提倡经世学。1876年，冯焌光设立求志书院，六斋（经学、史学、算学、舆地、掌故、词章）之首仍为"经斋"；1886年，张焕纶改建梅溪书院，也开设"经史"课程。但是，上海新式书院的经世学，方向是"新学""西学"。以算学、舆地、天文为导向的经世学并不发"微言大义"，或作"通经之

---

① 章炳麟：《俞先生传》，载《章太炎全集·太炎文录初编》，第218页。
② 宋恕：《庚寅日记摘要》，载胡珠生编《宋恕集》，第918页。

论"。而且，上海的经世学，并不只是关心科学、技术、工艺、制造，如后来批评的那样不讨论西方政治、法律、宗教。相反，王韬早在墨海书馆就加入基督教，提倡"六合混一"的世界主义；马相伯、马建忠从徐汇公学毕业，本人就是神学家、法学家；张焕纶有完整的教育学知识；郑观应对借鉴英美政治体制早有全面主张。他们在中西、格致、龙门、求志书院的讲授，在张园、徐园、愚园的演说，培养了一批新式人才。戊戌变法前后来上海的各地学者，包括谭嗣同、康有为、梁启超、汪康年、章炳麟、夏曾佑等亟欲参与"变法"者，都在格致书院、中西书院、江南制造局翻译馆听演讲、买书籍，恶补"西学"。当时的现象是，内地士大夫思想激进、学问传统，对西方文化新鲜好奇，却知之不详，故而热烈讨论，畅谈竟日。[1] 宋恕在这群人中如鱼得水，带他们走访，从林乐知、李提摩太见到钟天纬、张焕纶。1895年9月3日他写信告诉孙诒让："四方志士通人颇多枉访，谈经说史，酬酢接踵。"[2]

另外，宋恕也是把"新学""西学"灌输到"经学"中的关键。孙衣言与俞樾有亲密关系，瑞安经世学群体崛起之后，"东瓯三杰"宋恕、陈虬、陈黻宸都进入省府杭城，汇入了浙西经学。俞樾和孙衣言的同年关系，锚定了一张经学网络。俞樾在《春在堂笔记》中自述："余与孙琴西衣言，三为同年。道光十七年丁酉科，君得拔贡，余得副榜；二十四年甲辰科，同举于乡；三十年庚戌，同成进

---

[1] 按柯文在《在传统与现代性之间：王韬与晚清改革》中提出的"沿海型改革家"的概念来分析，康有为等"内地型改革家"（hinterland reformers）在思想准备阶段受到前者的影响，但影响力却反而更大。

[2] 宋恕:《致孙仲恺书》，载胡珠生编《宋恕集》，第685页。

士，相得甚欢。余尝赠以诗曰：'廿载名场同得失，两家诗派异源流。'然君刻《逊学斋诗》十卷，止余一序；余于咸丰九年刻《日损益斋诗》十卷，亦止君一序也。同治四年，两人分主苏、杭紫阳书院，又赠以诗曰：'二十年得失共名场，今日东南两紫阳。'"① 在诗艺上，俞樾推崇袁枚，孙衣言欣赏苏轼，风格不同。但是在经史学问中，孙衣言、锵鸣兄弟，及其晚辈孙诒让、宋恕都尊重俞樾。另外，孙氏周围的瑞安学子黄氏、陈氏也拥趸经学，推崇朴学。

瑞安孙氏的经学、经世学，在同治、光绪年间接续了"清学"主流。孙衣言、孙诒让父子雅重经典，刊刻《温州丛书》，建玉海楼藏书，精研经学。孙诒让作《周礼正义》《周礼政要》《墨子间诂》，"海内达人推为绝学，兼通《内典》及欧洲政治学说"②。孙锵鸣、宋恕翁婿治学是另一种境界，他们的经世之学在于开风气、寻路径。翁婿两人在上海、南京、苏州主掌多家书院，"四十年间所掌书院，其大者五：曰姑苏之正谊，金陵之钟山、惜阴，沪滨之龙门、求志"③。上海的两家书院龙门和求志，是清末改良书院的典范，讲的就是经世学。上海各新办书院的更新路径，用经世学吸纳算学、天文、舆地、欧洲历史、西方政治等"西学"，注重经学研究与改良事业相结合。孙锵鸣、宋恕在上海龙门书院的教学贡献，就是引进江南制造局翻译馆之"西学"："盖当先生掌龙门时，通国议论蔽固甚。如李公鸿章及侍郎郭公嵩焘，皆以昌言西洋政法

---

① 转引自朱芳圃：《孙诒让年谱》，台湾商务印书馆，1970，第12页。
② 宋恕：《外舅孙止庵师学行略述》，载胡珠生编《宋恕集》，第328页。
③ 同上书，第323页。

之善被大诟,几无所容其身。林野达人,自李壬叔、冯敬亭两先生外,莫敢昌言。先生则慨然言于苏松太分巡,移取局译西籍,每种各一份存院,俾诸生纵阅。"① 如果说,衣言、诒让父子的治学成就在经学,那锵鸣、宋恕翁婿的贡献则在经世学,即引入更多的"西洋"知识资源,"经世致用"地解决清末严峻的"政法"问题。

二、各地籍经学群体与"经今古文之争"

戊戌前后,上海报刊媒体成为变法舆论的中心,文人云集。各地人士频繁交往的同时,在沪浙籍学者关系紧密,俨然群体。该群体以宋恕、孙宝瑄(钱塘人,孙诒经子,李瀚章婿)、章炳麟(太炎,俞樾弟子,余杭人)为核心,而尤以宋恕为尊长。② 宋恕是温

---

① 宋恕:《外舅孙止庵师学行略述》,载胡珠生编《宋恕集》,第 323-324 页。
② 戊戌(1898)年正月十六日,孙宝瑄作《生日自述》,述及二十五年来的家境及在京沪寓居的情况,生日诗以拜宋恕为师作为结尾:"邻右宋荣子,平情察物理。学术贯古今,理乱掌中指。朝夕相过从,深谭无厌时。疑难资启牖,愿奉以为师。"(孙宝瑄:《忘山庐日记》,第 169 页)闰三月十四日,孙宝瑄又记:"宋燕生先生风节为当今第一,其经世之学,远在包慎伯之上,无论龚、魏诸人。先生生平于古名臣中,最服膺唐陆宣公、宋司马温公,二人皆洞悉民情,深达治体者也。凡读书、论世,一得力于先生,心中师事已久。顾世之知先生者盖罕焉。先生长于诗,每成一章,哀感顽艳。国朝诸家中,罕有其匹。生平律己尤严,于非义一介不取,而论事不屈挠于人,必穷源尽委,不肯稍作违心语。其于古今政治利弊,民情隐微,了然指掌,盖旷世之大儒也。"(同上书,第 197 页)其对宋恕学问之佩服可见一斑。孙宝瑄与章太炎为杭州小同乡,也是他离开北京到上海寓居后订交的。戊戌年三月初七日,章太炎离沪去武昌加入张之洞幕府,未得暇与孙宝瑄钱别,遂在长江航行中有《九江舟中寄怀》相赠,"灵均哀郢土,而我独西驰"(同上书,第 187 页),可证两人关系之密切。

州平阳人，孙宝瑄是杭州钱塘人，两人的频密交往拉近了温、杭籍学者的关系。参与这个群体活动的有陈昌绅（杏孙，钱塘人）、姚文倬（稷塍，仁和人）、汪康年（穰卿，钱塘人）、汪大钧（颂虞，钱塘人）、夏曾佑（穗卿，钱塘人）、胡惟志（仲巽，归安人）、陈虬（志三，瑞安人，时住长春栈）、陈黻宸（介石，瑞安人）。租界的文化空间"华洋杂居"，欧美日侨民学者也在其中。林乐知（荣章，美国佐治亚州人）、李提摩太（菩岳，英国威尔士人）等，还有几位经常与宋恕往来的日本朋友，如在沪日本留学生森井国雄、《亚东时报》主编山根虎臣等，被奉为各圈内的高人。杭、温之间，乡音不同，但因为见解卓越，认识许多老洋务，还有东、西洋人，宋恕在浙人群体中颇受尊重。宋恕向俞樾报告上海的情况，颇有高屋建瓴、臧否后来的口吻，说："杭州新起学人，行谊识解当以孙仲玙（宝瑄）为最，训诂词章当以章枚叔（炳麟）为最，宗教空理则当以穗卿为最。若以刘宋四学月旦三君，则孙儒、章文而俱兼史，夏则玄也。"①

清末上海社交圈之活跃，远胜于北京、苏州和杭州。从内地入上海，十里洋场，华洋杂居，光怪陆离。百业兴旺，社会开放，言论自由，伦理约束较宽，人们愿意交往，也必须应酬。宋恕等人频繁造访，相互宴请，在公共集会处因演讲、看戏、送迎等活动碰面。值得注意的是，清末上海的社会交往中，士大夫群体仍然按照籍贯关系形成了一个个亚群体。上海的同乡、同业会馆是各籍贯群

---

① 宋恕：《致王六潭书》，载胡珠生编《宋恕集》，第567页。

体的联系纽带，但沪上一般社交活动的空间多在福州路、虹口和沪西张园、徐园、愚园等地点。最多的活动，便是相互招饮、讲演、立会、酬唱等。戊戌前后，文人聚餐多在"一品香"（福州路 22 号，址今 44 号）、"万家春"（河南路、山东路间）等番菜馆。1894 年，宋恕来上海求志书院课馆，初赁东来升栈；1895 年二月初，因家眷到沪，便租定外白渡桥堍北四川路仁智里 12 弄第九幢长住。① 宋恕从虹口过苏州河南行，10 分钟内可至外滩、福州路；往西去张园等处，均在半小时步行范围内。变法教育家钟天纬新办学塾，欲聘请宋恕，建议到低廉的沪南高昌庙就近赁屋，他为了交友方便婉拒。② 当时，孙宝瑄的"忘山庐"在西门内③；章炳麟家贫、薄薪、单身，寄寓在友人胡仲巽（惟志）家里④；梁启超、梁启勋、麦孟华有钱，租在英租界新马路梅福里，与老上海马建忠、马

---

① 参见宋恕：《上俞曲师书》，载胡珠生编《宋恕集》，第 562 页。

② 参见宋恕《复钟鹤笙书》："至移居一节，敝眷极欲就高昌庙之轻租，惟鄙意尚思多识海内外通人奇士，寓彼不如寓虹口访友之便。"（胡珠生编《宋恕集》，第 555 页）

③ 孙宝瑄初到上海的日记缺失，未查到忘山庐的地址，但日记有记他"出城"，可见住在南市老城内。另一次他记载说住址靠近"法兰西学校"，则判断"忘山庐"应在城内，离法租界不远。"相近处有法兰西学院，荫亭之弟履平入肄业焉。是日，余与荫亭往观，规模宏敞，楼四层，读书之所、寝食之地有常处，外辟大园平旷，纵学童嬉戏跳舞。"（孙宝瑄：《忘山庐日记》，第 171 页）按"法兰西学校"为 1886 年在法租界公馆马路（今金陵东路 63 号）开设之"法文书馆"（1911 年改名"中法学堂"；1913 年迁至敏体尼路，即今光明中学址）。金陵东路 63 号书馆原址仍有保留，沿街骑楼确为四层。另见温州博物馆藏章炳麟《致宋恕》（1899 年 2 月 20 日）手迹，因不记得孙宝瑄忘山庐的门牌号码，信末有询问住址："仲玙寓处是否在西门？愿开住址为荷。"（温州博物馆编《宋恕师友手札》，第 27 页）于是，孙宝瑄忘山庐位于西门内可以肯定。

④ 章炳麟《致汪康年》："先时常在仲巽家中寄寓。今得彼书，乃知以《訄书》故，颇有谣诼。巽本胆小，嘱弟不可寓彼宅仲。"（《汪康年师友书札》，第 1949 页）仲巽，即胡惟志，字仲巽，湖州归安人。

相伯同一弄堂。① 上海"五方杂处",各地人士打成一片的同时,仍保持着科举时代的籍贯认同,苏(上海)、浙、粤籍人士都有自己的交往圈子,有的还扎堆住在同一处。不同地域的学者,在众声喧哗的舆论界发声,有着明显的方言声调。

  研究戊戌变法和辛亥革命赖以发生的"公共空间",1989年以后成为热门话题。这个空间里的话语是"启蒙"、"宪政"和"民权",细查一下,"变法"舆论中还能细分为苏、浙、粤、湘籍小团体。江苏"沪学"一派,依附江南制造局翻译馆,格致、中西、求志、龙门、梅溪等书院,徐汇、南洋等公学,他们有地方事业,也有民间资源;康、梁等人携旨南下,《时务报》事业轰轰烈烈,"粤学"一派彰显。浙江籍士人从温州、杭州、绍兴等府郡零散进入上海,呈现了"浙学"的整体实力。他们胜在人数众多,学力不错;有钱的做寓公,没钱的受雇用,围绕着变法事业,展现各自的学问。戊戌变法前,各地域学派已经亮出自己的代表作品,有《苏报》(1896)、《湘学报》(1897)、《楚学报》(1898);"百日维新"失败后,留学生和同盟会友树立更多地域大旗,如《浙江潮》(1903,东京)、《湖北学生界》(1903,东京)、《直说》(1903,东京)、《复报》(1904,上海)、《洞庭波》(1906,东京)等。清末舆论空间内有丰富的地域多样性,这是应该更加重视的思想现象。

---

  ① 《时务报》时期梁启超兄弟和麦孟华寓住新马路梅福里(今黄河路125弄)一年多,"丙申七月,《时务报》出版。报馆在英租界四马路、石路,任兄住宅在跑马厅泥城桥西新马路梅福里。马相伯先生与其弟眉叔先生同居,住宅在新马路口,相隔甚近,晨夕过从。麦孺伯(孟华)于十年之冬亦由广东来上海,与任兄及弟三人,每日晚间辄过马先生处习拉丁文"(佚名:《〈时务报〉时代之梁任公》)。

因为"变法"的共同话题，各地人士开展跨籍交往，全国性的舆论正在上海形成。1896年9月，谭嗣同来上海后，和粤、浙籍人士频繁交往，就"孔教"和"变法"议题交换意见。他在《仁学》中对康有为的"粤学"大加赞赏，感叹"湘学"落后。谭嗣同《壮飞楼治事十篇》论"湘粤"，"其明年（1896）春，道上海，往访，则归广东矣。后得交梁、麦、韩、龙诸君，始备闻一切微言大义，竟与嗣同冥思者十同八九"①。"湘学"为"粤学"奥援，《新学伪经考》（1891）在广州万木草堂刊刻后就已成态势。"徐研甫编修仁铸督湖南学，以之试士。时湘士莫不诵读，或携入场屋。"② 另外，戊戌年杨锐在北京建"蜀学会"，林旭建"闽学会"，呼应康、梁。康有为说是"海内风行"恐怕未必，但在湖南、四川受欢迎则可以肯定。康、梁用《公羊》经义演绎的"微言大义"，在上海、天津新派学者中反响微弱，不成为"维新"的话题。试举一例：1895年，康有为已经因"公车上书"而"名满天下"，上海广学会时以"何为当今中国变法当务之急"为题，在《万国公报》有奖征文，康有为应征。奖设五等，共85名，主持评奖的王韬给了康有为末等奖。③

宋恕就是这样一个在南、北洋与内地走动，在"经世学"与"经学"之间摇摆，介于"沪学"与"浙学"之间的人物。在钟天纬、张焕纶等龙门书院诸生中，他讲"变法"的经世学。1895年以后，

---

① 谭嗣同：《仁学》，辽宁人民出版社，1994，第151页。
② 康有为：《重刻〈新学伪经考〉后序》，载《新学伪经考》，中西书局，2012，第344页。
③ 参见《广学会年报告（1895）》，基督教三自爱国运动委员会图书馆藏。

由于内地士大夫涌入上海，宋恕成为他们的中介，他的治学又摆向了"经学"，对康有为的"经义"感兴趣。10月29日（九月十二日），宋恕听说章炳麟要来拜访，充满期待，却终未等到他来。1896年4月6日（二月二十四日），宋恕在格致书院第一次见到谭嗣同。1897年1月19日（丙申年十二月十七日），宋恕与章炳麟在《时务报》馆第一次见面。按章炳麟《交平阳宋恕平子》回忆，宋恕向他推荐谭嗣同，"会平阳宋恕平子来，与语甚相得。平子以浏阳谭嗣同所著《仁学》见示，余怪其杂糅，不甚许也"①。从《仁学》某些段落来看，诸如"顾（炎武）出于程朱，程朱则荀学之云初"② 这类判断，与江南经学家的认识大相径庭，章炳麟看不大上。1897年4月3日（三月初二日），谭嗣同再访宋寓，章炳麟也应邀前来。谭嗣同、宋恕、章炳麟三人谈论了些什么？这是中国变法思想史上有意思的问题。谈起康、梁的"孔教"，谭嗣同很欣赏，章炳麟却非常不赞成。"梁卓如等倡言孔教，余甚非之。或言康有为字长素，自谓长于素王。"康有为斥责古文经学，以为"古学皆刘歆之窜乱伪撰也"③。章炳麟对此大不以为然，以此触发了经今古文之争的衅端。

1898年春，《孔子改制考》在上海大同译书局刻成，旋因"百日维新"失败，遭官方禁版。政治打压来自北京，但学术非议一开始就出现在学者之间。当初《新学伪经考》在上海影响不大，是因为"新学"家们多见博闻，多做少说，早已不再与旧学纠缠，因而

---

① 章炳麟：《交平阳宋恕平子》，载胡珠生编《宋恕集》，第1031—1032页。
② 谭嗣同：《仁学》，第72页。
③ 宋恕：《丙申日记摘要》，载胡珠生编《宋恕集》，第938页。

少有卷入"经学"争议的。"伪经"和"孔教"问题,主要在浙、粤、湘籍人士之间讨论。《孔子改制考》出版以后,孙宝瑄从1898年五月初十日(6月28日)就开始阅读。按他的《忘山庐日记》,阅读延至同月二十四日(7月12日)。孙宝瑄越读越不以为然,他是《孔子改制考》的最早发难者。此后,孙宝瑄、章炳麟和宋恕对《孔子改制考》和《新学伪经考》的讨论延续很久,酝酿出清末思想界的大事件"经今古文之争"。孙宝瑄说,原壤、晏婴、邹衍等人都拉进来,"牵强附会,目为改制创教,以曲圆其说,则颇沿作时文之陋习矣。考古之学贵精确,其似是而非者,奚必援据以贻笑耶!"[①]"长素最信《公羊》,以为真经。若如长素之说,则《公羊》亦伪造耶?"[②]"此亦自命考据家也,令我笑死。"[③] 宋恕以前反感"新经"说,但他觉得《孔子改制考》中的"孔教",和他《六斋卑议》中主张严肃孔庙祭祀,仿"西国七日一礼拜之法"相似,故转而支持康有为。当"经今古文之争"爆发后,浙籍经学群体的孙宝瑄、章炳麟认定康有为"曲学阿世",这让宋恕十分尴尬。

三、"经世":宋恕的经学主张

1897年7月,章炳麟、宋恕、陈虬同时应邀担任杭州《经世

---

① 孙宝瑄:《忘山庐日记》,第215页。
② 同上书,第219页。
③ 同上书,第229页。

报》主笔。他们把杭州的维新报纸以"经世"命名,很可能就是宋恕的提议。宋恕《〈经世报〉叙》是该报的发刊词,他对经世学做了详细的定义。他认为:经世学并不是经学之外的单独学问,不能将"经世别为学之一宗","夫古无所谓经学、史学也,学者学经世而已矣!理者,经世之的;数与文者,经世之器;而经、史、诸子者,经世之师承也"①。他几乎是要说,经世学即经学,经学即经世学。另外,章炳麟也在创刊号上撰文呼应"经世",称"往者士大夫不思经世之志,而沾沾于簿书期会"②。陈虬曾与宋恕合办"求志社"(1882),以经世学讲"变法",用西学"设科",敦促早开"议院",他的主张和宋恕的经世学说接近。

宋恕的经世学,内核是西学和新学,经学是缘饰。说宋恕有一个"从古文经学出发的托古改制思想体系"③,并不确切。目前所见宋恕著述,并没有专门而系统的经学作品。他批判陆王、程朱,直至董仲舒,有类于"清学"反"宋学"。但他的"改制"主张,很少"托古",更多是反传统。他崇拜欧洲,最想写《欧洲名人传》,还想"用纪事本末著《欧洲善政记》",他叹息"未识西字"④,难检原著,不能完成。戊戌变法时,西学在通商口岸已经普及。但是像宋恕这样,近十年之前就已经在"经世学"的旗号下标明批判和启蒙的主张,在内地士大夫中是少见的。1891年他在

---

① 宋恕:《〈经世报〉叙》,载胡珠生编《宋恕集》,第273页。
② 章炳麟:《变法箴言》,载吴铭峰编《章太炎论学集》,商务印书馆,2019,第23页。
③ 胡珠生:《编者的话》,载胡珠生编《宋恕集》,第2页。
④ 宋恕:《六字课斋津谈·史家类》,载胡珠生编《宋恕集》,第64页。

天津见到李鸿章，提出"易服更制，一切从西，策之上也；参用西法，徐俟默移，策之中也；不肯变通，但责今实，策之下也"①。比起戊戌时期的康有为仍在"暗窃西学"，宋恕的"西化"早在甲午战前就已经落到实处。章炳麟与宋恕谈得来，与其说在古文经学上志同道合，不如说章炳麟更需要宋恕的"西学"经世学来帮忙。换句话说，并不是宋恕"宾附"，而是章炳麟要借助。有证据表明，章炳麟不但在"佛学"上受过宋恕影响，他的"西学"也得到宋恕的启发。章炳麟在重订本《訄书·序种姓》（1904）中相信"中国人种西来说"，即"萨尔宫，神农也；……尼科黄特者，黄帝也；其教授文字称苍格者，苍颉也"。宋恕在《六字课斋津谈》（1895）中写道："西人谓世有文字，始于亚洲之非尼西人。又谓巴比伦字最类中国字。《易》之'乾、坤'，乃巴比伦呼'天、地'土音，《尔雅》所载干支别名亦然。疑中国之学传自巴比伦。"② "西化"派一直在讲种种"西来说"，以章炳麟之深思好学，他一定向宋恕咨询此说，并且相信了很久才放弃。

宋恕敢说"一切从西"，李鸿章并不真的忌讳宋恕进呈的"易服、议院"等建议，暗中还觉得此人可用，就像他隐藏使用耶稣会士马氏兄弟一样。关于李鸿章对宋恕上书的态度，有指他保守，说是斥责了宋恕。其实，1892年6月8日在天津接待宋恕的张士珩（字楚宝，合肥人，李鸿章的外甥）说："中堂于君甚赏识……连日

---

① 宋恕：《上李中堂书》，载胡珠生编《宋恕集》，第503页。
② 宋恕：《六字课斋津谈·小学类》，载胡珠生编《宋恕集》，第57页。

接谈，知君西学之深，实罕伦比，将来必能办大事。"① 李鸿章先欲安排宋恕到"武备学堂"（陆军）教习，而宋恕提出要加入"水师学堂"（海军），后者更加现代。1893 年，宋恕如愿出任天津水师学堂汉文教习，月薪 24 两，与洋文教习严复为同事。1894 年，上海求志书院以更高薪水相召，宋恕便由津转沪。10 月报到，书院支给本年的教习薪水 267.70 元。② 宋恕有能力在南、北洋务新体制中治学、谋生，不同于一般的经学生。

宋恕的经世学有明晰的新知识、新学科的建构意味，这和章炳麟论战文章中的古文经学气息大异其趣，与陈虬《经世博议》中强烈的"治国平天下"儒家情怀也很不同。宋恕的室名"六斋"，得自上海求志书院当初设斋以六，经学、史学、掌故、算学、舆地、词章，故曰"六字课斋"。宋恕在求志书院代岳父孙锵鸣担任的职务是史学、掌故两斋"阅卷"，相当于历史、社会两科主任，"弟（孙锵鸣）承乏上海求志书院史、掌两斋阅卷之任已十余年"③。长期的分科教学和研究，令宋恕对欧美、日本教育规制有所了解，说："今白种诸国，大小学校，莫不以经世为学，以三学为教。"④他把"经世学"等同于现代知识体系，意不在"存古"，而在"改制"——建立新式高等教育和现代知识体系。马叙伦《石屋续沈·宋恕》："二十余岁，著书曰《六斋卑议》。六斋者，先生自署其课读之室也。俞先生读《卑议》，称之曰：'燕生所为《卑议》，实

---

① 宋恕：《壬辰日记摘要》，载胡珠生编《宋恕集》，第 932 页。
② 参见宋恕：《甲午日记摘要》，载胡珠生编《宋恕集》，第 934 页。
③ 宋恕：《代孙锵鸣致邱赞恩》，载胡珠生编《宋恕集》，第 601 页。
④ 宋恕：《〈经世报〉叙》，载胡珠生编《宋恕集》，第 274 页。

《潜夫》《昌言》之流亚也。'人以为不阿好其弟子。"① 按马叙伦的说法，俞樾读《六字课斋卑议》后，对宋恕的经学成就评价不高，归为王符《潜夫论》、仲长统《昌言》那样的政论文章。以保守旧学来衡量，宋恕是"宾附"，是"流亚"；然而，以开拓新学来衡量，宋恕却是走在时代的前列，这也是俞樾、章炳麟对他的称道之处。

宋恕心目中未来书院体系应该有的科目，可以从他为拟在杭州创办《自强报》（1897）撰写的启事中看到。他开列了需要翻译、介绍和研究的"新学"纲目，"域外史学"之外，还有："一，天文学；二，地文学（雨露之属为地文）；三，地质学（矿学为地质学之一门）；四，动植学；五，人类学；六，养生学（医学为养生学之一门）；七，三业学（农、工、商）；八，三轻学（光、热、电）；九，化学；十，乐学。"我们可以理解为这是中西、格致、龙门、求志等沪上改良书院零星开设，而亟欲在"改科举""新书院"的维新和变法中全面兴办的大学专业，包括了理、工、农、医、商系科，正好就是"经世学"能够接受的内容上限。按这个"纲目"（Curriculum）的系统、精准和更新程度来判断，章炳麟、陈虬未必能开列出来。但是，关于文科（哲学），宋恕却妥协地回到了经学立场，说："按白人心性学虽日日新，然终不出黄人古学上。盖心性学黄人已造其极，译白人言以相印证固善，然可从缓，故暂不立此目。"② 宋恕在《六字课斋卑议》中提出要仿行欧美"议院"

---

① 马叙伦：《石屋续沈》，上海建文书店，1949，第 140 – 141 页。
② 宋恕：《〈自强报〉序》，载胡珠生编《宋恕集》，第 259 页。

"内阁""自治""学会",也对外语(广方言)、外交(公法)、法律(律例)教学持开放态度,但却在哲学(心性)上固守旧章。回到经学的宋恕,掉进了张之洞版本的"中体西用",立现落伍。当时在天津,已有严复的英、法近代哲学译介;在上海,早有马相伯、马建忠的"文通之学"。上海还有徐汇公学、约翰书院、亚洲文会、广学会等学术团体,采用欧洲语言,传播西方哲学。南、北洋学者和欧美传教士一起,19世纪80年代已经消化了英国政治哲学、欧陆法哲学和基督教神学。宋恕没有尽早接触到这一群体,他的"经世学"局限性正在于此。

戊戌变法时期,"孔教"被作为指导思想提出来,固然有更新儒教、改革进取的宗旨。1898年的"孔教"是批判传统与民族本位并行,因而能够得到谭嗣同、宋恕等激进变法者的支持。"方孔之初立教也,黜古学,改今制,废君统,倡民主,变不平等为平等。"① 然而,儒家经学在历史上被作为政教工具,经学家们"学"与"术"并用,常常为政治利益而曲解"经义",这是近代"孔教"论者难以调和的。谭嗣同热烈地给"孔教"注入"仁学"人道主义,"吾甚祝孔教之有路德也!"② 但是,潜藏着民族主义和信仰主义两大张力,后来果然发酵,酿出事件。宋恕试图让"孔学"保持"世界主义",但康有为的"孔教"则以"保种、保教"的形式出现,暗窃西学,欲侪路德,却与其他宗教对立起来,因其"国教"身份而干涉信仰自由,酿出宗教冲突。

---

① 谭嗣同:《仁学》,第70页。
② 同上书,第72页。

对于近代"孔教"更新运动面临的困境，作为俞门弟子的宋恕是明白的。宋恕和夏曾佑是浙籍学者中力挺"孔教"的两位大将。宋恕对夏曾佑说："自叔孙通以老博士曲学媚盗，荣贵震世，而孔教始为世法所乱，然余子之教犹无恙也。及至江都，认法作儒，请禁余子，余子之徒惧于法网，渐多改削师说，而周末诸子之教始尽为世法所乱。"① 按他的经学史知识，经学自叔孙通、董仲舒以来，一直就是"媚道"之学。宋明以来，程朱、陆王的儒学诠释，宋恕也认定为"皆虚学也"。宋恕的经学观，只认汉以前的"六经"，而无所谓"今文""古文"，"汉学""宋学"。从这一方面来说，宋恕也并非一个传统的经学家，而是一位经世学者。宋恕赞成康有为的《孔子改制考》，是出于支持"维新"的考虑。从变法角度考虑，他佩服康有为"污身救世之行"，他说："戊春见更生《孔子改制考》，始服更生之能师圣，始知更生能行污身救世之行，而前疑冰释。（《新学伪经考》，仆不甚服）。"② 宋恕认为康有为的经学虽然不可靠，但变法的目的和作用却不用怀疑，"长素非立言之人，乃立功之人。自中日战后，能转移天下之人心风俗者，赖有长素焉"③。宋恕的经学主张是立足于大局观，故他能接受《孔子改制考》把孔子作为一个"变法家"来推行。

---

① 宋恕：《致夏穗卿书》，载胡珠生编《宋恕集》，第527页。
② 宋恕：《致饮冰子书》，载胡珠生编《宋恕集》，第602页。
③ 孙宝瑄：《忘山庐日记》，第220页。孙宝瑄、宋恕等在沪浙人经学团体本来对于《孔子改制考》引起的变法效果还有肯定，但经过仔细研读，也是受到章太炎的影响，越来越不能接受康有为的经学观点。1898年7月4日（五月十六日）晚，孙宝瑄携《孔子改制考》夜访宋恕，对康有为的今文经学观点大加批驳。宋恕仍然为之辩护，陈述了当初赞成康有为的理由。

四、余论：走出经学

近代瑞安籍学者、复旦大学周予同教授曾把古代涉及"六经"的学问，分为"经、经学、经学史"三种。① 这三种学问既是从周秦、两汉到近代的演化过程，也是传统学者在学术更新运动中的自觉努力。"经"为元典，自周代确定，由孔子传承；汉武以下"法定"（周予同语）经博士，"经学"成形。先是汉学，后是宋学，以天地、鬼神、性理、学伦等为序列，框定了中古时代教义型的意识形态。"经学史"，则是章炳麟、钱玄同、周予同等以下好几代学者把儒家经典对象化，施以客观研究，因而形成的近代学术。按周先生的意见："经是可以研究的"②，是这个意思。因此，在相当完整的意义上，经学史是从经、经学知识体系发展出来的现代之学、客观之学，是出走之学。

经学出走，以经学史融入现代学术体系，在上海改良书院（龙门、梅溪、求志）和新兴书院（格致、中西、徐汇、约翰）的进化过程中看得很清楚。江苏学者在沪办学，讲数学必提《九章》，讲工程学必序《考工》，讲地理学必涉《禹贡》，讲天文学必引《左传》，讲外国文学必称《方言》，这些都是从经、经学出发，以"经

---

① 参见周予同：《"经"、"经学"、经学史》，载朱维铮编《周予同经学史论著选集》，上海人民出版社，1983，第549页。
② 周予同：《僵尸的出祟》，载朱维铮编《周予同经学史论著选集》，第603页。

世学"做过渡，走向现代学术的明显轨迹。在《六字课斋卑议·变通篇》中，宋恕主张把"经学"讲作"经世学"。另外，宋恕还把经学家的"小学"（训诂之学）的定义给改了，他所称的"小学"，不再是"汉学"的附庸，而是教授"十六岁以内子弟"[①] 的地方学校。小学（elementary school）要官立，不得私授，这是现代国民义务教育的意思。至于"大学"，也不再是"正心诚意，格物致知，修身齐家，治国平天下"，而是现代高等教育的意思。大学（university）"改分经、史、西、律四门"[②]，分别为经学、史学、西学和法律学等专业系科。这个"四门"学校分类与宋恕从教的求志书院"六斋"体制相当，虽然并不彻底，但却难能可贵。宋恕是想在内地推广上海的经世学办学实践，用此方法引导到现代学术，这也是当时日本高等学校正在走的道路。在《变通篇》里，宋恕勾画出从"经学"到现代学术的路径，有明确的"新学"取向。宋恕专门提出"西文"教育，"各督抚通饬属府知府：立即择董筹捐，于各府城建西文馆一区，内分英文、法文两斋，限二年内办竣"[③]。西文馆应该聘请外籍教师，如若不能承担，或者偏远无人应聘，应该将学费发给学生，让他们出来"游学"。宋恕的计划不是空想，瑞安的方言馆（1895）、学计馆（1896）正是这样做起来的，项骧也是这样从温州到上海，加入南洋公学、震旦学院的。我们从"出走之学"来理解"经世学"，才能摆脱在"经学"范畴内看思想学术，

[①] 宋恕：《六字课斋卑议（初稿）·变通篇》，载胡珠生编《宋恕集》，第15页。
[②] 同上。
[③] 同上书，第16页。

而以一种"经学史"的眼光来审视近代学术的诞生。

英国中世纪史研究学者沃尔特·厄尔曼（Walter Ullmann，1910—1983）在他的《中世纪政治思想史》(A History of Political Thought: The Middle Ages)[①] 中提出：现代政治思想有两个来源，一是"自下而上"的，基于"citizenship"（市民，公民）民权概念的"罗马法"，它在"文艺复兴"以后得到了振兴；另一是"自上而下"的，基于君权神授、天主信仰的神学体系，它是由阿奎那引入亚里士多德的经验论，与《圣经》教义结合而成的经院哲学，这种"托马斯主义"在法学上属于"王权法"。厄尔曼认为欧洲教会在13世纪以后从大阿尔伯特开始，到阿奎那完成了两种学说的结合，他们"在接受亚里士多德的发展过程中，有三个非常不同的阶段：（1）对他的敌视；（2）在基督教的框架内适应他的学说；（3）从基督教的外衣中逐步释放他"[②]。欧洲中世纪后期以《圣经》神学接受亚里士多德希腊哲学的过程，与明末清初儒家学者从异域吸纳"西学"的经验类似。一方面，"罗马法"复兴，挑战"王权法"，与宋明以后市民社会在南方兴起，抗衡北方集权主义意识形态相似；另一方面，互为异质思想的天主教教义和古希腊人文主义世界观在语言、思维与信仰上力求融合，与明末以来"利徐之学"的"天学""实学"会通学说一致。如果我们把"经—经学—经学史"的发展过程，看作儒家意识形态通过某种异质的经验主义学说，"自上而下"地演化出一个现代知识体系，那么中国人

[①] 沃尔特·厄尔曼：《中世纪政治思想史》，夏洞奇译，译林出版社，2011。
[②] 同上书，第162页。

确实也有一个"走出中世纪"① 的复合经历。中国近代除了从"市民社会"自下而上地发展现代学术之外,儒家经学也能对现代学术有所贡献,而它的中间形态就是"经世学"。

清末的"经学"有两个方向,一个方向是明末清初以来江南学者以"汉学""实学""朴学""考据学"名义发展起来的"实事求是",采用经验主义方法的"经学"。鸦片战争以后,经学提倡"经世致用",与"西学"再一次相遇,在上海地区发展起新型的"经世学"。另一个方向的经学,就是清代中叶以后加剧了的"经今文学"。常州学派的经今文学主张用"微言大义"的方式来"通经致用",是一种先验论式的整体思维。经验论经学注重知识门类的建构,先验论经学则注重意识形态建设。当康有为以今文经学的方式推出《新学伪经考》《孔子改制考》之后,宋恕知道他不是谈学问,而是搞政治。宋恕对孙宝瑄说:"子以考古贬长素甚善,然长素非立言之人,乃立功之人。自中日战后,能转移天下之人心风俗者,赖有长素焉。"② 在宋恕看来,只要倡导者意图正确,行动有效,像康有为"伪经考""改制考"这样不甚可靠的知识,也能在启蒙运动中发挥作用。这个折中说法,当时学者少有不赞成的,孙宝瑄当场说:"长素考古虽疏,然有大功于世,未可厚非也。余亦敬服其说。"③ 次日,孙宝瑄再往下读,实在受不了,便又记道:"长素与世虽有功,而考古之武断,不能不驳正之。"④ 章炳麟学问较

---

① 参见朱维铮:《走出中世纪》。
② 孙宝瑄:《忘山庐日记》,第220页。
③ 同上。
④ 同上。

真，力求知行合一，但对康有为的"经-术"割裂，也持部分谅解态度，说："说经之是非，与其行事，固不必同。"① "立功"与"立言"、"经世"与"经言"的区分，说到底还是真理与实践、理想与现实、知识与应用的割裂和冲突。近代学者所谓"学与术分""知难行易""道术未裂"② 等说法，都表明中国人在政治生活中陷入了一个知识论与价值观上的困境。

戊戌前后一代经学家还有一种倾向，就是随意把各种各样急迫的、具体的知识转型和社会变革问题形而上学化。经学家谈"经世"，常常把各地制造局、同文馆翻译的"声光化电"教材知识直接揽入四书五经和经史子集中，用以建立貌似"西学"的新古典体系。康有为的《实理公法全书》、谭嗣同的《仁学》里面都有这种倾向，而《皇朝经世文编》续、三、四编也充斥着此类文章，流行的做法就是以《易经》附会科学，搞"科学易"。13 世纪的神学家们利用刚刚获得的古代地中海航海知识，用《旧约·创世记》诺亚儿子闪、含、耶斐特家族树，画成一张以耶路撒冷为中心的亚、欧、非洲 OT 地图，代表大公教义那样。从最具体的知识跳跃到最抽象的主义，对文化做一种本质主义和整体主义的理解，这是清末"经今古文之争"中的一大误区。章炳麟后来意识到政学混淆问题的严重性，指出是"为政论者，辄以算术、物理于政事并为一谈"。

---

① 章炳麟：《论说》，载汤志钧编《章太炎年谱长编》，中华书局，1979，第 89 页。
② 梁启超《学与术》、孙文《孙文学说》（1918）提出"知难行易"；钱锺书在《谈艺录》中提出"东海西海，心理攸同；南学北学，道术未裂"的说法，都察觉到这是中国近代思想的一个死结。

他看到"惟平子与乐清陈黼宸介石持论稍实"①。经学争议的意识形态化，并不是一种有逻辑、有程序的哲学化，而是一种简单化、泛化。厄尔曼说："（中世纪）整个政治体系完全依据一种抽象的观念、一个纲领性的蓝图、一种抽象的原则，所有的论证都是以它为教义基础而演绎出来的。……这种观点的作用是反对，甚至抵制经验性的结论和认识的。"②"托马斯主义"正是对这种泛意识形态做法的修正。

当"实学"成为"玄学"，知识成为意识形态，政治、法律、经济、社会、文化、宗教的具体问题被武断地公式化、形而上学化，许多新知识、新制度、新观念反而无法讨论了。对于急需布置"新政"、落实各项变法措施的"维新"来说，士大夫经学家这种以其昏昏、使人昭昭的状态并非吉兆。在这个方面，在沪江苏学者因为参与新知识体系的构建，从改良书院、创建大学的专业要求来看，他们很少再有这种牵强附会。我们没有看到钟天纬、赵元益、马相伯、马建忠、经元善、郑观应、张焕纶、李平书等"沪学"群体中人对"经今古文之争"发表过具体意见，他们专注于"西学"的翻译、消化和吸收，用以构建"实学""科学"。宋恕的"实学""经世学"也久经历练，"六斋"之中，他的"算学"（包括声、光、化、电、重学）虽不突出，但他对日本变法的关注，对西方议院的热衷，可以列在"舆地""史学"两斋，实际上属于政治学、法律学和宪法学领域，远比在"经学"斋讨论"经今古文之争"重要。

---

① 章炳麟：《章太炎自定年谱》，载汤志钧编《章太炎年谱长编》，第38页。
② 沃尔特·厄尔曼：《中世纪政治思想史》，夏洞奇译，第228页。

宋恕处在"沪学"的边缘,他的地位优势是"沪学"与"浙学"群体的中介。章炳麟刚来上海时,"西学"知识并不过硬,他写《菌说》(1899)使用时髦的科学知识去推导新社会原理,构建新意识形态,不无虚悬夸饰。正是在这一时期,宋恕以其"经世学"引领了孙宝瑄、章炳麟、汪康年等"浙学"人士,他的思想地位正在于此。

原以《宋恕与经学:经世学近代学术取向
——兼论〈六斋卑议〉与清末变法思想及"瑞安新学"》为题,
载于《中国文化》2021 年第 2 期

1898："变法"何以夭折

一、"帝后党争"：家变导致国变

尽管历史学家能在事后给出很多"理性的"解释，历史本身却常常是非理性的。越是多读"戊戌"逸事，越是难以遏止地要抛弃任何来自政治、历史、文化和思想模式的学术解释，越是想说：这完全就是一场凶险的朝廷内讧，是一个帝后党争，是一个围绕"变法"无原则争斗的宫闱故事。摊上桌面的辩论，固然是所谓"保守"vs"改革"、"卖国"vs"爱国"、"亲俄"vs"亲英"的"路线斗争"，但是此时此刻的内情里，原则并非重要，它只是相互攻击的借口，是整倒对方的武器。于是，东方宫廷式样的权力斗争，掩盖了真实的问题，耽误了急迫的变革，家变导致了国变。清朝用血腥的内部残杀,送走了将近二百八十年的"大清王朝"不说,还把一个希望尚存的中国拖进了"百年深渊"。"戊戌"是中国近代"变法"事业的最后一次良机,失去了这1898年,20世纪中国的动荡、腐败、内乱和外辱,就像地震过后的地面塌陷那么见怪不怪。废墟之上,自由、理性、秩序和繁荣,所谓"现代性"的要义,一件件都是那么地难以建立,清末三四十年的"新政"夭折了。

道光皇帝的侄子奕谟("老五太爷"的幼子)曾在光绪、慈禧和醇郡王奕譞("老七太爷"之子,光绪皇帝的生父)之间调解矛盾,1900年清朝大乱的时候说:"我有两语,概括十年之事:'因夫妻反目而母子不和,因母子不和而载漪谋篡。'"① 光绪皇帝与慈禧龃龉,导致"戊戌"之前的"帝后党争"。因为慈禧厌恶光绪,清宗室载勋、载漪等人乘机密谋"废立",企图废黜光绪,另立皇帝,借机利用"义和团"。这一说法被记在黄濬《花随人圣庵摭忆》中,清末的人民耳熟能详。慈禧太后在1898年9月21日下令把光绪皇帝囚禁在南海瀛台涵元殿,整整两年过去了,"老佛爷"的愤恨之气还没有出尽。八国联军兵临城下的时候,慈禧裹挟光绪一起出京"西狩"。仓皇之中,光绪的爱妃珍妃挺身而出,请求把皇帝留在北京,守住国本。慈禧勃然大怒,歇斯底里地大呼:"把她扔进井里去!"按《景善日记》,听闻于他的邻居,内廷当差大臣文年的实录,慈禧当时说的是:"惩戒那不孝的孩子们,并教那鸥鸦看

---

① 黄濬:《花随人圣庵摭忆》,第205页。

看,他到羽毛丰满的时候,就啄他母的眼睛。"① 两年来,慈禧心里一直把光绪这"孩子"看作不是一只好鸟,啄了她的眼睛。皇帝"悲愤之极,至于战栗",又一次跪在太后面前求饶,也没有求回他的爱妃。珍妃差不多是作为光绪的替身,即刻被太监们塞进了宁寿宫外的大井里。为了戊戌变法,慈禧和光绪积下的怨恨极深。

个人恩怨影响历史进程,在一些关键时刻确实发生。当政治活动不在社会各个层面上公开进行,只是在宫廷里面,由几个寡头人物来决定,个人之间的亲疏恩怨对于国家命运的作用就会被放大。"戊戌"这一年,中国的"变法"大业就坏在这位看不惯皇帝,因此不肯放权的"老佛爷"手里。据知情人恽毓鼎的《光绪皇帝外传》(即《崇陵传信录》):1898年9月19日黎明时分,慈禧冲进光绪的寝宫,将书几上的所有章疏奏折全部拿走,留下的恶言也是骂光绪"忘恩负义":"我抚养汝二十余年,乃听小人之言谋我乎?!"②

64岁的西太后,在意识到将要被"帝党"的"变法"踢开的时候,就从"垂帘听政"到"撤帘归政",又一次来到权力前台。玩惯了权力游戏的她,几下措施,就把牵线木偶"儿皇帝"耍出了局。其实,1898年的清朝权力,忙碌的紫禁城仍然被慵懒的颐和园支配着,朝廷和地方上的实权仍然为"颐养天年"的慈禧一手控

---

① 景善:《景善日记》,重庆出版社,1998,第140页。景善(?—1900),满洲正白旗人,父亲桂顺为道光朝都统,与叶赫那拉氏有戚谊。同治二年(1863),景善为翰林院学士,八年(1869),任内务府副大臣;光绪五年(1879)为内务府正大臣,二十年(1894)退职在家。1900年,"联军入京,太后出走,景善之妻、妾及子媳皆自尽死,景善亦为长子恩珠推入井中"(同上书,第119页)。《景善日记》记北京义和团和八国联军事及内廷秘闻甚详。

② 恽毓鼎:《光绪皇帝外传》,重庆出版社,1998,第8页。

制。死后都被谥为"文忠"的"荣文忠公禄"和"李文忠公鸿章",除了"百日维新"废除后,西太后接着要"废"① 光绪,两位"文忠"联手加以阻止之外,他们在许多重大场合都没有站在皇帝一边。荣、李"文忠",果然深"文"周纳,"忠"的却是慈禧,被视为"后党"。李鸿章是"中兴大臣",光绪年间的封疆大吏大多是他湘、淮军系统盘根错节的门生故吏,上海、天津的洋务事业由他一手掌握。荣禄是慈禧后期提拔的得力干将,"百日维新"开始时,拔至直隶总督、北洋大臣,权倾一时,京畿附近的军事、行政权力一手掌握。二"文忠"是慈禧的新、旧臣,左、右手,他们对"变法"袖手旁观,"帝党"的政令怎么能够畅通?"变法"的结局又岂能完美?

"百日维新"夭折后,除了少数因为不喜欢康有为"新党"而维护"后党"的士绅,大多数民众都叱骂西太后。全世界的舆论更是站在光绪一边,没有人同情这位"中国寡妇"。慈禧更大的洋相出在两年后的庚子年,可她在1898年9月的所作所为已经令她背上了永远洗不掉的耻辱之名,虽然她也是辛辛苦苦地维持清朝的"同光中兴"几十年。确实如她对光绪倒苦水的时候所说,她也是为清朝好:"变法乃素志,同治初即纳曾国藩议,派子弟出洋留学,造船制械,凡以

---

① 陈夔龙所著《梦蕉亭杂记》(北京古籍出版社,1985)记载:"戊戌政变后,宫闱之内,母子之间,盖有难言之隐矣。而一班熏心富贵之徒,致有非常举动之议。东朝惑之,嘱荣文忠从速办理。……(李)文忠听未终,即大声起曰:'此何等事,讵可行之。今日试问君有几许头颅,敢于尝试! 此事若果举行,危险万状。各国驻京使臣,首先抗议。各省疆臣,更有仗义声讨者。无端动天下之兵,为害曷可胜言?'"(第9-10页)李鸿章是用了"各国""各省"的抗议作为威胁,与荣禄一起保住了光绪的皇位。陈夔龙后任直隶总督,与荣禄、李鸿章关系密切,晚年寓居上海,写作无顾忌,此故事确凿。

图富强也。"① 这段话出自费行简的《慈禧传信录》，内容确实可信。她渴望"富强"，她设计"变法"，如果"变法"不抛弃她的话，她是"变法"的终身领袖。可是，她被抛弃了，虽然未必是"帝党"真的要谋害她，可无情的历史却在戊戌之年断然地离她而去。

清末的朝廷，演的是一整出悲剧。悲剧的主角，由慈禧太后扶助的同、光、宣三个皇帝中，光绪是最值得同情的。同治纨绔，宣统儿戏，按皇族的看法，满族贵胄中，光绪算是心存仁慈、德配疆土的了。光绪死后，礼部拟谥号为"德宗"，原是不错。光绪品性懦弱、善良。少年时"畏雷"，遇见打雷害怕，就会扑到太师傅翁同龢的怀里；他做了一国之君，却还不愿伤害好人。恽毓鼎参奏圆明园太监在外收受贿赂，光绪就把他的折子藏了起来，不给慈禧看，生怕受到报复。据经常上朝的臣子说，光绪对那些新来不熟悉，或老得不灵活的朝臣，偶有礼数不周，都是原谅的，有时还不顾君臣之分，下来扶持。这一点最要命，庚子年"义和拳"危机，就是因为他情急之中下了龙椅，在座下与犯颜直谏西太后的忠臣许景澄相拥而泣，被叱为"无礼"②，许就是被以此罪名斩首的。

---

① 费行简：《慈禧传信录》，载翦伯赞等编《中国近代史资料丛刊·戊戌变法》（一），第464页。
② 罗惇曧：《庚子国变记》，神州国光社，1951，第7页。当时，慈禧怒骂大臣"为夷人进言"，光绪"持许景澄手而泣曰：'朕一人死不足惜，如天下何？'太后佯慰解之。景澄牵帝衣而哭，太后怒，斥之曰：'许景澄无礼'"。七月初四日（7月29日），许景澄、袁昶在北京菜市口被斩。在1900年被杀的"庚子五忠"（许景澄、袁昶、徐用仪、杨立山、联沅）中，许景澄（1845—1900，浙江嘉兴人）、袁昶（1846—1900，浙江桐庐人）、徐用仪（1826—1900，浙江海盐人）均为浙西人，被称为"浙之三忠"。（参见罗惇曧：《拳变余闻》，神州国光社，1951，第42页）

光绪不该是"亡国之君",他在"戊戌"的表现可称"励精图治"。很多八旗纨绔子弟,摆弄"西洋镜"乐意,让他们真的学点儿"西学",就打哈欠。光绪亲政后很是着急,便带头学习英语。据《翁同龢日记》记载,光绪在 1891 年 12 月 1 日开始学英语,"是日起,每日午,上在勤政殿,命奕劻带同文馆教习进见,讲洋文"①。当然,中南海里学外语,ABCD,Good morning,不过摆摆样子,唬唬臣子,但是光绪皇帝借此表达的旨意很明确:祖宗之法不可恃,他要身体力行搞改革。英国《泰晤士报》很快做了报道,在华推动"变法"的传教士李提摩太听说这个消息后非常兴奋,1892 年初在上海《万国公报》上发了头条文章《恭记皇上肄习英文事》②,说中国的"变法"大有希望。

作为一个改革家,仁慈的另一面就是光绪皇帝的性格缺陷——懦弱。光绪不像慈禧那样懂得用权术笼络那些趋炎附势的"老臣""权臣"。势单力孤的光绪,亲政以后为了推行"新政",到处寻觅能够帮助他的人。找来找去,最能够帮他的还是自己的"老师傅"翁同龢。光绪从小离开父母,在慈禧身边很少品尝亲情,他对陪着自己长大的翁师傅礼敬有加,"每事必问同龢,眷倚尤重"。这种信任是从青少年时期的依恋发展而来。据传说,光绪皇帝从小害怕雷声,在毓庆宫读书的时候,遇到雷电大作,都会投进翁同龢的怀

---

① 翁同龢:《翁同龢日记》第 5 册,中华书局,1997,第 2483 页。
② 参见李提摩太:《恭记皇上肄习英文事》,载李天纲编校《万国公报文选》,三联书店,1998,第 260-262 页。

里。① 光绪皇帝想在乱世里搞改革，却不具备强人性格，这几乎给"百日维新"定下了宿命。不太明白章炳麟1904年在上海《苏报》上大骂光绪"载湉小丑，不辨菽麦"有什么具体原因，想来正是这类懦弱之极的"畏雷"传说，使他认定光绪不堪中国变法之重任，是谓"小丑"。

"帝党"以翁同龢等文官组成，孙家鼐、志锐、文廷式、汪鸣銮、长麟、张謇等人附之。"后党"都是些权贵人物，荣禄为首，李鸿章、刚毅、孙毓汶等人附之。翁同龢的父亲翁心存，苏州常熟人，道光二年（1822）进士，官至大学士，曾是同治皇帝的授读"师傅"。翁同龢本人是咸丰六年（1856）的状元，自然也是大学士，成了光绪皇帝的伴读"师傅"。"父子大学士"兼"两代国师"，加上翁同龢的两个兄长同书、同爵通过不同的途径，都当上了总督、巡抚的封疆大吏，"常熟翁氏"是清朝文官道路的典范。康熙、雍正、乾隆时期，"海宁陈氏"显赫一时，与之呼应的就是咸丰、同治、光绪时期的"常熟翁氏"。有所不同的是：翁氏的时运有所不济，成了有清一代衰败历史的见证人。

太平天国动乱，令湘、淮军崛起，清末的官场出现乱象，清代由江苏、浙江读书人主导的仕途，被立下赫赫军功的湖南、安徽军人打破。在此过程中，常熟翁氏与湘、淮军人早早地结下私仇。曾国藩在1862年参劾安徽巡抚翁同书谎报军情，后者被判为死罪，赦免后充军，不几年后病逝于西北。青年李鸿章在科场上原来是认

---

① 恽毓鼎所著《光绪皇帝外传》记录了这段故事："上（光绪）幼畏雷声，虽在书房，必投身翁师傅怀中。"（第6页）

了翁同龢父亲翁心存为"太老师"的,投奔曾国藩以后,成了淮军领袖。1864年李鸿章在攻占苏州后,屠城杀戮降将,令江南富庶地区生灵涂炭。苏州太平军忠王府建了一座江苏绅士捐建赞颂太平天国的牌坊,据说上面刻有翁、潘、彭、汪等苏州京官的名字,李鸿章不依不饶,要以"通匪"罪名惩办。湘、淮军人挤兑苏州京官,结下恩怨。翁同龢作为在京苏人领袖,无法和西太后身边的权势人物合作。"帝党""后党"之分列,临事处事,尖锐对立,就成为必然之事。

二、"新人"冒进:维新人才的断层

1898年5月29日,扶助"孤儿寡母",主持清朝"洋务"近四十年的恭亲王奕䜣去世。同治老人们渐渐凋谢,"帝党"终于等到了"新政"良机。一时间,旁落的中央行政权力大量回到光绪皇帝手中,"帝师"翁同龢的作用骤然增大,"事皆同龢主之"。二月之内,翁同龢为光绪皇帝的"戊戌变法"做了大量准备工作。从《翁同龢日记》看,他在这段时间内频繁召见中外"名流",向各地官员征集变法方案,收集各国制度宪章,准备大干一场。然而,"帝党"无人可用,检查《翁同龢日记》,翁同龢对人才匮乏忧心忡忡。确实,进入"帝党"视野的人才实在有限,且大多根基浅显。无奈之下,翁同龢面试过英国传教士李提摩太,张荫桓则准备邀请日本前首相伊藤博文前来传经送宝。"帝党"希望他们以"洋顾问"的身份，出面主持中国的变法事业。这固然是一种"对外开放"的兼容，但更表达了"需才孔亟"之迫切。

然而，1898年6月11日，光绪皇帝亲下"明定国是"诏书，开始变法。次日，便下诏要各省荐举人才。又次日，议定超拔任用张謇、康有为、梁启超、张元济、黄遵宪、谭嗣同等人，都是"帝党"。可是，"百日维新"甫入第四天，还没有凑足人才班底，慈禧太后从颐和园发来一纸谕令，革去翁同龢"协办大学士"职，"开缺回籍"。当天入廷中对，翁同龢准备好了所有奏折，太监却通知他一人留在殿外，等待发落。许久散朝，中官径直给他宣读了上谕，当即将他开除出宫，罪名竟然是"每于召对时，咨询事件，任意可否，喜怒见于词色，渐露揽权狂悖情状"[①]。次日中午，翁同龢便踽踽然离去，"上回顾无言，臣亦黯然如梦"[②]。真是"莫须有"，翁同龢是极为谨慎低调的老臣，问题当然出在西太后不放心"帝党"任用的人才们，称之为"少年新进"。

1898年的"变法"，只是清朝的自救运动，一直由翁同龢辅佐进行，如果深究"变法"的专利权，应该贴上"翁氏"标签。然而，由于慈禧断然下手，"帝党"临时失去主帅，群臣无首，只能由光绪皇帝带着一群总理衙门的小"章京"来维持，康有为、谭嗣

---

① 翁同龢：《翁同龢日记》第6册，中华书局，1989，第3134页。翁同龢在自己日记中多处记载光绪对他不积极推荐康有为抱有不满，但这份圣旨斥责他"揽权狂悖"显然不是皇帝的意思，而是太后的主张。据同在宫中的翰林院侍讲恽毓鼎记载："常熟在书房二十五年，最为上所亲……（太后）尤忌翁，猝用朱笔逐之。"（恽毓鼎：《光绪皇帝外传》，第9页）

② 同上书。

同、林旭、刘光第、杨深秀、康广仁、杨锐等年轻"行走"仆仆于程。六品官员、工部主事康有为被历史镜头聚焦,出面领衔了余下日子里的"新政"。"百日维新"失败后,神秘兮兮的康有为怀揣着假造的光绪皇帝"衣带诏",在上海、香港,以及海外,到处以"戊戌变法"的法定继承人自居,他把1898年,乃至整个清末的"维新"事业都贴上了"康记"商标。反过来说,康有为自诩:"没有康有为,就没有戊戌变法。"

朱维铮先生纪念"戊戌变法"百周年,在编订《未完成的革命》时,对康有为与"戊戌变法"的关系加以澄清,并告诉读者一项实情,说:"没有康有为,就没有戊戌变法?这个源自康有为本人的说法,早已受到史家不断质疑。……康有为的最大毛病,如章太炎所讥,在于自命'圣人',想当'教主',因而为了显示自己凡事无不先知,无不首创,非但好篡改个人历史,而且好篡改已刊论著。"① 现代史家考证以后得出结论,对康有为的文字都要存疑。很多个性强烈的思想家都有自恋的毛病,康有为也喜欢放大自己的影响。固然康有为在"甲午"前后反复上书,在"戊戌"前后参与变法,有他的社会影响,确实是一个"热门话题"的制造者。但是"社会影响"绝不是靠一人之力能掀起的,况且在骚动的"社会影响"中,公众人物的言论中到底有几分真知灼见,有几分误导人心,也还需要辨别。

康有为的变法言论到底有多少"先进性"?"新党"的理论到底

---

① 朱维铮、龙应台编《未完成的革命》,商务印书馆,1998,第184页。

"新"在哪里？这样一问的话，作为"戊戌变法"领军人物的合法性果然有问题。因为《上清帝第一书》，康有为开始在北京薄有名声。1888年11月16日，翁同龢接到上书后表示："南海布衣康祖诒（有为）上书于我，意欲一见。拒之。"① 十多天后，11月30日，康有为托"清流党"盛昱转呈他的上书，"欲成均代递，然语太讦直，无益，只生衅耳，决计覆谢之"②。康有为的呼吁书，提倡用"西学"来变法，言辞愤激，表述奇特，是一篇浪漫主义的美文。然而，就具体措施的可行性而言，远不及前后左右的思想家们。康有为的文章总是檄文式的，度越了"文质彬彬"的文章规矩，"语不惊人死不休"，有"文胜于质"的嫌疑，这和他感受到的时代危机有关，也和他不甘寂寞的性格有关。此外，《上清帝第一书》还贸然地介入了清廷内部的"帝后党争"，他要求慈禧太后和光绪皇帝"下诏罪己"，这原是低级言官冒死直谏的惯用技法，除了给"变法"制造阻力外，并没有什么实质性的新方案、新知识和新思想。

虽然在戊戌年以"西学"出名，但康有为对于西方的知识只是半通，甚至还不及几十年前的前辈人物，勉强算是个"二流人才"。当时精通"西学"的人才，大都已经聚集在"洋务派"门下。曾国藩的幕僚中有"耶鲁学士"容闳、"出使大臣"薛福成；李鸿章的幕僚中有通晓九国语文的马相伯、马建忠兄弟；郭嵩焘、曾纪泽在出使欧洲时也培养了严复、马建忠等一批人才，后来在上海、天津、福州充作栋梁；即使稍后加入"洋务派"的张之洞，幕僚中也

---

① 翁同龢：《翁同龢日记》第4册，中华书局，1989，第2232页。
② 同上书，第2234页。

有"海归派"的文坛怪杰辜鸿铭、上海干才李平书。这些幕府人物都是"半御用文人",平常只是做做翻译、上上条陈,拟定合同、协议、条约书稿等,没有把他们的真才实学和全部想法发挥出来,但这不是他们的错。看他们在自己的著作、日记中透露的理想,他们是内行,远超外界的想象。大臣们的幕僚之外,沿海城市里还有一批"公共言论家"。戊戌变法之前,在新出现的西式报馆、书局、学校里传播"变法"的言论人已经出现,上海有王韬、郑观应,港澳有何启、胡礼垣、伍廷芳,稍晚,天津出现了严复,就"西学"而言,他们都比康有为更加了得。

康有为自己承认,他是在晚至1882年25岁以后,因为进京赶考,坐了轮船招商局的船,往来沪、港、穗之间,"道经上海之繁盛,益知西人治术之有本。舟车行路,大购西书以归讲求焉"①。康有为在上海福州路买的是江南制造局翻译馆、广学会、美华书馆的翻译书籍。按参与翻译的傅兰雅、林乐知、李提摩太等人的说法,这些书籍都是西学ABC,单科的入门书。康有为如果把这些书籍当作"西学"精华的话,那就真的是"徒袭皮毛"了。"徒袭皮毛",王韬、严复、马建忠批评浅人剿袭"西学"时说的话,差不多是说"拉大旗做虎皮",唬人而已。那年在上海,康有为或许对上海街面的奢华印象更深。他在福州路不仅在书局购书,还沉溺于"书寓""堂子"的花丛,大嫖一气。马相伯《六十年来之上海》中讲了一段逸闻:"康圣人在光绪初年嫖得一塌糊涂。那时须赶赴

---

① 康有为:《康南海自编年谱》,载翦伯赞等编《中国近代史资料丛刊·戊戌变法》(四),上海人民出版社,1957,第116页。

京下春闱,最后才搭上了招商轮船,他的嫖账都没有还。债主都追到船上来索债。康圣人情急智生,躲在船顶上的救命船里,居然得以赖过债。这是康圣人的玩意儿,足见文人都不修边幅。"① 这段"赖嫖账"的故事是可信的,当时马相伯奉李鸿章之命,在上海轮船招商局查账。马相伯固然性格诙谐,擅长演讲,有很多"段子",但他毕竟是天主教徒,不做无稽之谈。

19世纪80年代,上海已经成为中国新式文化的发源地。1895年"公车上书"以后,就在康有为名彻神州之际,他投稿参加在上海举办的"何为当今中国变法当务之急"的征文比赛。比赛主办单位是长期推进"西学"教育的广学会,比赛奖金600两由一直关心中国"变法"事业的英国商人汉璧礼捐助,老资格的"变法"思想家王韬主持评选。但是上海的评委们似乎没有给"康圣人"多大面子,只授了他一个五等末奖,奖金3两。② 这个故事说明,康有为的"西学"震慑北京之际,在野的老牌"西学"家们还具有领先地位。传统的"中国近代思想史"把王韬、冯桂芬、马建忠、薛福成、郑观应(这批人都在李鸿章幕府中)等人划为"早期改良派",似乎只有康有为、严复、梁启超(这些人直到"戊戌"才受到舆论界重视)等人才是正牌的"改良派"。其实,思想者的历史不是"进化论"能够主宰的,谈起改革来,年轻的康有为未必能及老迈的王韬。

---

① 马相伯:《六十年来之上海》,载朱维铮主编《马相伯集》,第538页。
② 此段史记载见于《广学会年报告(1895)》。李天纲:《〈万国公报〉与晚清基督教传教》(复旦大学硕士学位论文,1986)曾加以披露,亦可参见高瑞泉主编《中国近代社会思潮》,华东师范大学出版社,1996,第502页。

哈佛大学费正清研究中心的柯文教授用"沿海型"和"内地型"来区分中国的"改良派"和"革命家"。在《在传统与现代性之间：王韬与晚清改革》中，他把王韬、容闳、何启、唐景星、伍廷芳、郑观应、马建忠、马相伯等人称为"沿海型改革家"，康有为这样的学者则被列入了"内地型改革家"，属于接受前者影响的群体。① 在参照"西学"进行社会改革的时候，"沿海型改革家"显然占有着思想、知识、技能和人脉上的优势，更早地熟悉19世纪以来的海洋文明，并引领了内地走向现代。可惜由于"帝后党""新旧党"的争议，他们都属于被曾国藩、李鸿章用过的人才，无法进入北京朝廷"变法"决策中枢。中央分裂，"新进"驱赶"老辣"，"内地"挤压"沿海"，使得本来就非常有限的人才资源不能集中使用。

戊戌年间，"帝党"想搞"维新"，却缺乏"新政"人才。倾向于"后党"的李鸿章的幕府里倒是囤有大量"洋务"人才，但是他们被弃置一边，当然也就只能看"帝党"的笑话，翁同龢也不会倾心任用长期异于己类的他家幕宾。传统政治体制中，人才没有社会

---

① 参见柯文《在传统与现代性之间：王韬与晚清改革》，他在这份早年出版的博士论文中以"第四篇：中国近代史上的沿海与内地"（第215-254页）来讨论"中国近代史上一个未曾研究的巨大课题，即沿海与内地的巨大差异"（第217页）。此后，他在费正清等人所编《剑桥中国晚清史》中的《传教事业和新制度》中又写了"沿海地区的'基督教'改革派"（第628-630页），指出："中国许多最早主张现代化的人，产生在沿海地区，虽然这一事实通常被人所忽略"（第628页）。他后来发表颇具争议的《在中国发现历史：中国中心观在美国的兴起》（中华书局，2002），仍然主张"把中国划成两大文化地带，即我粗略称之为海岸（或沿海地带）与腹地（或内地）的做法是有益的"，他认为把中国按地理特征划为较小单位的区域研究（regional studies），而不是帝国大一统的统观方法，符合他自己提出的"中国中心取向的第二个特征"（第178页）。

化，类同家兵家将，归权势人物私有私用，别人不得染指。于是，翁同龢在自己的日记中不断透露朝廷无人可用，5月26日、27日两次回避推荐康有为。① 任用康有为应该是他应光绪皇帝的要求，在几次拒绝再三犹豫之后的冒险一试。《论语》所谓"十室之邑，必有忠信"，《说苑》所谓"十步之泽，必有香草"，偌大的中国，几十年的"洋务""变法"，怎么可能找不到几十个应时之才呢？只是清朝僵硬的人才政策，无法考选，却能糟蹋，最后害了戊戌变法。

三、"通经致用"："学"与"政"如何关联

在中国近代史上，戊戌变法有"政"与"学"两重意义。政治学意义上的戊戌变法，以"百日维新"的惨酷结局而告终；思想史意义上的戊戌变法，则因为极富戏剧性的"变法"结局，引起了空前的全国大讨论而延续很久。全体士绅加入的大讨论，深深地楔入中国传统文化的核心地带，搅动起前所未有的思想纠纷。在一系列问题上，中国人困惑了："宪政"在中国可不可行？中国的"宪政"要不要一个皇帝？还有，将来中国的"宪政"中，满人还该不该继续统治汉人？还有很多很多派生的问题，都被提交到在上海、澳

---

① 翁同龢：《翁同龢日记》第6册1898年5月26日记："上命臣索康有为所进书，令再写一份递进。臣对：与康有为不往来。上问：何也？对：以此人居心叵测。曰：前此何以不说？对：臣近见其《孔子改制考》知之。"5月27日："上又问康书，臣对如昨。上发怒诘责，臣对：传总署令进。"（第3128页）

门、香港，还有东京、横滨等地的报纸上展开讨论。讨论中出现的观念分歧，使原来尚称得上关系"和谐"的士大夫们相见如仇、群体分裂，乃至于号称"一统"的中国文化也随之发生了大裂变。

所有问题都涉及"政"与"学"的关系问题，一个最重要的思想史争议是政治体制上的"中西之争"。在迫不得已引进西方体制的时候，中国传统文化还能不能作为当前政治的资源？换句话说：儒家的经典学说还可不可以拿来用作当前的"意识形态"？虽然康有为在戊戌变法过程中的作用不大，他的"变法"主张也没有多大的新鲜，可是清末关于儒家思想前途命运的大讨论，很大程度上确实是因为康有为引起的。梁启超惊叹他老师的所谓"非常异议可怪之论"，就藏在康有为的两部"经今文学"著作《新学伪经考》（1891）和《孔子改制考》（1898）中。在这两部著作中，康有为非常奇特地把儒家"经学"拿来比附清朝的"变法"，得出了一些匪夷所思的结论，企图把"变法"的思想架构放在当时士大夫人人皆知的儒家"经学"上。对比严复、郑观应、马建忠等以"西学"为名提出来的明确的社会主张，如"报馆""学会""议院"等方案，康有为的"经义"晦涩、含混而充满歧异，但因为他采用的是传统士大夫都懂得的语言，因而反响热烈。

康有为的《新学伪经考》用考证的方法，得出结论说：我们士大夫天天都要背诵的"四书五经"中的经典语录，其实都是子虚乌有的"古文经学"，都是汉代王莽篡政以后，东汉经师刘歆等人借托孔子的名义编造出来的"新学"，是"伪经"，都不是"真经"。《新学伪经考》的意图是要否定"四书五经"在传统意识形态中的绝对地位，摈除"假孔子"，请出"真孔子"。利用经典反经典，打着官旗反官旗，这是"经学时代"惯常的思维方法，很容易被人识别出来，更容易造成轰动效应。保守派的翰林大夫安维峻（1854—1925，甘肃秦安人）向朝廷报告揭发说，《新学伪经考》"非圣无法，同少正卯，圣世不容"[①]。戊戌前后的清朝政府已经失去思想权威，无心维护什么教条。对于这种小报告揭发和大批判浪潮，康有为非但不怕，反而正中下怀。舆论爆炸，正可以借此逆流而上。

指责康有为"非圣无法"，还不能说是保守派制作的"大帽子"。康有为拆卸"六经"典籍，解构"三代"历史，并借此达到他"以学干政"目的的做法在稍后出版的《孔子改制考》中更加明显。《孔子改制考》塑造了一个"托古改制"的孔子。按康有为的说法：中国历史上本来没有夏、商、周"三代"，也没有伏羲、神农、尧、舜、汤、文、武、周公，更没有儒家"六经"。所谓"六经"，都是孔子为了"变法"，托夏、商、周三代之古制作出来的。全盘否定"三代"，如此激进的"疑古"思想，在学术上很难站住脚。如周予同先生和朱维铮先生反复指明的那样，《孔子改制考》已经参考了严复翻译介绍的"进化论"，表明了康有为对"西学"用"暗度陈仓入中国"、对"儒学"则用"明修栈道改六经"的一贯做法。

先不论康有为的"考证"在学术上是否站得住脚，单是他"以学干政"的做法，就难免有哗众取宠之嫌。眼看"变法"马上就要

[①] 转引自张启祯、周小辉编《万木草堂集》，青岛出版社，2017，第443页。

展开，挑起敏感话题，自然有其轰动效应，可以获得话语权，也有一些思想解放作用。但其实大可不必，不负责任地把学术和政治扯在一起，轰动后导致的思想混乱和无端争议给"变法"带来的负面效应更大。康有为把孔子塑造成一个像耶稣那样制定宪法、教导人群的"素王"，而他自己"更正"了儒家，就像是那个"更正"了基督教千年教会的马丁·路德。如此"考证"之后，儒家是"孔教"，孔子是"圣王"，他自己就暗称"教主"了。这样的做法太过狂悖，除了能将清朝的"变法"打上"康记"烙印外，毫无实际意义。朱维铮先生在《康有为在十九世纪》一文中说："康有为企图破除这一传统（'中国从来没有政教分离'），反而给予反改革者以否定维新的口实。"① 说得更明白一点儿：康有为是想建立一种政教合一的"孔教"，自任"教主"，把清朝的"变法"事业当作了他的私人事业，对于事关民族复兴的大业，康有为有私心。

"百日维新"失败后，一般人士多把康有为等人呼为"新党"，把他们主张的变法学说称为"新学"。1898年9月22日清政府的通缉令上，康有为的两项主要罪名是"结党营私，莠言乱政"。"结党"，是指责他在光绪的保护下，结成了自己的党羽；"莠言"，是说他的"新学"扰乱了清朝的意识形态，造成思想混乱。也就是说，康有为在政治上和思想上都要为这场"谋反"活动负责。清朝衙门的官吏都刀笔老到，这两项指控要言不烦，直捣命门，欲置康有为于死地。因为他的"非常异议可怪之论"，康有为获得了不少

---

① 朱维铮：《康有为在十九世纪》，载《求索真文明》，上海古籍出版社，1996，第196页。

听众，同时也失去了更多人的同情和支持，许多原本可以团结在"维新"事业周围的人，比如王先谦，比如章太炎等，都离他的"莠言"而去，因为他确实"曲学阿政"，确实有"私"。他所追求的"轰动效应"，并未激起更多的理性思考，反而冲淡了人们对变法具体措施的详细探讨。

康有为把清朝改革作为他的私人事业来从事，刻意要把"戊戌变法"打上康氏"经今文学"的印记。清朝的"变法"，既不是称"孤"道"寡"的清廷可以垄断的，也不是任何个体"思想家"能够呼风唤雨招来的。正如李鸿章等人意识到的，19世纪中国人卷入的是"三千年未有之大变局"，历史要求清朝人承担中华民族的整体变革，政治、经济、文化、风俗和宗教都面临巨大挑战，并不是单单要保住"大清朝"，更不应该只取哪家的"独门经书"来做试验。在国家大义面前，政治制度的变革应该采取一种温和的协商、和谐的争论，谨慎地施行。如果不是从制度层面着手全面而具体的变革，而是用政府权力强制推行某一个人、某一学派，或者某个党派的"思想"，实施思想改造，乃至用整个民族文化做个人试验，那么就都是"私利"和"私心"，都要不得。清末的"维新"本来是一场"三千年未有之大变局"，有幸见证这一场变革，确实令人兴奋不已。但士大夫没有读透几本新书，硬是用些半通不通的"新学"来比附新政，刻意要在"变局"中留下私人印记，就患了传统读书人最容易患的"虚妄症"。

从政治层面讲，戊戌变法是清朝政府开展的一次"维新"；从思想文化层面讲，戊戌变法却是中国士大夫的一场"革命"。"维新"的字面含义从《诗经·大雅·文王》中的句子"周虽旧邦,其命惟新"而来。根据唐代经师孔颖达的注疏,它的意思是:"周虽是旧国,其得天命,维为新国矣。"按照儒家"经学"的解释:像周代这样得到"天命"眷顾的"旧国",是可以中途改弦易辙,变为"新国"的,是谓"维新"。这种观念和《圣经·旧约》中犹太民族认为自己的先人摩西曾与"上帝"订约,因此只要能够遵守约定,就能得到"上帝"的恩宠是一样的。清末的立宪派如康有为、梁启超,他们认为"变科举""设学堂""立报馆""开译局""设议会"等措施可以"新命"。按照康有为"经今文学"指导的"维新"事业,随着1898年"百日维新"的失败而失败。清末的革命家章炳麟,他是按照经古文学对古代制度的理解,设计出未来的新王朝,他相信:只要"迁都"(有《请设新京折》)、"改元"(有《中华民国解》)、"易服"(他自己设计了明式服装)、"剪辫"(有《请断发易服改元折》),清朝就可以避免"改朝换代""变旧为新",实现"天命"。

戊戌变法既是失败了的"维新",也是"未完成的革命"。儒家意义上的"革命"一词,源于《易经·革·象辞》:"汤武革命,顺乎天而应乎人"。按经学家的注疏,这段经文说的是夏桀的残暴统治,商朝的建立人汤武王率人民推翻前朝,合乎天意,顺乎人情,是谓"革命"。在儒家"经学"的传统术语中,"革命"与"维新"的差别就在于是否要"改朝换代"。1898年的"维新"失败,开始了清朝体制的最后崩溃。从此,已经腐败了几十年的清朝各项社会制度,就像多米诺骨牌一样,扶也来不及地一块块倒下了。直到

1911年，中国人决心抛开满汉共体的体制，采用共和国体制，另起炉灶，是谓"辛亥革命"。

同时，清末士大夫在思想上的"改朝换代"已经先于政治上的"改朝换代"，在1898年开始启动了。康有为的《新学伪经考》和《孔子改制考》是儒家士大夫最后一次利用传统文化资源实施的"变法"。十三年后的"辛亥革命"，连忠实追随康有为的梁启超也离"保皇派"而去。科举既废，新学堂里的年轻读书人再也没有兴趣使用儒家的思想，或者其他哪一种传统文化资源来改造清朝体制。虽然还是传统文化中人，可"西学"已经在表面上压倒一切，他们希望建立一个属于自己的全新纪元。辛亥年的"革命派"们，套用的是法国大革命中的"人权"学说，还有美国独立战争中的"革命"思想，他们建立的是一个有着西方"先进政体"名义的"共和国"（Republic）——中华民国。

原以《一八九八："解读"戊戌变法》为题，载于《文景》2005年第5期

1900：躁动的南方

一、"京式样，海式样"

  1900年，太多奇奇怪怪的事情一起出现，有一件事情最蹊跷。已经衣冠风行全国几十年的上海人，忽然开始各自个地流行起老土的北京服装式样，争说"京式样"。有好事者忽然记得，大叫"不好"！甲午年，北京旗人流行穿上海服装式样，所谓"海式样"。结果应了一句"海失洋"：黄海一战，北洋水师，大败于海上，失于东洋日本人之手。好论奇门遁甲、占星卜卦者又在谈论：今年上海流行"京式样"，该不会又是"京失洋"的谶语：北京要失于洋人之手！①

果然，1900年，庚子年，八国联军攻占北京，慈禧太后"西狩"长安，中国一度陷入"无政府"状态。中国人是一个顽固地相信"天人感应"的民族，谶语被看作上帝对人事的暗示，极有市场。每当改朝换代，民间就有大量谶语出现。秦末的谶语是"大楚兴，陈胜王"。汉末的谶语是"苍天已死，黄天当立"。清末，国家要亡了，"国之将亡，必有妖孽"。这一次，上海人害怕的不是揭竿而起的农民，而是"扶清灭洋"的义和拳和"船坚炮利"的八国联军。所以，上海流行出"海失洋，京失洋"的谶语，担心上海也会彻底丢失到洋人手里。历朝历代的正史，当然鄙视谶语，但是我们至少可以看出，当时的人心处在怎样的一片惶恐之中。惶恐之中，还隐约地透出了一点儿躲在外国租界里饱食终日，衣食无虞，看满人如何闹腾的幸灾乐祸。

清政府在北方闯了这么大的祸，没有南方人一丁点儿责任。长江以南的南方人忙着做生意，不玩义和拳。习武并无碍，武术是中国的国术，"南拳北腿"遍中国。不玩拳腿的，至少也都喜欢看武侠小说。1900年，霍元甲还没有被请到上海滩，"精武体

---

① 事见姚公鹤《上海闲话》（上海古籍出版社，1989）记载："当光绪甲午前后数年间，市上男女衣装，竞尚海式样。及庚子、辛丑间，市上又有所谓京式样者。男女衣装，复舍彼而取此。海式样为上海式样，京式样为北京式样。即小小时尚之微，彼此之互为消长也亦如是，外此更可见矣。惟吾国人以迷信图谶童谣之眼光，为海式、京式之解释，则云甲午中日之役，海军全失，海权以去，此为海失洋之先兆；迄庚子义和团起，联军入都，此为京失洋之先兆。"（第51页）

育会"① 还没有开张，但在虹口、闸北、南市一带已经有人练拳。青洪帮主也有从山东、河北的码头来上海开香堂，带徒弟。但租界里外必须讲个"文明"，教人练拳脚、舞刀棒，不过是混饭谋生而已。这样的拳脚，既不是用来笑傲江湖的，更不是去为清政府衙门中的懦夫们壮胆的。还有，看多了洋枪队的来福枪、克虏伯大炮，知道冷兵器打不过热兵器，上海人换了一种新概念：练拳脚，是健身运动，是"费厄泼赖"（fair play），和西人游泳、跳舞、踢球、划船是一回事，是所谓"体育"。所以，当义和拳的北方汉子们练得浑身肌肉，满口咒语，号称刀枪不入，在山东、河北、山西高喊"扶清灭洋"的时候，上海很冷静。几乎所有的报纸都站在汉族大员许景澄、袁昶、张之洞、李鸿章、刘坤一后面，呼吁西太后不要玩火。

五月二十五日（6月21日），清政府正式向国际社会宣战，诏书称："我国忠信甲胄，礼义干橹，人人敢死，即土地广有二十余省，人民多至四百余兆，何难翦彼凶焰，张国之威？……苟其自外

---

① 精武体育会：清末以上海为中心建立的南派拳术团体，沪人以天津拳师霍元甲的名义创立，曾以"国术"为号召，与租界洋人设擂竞争，后逐渐发展为健康的体育推广团体，与北方拳民坛社大异其趣。"宣统元年（1909）由爱国武术家霍元甲创建于上海，原名'精武体操学校'。1910年扩建，改'精武体育会'。会址初建于闸北王家宅，越四年迁至提篮桥倍开尔路（今惠民路）。1923年复迁至四川北路横浜桥福德里30号今址中央大会堂（总会）内。占地833平方米，外观仿宫殿式，瓦脊盘龙，室内分上下两层，可容千人。上为俱乐部，下为专供武术表演的舞台场地。精武会活动以武术为主，兼开展足球、网球、台球、排球、体操、拳击、摔跤、柔道、举重、音乐、粤乐、弈棋、旅行、摄影等活动，曾聘请南北各派武术名家传授技艺。由于该会宗旨'倡固有之国术，树体育之风声，并附正当之游艺'，声誉日起，会员日增。1919年精武会建立10周年时，孙中山亲笔题赠'尚武精神'的匾额，并为会刊《精武本记》撰写序文。"（上海市虹口区人民政府编《上海市虹口区地名志》，百家出版社，1989，第440页）

生成，临阵退缩，甘心从逆，竟作汉奸，即刻严诛。"[1] 暴民们受政府宣战诏书的鼓动，更加疯狂，赤膊上阵，围着东交民巷的各国公使馆扔石头、喊口号、放排枪。因为宣战令是在上海向全世界公布的，国际观瞻一下子全集中到上海。清末的北京，是个反空间、反时间的大黑洞，是个不事生产、腐朽消费、游手好闲的城市。它把"地大物博"的中国之精华往里吸，自我消耗着大量的能量，没有放射，透不出些许光明。相反，沿海的通商口岸城市，经过几十年的建设，有了越来越大的外向辐射能力，是新事物生长的地方。清政府的颟顸外交活动，小的在天津举行，大的搬到上海来。上海实际上成了中国经济、文化和外交的中心。那些年，北京感冒，上海发烧；那一天，北京开始赶杀洋人，拳民割断电线，断了一切消息，而上海大东、大北电报公司的发报机旁聚起了赶来的忧心忡忡的各大报纸记者。

中国的命运，常常系于一人之手。老佛爷发疯，北京打起来了，各地怎么办？！蠢到底的清朝，到底还有一个老谋深算的李鸿章。《马关条约》后，因为碍于一顶"卖国"的帽子，他被西太后不冷不热地晾在广州的两广总督任上，不在直隶和上海，手无重权。但是，老练的李鸿章还是有本事把局势拨弄到没有他办不成外交的地步。他接到《宣战诏书》之后，马上密电给老部下盛宣怀，要求拒不执行。盛宣怀再用上海道台余联沅（1844—1901，湖北孝感人）的名义，召集各国驻沪领事，在英租界南京路的中外会审公廨开会。上海又一次搭起了国际外交大舞台，不是中央，胜似中央。历史，不得不看着一群前台小演员，与他们背后的几位大导演，一起扮演起厘定乾坤的大角色。

---

[1] 光绪（连文冲拟）：《宣战诏书》，载罗惇曧：《庚子国变记》，第11页。

这是十足的越权！上海道台，官衔四五品的"地县级"干部，居然端坐着，和外国公使、领事、舰队将军们谈起了中国与全世界的战与和。清朝的外交，奇怪事情还有很多，如让退休的美国公使蒲安臣（Anson Burlingame）充任清朝的欧洲巡回大使，派英国商人敦崇礼（Moir B. Duncan）到罗马代表中国谈判。清朝的外交，就是如此地越办越不伦。这一次，上海官员卑位高行，自说自话办外交，算是"将在外，君命有所不从"。1900 年 6 月 26 日，上海道台余联沅召集各国驻沪领事开会，中外双方在《东南互保章程》中确定了盛宣怀向李鸿章等人商定的内容："上海租界归各国保护，长江内地各国商民产业，均归督抚保护。"① 上海道台联络两广总督李鸿章、湖广总督张之洞、两江总督刘坤一，合力镇守长江以南经济富庶的南中国。中方保证：义和团不过长江。外方也答应：如果中方做得到，已经驶入长江的各国军舰也不往岸上派士兵。会上中方还出示了李鸿章两天前从广州发来的密电："廿五矫诏，粤断不奉，希将此电密致岘、香二帅。"② 李鸿章敢把西太

---

① 《张之洞致上海领袖大西洋总领事电（光绪二十六年五月二十八日亥刻发）》，载翦伯赞等编《中国近代史资料丛刊·义和团》（三），上海人民出版社、上海书店出版社，2000，第 332 页。

② 李鸿章：《寄盛京堂（光绪二十六年五月二十九日午刻）》，载《李鸿章全集》（十一），时代文艺出版社，1998，第 6450 页。罗惇曧《庚子国变记》记，江、鄂、粤三总督中间，是李鸿章带头抗命，拒绝带兵北上。他接到西太后的谕旨后，"毅然复电曰：'此乱命也，粤不奉诏'"（第 8 页）。《宣战诏书》发布五天之后，西太后鉴于"东南互保"格局已成，仍然要求南方督抚北上参战，以致 6 月 26 日即有上谕称："尔各督抚，度势量力，不欲轻构外衅，诚老谋国之道。……尔各督抚勿再迟疑观望，迅速筹兵筹饷，立保疆土。"（《满清上谕·谕李鸿章等》，载杨松、邓力群原编，荣孟源重编《中国近代史资料选辑》，三联书店，1954，第 513 页）

后发出的圣旨称为"矫诏",拒不北上勤王,同时还串通刘坤一("岘")、张之洞("香")一起与各国合作。也就是说,封疆大吏在南方另立指挥机构,实际上是组织了一个维持政府,实行"东南互保"。

"东南互保"后,北京拳民痛骂上海的官民们"卖国",视其为"汉奸""二毛子",必欲仇杀。义和团占领北京的时候,叶昌炽(1849—1931,江苏元和人)正在北京翰林院任事,他在自己的《缘督庐日记》中记载:"义和团见南人必问:'尔上海人乎?'若应之曰'然',则枪刃交下矣。"① 确实,历史教科书上称"东南互保"是"可耻卖国"。是不是"卖国"? 大约是的。一群汉族地方大臣,在中央政府向外国宣战后,不但不赴京"勤王"参战,反而自作主张,与敌方谈判,还接管了南方,自行其是。在太后"西狩",还没有"回銮",北京处于无政府状态的日子里,他们确实是把清朝卖了,地方暂时地把中央卖了。但是,事实证明这一次"卖"得好。我们如果分得清"清朝"和"中国"的区别,那么就会认为李鸿章们为中国做的是件好事。他们卖去的是清朝的面子,保住的是中国的里子。"东南互保"使得南方没有乱成一团,没有生灵涂炭。当时,闯入长江和沿海开埠城市水域的各国军舰,都一段段地划定了中国占领区,准备登岸"保护"侨民和商务。幸亏"东南互保",外国列强失去了干涉理由,最终没有占领托管,避免了所谓的"瓜

---

① 叶昌炽:《缘督庐日记》,载翦伯赞等编《中国近代史资料丛刊·义和团》(二),上海人民出版社、上海书店出版社,2000,第480页。

分豆剖"①。

北方要打，南方是无辜的。但是，祸乱于北，罪加于南。闯祸的是颟顸官员、愚昧拳民，倒霉的却是南方无辜商民。战后《辛丑条约》庚子赔款，南方人，江、浙、粤、鄂人民，尤其是上海人，赔得最惨。"大清国皇帝允定，付诸国偿款海关银四百五十兆两"②，四万万五千万两，赔额按中国人口平均每人一两计算。历来最穷困的贵州，每年认摊到二十万两。富裕的江苏、浙江、广东人，每人每年就要摊到十几两、几十两。清政府在北方本来就收不到多少税，上海江海关上交的关税维持着大清王朝的一大半开销。这一次，每年二千多万两的关银全部押上了。南方，历来是中国振兴的希望之区，如此地被清政府拖入了泥潭。"水能载舟，亦能覆舟"，这等保不住人民利益的政府，怎么可能继续获得来自民间的支持。所以，即使1900年中国人不把清朝取而代之，再等上十一年，也只是时间问题。

清朝要亡了。丧钟在1900年已经敲响。或许因为康熙、乾隆曾经善待汉人，仰慕中原文化，为满人积了德，汉人才假以时日，

---

① "瓜分豆剖"是庚子、辛丑年间清廷人士的最大忧虑，李提摩太《上李傅相书》中提道："现有外国之善人劝各国勿瓜分中国，费多少唇舌，各国始经应允。"（《西巡回銮始末记·各国政府及中西大员来往电文》，载罗惇曧：《庚子国变记》，第365页）李提摩太提到的这一段"列强"以外交努力阻止"瓜分"中国的说法是确实的。闻八月初六日（9月29日），赶到天津海防公所与"列强"谈判善后的李鸿章与英、德草拟了四款协议，其中就有"二，保全中国疆土，不取尺寸"（罗惇曧：《拳变余闻》，第53页）。英国、德国允诺不"瓜分"，加上美国提出"门户开放"，保全中国领土，则辛丑以后流行的"列强瓜分说"并不是一种切实计划。

② 《辛丑条约》（1901），载梁为楫、郑则民主编《中国近代不平等条约选编与介绍》，第429页。

让它寿终正寝；或许是南方还没有准备好自己的宪政，一时还不会用新的国体、政体来接受大清王朝的烂摊子，中国才拖了十一年，才有辛亥革命。在上海看北京，看得很清楚。上海的中西文报纸当时就评论说：1900年以后，远东的事务已经很清楚了。有学者说得对："历史上没有哪一年能像1900年对于中国那样具有分水岭般的决定性意义。"① "清朝向何处去"，已经不是一个有意义的问题，有眼光的人问的是："中国向何处去？"②

二、张园落辫

是谁首先告别清朝，剪掉了中国第一根辫子？辛亥革命中的这项商标权，广东和上海有得一争。广东南海人冯自由说，他的父亲冯镜如最先剪掉辫子。冯镜如先生在日本的通商口岸横滨办了一家印刷店"文经活版所"。1895年，"甲午之战，旅日华侨多避难返国。及马关和议既成，侨商渐次东渡，余父仍有戒心。以生长香港，遂剪辫易服，求英国领事保护营业。旅日侨商之解除辫发者，实以余父为嚆矢"③。冯自由父子在日本，为了生计的缘故，不得

---

① 美国汉学家芮玛丽在论述辛亥革命的论文中表达的观点，转引自柯文：《历史三调：作为事件、经历和神话的义和团》，杜继东译，江苏人民出版社，2000，第2页。
② 这一令人印象深刻的说法，是柯文在费正清中心时说的，记得他还曾在著述中论证过，但此番遍寻不着。这句话的意思是，义和团动乱之后，更有想象力的各派新党已经不再讨论如何拯救清朝中国，而是在筹划一个新的中国。这种印象，可以在张枬、王忍之编《辛亥革命前十年间时论选集》（三联书店，1960）中得到加强。
③ 冯自由：《孙陈剪辫易服》，载《革命逸史》第1集，中华书局，1981，第2页。

已剪去辫子。冯自由在 1896 年 14 岁的时候加入了"兴中会"，后来做了孙中山的秘书。同样根据冯自由的回忆，孙中山是于第二年（"乙未"，1896 年初）在横滨的冯家割断辫子的。

是的，中国最早的剪辫者是几个海外广东人。甲午战争前，大清国民还能为自己脑后的这根辫子自豪。这根辫子，和清朝的黄龙旗一样，是中国人的象征，或许还是来自天朝文明国度的象征。19 世纪被贩到旧金山的华侨们至死还拖着辫子，生怕因为活着吃过美国饭，死后翘不成辫子，成不了中国鬼。泱泱大清被蕞尔日本打败后，这种文化上认同大清的自信彻底毁灭了。冯镜如在自己的店铺前挂起了英国旗帜，穿起了西装，剪去了辫发。有些精明实际的海外商人，开始改变自己的身份认同感。他们仍然是中国人，但不再承认自己是大清国人。把"中国人"和"大清人"分开的做法，在当时很困难。这一群"名教叛徒"的传闻传到国内，个个被视为"汉奸"，人人叱之为江洋大盗。孙文的"文"字被加上了三点水，记为"孙汶"。

但是，上海人还是可以争辩说：中国第一根落地辫子，落在上海。1900 年 7 月 26 日下午，浙江余杭人、中年学者章炳麟到上海沪西张园开会。当天到会的有沪上"名流"八十余人，有退隐的高官文廷式、马相伯，有曾国藩的大幕僚容闳，还有知名学者严复、宋恕。会议主持者是活跃在中国上海、武昌、广州和日本的政务活动家，谭嗣同的同学唐才常（1867—1900，湖南浏阳人）。当天，他们组织了一个"中国议会"，"公推香山容闳为会长，侯官严复为副会长，才常为总干事"①。他们准备在上海建基地，武昌为前线，湖广为策应，组织南方军队"自立军"，北上拘押慈禧太后，把光绪皇帝营救出来，然后推翻清朝专制，建立汉人执政的君主立宪国家。

会上，章炳麟同意在上海发动"革命"，但坚决不愿再与光绪皇帝共戴一天，要求"反满"。革命务必彻底，反清从头到脚。33岁的章炳麟，汉学大师俞曲园的学生，当时是上海《亚东时报》的主笔。学问固然一流无匹，性格也是独立不羁，唯资历却是不厚尚浅。可能由于一腔的激情无法倾诉，也可能因为人微言轻不受重视，他急了。他返身找来一把杭州剪刀，举手"咔嚓"一声，"因断发以示决绝"②。当时当地，中国第一根辫子落地，落在张园。

章炳麟生于吴越之地的鱼米之乡，体内却有着一腔燕赵古人惯有的热血。看他留下的相片，从来不笑的。清末民初人拍照片留影，除了妓女，很少有笑的。中国人拍照时说"茄子"是20世纪稍后的事情。章炳麟脸上那南方人的柔韧细腻和北方人的豪迈刚毅，铸成了他一副典型的"南人北相"，有一种"虽千万人，吾往矣"的猖狂、任侠。这样性格的人物，明清的江南，前有顾亭林炎武，后有周树人鲁迅。一个是章炳麟的精神导师，一个是他的学业门徒。顾炎武、章太炎、鲁迅这样的性格，在江浙籍贯的人群中真的少见，好像属于"另类"，抑或"异类"，称为"犟头倔脑"。章太炎更过分，他还得有一个"章疯子"的绰号。鲁迅说他的老师

---

① 冯自由：《张园之国会》，载《革命逸史》第2集，中华书局，1981，第69页。
② 章炳麟：《章太炎自订年谱》，载汤志钧编《章太炎年谱长编》，第105页。

"七被追捕，三入牢狱，而革命之志，终不屈挠者，并世亦无第二人"①。按周围人的记录来看，章太炎是清末学人中的第一智勇者，这应该没有问题。

江南繁华之地，江苏、浙江、安徽，在中国古"九州"中属扬州，史书上常有"江南之气躁劲，厥性轻扬"②的说法。通常的苏南、浙北之人，文弱儒雅者有之，轻薄浮滑者有之。江、浙人确实有许多"小市民""小文人"，北方固然不少舍身捐躯之勇士，但是谁也不能轻视江南。中国近代真正的大智大勇之匹夫，慷慨悲歌之豪杰，还是更多地出在江南，不信你去数。

细究起来，章炳麟的辫子确实还应该算是中国第一根落了地的辫子。冯镜如、孙中山的辫子，落得固然早，但落在日本，不落在中国本土。可以这样说：落在日本横滨的，是中国人第一根落地辫子；落在上海张园的，是中国第一根落地辫子。还有，在日本剪辫子，离清朝远，剪辫子只有好处，没有风险，还有一些为做生意考虑的便利之处。像1900年的章炳麟这样，在上海的租界里，在清朝官员的鼻子底下剪辫子闹革命，需要更大的勇气。没有了辫子的章炳麟，头上少了东西，在上海马上突现出自己是异类，出了租界就会到处受到捕快的追捕。上海又不能住了，必须躲出去。两年前，戊戌变法失败后，他也受到过牵连，躲到了台湾。1900年的冬天，他潜回杭州老家，还是有人追来。结果正月初一，他不得不

---

① 鲁迅：《且介亭杂文末编·太炎先生二三事》，载《鲁迅全集》第6卷，人民文学出版社，2005，第567页。
② 杜佑：《通典·州郡·扬州》卷一百八十一，中华书局，1988，第4799页。

"避之僧寺"①，和老和尚一起，念着佛经，度过了他的世纪之年。

中国历史似乎有一个官定的儒家"三段论"：大前提是中国是一个文化帝国；小前提是帝国统治需要中央意识形态；结论是帝国的皇帝和官员有责任努力把原本属于个人、族群、社区和地域的文化，改造成划一的官方意识形态。清初的意识形态问题是头发。头发的长短和式样，在清初绝不是单纯的个人问题，而是一个立场分明、关系江山千秋、永不变色的路线问题。在现代政治学看来，这就是一个混同了"文化认同"和"国族认同"的案例。国家权力利用一些现成的生活要素，或者制造一些想象的文化符号，对"普天之下"的国民进行身份认同（identity）的训练。

明朝人留的是短发，束发髻，盘在头顶。南方天热，窝酥。男人常出汗，头要常汰，用香草汰。汰头沐浴后，振衣焚香，躺在后花园竹榻上抚琴吟诗，像煞有介事。然而，中国这么大，风俗本难同。清朝从大漠以北来，天冷，少汗少浴，编辫子留着，自然方便。但他们统治南方后，也要求大家把头顶前半部的一片头发剃掉，然后把后面的部分编起辫子来。否则，"留发不留头"，不是酷，是残酷。"扬州十日""嘉定三屠"，清朝为建立这个意识形态，曾经在江南杀了很多人。江南人为保住自己头上的汉人标志，曾经流了很多血。读历史书的人会奇怪，明末的江南人为什么会如此地固执于自己的头发，以致一反历来柔顺随和的民风，以死相争。其实不怪，因为清朝要建立的是统摄一切的意识形态，它要改变原有

---

① 章炳麟：《章太炎自订年谱》，载汤志钧编《章太炎年谱长编》，第115页。

文化的所有结构，让传统人无法生活。

传统可以改变，可以制造，一个王朝的传统一旦成形，所谓的"政统"就会自动运行，不能说停就停，其惯性力量非常强大。从1644年南方人不肯剃发留辫，到1900年大多数的中国人不愿剪辫，这就是传统的力量。清朝的二百六十七年统治，汉人习惯了辫子，没了反而不舒服。辫子，成了新的传统。1911年以后，北京学术界还有两根最有名的辫子。一根挂在从欧洲留学回来的南洋人辜鸿铭（1857—1928，祖籍福建惠安，生于马来亚槟榔屿）脑后，另一根在章炳麟的临县大同乡王国维（1877—1927，浙江海宁人）身上。他们都把辫子看作经过自己认同了的、区别于西方人的民族文化象征。

意识形态是一种滞后的保守力量，它会在崩溃后还残留于人心许久。不但读书人舍不得剪辫留发，情况在上海的平民当中也一样。章太炎的第一根辫子落在张园后，上海轰动了。随后的十年里，辫子又一次成为南方人的心理情结。情绪亢奋的年轻人，用剪辫子来表示自己的开明。江南不少青春期的反叛青年，为了躲家乡的烦闷，村姑的乏味，到十里洋场轧闹猛，随便就把辫子剪了。从上海到内地，从南方到北方，中国人的辫子纷纷落地。大清王朝，无可奈何花落去。但是，剪掉了辫子，换不掉脑子。清朝老大帝国的旧观念，很多还留在旧臣民的心中。清末有种无辫之人，混在上海租界，弄一份洋行差事，不时冒几句革命新名词，既不守中国礼仪，又不懂外国规矩，被称为"假洋鬼子"。他们还真不如特立独行、拖着辫子的辜鸿铭、王国维。这种人，真是"无辫之人"。

1911年前十年的上海,假辫子逐渐成为走俏货。南市的假发店,苏州人开的,原本只做女人的生意,忽然家家改做男人的假辫子。"义发",和"义乳""义齿""义鼻"放在一起卖,都是假货,"假真货"。中文里把"假"说成"义",真是绝妙。"干儿子"称为"义子",如果称为"假子",多无趣。"义发"的顾客们多是北市来的洋行买办,他们去内地置办货物,需要打扮。还有留学回国,路过上海回家探亲的公费留学生,回家乡,向县太爷报到,也要有根假辫子。辫子生意,真的火。说到底,辫子不过就是个文化符号,你不把它当真的话,它就一点儿也不真。

中国的老百姓,其实是懒得革命的。不到山穷水尽,不会揭竿而起。中国人对某朝某姓的态度,就像小娘初嫁一样,总希望从一而终。中国人和欧洲人还有一个很大的不同。中国人一直不清楚民族与国家、王朝、政府之间的区别。18世纪的法国人,已经会把法兰西民族与法国国家、波旁王朝、路易国王、内阁政府分得清清楚楚。一个法国人,自豪的时候一定自称"法兰西人",不会说是"波旁朝人",因为"国家"和"王朝"不是一个概念。中国人就不一样。"中国人"概念总是和王朝依附在一起。清朝中国人称自己是"大清朝人",就像汉代以后中国人自称"汉人",唐代以后中国人又有自称"唐人"。清末的上海人、南方人之所以要革清朝的命,实在是因为北京的统治太不像话。

1900年的张园故事,还有一个细节值得一提:章太炎剪辫子时非常冲动,不但剪去了辫子,还甩掉了身上的长袍马褂。长袍马褂、旗袍，这也是满人入关后强加给汉人男女的标志之物。上海的六月天，华衮的士绅也是轻装简服。章太炎脱了外衣，就是赤膊短裤，一时没有合适的衣服换。跑到街上的"章疯子"，租界"红头阿三"即使不是为了他的半截头发，就因为在高档馆舍赤膊走路，就可以把他关进老闸巡捕房。仓促之间，"章疯子"穿上朋友刚刚买来的一套西装，"会执友以欧罗巴衣笠至，乃急断发易服"①。章太炎在张园改换服饰，不是一件简单的事情。"身份认同"标志物的改变，在经学上被称为是"立正朔""建国号""易服饰"，历来是改朝换代的大事，马虎不得。"革命文豪""民国元勋"② 的章太炎却是临时穿起了一套借来的西装与大清帝国告别的，确实有点儿尴尬。但是，这正好是另一个象征，它是说：20 世纪的中国变了，变得世界化、国际化，变得不再是帝国，同时也变得仓促慌乱。中国人的内心失了旧有的主张，又不习惯域外涌入的新事物。

孙中山、章太炎是分别被称为中华民国的"国父""开国元勋"，他们创作了许多新的文化认同标志，以作为"中华民国"的

---

① 章炳麟：《訄书·解辫发》，载《章太炎全集》（三），上海人民出版社，1984，第 347 页。

② 章炳麟在 1911 年 11 月"辛亥光复"刚成功时，即被上海报章称为"民国元勋""革命文豪"。11 月 16 日《民立报》以《欢迎鼓吹革命之文豪》为题，欢迎章氏回沪，"惟望我同胞奉之为新中国之卢梭"。章炳麟从不自命为"民国元勋"，他在《民国五更（豪）赞》（约 1926 年，载上海人民出版社编《太炎文录续编》，上海人民出版社，2014，第 411-412 页）推举孙文、袁世凯、黎元洪、黄兴、蔡锷为"五豪"，不涉及他本人。从《民报》以来的孙、章关系，并鼓吹革命、建制民国等文教贡献来论，章炳麟完全能够以"革命文豪"的资格列为"民国元勋"。

国族认同。从好几件国家标志物来看，他们两人是20世纪中国社会认同的主要设计者。孙中山、章太炎除了先后剪辫子之外，还分别设计了国旗。孙文、陆皓东等人设计了同盟会的"青天白日旗"（取义正大光明），章太炎赞同了沪军都督府陈其美、宋教仁提出的"五色旗"（以红、黄、蓝、白、黑代表汉、满、蒙、回、藏）。1912年，五色旗被定为中华民国国旗，章太炎用之，终生不渝。①章太炎所作的长篇论文《中华民国解》②，论证和厘定了"中华民国"国号。中华民国的国体、政体，很多是这两位先驱以及他们代表的那一代革命家设计出来的。在中华民国国服的竞选中，孙中山扳回一局。中国人的新国服"中山装"，是孙中山在上海南京路奉帮裁缝店"荣昌祥呢绒西服号"定制的。广东人孙中山、浙江人章太炎，辛亥革命前后集中在上海，开展政、党、军、文、教活动。在上海，他们为中华民国设计了一套新标志。"中华民国"代替了"大清国"，"中山装"取代了"旗服"，这些中华民族的新标志都是在上海租界内外诞生的。

---

① 中华民国各款国旗议定过程，可参见冯自由：《中华民国之国旗》，载《革命逸史》第1集，第17-24页。1911年，当南京临时政府参议院十七省代表投票时，黄兴与孙文争执是否以青天白日旗作为国旗时，章炳麟力主采用五色旗。后在北京临时参议院投票，"认为青白旗仅是同盟会一个党派所制定的，不能代表全国各方面的意见"（陶菊隐：《北洋军阀统治时期史话》第1册，三联书店，1957，第119页），五色旗为国旗成为定案。1928年改政后，南京政府改用青天白日旗，太炎先生于5月27日《致李根源书七四》中痛斥："今之拔去五色旗，宣言以党治国者，皆背叛民国之贼也。"（汤志钧编《章太炎年谱长编》，第893页）1936年6月，太炎先生去世后，按礼制应该举行国葬，涉及棺覆青天白日旗之争议。汤国梨夫人断然拒绝，坚用五色旗入葬。
② 章炳麟：《中华民国解》，载《章太炎全集》（四），第252-261页。该文首次刊登于《民报》第十五号（1907年7月5日）。

三、躁动的南方

1900年的时候，无论从外部看中国，还是从内部看中国，都可以明显地感到：南方是黯淡中国的希望，天倾西北，地陷东南，上海在希望之处闪光。激进的维新派已经星散，愚昧的义和团彻底落败，曾经骄横的西太后忽然驯顺，为清朝苦撑了二三十年的汉族大员们袖手旁观，江浙士绅们对北京已然绝望，谤议之声嚣然而起，一切都表明清朝完了。除了袁世凯的北洋陆军外，北京已经没有任何统治武器了，北方社会已经轰然坍塌。20世纪的中国新王朝，将以某种形式取代清朝的统治，而它的社会基础一定是在南方，在上海。南方已经怀孕，上海正在躁动，华夏中国的新一代传人——中华民国，将要诞生了。

距离清朝的覆灭，还有十一年。人们已经自说自话地讨论起一个问题：未来中国的首都定在哪里？戊戌变法时期士大夫们暗中议论的迁都问题，越来越被公开地谈论起来。连常住北京的学者都认为：北京，不是合适的都城。多数的舆论说中国的首都应该南迁，应该在上海附近选择一个城市，建立首都。八国联军占领北京之后，一贯放言无忌的三朝元老、湖南籍巨绅王湘绮说："宛平（北京）非可都之地……孤寄狼虎之间，有何宅中之势？便令夷国据有燕城，于我形势亦无所损。"① 这个说法是呼应南方"东南互保"的做法：放弃原本就处于蒙古、满洲之间的北京并无所谓，保住南方精华之区，才是中国的命脉所系。听来刺耳，但不是无的放矢。西太后在民族紧要关头，并不在意清朝的存亡，一意孤行挪用海军经费，为自己修颐和园，做大寿，把南方的税款挥霍在统治者的虚荣心上，就可知此话不虚。

更加狂放浪漫的章炳麟，在戊戌变法的时候，提出清朝应该赶快"宅南"——都城南迁。甲午战争后，康有为等人在"公车上书"中提出迁都西安。② 这次章炳麟提出的迁都方案指向中国的希望之区，定鼎南方。他认为中国最合适的首都应该是在湖北武昌："夫武昌扬灵于大江，东趋宝山，四日而极，足以转输矣。"③ 武昌，号"九省通衢"，在江南富庶之地，滔滔长江，上可连接四川"天府之国"，下能贯通苏杭"人间天堂"。从武昌到上海宝山，大型船舶四日可达。这样，既可以接纳来自上海的强大经济、文化辐射，又可以避免外国势力手伸得过长，过分干涉中国政治。章炳麟

---

① 王闿运：《王志·论时事答陈复心问》，载《湘绮楼诗文集》，第491页。黄濬《花随人圣庵摭忆》以为王闿运"倨傲自大，故有此奇论"（黄濬：《花随人圣庵摭忆》，第232页）。实不顾此说是庚子之役后较早提出弃都主张的，而后人"迁都"之说不绝于各种政论之中。

② 康有为在《万木草堂遗稿》中有一篇《定都》（1915）："乙未吾与三千公车上书，即请迁都西安。其后戊戌上奏，亦请迁都吴下。"（第240页）是出于"变法"进取、远离北京保守势力的考虑。时至中华民国建立，康有为反而保守，主张避开沿海、沿江和铁路干道，在内地建都，认为"既为避敌，则莫若深居远处"（第242页），不取洛阳、南京、武昌，而取关中之西安。这种负隅保守的思路，与章炳麟开放进取的胸襟形成对照。

③ 章炳麟：《訄书·相宅》，载《章太炎全集》（三），第306页。

是典型的江南人士，他的宅京之计却并不偏袒金陵、临安，而以为"金陵者，金缯玉石、稻粱刍豢之用饶，虽鼓之北，而士不起"①。江南过于富饶，士人聚集在这里，一定享乐苟安，放弃经营北方，章炳麟有此忧虑。

几年之后，剪掉了辫子、决定反清的章太炎，更加浪漫地为中国设计了三个首都选址：武昌、西安和伊犁。他认为：将来推翻清朝统治以后，为了确保中华民国的全国稳定，应该首先定都武昌；如果中国稳定了下来，想进一步在亚洲称雄的话，则应该再从武昌迁都西安，那里有中国的高地；如果中国更加富强，还想更进一步"冲出亚洲，走向世界"的话，就应该再一次从西安迁都到新疆腹地伊犁，那里有地球的高地，是欧亚大陆的中点。章太炎原话是这样说的："故以此三都者，谋本部则武昌，谋藩服则西安，谋大洲则伊犁，视其规摹远近而已。"②

回想康熙、乾隆年间，南方士大夫恓恓惶惶地奔走于运河古道，梦寐以求地到北京谋一个翰林位子，为什么忽然全部嚷着要迁都，离开北京？有人说是为了"防俄"南下，有人说是为了免却大量南方物资漕运北京的"转输"之累。这些都是人们在"变法"建言时，为不肯往前走的西太后铺做的台阶。还是章太炎爽快地道出

---

① 章炳麟：《訄书·相宅》，载《章太炎全集》（三），第306页。辛亥革命后，在南北议和过程中为统一计，章炳麟调整看法，主张定都北京，仍然不选南京。1912年2月13日《时报》刊登章炳麟《致南京参议会论建都书》，以为"中国幅员既广，以本部计，燕京虽偏在北方，以全邦计，燕京则适居中点，东控辽、沈，北制蒙、回，其力足以相及。若徙处金陵，威力必不能及长城以外"（汤志钧编《章太炎政论选集》，中华书局，1977，第562页）。

② 章炳麟：《訄书·相宅》，载《章太炎全集》（三），第307页。

了全部理由：迁都南方，能使清朝贵族和盘踞北京的保守势力"而将南渡，以奸吾政"①。南方要搞宪政，应该避开糜烂旧势力的干扰。凭借长江，阻隔弥漫于北方的颠顶愚昧。这是一条为中华民族长远利益考虑的百年大计，但却不能对清朝当政者挑明了说。

1900年，真是一个充满浪漫幻想的年头，一片昏暗之中，反而是什么样的话都可以说，什么样的理想都可以提。当时的中国，政治生活坠入最暗淡的时期，暗淡到了西太后在《罪己诏》中表示要"量中华之物力，结与国之欢心"；社会秩序混乱，混乱到曾经一段时间无政府管理，连八国联军都不敢行使国际托管；本来总应该是相对稳定的文化和习俗也在发生大的动荡，有辫子、无辫子，穿马褂、穿西装，打揖作拱、握手接吻，什么都有。但正是这种全方位的不确定性，给了中国人民一个巨大的自由空间，出现了大量的自由话语，造就了20世纪第一代理想主义者。理想，很多时候是一种处于绝望与希望之间的精神状态。不甘绝望，却又摸不到希望，人就有了理想。1900年以后，整个中国的20世纪，理想主义者层出不穷，原因多出于此。

迁都倒不全是一个理想主义者的命题，它伴随着很多血腥的历史。近代以前，定都北京的王朝，都是发源于北方的落后地区。元朝蒙古人，起于大漠以北；清朝女真人，兴于长城以外。原来都是中华文明的化外之地。朱明王朝，倒是发祥于黄淮流域、定都于南朝古都南京的汉人政权。但是来自淮北凤阳的明朝开国皇帝朱元

---

① 章炳麟：《訄书·宅南》，载《章太炎全集》（三），第75页。

璋，原是识字不多的地痞散僧。不数代，燕王朱棣又把首都迁到北京，留下陪都在南京，明朝的政治和军事也集中在北京。明朝的经济与文化中心，仍然在南方。元、明、清三朝，中国的政治、军事中心在北京，经济、文化中心在南方，在江、浙、闽、粤。贫血的北方身躯，用南方的富庶来滋养，一条粗大的输液线就是京杭大运河。元、明、清的中国历史，是这样冲突和互补的：漠北、关外游牧民族入主中原，他们的彪悍、朴素和顽强，为富裕、安逸的南方社会注入了新血，但周期性的掠夺，每次都给南方正在成长中的城市文明带来浩劫。孟德斯鸠在《论法的精神》中论述"鞑靼人的国际法"，说鞑靼人没有城市，所以每每以迅速猛烈之势进行一切战争。

在清末的改朝换代过程中，中国非常幸运地避免了发生这种习惯性的浩劫。中国的命运发生了大转折，转折的原因就是南方的崛起、城市的繁荣。有了上海这样重量级的中心城市，中国历史第一次出现了商业城市压倒京城的局面，出现了一个全然由平民控制的城市。[①] 在城市和农村的角力、南方和北方的拉锯中，市民社会获胜的可能性大大增加。1900年的老士绅、革命党、留学生和帮会分子，都集中在城市里活动，因为大家都看得出：新的中国将诞生于城市。当时，中国的所有势力都弃北就南，在上海占据地盘。学校、报馆、学会、戏院、茶楼、公园等"公共空间"里，长成了一个城市市民阶层，他们到处演讲、撰文、唱戏，用以组织人心。中

[①] 关于上海"市民自治运动"取得的成就及其结局，参见拙作《1927：上海市民自治运动的终结》，载《二十一世纪》（香港）1994年6月号。

国出现了一个决定性的城市，这就是上海。

历史学家应该重视这个重要事实：近代中国的第一个"新王朝"，它的诞生地在南方，在长江流域的城市。这是一条以上海为龙头，联络南京、武汉、广州等城市的南方新巨龙。新王朝诞生于南方，这不是第一次。中国历史上有不少"南朝"政权。但是中华民国的新政权不是靠纠集"山中之民"、呼拥"流民流寇"建立的，它是在大城市里，按"宪政"、"议局"和"党团"的近代方式组成的，这是中国历史上空前的第一次。

现在讲论上海的百年繁华，动辄举称"三十年代"。20 世纪 30 年代，其实只是目前健在的老一辈上海人能够记忆起来的最早的上海。说起来，它并不是上海最令人兴奋、最令人难以忘怀的"黄金时代"。20 世纪 30 年代，蒋介石政权在上海的独裁和搜刮已经开始；南方经济在北方山海关走私日货的冲击下日益萎缩；江湾、杨浦、闸北、虹口的工商业已经在"一·二八"淞沪抗战炮火中受损；还有，由于国民党政权的干预，原来在租界存在的新闻、言论和结社自由受到极大限制。相比 20 世纪初的前二十年，20 世纪 30 年代的上海，醉生梦死的生活虽有过之，新鲜活泼、生动多样的局面则远不如。清末民初的上海，经济自由、投资强劲、物价稳定、言路很多，似乎有一派新世纪的新气象，经济史家称之为"中国资产阶级的黄金时代"。①

近代的上海渐渐成长为南方的领袖、中国的舞台，代表着近代

---

① 参见白吉尔：《中国资产阶级的黄金时代（1911~1937 年)》，张富强、许世芬译，上海人民出版社，1994。

社会走上自由民主的"民国"道路。但是，让全体中国人接纳这样一个几十年里崛起的怪样的城市文明，上海面临着一个"重返中国"的大问题。清末民初，"上海人"是不是中国人有大疑问，比"香港人""台湾人"是不是中国人更有疑问。《辛丑条约》后，上海南市大士绅李平书（1854—1927）在广州见到两广总督李鸿章，两人就洋务、维新等事宜，谈得投机入港。欣赏表扬之后，"合肥李鸿章"居然拍拍"上海李平书"的肩膀说："君为上海人，胡异于西人？"① 从外部看，上海是打开中国门户的钥匙，上海是进入中国市场的桥头堡。外国商人和西方舆论都这么看。但是，换一个角度，从内地看，上海在文化习俗和社会体制上，都不能算是中国。上海，是中国文化的杂种。上海人，在租界，被外国商人看作最糟糕的中国人；在内地，又被看作假冒伪劣的西方人。几十年盘踞上海的李鸿章，十分知晓洋场风气。他的疑问，代表了所有中国人的疑问。那时候，"你看起来不像上海人哎"，就已经是表达了内地人对上海人套近乎的表扬和嘉奖。

上海人的归属感在哪里？上海人的身份认同，确实存在大问题。在中国与西方之间，上海的地位很暧昧：鸦片战争和甲午战争后，香港和台湾分别割让给英国与日本。在异族带来的现代政治制度之下，处在中国文化的边缘上，香港、台湾反而有对中国传统文化的向心倾向。上海不是殖民地。上海"租界"是商务租让给外国人的特区，其实租界里的主要人口是中国人，华人也有相当的自主

---

① 叶佳棠：《李平书先生六十寿序》，载李平书：《李平书七十自叙》，上海古籍出版社，1989，第70页。

权,充其量是个文化上的"半殖民地"。上海人,包括外国侨民和租界商人,其实是利用英国、法国的条约保护自己的安全和稳定,谋取自己的利益。上海华人的行为取向很模糊:在东西文化之间,一般上海人的行为举动,往往表现出不能被接受的"不东不西""亦东亦西",或曰"不是东西"的怪模怪样,暗中自称"高等华人",又被别人称为"假洋鬼子"。在利益诉求上,格于租界体制,上海只顾"十里洋场"的自身发展,并不对江苏全省和中国大政承担更多责任。在传统的士大夫和农民社会中,上海当然有全国最强烈的"市民意识"。但是,强烈的自我意识很难不被认为是自私自利。1843年以后,上海一直沿着外向型的国际商业、工业、金融和文化大都市方向发展,在19世纪末回归中国内地事务后,却遇到了重大障碍。

1900年的上海,正在消除这些重返中国的障碍。有一个重大的标志,就是上海忽然集中起一大批对中国的未来有担当精神的政治家、学者和文人,有张謇、马相伯、梁启超、章太炎、孙中山、陈其美、李平书等。这些沪上名人,有的是在上海土生的,有的是从江苏、浙江、广东、安徽、湖南、湖北等南方省份迁移过来的。长期生活在上海的本地人士,在租界内外都有产业。外来革命家在上海的主要职业,就是在福州路一带兴报馆,组杂志,立书局。

上海的华文出版业,一开始主要是为本地消费市场服务的。华文报纸中,只有外国传教士办的《万国公报》是全国性的。上海的旧报纸,曾经"卖野人头""做拆白党""放白鸽",只要赚钱,无所不为,确实是些当地小角色在从事。19世纪80年代,在新疆苦战回乱的左宗棠将军,派他的"粮台"、"红顶商人"胡雪岩在上海外国银行借款,准备购买洋枪、洋炮,被《申报》揭露。事败后,左宗棠大骂上海的报纸是"江、浙……无赖文人之末路"[①]。这话如果只是一般而言,有它的道理,上海的华文小报确实有媚俗和恶俗的地方。但是在这件事情上,上海《申报》恰恰开始表现出负责任的"大报"姿态。它扮演了市民喉舌的角色,发挥了舆论监督对全国性重大事务的干预作用。

上海租界没有报禁,清朝对新式传媒的发行限制也较小。大批南国人才涌入上海,使得租界社会出现了一股空前的政治热情。当时全国新出版的杂志和书籍,几乎全都在上海编辑、印刷和发行。戊戌变法前,梁启超、汪康年在上海办《时务报》(1896),一度执全国舆论之牛耳。19世纪90年代起,几乎所有的报纸、杂志和书籍都表现出对全国政治的热烈关心。胡璋在上海创办《苏报》(1896),章太炎、吴稚晖等为撰稿人,发表文章骂光绪皇帝为"载湉小丑";留学潮高涨后,在日本的广东、浙江、江苏、湖南革命家编辑的《民报》(1905),被秘密运入上海印刷,向全国发行;其他内地学生编辑的《汉帜》《江苏》《河南》《复报》,还有苏州、无锡、杭州、宁波等地的地方小报刊,也都是在上海编辑、印刷、发行的。辛亥革命前十年间,动辄印数几百万的宣传鼓动小册子,如《革命军》《警世钟》,都是从上海往外流行的。

上海人的政治意识高涨到连娱乐明星也来凑热闹的程度。章太

---

① 姚公鹤:《上海闲话》,第21页。

炎剪发后，上海流行张园式的政治演讲。老者马相伯是演讲艺术的宗师，名优潘月樵是"海派"京剧的开山。两人都在1900年后开始反清，他们常在沪西的张园和福州路的丹桂舞台演戏又演讲，场场爆满。上海报纸点评说："潘月樵做戏像演讲，马相伯演讲像做戏。"① 马相伯的政治演讲绘声绘色，潘月樵的戏剧表演高喊口号。结果台上台下，大家一起狂喊革命口号，是外地人到上海必看的"一道风景线"。戏剧与人生的"错位"，表明上海人的政治热情是弥漫性的、全国性的。

"反满""光复""革命"，上海终于在1911年和整个南方站在一起，并且成为辛亥革命的大本营。上海回归了，它在政治观点上、经济利益上、人心向背上，都回到了中国。上海，终于成为中国的上海。几十年里，整个南方大地慢慢集中到上海的财富、资金、人才、舆论、经验和技巧，一起发力，猛然一动，中国历史上第一个民权的国体——中华民国，诞生了。

原载《收获》2000年第3期

---

① 转引自李天纲：《信仰与传统：马相伯的宗教生涯》，载朱维铮主编《马相伯集》，第1253页。

1903：语言民族主义 or 文化世界主义

一、引言

马相伯[①]晚年对王瑞霖（高语罕）作《一日一谈》，回忆一生经历。1935年10月30日、31日，11月1日，他以《蔡孑民先生与二十四个学生学拉丁文》《从震旦到复旦》《关于震旦与复旦种

[①] 于右任在《百岁青年马相伯先生》中说："先生既仿欧美大学院教育成材之制，手定课程，自为都讲。"（全文见方豪《于右任与马相伯先生》转载）《震旦学院章程》《复旦公学章程》均为马相伯亲自制定，并无问题。但是，近年来的研究发现，"从震旦到复旦"的创建，包含上海新式教育界人士如张焕纶、张謇、袁希涛、蔡元培、严复、项骧、胡敦复、于右任、邵力子、李登辉等的想法，也影响了马相伯对震旦与复旦章程的设计。当然，马相伯的办学思想对周围人士更有影响，上海新派知识界群体在震旦、复旦创办过程中的整体思考，当有另文研究。

种》为题，连续谈到这两所大学的创办经过。从复旦到震旦，是现代大学创立、新旧教育转折的关键时期。由于档案散失，除了马相伯主持订立的《震旦学院章程》(1902)、《复旦公学章程》(1905)之外，目前还找不到一种系统的资料来说明这两所学校课程体系(curriculum)中的细节问题。不得已，以这两份章程为线索，兼采1903年到1905年之间报纸、杂志的报道，以及关于这一时期同一事件的日记、回忆录，或许可以帮助我们理解震旦、复旦初创时期的课程体系，尤其是拉丁文、英文和法文教学带来的各方争议，以观察震旦、复旦在办学初期遭遇到的重大难题。

清末中等以上的新式学堂都以"中西"为名，标明了"西学"的重要性。外语是"西学"的首要工具，1862年清朝在北京设立京师同文馆，1863年在上海设立广方言馆，目的就是教学外语、培养翻译人才。按照奕䜣等人的设想，同文馆是一所"外国语学院"，设立了"法文馆""英文馆"，还恢复了康熙年间的"俄文馆"。1871年，普法战争普方胜利，且日耳曼势力逐渐东来，同文馆又设立了"布文馆"（普鲁士文，即德文）。1897年，甲午战争以后日本崛起，又在同文馆里增加了"东文馆"（日文）。这样，京师同文馆总共设有五个外国语文系。在1866年设立天文、算学等"理科"专业之前，京师同文馆是一所外国语文科学校。清朝最初教学的"西学"，其实就是外国语，是为朝廷的"通事""舌人"之学。

学不学外语，有民族本位的立场问题；学哪一种外语，又透出中国人以何者为师，何以致用的实际态度，也是一个非常值得谈论的问题。周予同先生说，中国近代的新式教育，"最初模仿日本，继而模仿德国,继而模仿美国,继而模仿法国,继而模仿俄国,一切都是浮薄的、皮毛的"①。在近代大学体制建立过程中,尝试过把日语、德语、英语、法语、俄语作为第一外语。清朝的"广方言"中,英、法语言无疑是最重要的。甲午战败以后,从学习英、法转向学习日本、日语、德语流行不算奇怪。然而,有一个比较独特的现象是:在从震旦到复旦的那几年里,拉丁文却成为维新人士最为推崇的外语,颇为意外,值得分析。

震旦学院、复旦公学的拉丁文教学最终并不成功,但是意义重大。在民间的书院、学堂、学院、公学里教授外语,甚至包括拉丁文、希腊文这样的古典语言,有着特别的学术意义。它表明中国社会自鸦片战争后流行起来的"广方言",从贸易、外交领域深入到思想、学术领域,在上海这样的民间社会,率先出现了一种积极与外来文化沟通的"新文化",绝不是通常解释的那种保守本位、排斥外来的民族主义声张。因此,震旦、复旦的拉丁文教学与英文、法文教学是怎样的关系?这一层关系如何成为"从震旦到复旦"的关键?扩展开来,清末的外语教育表现出怎样的一种文化、国族的理解?在对待外语的态度中是否包含着民族主义?这些都是我们在此关心的。

二、震旦学院:拉丁文、英文,何者为重?

震旦学院的创办有远、近两个动因,远因是 1898 年清廷接受

---

① 周予同:《中国现代教育史》,福建教育出版社,2007,第 4 页。

康有为、梁启超的建议，邀请马相伯出面在上海筹建一所"译学馆"；近因则是1903年马相伯应蔡元培之请，为南洋公学"二十四拉丁文学生"及部分退学学生在徐家汇设立一所翻译学校。① 按照创办动因和学术氛围来说，震旦学院，以及复旦公学，都不是民族主义的机构。和同年创办的京师译学馆（1903）② 一样，震旦的初衷是一所教授西方语言，从事西学翻译，然后才兼及文、理科基础知识的综合性学校。在缺乏中文教材、汉译经典和研究著作的情况下，外语教学是所有"西学"的开端和基础，这种情况自京师同文馆（1862）至京师大学堂（1898）以来一直如此，差别在于震旦学院更重学术翻译，而且是在上海创办，兴起于民间。震旦学院带有"译学馆""译社"性质，即马相伯和梁启超等人在戊戌变法时期商议的"Akademie"，并非常规大学，注重拉丁文教学法便是有此原因。按照马相伯的设想，"用拉丁文字鼓铸欧、亚、斐三洲之文明，以光荣其祖国。三五同胞，不远千里，不逾年齿，同力合作，借拉丁文以沟通泰西学术之源流，孰谓季宰六（西塞罗）为不可企及者"③。

震旦承担"泰西"学术的开创任务，在章程中透露出来。目前

---

① 《震旦大学二十五年小史》（震旦大学，1928）："一千八百九十八年，梁任公先生请驻京法使转江南主教茹尼爱，令马相伯先生主持筹备设立于北京之译学馆。相伯先生即上书清廷，请将译学馆设于上海，并呈请徐家汇耶稣会诸司铎襄理校务。所请悉允。事垂成矣，而慈禧太后复临听政，拟设之译学馆遂随戊戌政变而中止。"马相伯因此挫折，遂立《捐献家产兴学字据》（1900），决定在徐家汇自设一所译学馆。

② 1903年4月，清廷重启"百日维新"的布新措施，建立"京师译学馆"，设英、法、俄、德、日文五门专科，曾广铨任总办，朱启钤任监督，址设北河沿，附属京师大学堂，并未有拉丁文科设置。参见邱志红《京师译学馆英语教育初探》（《北京社会科学》2011年第6期）、陈诒先《记译学馆》（载《北京大学卅一周年纪念刊》，1929年12月）

③ 马相伯：《〈拉丁文通〉叙言》，载朱维铮主编《马相伯集》，第45-46页。

一共发现三份《震旦学院章程》，由马相伯及其助手们制定。① 震旦初期的宗旨，首先是教授欧洲语言，其次是翻译西学经典，最后才是学习西方文、理科之精髓。《震旦学院章程》："本院以广延通儒、培成译才为宗旨"，学业二年，"首年读拉丁文，次年读何国文，以能译拉丁文及任一国之种种文学书为度"②。当时的"西学"读物、教材在上海乃至南方的书肆、学堂里非常紧俏，南洋公学、爱国学社和震旦学院的师生们甚至边学外语边翻译，稿酬可以抵充学费。"无力而有学问者，不能岁捐银一率……住院肄业，卒业后在本院所捐译社内充译员二年，仍得稿值五成之权利。"③ 震旦学院以翻译、培训为导向，把拉丁文、希腊文放在"主课"地位，西方哲学、文学、科学和艺术类课程都作为"附课"，便是这个原因。"今既欲借助他山，除英、法、德、意等今文外，尤宜取径古文，俾今文亦有根据。况古文亦为新学名词所通用，此虽无补俗学，而来院者正以此自明其宗旨。"④ 章程规定："本学院先以拉丁为正课，能旁及者乃兼习希腊。"⑤ 马相伯把拉丁文——一门在19世纪欧洲日常生活中死去了的语言作为必修课，是异乎寻常的事情。除

---

① 《震旦学院章程》(1902)，《复旦大学志》(复旦大学出版社，1985) 收入。近年来发现比利时安德鲁修道院陆徵祥陈列室藏有《震旦学院章程》，为1903年修订稿，澳门刘伟杰神父摄录并提供。笔者最近还发现另有一件《震旦学院章程》1903年修订稿，原载《中国文明小史》，当时被收入《政艺丛书》(1903)。这两件《震旦学院章程》修订稿，已由李天纲编订为《震旦学院章程》(甲，1903)、《震旦学院章程》(乙，1903)，仍定为马相伯作品，将收入正在编订的《马相伯全集》。
② 马相伯:《震旦学院章程》(1902)，载李天纲编《马相伯卷》，第37页。
③ 同上书，第39页。
④ 同上书，第38页。
⑤ 同上书，第38页。

了徐汇公学这样兼带培养修士、神父的学校，一般教会独资学校（如约翰书院、麦伦书院）、中外合办学校（如中西书院、格致书院）、地方官立学校（如龙门书院、南洋公学）都以英文教学为主，不会把拉丁文列为主课，原因盖在于"西学"翻译。

开学后的震旦教学，确实是按照原定章程执行的，拉丁、希腊"古文"放在前面，作为学术品牌；英、法"今文"放在后面，作为实践应用。① 震旦学院在徐家汇老天文台校舍开课，外语教学上午、下午分授，古文、今文并列。古文就是拉丁文，希腊文暂无开设；今文就是英文、法文，德文、意大利文暂无开设。温州平阳人刘绍宽（1867—1942）在1903年九月入学震旦，跟随马相伯读书。按他在日记中记载的情况，震旦学院几乎全教"西学"。外语课程中，英文比例很重，与拉丁文相等。"（九月）十九日，进院；廿一日，上班学习拉丁文，继复学习英文于项君渭臣焉。""（十月）初五日……上午十时，从徐教士受拉丁文……夜，从项君渭臣学英文文法。""（十月）初六日，上午十时，受拉丁文……下午三时，受英文。""（十月）初七日，上午，学拉丁文；下午，学算；夜，学英文。"② 震旦的英文教师是项骧（渭臣），拉丁文教师除了马相伯自己之外，还有一位姓徐的神父。另外，教算学的是"骆教士"，大约是在徐家汇的一位外籍神父。刘绍宽只记录了拉丁文、英文教学，没有法文。可能是震旦学院开学初期，还没有预备好法文课

---

① 《震旦学院章程》把拉丁文定为"古文"（Linguae Mortuae，1902年《章程》用的是英文 Dead Language），英、文、德、意文为"今文"（Linguae Vivae，1902年《章程》用的是英文 Living Language），马相伯完全知道"古文""今文"有死活之差别。
② 刘绍宽：《厚庄日记》，温州市图书馆藏稿本。

程；也可能是学生们对法文的热情本来就不高，这就埋下了两年后震旦学院因英、法语言之争而分裂的伏笔。

值得注意的是，震旦学院的"古文"教学初衷遭遇了困难。震旦学院学生平均年龄偏大，且主要是从科举学校转学过来的"四书"生，秀才、举人一大堆①，连一般教会学校已经采用的英文教学也做不到，课堂上只得采用中文；另外，在强调拉丁文"古文"（Linguae Mortuae）的同时，不得不大力教授"今文"（Linguae Vivae）——现代生活语言，如英语、法语、德语、意大利语。震旦学院初期的外语教学中，拉丁文、英文、法文，何者为重？没有疑问，按照章程设计，震旦"主课"是拉丁文。学院学制两年，每天授课四小时，按两年上课六百日计算，共授课 2 400 小时，其中"首一千二百小时为授拉丁文时刻，次一千二百小时为授任一国文时刻"②。很明显，拉丁文为首，英文、法文为次。但是，按学生和社会上的需求来说，英文、法文更加重要。上海的公共租界工部局、法租界公董局用英文、法文作为行政语言，各大洋行，甚至华人机构，如海关、邮局、学校，也流行英文。从教学来说也是太难了，拉丁文有"单、复、阴、阳数之分"③，年老初学，难以掌握。马相伯老年授

---

① 《从震旦到复旦》："这些来学的当中，有八个少壮的翰林，二十几个孝廉公。这样一来，我们就觉得有把组织扩而大之的必要，于是我们就办了一个学校，实具有西欧 Akademie 的性质，名之曰'震旦学院'。"（朱维铮主编《马相伯集》，第 1107－1108 页）

② 马相伯：《震旦学院章程》（1902），载李天纲编《马相伯卷》，第 37 页。

③ 马相伯：《拉丁文通》。《拉丁文通》为马相伯为震旦学院、复旦公学学生编订的拉丁文教材，方豪先生仅收集到《〈拉丁文通〉叙言》，收入《马相伯先生文集》（上智编译馆，1947）。今承日本大阪大学内田庆市教授发现、影印，并提供给笔者使用，特此感谢。

课，聘请了助手张乃昌（杏笙，张若谷父亲），讲授拉丁文、英文。另有项骧（1880—1944，浙江瑞安人）、一名耶稣会士教授英文，另一名耶稣会士教授法文。① 更加尴尬的是，拉丁文的功用太少，除了在教堂礼仪中诵读《圣经》之外，很少实用。马相伯不得已，从徐家汇藏书楼找来明末天主教徒李之藻、傅泛际翻译的《名理探》（拉丁文原著为葡萄牙科英布拉大学亚里士多德《形而上学》教材），其中有拉丁文译名可以对照，也可以让学员借鉴明末清初耶稣会士经验，练习拉汉翻译，算是一种翻译实践。②

相较而言，震旦学院的英文教学则顺利开展，此从项骧在诸多学生中的特殊地位可见一斑。蔡元培率"二十四个学生"从马相伯学拉丁文，其中有温州人项骧。他在瑞安方言馆和上海梅溪书院、南洋公学练习英文多年，有此特长。1903年，项骧脱离南洋公学，创设"译社"，独立从事西学翻译。震旦学院筹建时，马相伯总教习（校长）邀请项骧担任总干事（教务长），兼任英文教员，还帮助起草《震旦学院章程》。③ 马相伯在震旦学院开学演讲中，把项骧看作震旦"发起人"之一。"先生此意（办震旦），蓄有年矣。然

---

① 参见张若谷：《我所见闻的马相伯先生》，载氏著《马相伯先生年谱》，商务印书馆，1938。
② 刘绍宽在震旦肄业期间，"在院得读……李之藻所译《名理探》"，即马相伯从徐家汇书楼抄出，供震旦学生拉丁文对译之用。刘绍宽在震旦肄业月余，或亦因拉丁文太难学习，不久即离去。此见刘绍宽《厚庄日记》。
③ 参见震旦大学：《震旦大学二十五年小史》。

此震旦之设，实东瓯项君渭臣发起之。"① 项骧在"二十四子"中间脱颖而出，得益于他的英语能力。可以推断，正是项骧等人不满足于蔡元培在南洋公学推行的"和文汉读法"，才敦促他力邀懂得"七国外语"的马相伯来教授。震旦学院重视英文超过法文，不亚于拉丁文。《震旦学院章程》明确规定，拉丁文之外，"速成以英国语言为最，法次之，德又次之。无论何种新书，有实理实用者，英、法无不争先译行，知其一国便可周览欧族群书，加以英、美同文，其用途甚广"②。大约是第二年，震旦学院不得不调整学制，从"译学馆"向常规大学转型，即改变以拉丁文教学为主，英文、法文教学为辅的学制，"逐渐发展为文学、致知（哲学）、象数（数学）、形性（理科）四科"③ 的大学学制，即后来复旦公学学制之雏形。

在《复旦公学章程》中，拉丁文是本科（"正斋"）文科（"第一部"）和理科（"第二部"）最后一门课程。④ 拉丁文教学仍然保留，但已经与一般教会学校一样，英语是第一外语，且作为课堂教学语言。也就是说，清末的拉丁文热情至 1905 年已经退潮。严复担任校长，李登辉（1873—1947，原籍福建同安，生于印尼爪哇）设计教务，他们用英美大学的学习经验，把复旦改建成常规大学。清末维新

---

① 《震旦学院开学记》，《苏报》光绪二十九年二月初二日。转引自《复旦大学百年志》编纂委员会编《复旦大学百年志（1905—2005）》上卷，复旦大学出版社，2005，第 9 页。
② 马相伯：《震旦学院章程》（1902），载李天纲编《马相伯卷》，第 37 页。
③ 编写组：《复旦大学志》，第 29 页。震旦学院已开始大学文、哲、数、理四科设置的说法，见于上海《大陆报》第三年第三号报道《震旦学院学生退学始末记》。
④ 参见马相伯：《复旦公学章程》（1905），载李天纲编《马相伯卷》，第 47 页。

人士热衷拉丁文带有偶然性，汪康年、梁启超在上海租界举办《时务报》(1896)，提倡"西学"，发现了马氏兄弟的拉丁文造诣，推崇备至。当年9月底，梁启超寓居新马路梅福里（后黄河路125弄），与居住在新马路昌寿里的马氏兄弟为邻。读《马氏文通》，一见倾心，遂订交。① 滞沪二年中，梁启超"与马相伯先生几无日不相见"②。相见之时，除了向前辈请教洋务、时政和外交意见，还和麦孟华一起随马氏兄弟学习拉丁文。粤籍人士梁启超、麦孟华带动了浙籍汪康年、蔡元培、张元济。梁、汪、蔡、张四位"同年"③，都来向马相伯学习拉丁文。张元济《马相伯先生年谱·序》回忆说："余与三君（梁启超、蔡元培、汪康年）皆同年挚友，意当时或同有兹约，而余与汪君皆未能实行，然竟获厕于私淑之列，亦弥自欣幸也。"这一群维新人士用自己的拉丁文热情呼唤"西学"。

清代初年，康熙在法国传教士的鼓励下开设辣丁馆，亲自学习拉丁文。但是，"中国礼仪之争"后耶稣会士在宫廷与社会上的活动逐渐消减，拉丁文已是遥远的回响。清末"拉丁文热"再起，只是梁启超、麦孟华、蔡元培、张元济、汪康年等人促成的。《时务报》团体因着马氏兄弟的拉丁文学识，根据传言，想象"西学"，

---

① 梁启超《中国近三百年学术史》（吉林出版社，2017）："著书（《马氏文通》）的时候是光绪二十一、二年，他（马建忠）住在上海的昌寿里，和我比邻而居。每成一条，我便先睹为快，有时还承他虚心商榷。"（第192页）
② 佚名：《〈时务报〉时代之梁任公》，转引自丁文江、赵丰田编《梁启超年谱长编》，上海人民出版社，1983，第56页。
③ 汪康年、蔡元培、张元济为1892年同科殿试进士；蔡元培、徐维则、汪大燮、汪康年为1889年同科乡试举人；梁启超为1889年举人，1890年与蔡元培、张元济、汪康年一起参加北京会试，试卷被怀疑是康有为所作，遭摒弃。

贸然主张。1896年10月8日（九月初二日），梁启超致书严复，告知他已经向马建忠学习拉丁文，并征询严复的意见。严复有"西学"翻译之名声，他也以为拉丁文非常重要："此文（拉丁文）及希腊文，乃西洋文学根本，犹之中国雅学，学西文而不与此，犹导河未至星宿，难语登峰造极之事。"① 严复推崇拉丁文，对不了解西方文化而又轻信轻从的梁启超很有影响，清末的"拉丁文热"遂围绕着马相伯开展起来。面对热情的梁、汪、蔡、张和南洋公学"二十四子"，马相伯对拉丁文教学已经持保留态度，并不主张将之立为学校的第一外语。据马相伯后来的说法："我告诉他（蔡元培）：拉丁文在西洋已成为骨董，大学而外，各学校都不大注重，中国学者更没得学习的必要。无奈子民先生执意要学，说拉丁文为欧洲各国语言之根本，各国语言多源于拉丁，西洋一切古代文化，若果不通拉丁语文，那就无从了解。子民先生的话固然说得正当，然我还以为很难办到。"② 马相伯把拉丁文教学的失败归咎为蔡元

---

① 严复：《致梁启超书》，载卢云昆编选《社会剧变与规范重建——严复文选》，上海远东出版社，1996，第522页。

② 马相伯、王瑞霖：《一日一谈·蔡孑民先生与二十四个学生学拉丁文》，载朱维铮主编《马相伯集》，第1105页。马相伯在20世纪30年代回忆中说当初告诉过蔡元培等人拉丁文已经过时，不必苦学。按照梁启超的说法，1896年马氏兄弟在上海向他强调拉丁文的重要性，主张在英文之后"补习"拉丁文；或者也可以先学拉丁文。梁启超《祝震旦学院之前途》："马相伯先生，最精希腊、拉丁、英、法、意文字者也。所在地则徐家汇也。……士生今日，不通欧洲任一国语言文字，几不可以人类耻。而欧洲各国语学，皆导源拉丁，虽已通其一，固亦不可不补习拉丁。而先习拉丁，然后及其他，则事半功倍，而学益有根底焉。此马相伯、眉叔兄弟所素持之论也。"[《复旦大学百年志》编纂委员会编《复旦大学百年志（1905—2005）》上卷，第13页] 但是，马相伯回忆说他在1903年已经收回这个主张，是蔡元培坚持才把拉丁文列为第一外语。

培等人不切实际的热情,却是不无滑稽之说。

三、复旦公学:改法语而分裂、诞生

　　震旦学院的日常教学语言是汉语(官话、吴语),拉丁文列在第一外语。但是,学院有效教授的主要外语仍然是英文。按《震旦学院章程》规定,法文是在拉丁文、英文之外的次要外语,排在第三位。马相伯在世时,有人提示早期震旦并非一所法文学校。"(马相伯)先生自任院长,以项微尘骧为总干事,而各科教授,则由教会诸长老义务担任。所定课目,大别为四:曰语文学,曰象数学,曰格物学,曰致知学。语文一科,以拉丁文溯其源,仍分习英、法、德诸现代语,以应世用。但求能译书、阅报章,不求为舌人,故其教授法亦特异。挈举纲领,不屑于辨语言、认生字。"[①] 震旦的英文有自备教员,法文要靠耶稣会支援;英文适用范围广,法文就业情况差,英文地位在法文之上。

　　顺应英语需求,马相伯在《拉丁文通》之外还自编了一部英文教材,亲自担任教习。当时上海流行东印度公司的英文教习法,整句地背诵商业会话(洋泾浜英语,Pidgins English)。马相伯选用莎士比亚作品,用音标拼读,练习字音、字形、字义。"他们教英文,一开始就教文句,而不教拼法,弄得学生摸不着头脑。我却从拼音

[①] 钱智修:《马相伯先生九十八岁年谱》,《中央时事周报》1937年第19期,第59页。

字母教起，使他们渐渐可以独立地拼读外国语文。那时他们教英文所用的课本大致都是英国人教印度人用的，浅薄鄙俗，毫无意义。我却选些英国极有价值的文学作品，如狭斯丕尔等等的著作，给学生讲习，借以提高他们的英文程度。"① 这显然是较早的科学教学法，可惜马相伯这部英文教材迄今不能发现。

英国、美国、法国是清朝在鸦片战争后最早接触的三大列强。英、美语言一致，在华贸易、商业、军事力量强于法国。但是讨论到英语、法语何者更强的问题时，还是有不少争议。清末各界对于英语、法语谁排在第一的问题有过讨论，西太后与曾纪泽的一番对话可作为代表。1878 年，曾纪泽出使英、法，陛见西太后，太后"问：通行语言，系英国的？法国的？对：英语为买卖话。外洋以通商为重，故各国人多能说英国话。至于法国语言，系相传文话，所以各国文札往来常用法文。如各国修约、换约等事，即每用法文开列"②。曾纪泽认为：英语是国际商业语言，法语则是国际学术语言，两者各有所强。上海的情况也是一样，英、美租界，合为公共租界，英语是工部局的官方语言之一，全市通行。但是，上海也有法租界，还有处于华界的法国耶稣会主持的徐家汇各项事业，法语在宗教、文化、教育和科技方面并不示弱。

马相伯通法、英、拉丁文，他的神学、哲学和科学训练，令他更接近法国教会、法国文化。1904 年初，马相伯因年老力衰，不

---

① 马相伯、王瑞霖：《一日一谈·关于震旦与复旦种种》，载朱维铮主编《马相伯集》，第 1110 页。
② 曾纪泽：《使西日记（外一种）》，湖南人民出版社，1981，第 4 页。

能亲自管理教务,便邀请耶稣会尽早接管震旦学院,使办学正规化。原在安徽传教的法国耶稣会士南从周(François Perrin)于1905年初到位,担任教务长,并于3月初宣布教学改革方案。南氏方案决定"废英文,重法文,教育各权皆掌之西教习"①,引发轩然大波。问题不在于"法帝国主义篡夺"②,而在于"废英重法"。上海学生偏爱英语,盖因能赚钱,更实用。章太炎记载了一段故事:1904年,邹容初到上海,见南洋公学退学生在爱国学社中"多习英吉利语",很是鄙视,便讥笑说:"诸君堪为贾人耳!"结果"社生皆怒,欲殴之"③。在上海,英语地位不可取代,震旦把第一外语从英语改为法语的举动,果然导致了学潮。马相伯为了支持南从周改革,辞去校长职务。震旦学生与马相伯朝夕相处已有两年,不能接受校长的离去,140余名学生宣布退学,另立新校。"全体学生携校徽、校具、图书等项,离徐家汇旧地,以校舍未定④,寄迁于沪市爱文义路、新闸路间之某宅,推叶仲裕、刘学裕、邵仲辉、王侃叔、沈步洲、张轶欧诸君为干事。"⑤ 另一校史记载也说明了这一情况:"千九百零四年岁首,相伯先生请耶稣会尽力襄助,安徽传教司铎南从周被召至沪,而为震旦之教务长。南公尽改旧章,学生抗不从命,相伯先生恐以己故,阻南公之施政,辞职而

---

① 《复旦同学会刊》第 8 卷第 2 期,1939 年 3 月号。
② 编写组:《复旦大学志》,第 30 页。
③ 章炳麟:《赠大将军邹君墓表》,载《章太炎全集》(五),上海人民出版社,1985,第 228 页。
④ 编写组:《复旦大学志》,第 31 页。
⑤ 同学会:《相伯夫子与复旦》,收入《复旦同学会刊》第 8 卷第 2 期,1939 年 3 月号。转见于编写组:《复旦大学志》,第 54 页。

去。学生大哗,相率离校,震旦遂暂行停办。而离校学生于吴淞复创一校,曰复旦。"① 震旦校史中的叙述披露了一项重要案情,即"从震旦到复旦",并非简单地是"抵制外国教士侵夺,捍卫国家教育主权",其触发点盖因为南教务长废英文、重法文。

从办学机制来看,"从震旦到复旦"的分裂有其必然。震旦白手起家,办学二年,已经形成自治机制,部分权力在学生手里。开班后人手缺乏,一些年长有能力的学生加入校务、教务管理。比如,24岁的项骧,擅长英语,熟悉多校教务,被聘为专职总干事。另一名专职干事郑子渔担任会计,也是学生。"先生自任监院,院内各部事务,在先生监督之下,悉归学生管理,成为干事。除项微尘君任总干事,郑子渔君任会计干事,为固定职务外,其余干事于学期开始由学生互推,分别担任,其职务在学期之终为止。执掌权限,悉遵学生自治规程。"② 据刘绍宽观察,震旦学生很有能力,不少还是有功名的举人。"(1903年9月),震旦学院学生约六十余人,其佳者胡敦复(江苏无锡人,年十七)、张轶欧(江苏人)、沈步洲(江苏人)、邵仲辉(浙江人,壬寅举人)、熊慕韩(江西,壬寅举人,名正海)、殷铸夫、项渭臣、叶仲裕(杭州人)、朱清斋(江苏人)、雷祝三(陕西举人)。"③ 这十位同学,应该就是兼职干事,住在楼上,协助马相伯处理校务。有震旦学院初期的自治状况记载,看上去有点儿乱,唯有一股开创的生机:"震旦学院最初创

---

① 震旦大学:《震旦大学二十五年小史》。
② 《马师相伯先生创办震旦学院之特种精神》,转引自张若谷:《马相伯先生年谱》,"1903年"条。
③ 刘绍宽:《厚庄日记》。

立的宗旨,初办时并无校舍,也无资金,是借徐家汇老天文台的一幢小楼。当时的状况是非常简陋而且困难的,在马老先生的卧室外,是七八个高才生共处的自修斋室,其余的都蛰居在楼下。可是学生们的精神都很健旺,马老先生也不辞辛苦支持这个学校。他虽以六十多岁的老人,满头白发,而还自己担任教授,终日孜孜不倦。他喜欢和学生们会餐,分批对食,因晤谈的机会而审别生徒的性情,从而启迪教育。"① 初期震旦的自治,既培养出一批办学人才,同时又形成了教师与学生、教务与学务、学校与社会难以区分的局面。为完善学制,必须对震旦做出改革;改革震旦,又很难避免分裂出另一个学校——复旦。这就是"从震旦到复旦"的密码。

马相伯动用捐出的松江、青浦两邑三千亩田产收入,以及市区多处地产,震旦学院的基础财政已经奠定。但是,学院谋求的长期发展,包括建造永久校舍、雇请专业教师、扩大招生范围、完善现代学制等项事务,都让马相伯力不从心。另外,从一所半工半读的"译学馆""译社"性质学校,过渡到正规体制的现代大学,更是一件难上加难的事情,马相伯为此才敦请耶稣会士介入。然而,"是年(乙巳,1905)春,先生微疾养疴,外籍教员改革校政,别定规制,违创办时初意,先生为避免师生冲突计,乃率全体学生离徐家汇旧址,谋另觅新校舍。侯官严又陵先生复、南昌熊季廉先生师复、宝山袁观澜先生希涛闻其事,咸来相会。……海上缙绅,如张季直、曾少卿诸先生,亦助之甚力。先生则请于两江总督周玉山

---

① 张若谷:《苦斗了一百年的马相伯先生》,载氏著《马相伯先生年谱》附录。

馥，拨吴淞营地七十余亩，备建校舍。同时发开办费一万元，又拨吴淞提督行辕为临时校舍，于是年中秋节，正式开学"①，复旦公学从此诞生。

四、民族主义：语言、国族和宗教

语言，是现代民族-国家（nation-state）的要素之一，另一个重要因素就是宗教。康德说："大自然采用了两种手段使得各个民族隔离开来而不至于混合，即语言的不同与宗教的不同。"② 19世纪以前，欧洲"民族-国家"形成过程中，各国都曾采用统一语言（如法、德、英、意语）、建构信仰（如路德宗、加尔文宗、长老宗、圣公会、天主教等）等措施，并用这两个手段来建立起国族"认同"（identity），成为民族-国家的精神支柱。20世纪"世俗化""多元化"之前，法国、德国、俄国、意大利等近代大陆国家均按此方法建立，英国、美国、加拿大、澳大利亚等英语国家建立的路径也大致同一。当然，这种方法和路径已经被当代各"民族-国家"反省，加以摒弃。"政教分离"和"文化多样性"取代了旧有的"语言""信仰"认同原则。

中、日两国在近代国家建立过程中，也追随欧洲、美洲，以及

---

① 钱智修：《马相伯先生九十八岁年谱》，《中央时事周报》1937年第19期，第59页。
② 康德：《永久和平论》，何兆武译，上海人民出版社，2005，第37页。

其他"西方化"国家的路径。统一语言、建立国教的尝试曾经在东亚社会得到大力推行。但是，这样的努力并没有成功。日本的情况暂且不论，中国至今也没有达成统一的语言，普通话并未灭绝方言使用；也没有形成统一宗教，仍然保留和规范出佛教、道教、伊斯兰教、天主教、基督教五大宗教。统一信仰，即建立"国教"的问题比较复杂，另当别论。单就"国语"来讲，中国至今还是没有形成统一的语言，进而把"国语"当作唯一的文化认同标志，为国中所有人接受。民国以来，中央政府一直试图确立一种标准语言，但各地方言传统顽强，并不能抹去差异性。中国、日本、韩国、越南等以前通行儒教的社会内部，各自保存了不少文化、习俗、语言、信仰的差异。东亚民族在"方言"问题上持多元价值观，有助于吸收别的民族语言。换句话讲，传统中国人不太像法国作家都德在《最后一课》中那样把民族语言作为身份认同的标志，语言民族主义并非传统。这种类似于"世界主义"的"方言"价值观，有助于他们在遇到"广方言"——欧洲语言的时候，开放心态，虚心学习，尤其是这种语言还能带来贸易、文化和知识上的效益。

传统中国人把语言看作交流工具，注重其实用功效，不太注重其身份意义。清末构建现代国家，以学习外语为先导。由于把语言和政治混在一起，京师同文馆在北京遇到了障碍。同文馆招生"由八旗官学中挑选，虽然是奉官调学生，但有人情可托的学生谁也不去，所挑选者，大多数都是没有人情，或笨而不用功的学生"[①]。

---

① 齐如山：《齐如山回忆录》，第 28 页。

在南方，因为会英语可以从事"洋务"，社会上较少语言民族主义，广方言馆在上海、广州发展顺利。北京的满贵们把外语作为身份标志，上海、广州的商绅把外语当作商务及文化的交流工具。最终是生活本身战胜意识形态，1903 年，张百熙《奏定学校章程》规定："中学堂以上各学堂必勤习洋文。今日时势，不通洋文者，于交涉、游历、游学，无不窒碍。"① 至清朝的最后十年里，中国人都知道学习英文、法文、拉丁文，或者后来的德文、日文、俄文的重要性，学外语没有太大的障碍，外语教育从通商口岸到内地城市迅速普及。19 世纪 80 年代，广州有 400 多位士绅（其中有 10 名进士、翰林）联名致书教会，要求在广州开办教会学校，以教授英语②；1895 年，苏州士绅向传教士孙乐文提出要求，请他开办教会学校，让苏州人子弟也能学习英语③。情况就是这样，缺乏外语教学的内地城市的人们，更加渴望学习英语。

当然，相反的情况也在发生。中国人和"列强"交往后，更加把语言作为身份认同的标志，构建出自己的"语言民族主义"。1906 年，山东教会举办的齐鲁大学学生罢课，要求改去用中文授课的方式，像上海圣约翰大学那样用英语教学。顺应学生和家长们的诉求，齐鲁大学在次年改用英文教学。④ 有趣的是，1925 年五卅

---

① 转引自舒新城编《中国近代教育史资料》上册，人民教育出版社，1961，第 204 页。
② 参见卢茨：《中国教会大学史（1850—1950 年）》，曾炬生译，浙江教育出版社，1987，第 29 - 30 页。
③ 参见余子侠：《教会大学的产生与晚清社会的转型》，载章开沅主编《文化传播与教会大学》，湖北教育出版社，1996，第 166 页。
④ 参见郭查理：《齐鲁大学》，陶飞亚、鲁娜译，珠海出版社，1999，第 72 页。

运动中,圣约翰大学学生罢课,却是声张汉语权利,要求学校改变全英文教学,使用中文上课。圣约翰大学校方认识到本校一贯把"英语作为媒介"的做法,有必要在"语言民族主义"的氛围中加以改变,华籍师生们的诉求在1946年得以实现。[①] 学者注意到这个矛盾现象,分别称之为"关于英语的斗争"和"关于汉语的斗争","有趣的是,这两种授课语言都为学生不满,并同样引发了学潮"[②]。这种矛盾现象告诉我们,中国传统的语言观,看身份认同比较淡漠;然而,受到现代"民族-国家"语言价值观的影响后,现代学者也会倾向于"语言民族主义"。

"从震旦到复旦"的案例,展示了中国近代转型时期"语言民族主义"的复杂性。《震旦学院章程》(1902)把汉语列为教学语言,"泰西授受各种科学均用国语、国文,本院所重在此,盖求为本国之用故也"。采用汉语的理由不是这批"孝廉公""秀才"学生不能用英语听课,而是"泰西国学未有不重国文""盖国文与爱国之心关系密切"[③]。这里显然有着一种"语言民族主义"的萌动。然而,在《复旦公学章程》(1905)中,除了预科的一部分国学和中国史地课程使用汉语之外,其他涉及"西学"的课程均采用了英语。"除备斋本国历史、舆地、数学诸科,须用汉文外,余皆用西

[①] 参见徐以骅:《教育与宗教:作为传教媒介的圣约翰大学》,珠海出版社,1999,第35页。
[②] 杨慧林:《早期教会大学的两种授课语言及其价值归宿》,《天风》2007年第5期,第37页。
[③] 马相伯:《震旦学院章程》(1902),载李天纲编《马相伯卷》,第37页。

文教授。"① 复旦公学从一开始就是全英文教学，马相伯等人在解释这个改变时说："以正法论，中国学校固宜悉用汉文，今本公学定以西文教授者：（一）以西国历史、舆地诸名目，虽以音传，各函意义。今若纯用汉文传授此等名义，叶音聱牙，不便记忆。（二）以科哲法典所用名词，大抵祖希腊而祢罗马，经学界行用日久，一时势难遍译，不如径用西文，较为简便。（三）英儒约翰孙有言：'言语文字者，所以取一国典章，一民智慧之价值也。'东西成学之士，当国之家，国文而外，鲜不旁通三四国者。况世界竞争日亟，求自存必以知彼为先，知彼者必通其语言文字。（四）以西籍浩繁，非移译所能尽收，若置不窥，于学问之道，便有所缺。又况泰西科学制造，时有新知，不识其文，末由取益，必至彼已累变，我尚懵然。劣败之忧，甚为可惧。"② 1905 年的复旦，放弃把拉丁文作为第一外语，法文也退居次要地位。像圣约翰大学一样，复旦不但把英文作为第一外语，而且还在大多数课程中采用英文教学。"从震旦到复旦"的过程中，有英、法文之争，但因为外语教学而导致的"民族主义"是没有的。脱离震旦学院之后的复旦公学，更加持有一种"语言世界主义"，而不是"语言民族主义"的价值观，这一点是可以肯定的。

原以《从震旦到复旦：清末的外语教学与民族主义》为题，
载于《历史教学问题》2021 年第 4 期

---

① 马相伯：《复旦公学章程》（1905），载李天纲编《马相伯卷》，第 46 页。
② 《复旦公学章程》（1905），载李天纲编《马相伯卷》，第 46 页。

1905：科举制的幻灭

一、士大夫的末日

　　1905年，光绪皇帝断然颁诏，废除"科举制"，这是中国文化史上的大事变。如果没有这场事变，施行千年的"科举制"躯壳还有可能延续至今。清末的教育体制改革，原来是想把大学与科举融为一体。把传统的书院改造成"中西大学堂"，尽管教学和考试内容改变了，但受了近代高等教育的莘莘学子仍然会用传统的"功名"作为头衔。科举制倘若不废，那么今天中国大学的博士研究生、硕士研究生和本科生，恐怕还会用"进士""举人""秀才"作为头衔。这样的假设不是没有根据，如谓不信，请看清朝《钦定京师大学堂章程》（1902）"第四章：学生出身"的规定："恭绎历次谕旨,均有'学生学成后赏给生员、举人、进士'明文。此次由臣奏准,大学堂预备、速成两科学生卒业后,分别赏给举人、进士。"① 这里明确地说,为了鼓励学生念新式学堂,学有用之学,朝廷承诺对新学堂的毕业生委以重任,国家还承认其"同等学历",授予"举人、进士"头衔。可惜1902年的"章程"来得太晚,已经救不了清朝的教育,更救不了"科举制"。

光绪三十一年八月,1905年的夏天,是士大夫魂断科举路的日子,"朝为田舍郎,暮登天子堂",是耕读士大夫一生的梦想,顷刻间成了一枕黄粱。从"同光中兴"开始,清朝的"改科举""立书院"施行了三四十年,一直很不成功。"自强运动"所需要的各类新知识,并没有成为读书人的必修课,大部分举子仍然不知"声光化电"为何物。戊戌变法提出"变科举"以后,士大夫们真正感到了危机,恓恓惶惶了好多年,一直担心朝廷要"废科举"。这一年,议论许久的"停科举"谕令终于颁布,西太后和光绪皇帝批准了袁世凯等人的奏请,清帝谕令《停科举以广学校》断然宣布"废科举":"科举不停,民间相率观望。推广学堂,必先停科举。……著即自丙午(1906)科为始,所有乡、会试一律停止,各省岁科考试亦即停止。"② 为了"推广学堂",逼大家学习"西学"(新学),必须把科举停掉,让士大夫死了那份读"四书五经"、钓"布衣卿相"的侥幸之心,驱赶他们去念那些用曲里拐弯的"横行文"写成

---

① 朱有瓛主编《中国近代学制史料》第2辑上册,华东师范大学出版社,1987,第764页。
② 同上书,第113页。

的"算学、物理、化学、历史、地理、动植物学和外国文"。

以儒家文化作为主体建立起来的国家制度，历来把学校教育和官员考选合而为一。"科举制"是统一考试制度，朝廷通过它来录用文武职官员。"科举制"不是孤立的，它紧密依托于全国统一的教育体系。《礼记·学记》曰："古之教者，家有塾，乡有庠，县有序，国有学。"中国有世界上最古老的教学制度，很早就从地方到中央逐级建立了"家塾""乡庠""县学""书院""国子监"的学校体系。比较起来，欧洲到近代才形成"小学"、"中学"和"大学"教育制度。世界上现存的最古老的大学是英国的牛津大学，建于1168年。法国巴黎大学建于1180年（一说1231年），相当于中国的宋朝。不论孔夫子办学，就以晚起的民办学校"书院"论，湖南长沙的"岳麓书院"创办于公元976年，比牛津大学还老。还有，中国自汉唐以后，就用考试取士，国家通过逐级考试选拔人才。比欧洲各国从19世纪以后才施行"文官制度"更要早了千余年。"县试"一年二考，从私塾选拔"生员"（俗称"秀才"）。"秀才"参加"乡试"，三年一试，中为"举人"；"举人"得以公车赴京，参加"会试"，及第者称为"进士"；最后，"进士"们面见天子，由皇帝亲自出题"殿试"，名列"三甲"者，第一名称"状元"，第二名称"榜眼"，第三名称"探花"。1904年西太后七十大寿时增开了"甲辰恩科"，当年直隶肃宁人刘春霖成了中国历史上的"末代状元"，广东清远人朱汝珍是"末代榜眼"，广东番禺人商衍鎏是"末代探花"。

清朝是挑了一个不错的时机，把"废科举"作为"新政"的主要内容推出。1905年，国内相对平静，北京稍稍能够喘息，似乎还有一线希望生存下去。在"文武南北"张之洞、袁世凯的辅佐下，清朝还想靠着最后的"新政"，顺应世变，维持国祚。其实，清朝已经完全溃烂，扶起了骨架，却染上了痈疽，挖掉了痈疽，却长不出新肉。病入膏肓，大厦将倾，清朝上下已经到了病急乱投医的程度，太后、皇帝、亲王和大臣们，合议着下了几服猛药，1905年都拿出来了。除了"废科举"这招外，还在这一年7月派端方等"五大臣出洋"，考察西方的宪政和民权，准备"预备立宪"。如果说"预备立宪"是"政治体制改革"的话，那么"废科举"就是"文化体制改革"。从迟迟不肯"变法"，到急急忙忙地"政治体制改革"与"文化体制改革"并举，从1905年清朝拼命自救的急切心情来看，真的算是痛下狠手，孤注一掷了。

"废科举"和"预备立宪"都没有能够挽救清朝，清朝在六年后终于灭亡。倘若以成败论英雄，那就只需说任何失败的改革都不是好改革；失败的1905年改革，当然也不是好改革。但是清朝灭亡的原因显然不是1905年里过于急切，而是清政府前几十年里的"变法"过于拖延，迟迟没有对症下药。"行宪"是比较彻底的"国体"变革，早就应该施行，但在以前的几十年里，连"改六部"这样的"新政"调整都一直不愿推行，只是用新设"总理衙门"和"南北洋通商大臣"来搪塞应付外国。清朝的政治，对内是一套（六部），对外是另一套（总理衙门），结果是两套体制并行、两套话语并用的"双轨制"，导致旧体制拖累新体制、新话语不胜旧话语的尴尬局面。几十年里，清朝不是不想变，也不是没有变。清朝的外观变了，可是学西方只是"徒袭皮毛"，变内政只是"敷新不除旧"，没有对旧体制动大手术。从几十年拖着不办，到1905年在同一年里一起办，不乱才怪。

被国家遗弃的举子们失魂落魄，人数有很多。按照张仲礼先生《中国绅士》中设计的方法并统计的数字，太平天国以后全国各省在"正途"上奔走的"生员"多达910 597人。加上主要通过"捐纳"的途径，花钱买来的"监生"533 303人，中国绅士的总人数达到了1 443 900。据统计，19世纪后半期，江苏的绅士人口占总人口的2.5%，浙江更达到5%。① 清朝为了延续濒临崩溃的残破体制，给多缴税赋地方的县学扩大招收学生人数的权力，"暂广学额""永广学额"，大大突破了原来"大县四十，小县二十"的生员额度。读书人阶层急剧膨胀，比清朝前期扩大了好几倍，绍兴城里连"孔乙己"这样的人也在念"四书"，行科举，可见19世纪末叶参加科举考试的学生人数之多。据陈独秀（1879—1942）在《实庵自传》中的回忆，光绪二十三年（1897），他参加"江南乡试"时，"南京每逢乡试，临时增加一万多人，平均一人用五十元，市面上有五十万元的进账。临时商店遍城南到处都有，特别是状元境一带。商人们只要能够赚钱，受点气也就算不了什么。这班文武双全的考先生，惟有到钓鱼巷嫖妓时，却不动野蛮，只口口声声自称寒士，商请妓家减价而已"②。清末科举考试的丑态百出，和陈独秀

---

① 参见张仲礼著《中国绅士》"1850年前后绅士阶层的人数"一节（第102-126页），从各地县志、府志、通志及清代专书、类书中统计，得出图表，可以查看。

② 陈独秀：《实庵自传》，载林文光选编《陈独秀文选》，四川文艺出版社，2009，第165页。

这一辈人感觉到的士人末路即将来临大有关系。然而,"恩科""捐纳""广学额"等清朝自己玩出来的"扩招"游戏,却还在继续。清朝一手制造出如此庞大的士大夫阶层,忽然又说玩不下去了,"不玩了",把士大夫全部推向了社会,自谋出路。

废除科举制,是士大夫的末日,还是中国文化传统的大危机。1905年的"废科举",产生了强烈的社会效应,震荡的烈度足以撼动清朝根基。虽然清朝人都知道,这次"变法",不但变了清朝的"祖宗之法",还变了汉唐以降历朝历代的"千年大法",但是强烈的反应还是出乎当时人的预料。"废科举"以后,士大夫阶层分崩离析,轰然倒塌,解散的情景几乎是作鸟兽散。中国传统社会的中坚折断了,离散开来的士大夫无孔不入地渗透到社会各阶层,加剧了全国的动荡。原来设想"废科举"是推动"西学"、挽救朝廷的一项具体措施,结果却导致了更大的社会重组,产生了大量的社会问题。最大的问题是新旧教育体制和考选体制的不衔接。原来皓首穷经,通过科举正途,等着候补为官的士大夫精英阶层一夜之间跌入深渊,全没有了出路。盛产举子的江南地区有一句土话,俗称那些屡试不第、科举不成的老童生是"文不会拆字,武不能卖拳"的废物,是乡人们可怜和嘲笑的对象。确实,清末的读书人就像没头苍蝇一样,给官员当幕僚,给军阀当文书,下海学生意,上山投袍哥,做账房,卖拳头,充郎中,代写书信,"三教九流"的队伍中,无不有昔日的读书人。

二、艰难的教育体制改革

把太平天国后清朝的军事重建和学校重建做一个比较，是一件有趣的事情。原来，清朝最精锐的军队是入关时期建立的满、蒙、汉的"八旗"，是当初马踏中原、征服全国的"中央军"，其次是入关后编练的"地方部队"性质的"绿营"。太平天国动乱中，驻防"八旗"先被打垮，从各地调集的"绿营"也是一冲而散。只有曾、左、李募集的"民兵"性质的"团练"发展成"湘军""淮军"，与"长毛"死缠烂打，最后借华尔"洋枪队"之力，剿灭了"太平军"。"同光中兴"阶段，朝廷内外深知"洋枪队"的厉害，刻意编练"新军"。新式装备、洋操训练的"陆师""水师"次第建立，顶替了"八旗子弟"。从"八旗""绿营""团练"，到"湘军""淮军"，再到"新军"，清朝的军事重组颇费周折。其实，同样是在曾国藩、李鸿章的主持下，清朝的教育体制建设也经历了一番更替。"科举制"下的从"县学"到"国子监"的学校体制不能培养"洋务"人才，"洋务派"着急要改造学校体系。从同治年改造"书院"开始，到光绪年间建立"中西学堂"，再到宣统时期仓促新办"高等学堂"，都是在旧体制框架下进行的，目的是要出新人才，但客观上也能挽救"科举制"。无论是"书院""中西学堂"，还是"高等学堂"，哪怕是正统的官学——"县学"，只要真正研习"西学"，让通"洋务"的毕业生能够顺利登上仕途，受到重用，通过考试录用政府文职官员的"科举制"是比世袭制、幕僚制、卖官鬻爵都更合理的制度，不必废除。

从同治年开始，曾国藩、李鸿章运用"封疆大吏"的权限，在地方上发动"书院改造"运动，把原来大多由民间举办、学者掌控的私立学校——"书院"，改造成"新式学堂"。上海"龙门书院"的改造和"格致书院"（1876）的创办，都堪称成功，"西学"进入学校课程，学生开始学习"天文历算"和"万国公法"。上海"格致书院"采取了"中外合资合作办学"的模式，用外籍教师授课，有著名翻译家傅兰雅；也有外资捐款，英国公使威妥玛、怡和洋行、汇丰银行都出了钱。"格致书院"的计划非常宏大，企图在各省建立分院，把"西学"覆盖全国。"格致书院"的课程非常"西化"，包括"声光化电""代数几何"。李鸿章积极支持了这项计划，带头捐了1 000两银子，开学以后，他还以"李鸿章""刘坤一""盛宣怀"等人的名义"课题"。他们给学生的考卷出题目，诸如："问《大学》格致之说……？"审这样的题目，做出来的"策论"，无非就是要学生在"四书章句"里面读出"科学精神"来。同光时期的"洋务派"希望书院学生都能"中西并重"，"不废经书爱西书"。一旦将来"变科举"成功，把"西学"加入"科举制"，"书院"学生就能踊跃参加考试，打败那些"迂阔腐儒"。

清朝不限制任何人的"兴学善举"，中外人士都可以办教育。"书院"作为民办公助学校，机制灵活，体制开放，是最有可能补救"科举制"弊端、端正清朝"教育体制改革"方向的措施。当时外国教会为了打入社会上层，阶梯就是"科举制"。他们纷纷举办的中文学校都采用了"书院"体制，目的也是要附和既有的"科举制"，让学生能够"不废功业"。英国伦敦会牧师米怜1818年在南洋马六甲捐资办学，为了吸引缙绅阶层的子女入学，把校名定为"英华书院"。后来如福州"格致书院"（1852）、上海"清心书院"（1860）、通县"潞河书院"（1867）、苏州"博习书院"（1870）、武昌"博文书院"（1877）、上海"圣约翰书院"（1879）、上海"中西书院"（1881）、上海"圣玛利亚女书院"（1881）等，20世纪后都演变为现代体制的"大学""中学"，但在创办之初，都多少是企图与"科举制"并轨的"书院"。

曾国藩、李鸿章对"西学"的态度并不"保守"。1862年，奕䜣在北京设立京师同文馆，学习外语、天文、历算和各门科学；1863年，李鸿章在上海设立上海广方言馆，设址原敬业书院，同样大量开设"西学"课程；1864年，广州仿照京师同文馆和上海广方言馆例，设立广州广方言馆；1866年，左宗棠设立福建船政学堂；1881年，李鸿章设立天津水师学堂；1881年，刘坤一设立广东西学馆；1885年，李鸿章设立天津武备学堂；1887年，张之洞设立广东水陆师学堂；1891年，曾国荃、刘坤一等设立江南水师学堂；1896年，张之洞设立江南陆师学堂；1896年，张之洞设立湖北武备学堂；1896年，袁世凯设立直隶武备学堂。

按梁启超在《李鸿章传》中的批评，清朝"自强"运动中的李鸿章是"不知国家之为何物，不知国家与政府有若何之关系，不知政府与人民有若何之权限，不知大臣当尽之责任。……以为吾中国之政教文物风俗，无一不优于他国，所不及者，惟枪耳、炮耳、船耳、铁路耳、机器耳"①。这段话是梁启超以自己参与的戊戌变法之主张去衡量前人的"自强运动",一半正确,一半不公正。从实践来看,曾国藩、李鸿章等代表的改革确实是"半吊子"生意,但这并不代表他们个人"保守"。他们在中外交涉第一线,对中国社会的毛病看得很清楚。他们在南、北洋任上,以及在幕府中议论的教育、文化、经济和政治改革上的不得已态度,非不愿也,是不能也。即便到了"戊戌",清廷允许的"变法"尺度仍然是关于"富强"的经济体制改革,"康梁"所能获准的"维新"未必越出"曾李"多少。蒋廷黻在《中国近代史》中比较李鸿章和康有为的"变法"差异时很中肯:"李鸿章的物质改革已遭时人的反对,倘再进一步的改革政治态度,时人一定不容许他。甲午以后,康有为觉得时机到了,李鸿章所不敢提倡的政治改革,康有为要提倡,这就是所谓变法运动。"② 李鸿章、郭嵩焘等人并不是不想做"宪政"改革,他们培养的马建忠、严复就是这方面的储备人才。然而,连军事学校都迟迟不能正式纳入"科举制",就怪不得"书院""高等学堂"里面的"公法学"不能有更大的发展了。

　　清末有一个"怪圈",就像你有一筐苹果,开始只烂了一两个,越舍不得扔掉,感染下去,烂得越多,最后不得已连筐子都要一起扔掉。从一开始不愿改"科举制",到最后不能改,只能废,就是一例。清朝的"科举制",在鸦片战争之前就需要改革。"清承明制",清代科举甚至包含明代科举的弊端。明末清初思想家黄宗羲

---

① 梁启超:《李鸿章传》,第41页。
② 蒋廷黻:《中国近代史》,第96页。

在《科举》一文中说:"科举之弊,未有甚于今日矣。余见高、曾以来,为其学者,五经、《通鉴》、《左传》、《国语》、《战国策》、《庄子》、八大家,此数书者,未有不读以资举业之用者也。自后则束之高阁,而钻研于《蒙》《存》《浅》《达》之讲章。"即使用现代的眼光看,中国书也不是不能读,学者也能从中"学以致用"。但是为了应付科举考试,读书只读薄薄的"四书",连"五经""诸子""史地""天文"都不念了,只是寻章摘句地背"语录",搜肠刮肚地作"时文","一流人才"最后都被折磨成"三等胥吏"。

顾炎武在《日知录·科场》中分析说:"今日科场之病,莫甚乎拟题。且以经文言之,初场试所习本经义四道,而本经之中,场屋可出之题不过数十。富家巨族延请名士馆于家塾,将此数十题各撰一篇,计篇酬价,令其子弟及童奴之俊慧者记诵熟习。人场命题,十符八九,即以所记之文抄誊上卷。"有钱人的孩子可以不读书,只出资请人作好几十篇文章,放在家里死背,考试的时候誊上去就算完卷,所谓"科举",猜题而已。顾炎武痛骂说:"学问由此而弃,心术由此而坏。"

清初黄宗羲、顾炎武等人指出的明代科举制的弊端没有得到纠正,清末就益发地泛滥成灾了。到19世纪70年代王韬、马建忠、郑观应等人批评"科举制"的时候,问题已经非常严重。王韬本人就是"科举制"的牺牲品,拿他当作标本来分析,正可以看出清朝不肯改革的僵化体制如何误国。1849年,王韬从苏州流落到上海,靠为英国伦敦会传教士翻译"四书五经"和《圣经》所得的稿费生活。在外资机构做顶级的中西文化交流工作,应该属于高级"知识分子",但王韬却觉得"佣书西人",类同于"刚白度"生涯。看见那些锦衣华衮从内地路过上海的"进士""举人"们,心里总有说不出的酸楚。传说他曾潜入"太平天国"占领下的家乡,参加了洪家王朝的"科举考",上书"天朝",得了个"长毛状元",因此被追查,不得不流亡香港。其实,如果早早改科举,大量取用王韬这样"深谙洋务"的新派学者,清朝或许还真的有救。上海道台、江苏巡抚,乃至李鸿章本人,虽然都爱惜王韬的才华,但都只能"用其言而弃其人",没有渠道超拔他到权力岗位。直到1884年,病老之身的王韬才被允许从香港回到上海,参与"洋务派"的外围舆论,据说是李鸿章"千斤买骨",博取"伯乐之誉"。

王韬对科举制的剖析确实深刻,他记录与曾国藩幕府人物何应祺(镜海,湖南善化人)的谈话,说:"天下之治乱,系于士与农之多寡。农多则治,士多则乱。非士之能乱天下,托于士者众,则附于仕者亦众,而游惰者且齿甘乘肥,三代下之国家,所以有岌岌之势矣。"[①] 王韬的时代,已经到了"秀才满地走,举人乡乡有"的地步。一大批游手好闲之读书人,"耕读分离",既不愿回家种地,也没有专业知识到城市务工,只能在城乡之间游荡,成为"流人""游士",完全是社会负担。王韬和另一位在上海租界当"文化买办"的郑观应是同一群人物,他们提出的方法也是相同的,都主张推行"选举制"(乡举里选)和"西学设科"(加考西学)来改革科举制。郑观应在《易言》中说:"三代以来风俗敦庞,取士之途,

---

① 王韬:《原士》,载《弢园文录外编》,第7页。

乡举里选，惟重实学至行。"① 王韬在《原士》中说："为今计者，当废时文而以实学，略如汉家取士之法，于考试之外则行乡举里选，尚行而不尚才，则士皆以气节自奋矣。"② 两人都主张用"实学"，即科学实用之学，而不是经义讲论之学，来代替书院教学内容。在科举中，他们主张除了减少录取名额之外，还附加一项推荐制度（"乡举里选"），以尚德行。

清末激烈批评科举制的王韬、郑观应都是没有"功名"的人，却都是官场急需使用的通晓中西文化的"复合型人才"。从心理分析的角度来看，他们对科举制的批评确实是一个外在的针砭，还夹带了"怀才不遇"的抱怨。可是，这种个人抱怨却是完全正当的。清朝政府连现成的人才都长期不予承认，不能适当地加以使用，还怎么能够指望它的教育制度和考试制度在"求才孔急"的时代，不拘一格地培养出"旷世之才"？

三、"政治保守" vs "文化激进"

中外学者在谈论中国社会近代化的时候，大多同意说"自强"运动奉行的是一条"儒家保守主义"路线。这个观点以美国汉学家芮玛丽所著的《同治中兴：中国保守主义的最后抵抗（1862—

---

① 郑观应：《盛世危言·易言》，载《郑观应集》上册，上海人民出版社，1982，第104页。

② 王韬：《原士》，载《弢园文录外编》，第7页。

1874）》（*The Last Stand of Chinese Conservatism：The Tung-chin Restoration，1862 – 1874*）表述得最为完整。她认为，曾国藩、左宗棠、李鸿章这些人都是"真正的儒家保守派"，并就此加以"赞誉"①。他们的努力失败以后，中国人沿用两千年的儒家文化体系就崩溃了。另一位杰出的美国学者列文森教授在他的著作《儒教中国及其现代命运》（*Confucian China and its Modern Fate*）中，把梁启超作为儒家思想的终结者②，还有一位美国学者艾恺（Guy S. Alitto）把梁漱溟算作"最后的儒家"③。儒家什么时候被终结了尚有异说，但是曾、左、李的"保守主义"形象是确定的。洋务派"中兴大业"的文化体制改革不能成功，儒家文化必然就会跌倒在中国社会进入"近代"世界的门槛前，变成死去之前的"回光返照"。

把曾国藩、李鸿章说成"儒家保守主义者"，并没有大问题。在英美政治哲学传统中，"保守主义"并非一个恶名。"保守主义"主张延续传统文化，坚守固有生活方式中的有效价值，并没有大错。英国的保守党，至今还常常上台执政，对各种激进路线实现牵制。芮玛丽是把曾国藩、李鸿章作为悲剧人物来描写的，中国保守派的失败也是儒家传统的失败。20世纪上半叶，中国的左翼学者

---

① 芮玛丽：《同治中兴：中国保守主义的最后抵抗（1862—1874）》，房德邻等译，第3页。
② 参见列文森：《儒教中国及其现代命运》，郑大华、任菁译，中国社会科学出版社，2000。
③ 参见艾恺：《最后的儒家：梁漱溟与中国现代化的两难》，王宗昱、冀建中译，江苏人民出版社，1996。

延续"五四"以后的激进路线,普遍都把曾、左、李看作"保守派"加以"批判",20 世纪 30 年代马克思主义史学代表范文澜的《中国近代史》,更是把曾国藩、李鸿章算作恢复封建制度的"顽固派""反动派"。芮玛丽、列文森等学者或许是受了范文澜等人的影响,将曾、左、李定义为"保守主义"。虽然比那个时代中国大陆流行的"大批判"评价客观一些,但是对于"同治中兴"中的现代性因素还缺乏一种"同情的理解"。

曾国藩、李鸿章的事业果真像批判者涂抹得那么漆黑,或者像赞美者描绘得那么甜蜜吗?还有,他们果真"保守"吗?尤其要问的是:他们在多大程度上保守了儒家文化传统?中外学者经历了这么多年的深入研究以后,这些问题都是可以重新审视的。尤其在涉及具体人物、具体事件的时候,用一些笼统的名义如"保守主义""激进主义"来描述一个复杂的时代,需要非常慎重。以今天的立场客观地看,曾、左、李固然是要建立清朝的"中兴大业",但是他们的"自强"运动的举措并不保守,有些文化政策还相当激进,本身就是对儒家传统的修正和否定。我们可以同意说:"湘军""淮军"系统的政客在政治上确实是"保守"的,"自强"运动不敢挑战清朝原有体制。但是,我们应该理解这是他们的无奈、无力,而非不愿。清朝是否能够实行中央"立宪"、地方"自治"的体制,决定权不在中兴大臣手上,而在西太后那里。可是,他们在涉及引进西方文化、改造儒家传统的时候,相当开明,甚至激进。在"同光中兴"的二三十年里,曾国藩、李鸿章奉行了一条可以称之为"政治保守"vs"文化激进"的折中路线。

在 19 世纪六七十年代讨论"设立学校""幼童出洋""开局翻译""办新闻纸""废除八股""开设新科"的时候,曾国藩、李鸿章都不落后于时事。二十年里,他们始终是文化变革的推动者,发动幕僚上书,派出大员施行,一有机会就让总理衙门和西太后下旨。即使在处理"教案",涉及维护地方绅士地位、限制西方基督教的时候,他们也不偏袒"名教",乃至于被士大夫叱骂为"名教叛徒"。辜鸿铭在《张文襄公幕府纪闻·清流党》中专门讨论过这一点,他在衡量曾国藩和张之洞时说:"张文襄,儒臣也;曾文正,大臣也,非儒臣也。……国无大臣则无政,国无儒臣则无教。"①在辜鸿铭眼里,曾国藩、李鸿章并不是"儒教"的守护人,借"洋务"活动"中饱",毋宁还是儒家伦理的败坏者。确实,在守护儒家这方面,曾国藩、李鸿章之流,远远不及翁同龢、潘祖荫、宝廷、张之洞、张佩纶、黄体芳等"清流党"。曾国藩、李鸿章是清末中国新经济、新教育、新文化等"改良"事业的开拓者。维护旧体制的"清流党"才是真正的"中国保守主义"(Chinese Conservatism)②,辜鸿铭誉之为"中国的牛津运动",他的幕主张文襄公之洞才是"中国的纽曼③"。

---

① 辜鸿铭:《张文襄公幕府纪闻·清流党》,载汪堂家编译《乱世奇文:辜鸿铭化外文录》,上海人民出版社,2002,第 392 页。
② 参见芮玛丽:《同治中兴:中国保守主义的最后抵抗(1862—1874)》,房德邻等译。
③ 纽曼(John Henry Newman,1801—1890),出生于英国国教圣公会家庭,1817 年进入牛津大学三一学院,1824 年后担任牛津大学教区牧师,在布道中倡议恢复早期圣公会礼仪,严守古老教义,于 1833 年发起"牛津运动"(Oxford Movement)。1845 年,纽曼正式宣布回归天主教,史称"罗马的袭击"。

辜鸿铭的比较并不错。显然，曾国藩、李鸿章是政客，不是学者，他们并不是那种对中国文化别有怀抱的"儒者"。虽然他们都是进士出身，但一生的功业无关书本，全是从战场开始的。从"太平天国"战乱的死人堆里钻出来，见了太多的血，杀了太多的人，儒家"仁义道德"里里外外都被看破，就很少能对"名教"再有敬意了。他们除了担心西太后对汉族大臣的猜忌外，对所谓的"圣教"并无多大的牵挂。从"同光新政"到"戊戌维新"，清朝的政治态度一直保守，可是曾国藩、李鸿章的文化政策其实很不保守。当时似乎有一种做法：既然"自强"运动在宫廷政治中遇到重重阻力，要进行朝廷政治改革太不容易，那么就先从经济和文化变革上突破。把经济和文化的变革作为政治变革的铺垫，当作突破口，是他们的策略。后世所谓"政治感冒，文化吃药"，洋务大臣早就知道用这种方法搪塞局面。

曾国藩、李鸿章的"政治保守"vs"文化激进"的路线，用在"变科举"实践中非常明显。"自强"运动的最大困境就是"布新不除旧"，是新旧两套体制并行的"双轨制"。在政治、官制和学制的改革方面，曾、左、李等人撞上了一面"祖制不能违"的南墙，他们可以借"洋务"设立很多新事业，但对传统体制的核心部分束手无策。京师同文馆的毕业生只能当翻译，很少能出任真正有权的"实职"。鉴于"西学"和"中学"并行产生的"新旧冲突"与"中西冲突"，洋务大臣们要求"并轨"。但是"翰林院""国子监""府学""县学"的科举学校体系直属中央，被牢牢地掌握在"翰林"和"学政"手中，系关朝廷的"组织权"、"教化权"和"监督权"。

还有，西太后在暗中用这套官员任用制度和学校培养制度来牵制曾国藩、李鸿章等汉族大员的行为。如果把最后的权力也因"变法"需要，让渡给这两个曾有传言想当皇帝的"封疆大吏"，西太后不放心。这就是清末改革不能有效推进的关键。

清末很少有真正的"顽固派"，中国体制的落后谁都清楚。最"顽固"的西太后也知道不"变法"是等死，但是站在她的位置上，她更加知道"变法"是找死。清末存在着中央和地方、满人和汉员、部臣和疆吏之间复杂的权力结构矛盾。西太后并不是调解和消解这些矛盾，而是必须利用这些矛盾来玩平衡。没有公开的体制制度可恃，就只能拉一派，打一派，掌控局面，否则清朝在"太平天国"时就灭亡了。在这样的情况下，清末不可能有真正的"变法"。比如，教育体制改革的背后是政治体制改革，政治不改革，教育也改不了。勉强去改，只能修修补补，越改越糟，越糟越要改。"学校"和"科举"的改革，应该在"官制"改革之后。如欲"变科举"，必先"变军机处""变内阁""变六部""变翰林""变行省""变州府县"，通过官制改革，把"尸位素餐"的官员清理出来，才能让"洋务学生"转入"正途"。曾国藩、李鸿章根本做不到彻底的变革，能做的就是发动舆论，掀起文化冲击波，把政治问题当作文化问题来解决。这种"文化决定论"夸大了文化的作用，也掩盖了政治的弊端。同光时期，洋务派如郭嵩焘、曾纪泽等，已经痛诋传统文化，但"文化决定论"还不明显。甲午战争后，开始把中国战败归咎于儒家思想，要让中国传统文化为清朝腐败政治"埋单"的呼声越喊越烈。

严复在 1895 年发表《救亡决论》，把"八股文"作为亡国"第一因"，就是过激之论，他说："天下理之最明而势所必至者，如今日中国不变法则必亡是已。然则变将何先？曰：莫亟于废八股。夫八股非自能害国也，害在使天下无人才。其使天下无人才奈何？曰：有大害三：其一曰锢智慧……其二曰坏心术……其三曰滋游手……。"① "八股文"当然不是什么好东西，清朝对"时文"的批评，前有黄宗羲、顾炎武，后有王韬、郑观应。但是把"八股文"当作"亡国之文"，废之为"救亡之亟"，无论如何是过甚其词的。让当代历史学家列举清朝灭亡的一百个原因，"八股文"肯定排不上前十位。严复不过是把最容易激动人心，同时也最少得罪当局的话挪到前面来讲。还是以严复为例，他早年有诗句云："平生贱子徒坚顽，穷途谁复垂温颜？当年误习旁行书，举世相视如髦蛮。"② 严复早年的"穷途"末路，固然是因为他学了英语，没有走"科举正途"，但是他后来的飞黄腾达，却是在他四次落第，朝廷和社会终于用上了他的"西学"之后。可见，关键不在于在学校里学了什么，场屋里考什么，而在于官场上用的是什么。如果清朝像日本明治政府任用伊藤博文那样，在最重要的位置上任用严复他们第一批留学生，早早地授予他们"同进士""同举人"的学位，"科举制"肯定不会在清末得到那样十恶不赦的"恶名"。

清朝中央政府中主管"洋务"的总理衙门，早在 19 世纪 60 年

---

① 严复：《救亡决论》，载王栻主编《严复集》第 1 册，中华书局，1986，第 40 页。
② 严复：《瘉壄堂诗集·送陈彤卣归闽》，载王栻主编《严复集》第 2 册，中华书局，1986，第 361 页。

代就想把"科学"内容加入"科举"中,逐渐减少"八股"内容。总理衙门大臣沈桂芬曾答应同文馆的"洋顾问"丁韪良说:"将来我们要把科举开放给科学的。"① 可是,几十年里,迟迟没有推行起来。清末的"科举制",有它的时代之错,错在作"八股",错在不考"西学",错不在"科举"本身。如果清朝好好地改造"科举制",好好地改造学校教育制度,把"书院"改造成兼容中西文化的"中西学堂""高等学堂","格致学问"就能在同光时期的"科举制"中体现出来。如此"费厄泼赖"——从容不迫地好好玩,所谓"科学精神"也不用留给"戊戌"一代倡言变革的人物,以空洞无物的激进方式宣传开来;所谓"民主思想"也不会留给"五四"时期的"文化激进主义"者用"打倒孔家店""全盘西化"的极端方式表达出来。

陈寅恪(1890—1969,江西义宁人)先生曾经借评论冯友兰的《中国哲学史》,指出了他的治学方法是"思想囿于咸丰、同治之世,议论近乎曾湘乡、张南皮之间"②。咸同之世,曾国藩、张之洞的治国主张,大致可以归纳为中外各国和睦融洽、东西文化一道混同的"中体西用"思想。这种"中庸""折中"的思想,在强调学习西方的时候,会表现出"激进"的一面;而在强调民族传统延续的时候,又会表现出"保守"的一面。我们发现,迫不得已地引进西方教育制度来冲击清朝冥顽不化的"科举制",曾国藩、

---

① 丁韪良:《同文馆记》,傅任敢译,载朱有瓛主编《中国近代学制史料》第 1 辑上册,第 183 页。

② 陈寅恪:《冯友兰中国哲学史下册审查报告》,载《金明馆丛稿二编》,上海古籍出版社,1980,第 287 页。

李鸿章已经开启了一扇变革之门。"变科举"的努力越受挫折,激进"变法"的能量就越多郁积。最终在1905年,不是"变科举",而是"废科举"。陈寅恪熟悉的那种"中西熙洽"的文化状态就难以在教育制度中维持下去了。20世纪纷纷建立的教会大学,以及其他公、私立大学,还有提倡"兼容并包""中西融合"的,但是"变法"遭遇挫折的北方学校,如北京大学等,反而出现了更加激进的"全盘西化"情绪和主张。

"废科举"以后,中国各地的"旧学堂"都跟着被废弃了。最可惜的是一批古老的书院,有的还是从唐、宋、元、明时代流传下来的古老书院,也都在"废科举"以后荒废了。从20世纪过来的读书人,大约都会想到一个问题:为什么中国的大学,最老的也不过一百多年?交通大学,只能追溯到1896年的"南洋公学";北京大学,只能追溯到1898年的"京师大学堂"。算得上"老学校"的"复旦大学",更是只能追溯到1905年。其实,中国的高等教育有很长的历史,只是它的传统被割断了,比欧洲所有大学都要古老的"岳麓书院",落在湖南大学的校园里面,已经没有建制,只剩下一个院落而已。没有全被拆去,就是幸运了。20世纪中国的高等教育("大学")和中等教育("中学")不是传统教育的自然延续。也就是说,我们的教育是"另起炉灶"。

法国人算得上是崇尚革命、喜欢激进的民族,但是他们制定的文化教育政策还是相对保守。法国保留了上千年的教育体系,形成了不同教育体系的叠加。"巴黎大学"系统,是教会留下的千年遗产。波旁王朝建立的"法国科学院"至今还很荣耀。大革命后,共和国搞的是"高等学校"体系，培养了大批现代人才。在科研系统中，古老的"法兰西学院"和新进的"国家科学研究中心"同样发挥着作用。革命彻底的法国，在科学教育上反而比较保守，把老的教学科研体系都留下了。每每看到空荡荡的北京"国子监"、喧嚣的南京"江南贡院"，还有上海、嘉定的"文庙"，沦为废址，或不知所用，或被人参观，就知道我们那个延续了千年的"科举制"是被彻底废除了。其实，政治可以改朝换代，可以"汤武革命"，文化倒还是继承发展、改革改造合适些。即使是"废物"，也是尽可能地物尽其用为好。

原以《一九〇五：科举制的废除》为题，
载于《文景》2005 年第 4 期

1912：函夏考文苑
——民初的学术理想

1912年，马相伯从上海移居北京，应临时大总统袁世凯的邀请，担任总统府高等政治顾问。此是虚职，不需要承担实际政务。然而，马相伯却串联了章炳麟、梁启超、严复，联合发起，筹建"函夏考文苑"。中华民国建政之始，就已经有人想到要建立"中央研究院""中国科学院"这样的学术机构，眼光不可谓不高远。

一、缘起

从1903年到1912年，重返教会，"息影"土山湾的马相伯在翻译《圣经》之际，还是不断受到墙外政治浪潮的冲击。这期间，陆续发生了以江、浙为中心的预备立宪运动，以及席卷全国的辛亥光复运动。上海成为全国政治中心以后，马相伯即使住在郊外的徐家汇，离运动中心上海租界还有好几公里，也不能不被卷进政治旋涡中心。他被尊为元老，曾两度出山。1906 年起，他在东京和上海主持立宪团体政闻社。该团体实际是由梁启超控制的，而梁却是马相伯的崇拜者；在 1911 年，马相伯又被作为上海和江苏各方面都能接受的人物，参与辛亥政权的组织。他在立宪派与革命派、南派与北派之间调停折冲，对民国政府的建立起了一定的作用。可是，政治对他这样的老人差不多只是一种道义，而不再是权力的争夺和党派的角逐。和 60 岁以前一样，他参加的政治活动一直都是别人的事业。

这一时期，马相伯有没有自己的事业？有。我们看到，马相伯对世俗事务的关心，已经从外交、政治、经济领域转向文化、教育领域。在上海，在北京，马相伯以他个人的资产和学识，先后创办或主持了四所大学，其中两所是教会大学（震旦，1903 年创办；辅仁，参与创建，其前身是 1914 年的辅仁社；两所是普通大学。复旦，1905 年创办；北大，1912 年任校长）。[①] 马相伯和教育事业

---

① 1903 年，马相伯用他在松江、青浦的 3 000 亩田产作为基本金，加上耶稣会的师资以工资作价（即会士们义务教学，但以此换取学校管理权），加上部分拨款，创办震旦学院；1905 年，震旦因学生要求课程自治而与学校的耶稣会方面冲突，马相伯又为激进学生创办复旦公学，再任校长；1912 年 10 月，马相伯北上担任总统府高等政治顾问，继严复出任北大校长。为整理烂摊子，正图有所作为，但因他约定以校产作为抵押，向比国银行贷款，被不明事理的激进学生误会"卖国"而被轰下台；此后，他便与英敛之合作，在北京创办天主教学校。1914 年就有《上教宗为中国兴学书》，获得罗马教廷和美国本笃会的支持后，终于在 1924 年于辅仁社的基础上创办了辅仁大学。

的渊源很深。早在 1870 年,马相伯就开始在圣依纳爵公学(徐汇公学)担任学生督导(prefect of student)[①],这是中国内地第一所西式学校。马相伯在此完成了西方式的教育,也获得了管理新式学堂的经验。后来,他在朝鲜督办东事,曾全面布置过新政中的教育事业。在美国和西欧之行中,他也留心考察过当地的文化教育事业。回到徐家汇,他更是毁家兴学。1900 年,他立下《捐献家产兴学字据》,这就孕育了 1903 年的震旦学院。

在 1903 年前后,马相伯已经与后来著名的四所大学有了深浅不等的关系,这本身就说明了他在中国教育史上的地位。但是,如果我们不以成败论英雄,那么这一时期还有一项虽胎死腹中,但当初却是充满希望、意义重大的文化教育计划。马相伯联络章太炎、梁启超进行的这项计划,是想在中国建立一个像法国科学院或英国皇家学会那样的最高学术机构。这项计划因为没有成功而被人遗忘,然而没有结果不等于没有价值。因为仅仅就此计划过程而言,当时的中国学术领袖们充分表现出处理教育与政治、宗教、意识形态之间复杂关系的高度警觉和处置艺术,体现了学术界一流人物对中西文化关系的理解。当然,还可以看到在中国建立现代科学制度的艰难,看到那一代中华学者的学术理想。这项计划就是 1912 年至 1914 年马相伯等人热衷创立的"函夏考文苑"。

---

① 一般中文著作称马相伯担任的职务是"校长",现据罗马耶稣会档案馆资料,他的职务是"督导",校长是晁德莅(Angelo Zottoli)。

二、清末的学会仿建

函夏考文苑,"函夏"指全中国,语出《汉书·扬雄传》:"以函夏之大汉兮,彼曾何足与比功。""考文苑",是 Academie(科学院)的意译,当时文件中有音译为"阿伽代米"。科学院是最重要的近代文化制度之一,欧洲各国国王都把它作为文明标志,加以重点建设。1660 年,英国的 100 位学者成员率先成立了英国皇家学会,布隆克尔勋爵担任首任会长;1666 年,法国科学家在国王路易十四和大臣科尔伯特的支持下,建立了法兰西科学院。这是西欧最古老,也是最负盛名的两个学术团体,成为后来继起的国家模仿建立地方和全国性学术组织的典范。普鲁士的腓特烈一世在 1700 年建立了柏林科学院,俄罗斯是在 1724 年由倡导西方文化的彼得大帝建立了圣彼得堡科学院。

中国原是一个文化制度齐全的文明古国,但是由于明清皇帝历来不重视近代意义上的科学,所以中国缺少由国家资助、由学者自治的学术团体。表面上,国子监、翰林院类似于西欧近代的 Academy,但它们的学术活动常常是"内廷供奉",在于为皇帝个人服务。这种机构在学术方法上缺乏科学性,实践中也没有社会性。所谓经学、理学、道学,流于道德教化,是意识形态的说教。而且,这种皇家机构实际上与社会上的学术活动机构,如书院、讲学团体很少沟通。如果说国子监、翰林院用来讲求道德,以便维持儒家统治的话，那么没有一个像法兰西科学院这样的现代学术机构，就是中国传统官僚体制的一大缺陷。康熙皇帝曾在法国耶稣会士的建议下，尝试在畅春园里建立一个"蒙学馆"，曾被传教士寄希望为法兰西科学院那样的机构，但终未成功。在清末民初开展的"变法"运动中，不断有洋务思想家提出来要建立"学会"，讨论学术，抛开国子监、翰林院那一套旧学问，仿建西方式的"科学院"。

不同于耶稣会士在康熙时期仿照建立法兰西科学院的尝试，在同治、光绪年间的开埠城市，民间出现了仿照建立英国皇家学会的努力。我们知道，英国皇家学会和法兰西科学院是两种不同的组织模式[①]，1857年，上海的新教传教士裨治文、雒魏林（William Lockhard）、艾约瑟和英侨大商人汉璧礼建立了亚洲文会（North China Branch of the Royal Asiantic Society），是1823年成立的英国皇家亚洲学会的北中国（上海）分会。该会以"调查与研究中国之艺术科学、文学与天然产量物"[②]为目的。创始阶段，这个学会以全英语工作，当时并不适合中国籍人士参加，算是带有殖民色彩的学术机构。但是，它开展的活动影响了华人，在民间开启了上海现代学会团体的新事业。亚洲文会在教会团体参与、公共租界政府工部局资助下附设图书馆、博物院，在外滩博物馆路（今虎丘路）开放，与华人学者交往，扩展影响。1875年11月4日，《申报》有"创设博物院"的报道，后来各版《上海指南》上都把它列为到沪

[①] 英国皇家学会与法兰西科学院的组织方式的情况比较，参见梅森：《自然科学史》，周煦良等译，"第二十二章，十七世纪的科学社团"。
[②] 胡道静：《上海博物院史略》，载《上海研究资料续集》，上海书店出版社，1984，第392页。

的基本旅游项目。英美传教士林乐知、李提摩太等为介绍西方知识而组织的广学会（The Christian Literature Society for China）对上海士人更是影响巨大。几十年里，英美传教士周围的上海士人王韬、李善兰、蒋敦复、钟天纬、华蘅芳、徐寿，以及稍后及再外围一点儿的如宋恕、谭嗣同、康有为、梁启超、汪康年、章太炎、蔡元培、张元济等内地关系的人物，都对上海英美西侨的学术活动有了解，并加以宣传。反映英美传教士对中国变法指导意见的报纸《万国公报》在1892年9月有文章《设广学会以期中国富强说》《读书有会说》，介绍西方学会制度。1893年1月号，又有《设文会以广见闻》。在上海，创立各种学会的努力，在进行戊戌变法的很久之前就开始了。

章太炎在 1897 年《时务报》第 19 册上有《论学会大有益于黄人亟宜保护》一文，主张自设学堂，以夺回被传教士垄断的"语言""布算""格致"的教育权。同时，他还提倡民间讲学，各立学会："处农就田野，处商就市井，处工就官府，处士就闲燕……政府不能任而士民任之，于是奔走展转，投述索偶，以立学会。"三个月前（1896 年 11 月），《时务报》第 10 期上，梁启超有《变法通议·论学会》："西人之为学也，有一学即有一会，故有农学会、有矿学会、有商学会、有工艺会、有法学会、有天学会、有地学会、有算学会、有化学会、有电学会、有声学会、有光学会、有重学会、有力学会、有水学会、有热学会、有医学会、有动植物两学会、有教务会……今欲振中国，在广人才；欲广人才，在兴学会。"[①] 章

---

① 《梁启超全集》第一集，第 119 – 120 页。

太炎、梁启超向传统士人宣传提倡的都是"新学""西学",表明科举士大夫们终于意识到传统学术机构已经不能应对20世纪的知识爆炸,必须设立全新的权威团体。

因为有如上提倡,同治以后在上海和各地已经有传教士协助创办了不少新式学术机构。起码的教师、器械、标本、词典、教科书、出版社、杂志等都已经大略具备。"西学"在通商口岸也蔚为风气,讲学人才也次第出现,建立一个中国人自己的权威学术团体的时机已经到来。按照梁启超的意见,鉴于当时还未有全国性的专业学会,故不如首先成立中央一级的"总会"("诸学分会,未能骤立,则先设总会"①)。于是,在戊戌变法中,怎样建立一个西方科学院式的最高学术机构被提上议事日程。京师大学堂已建立在北京,筹建中的中国的科学院就准备放在当时的西学中心上海了。1898年,"变法"轰轰烈烈的时候,曾由梁启超出面邀请马相伯筹组清朝西学最高学术机构——译学馆。当时由梁启超向法国公使毕勋(Stephen Pichon, 1857—1933)提出,得到法国政府支持后,计划交由耶稣会士、江南教区主教倪怀纶(Valentine Garnier, 1825—1898)落实,具体由马相伯负责在上海建立一个中法合作的学术机构。②马相伯想通过他的活动,把耶稣会的学术水平,加上当时文化帝国法国的文化实力,和变动中的中国文化结合起来,全

---

① 《梁启超全集》第一集,第120页。
② 梁启超之所以在北京通过法国公使,经南京主教,找到上海耶稣会,联络马相伯出山,据说是因为马相伯个人的坚持要求:他的任命必须由耶稣会正式发布,而且馆址必须设在上海徐家汇。此据 Archives de la legation de France a Pekin, carton 72, Ecoles francaise en Chine 1898。由美国学者魏杨波(Jean-Paul Wiest)摘录提供。

面系统并认真有效地翻译传播西学。在上海《时务报》时期，政治、信仰和学术上各不相同的马相伯、梁启超、章太炎三人难得地在此事件中具有共识，可见他们在近20年后的"考文苑"合作不是偶然的。

虽然"考文苑"失败，但是在戊戌年前后各地兴起的建立学会的热潮却并未退潮，一直保持到辛亥前后，在上海更是如此。1897年成立的上海农学会，以推广生物、植物学知识，提高中国农业科学水平为职志。该会由叶瀚、罗振玉等组织，机关刊物《农学报》出版至1906年。1902年，蔡元培、黄宗仰、叶瀚、蒋智由成立的中国教育社，以"改良教育"为宗旨。1903年，蔡元培、吴稚晖、陈范、蒋维乔创立四合会，以研究政治和体育科学为宗旨。1904年，上海绅商孙多鑫创立商学会，"专以研究商学为宗旨"。同年，李平书等创立医学会。同年，在各专门学会的基础上，又有上海地方联合学术团体沪学会建立，以"研究学术""开通风气，交换知识，图谋学界之公益"为宗旨。[①]

过去的研究，没有充分注意到从戊戌到辛亥，在两次政治高潮间隔期内各地的学术社团创建活动。就目前所做的考察而言，我们不能说"建立学会热"中所建立的都是纯学术团体，有些是以教育、宣传为目的的一般启蒙机构。但是，这些团体的建立确实是为了纠正戊戌变法中的一些肤浅、激进的政治方案，以更加深入的学术活动来推动中国社会的变革。顺便指出一个现象：每次激进的政

---

① 此段引文，均见于汤志钧主编《近代上海大事记》各系年之下。

治运动失败后，总伴随着一次反省式的学术运动。义和团失败后，有一场关于中国国民性的讨论和研究；辛亥革命后是倡导文化变革的"新文化运动"；五四运动后有"现代新儒学"的兴起。戊戌变法失败后，上海等地的知识分子继续建设学术社团，其初衷是学术民主，还学于民，踏踏实实地建设戊戌以来未竟的"西学"事业。

如果说"新文化运动"中人们较注重的是西方文化之精神，如"科学与民主"的话，那么"戊戌变法"后上海的社团活动更加注重的是西方文化的制度移植。这些团体的条例、规划和组织架构，都与欧、美、日同类团体相似，还模仿建立博物馆、图书馆、演说所、实验室。这些学会都有固定的会址，有定期的活动，显然比康有为、梁启超在变法热潮中临时鼓动、号召出来的各种大型学会要扎实很多。章太炎与梁启超在《时务报》分道扬镳，历经变法失败之后，各自投身于上海、东京的流亡政治活动，政治立场更加独立的马相伯则仍然在徐家汇从事学术活动。1904年，商学会成立会议是由马相伯主持的；同年，李叔同、穆藕初建立的沪学会，邀请马相伯担任会长。[①] 上述提及的创办学会的人物，都尊马相伯为"西学"前辈，其中实力较强的李平书等人创立的沪学会就设在小南门董家渡教堂的隔壁，马相伯经常参加他们的演讲。[②]

从1905年起，上海的气氛变得不适宜纯学术活动了。一连串

---

① 参见宗志文、朱信泉主编《民国人物传》（三），中华书局，1981，"李叔同"条。
② 参见汤志钧主编《近代上海大事记》：1904年10月9日，马相伯在沪学会演说，500多人参加。10月10日《时报》以《记马相伯君演说》为题，加以报道。

的政治运动,抵制美货、拒俄运动、预备立宪、保路运动、地方自治等,很多学者被卷了进去。这一趋势使得许多学术团体迅速政治化。直到辛亥前,沪学会成了立宪派的中坚,而中国教育社同人则多转向革命派。辛亥光复后,上海各界竞相建立各式党派社团,其中的活跃人物基本上都是前些年学术社团的积极分子。章太炎是当时具有深厚国学传统和中西学术造诣的学者。从戊戌到辛亥,他支持和参与过中国教育社、爱国学社等社团的活动。他的革命家气质,让他在政治上取得更大的名声,被上海报界称为"革命文豪"。辛亥革命后,他是1912年成立的共和党的发起人。梁启超也是边搞政治边做学问,他在上海办《时务报》期间曾和汪康年等人就"西学"翻译问题请教马相伯,因以获交。1907年,他请马相伯在上海帮他主持自己的立宪团体政闻社,从研究西方学术转到研究西方政治,再到从事政治,也是时势使然。辛亥革命后,梁启超靠江浙立宪派的共同拥戴,做了共和党和进步党的领袖。很多学者做了政治家,有相当多的学术团体也转为政治党团。

既然戊戌那一代的学术团体大都已转化为政治党派,那么辛亥以后讲求学问的人就需要再建立一些学术团体,以重建被政治生活打断的学术生活。辛亥后,马相伯最先意识到这一点,他在民国体制建设时倡议建立全国性的学术机构,即法兰西科学院式的"函夏考文苑"。这一动议得到章太炎的全力支持,梁启超的积极参与。另一位有影响力的"西学"人物严复也列名发起。当时中国学术界的四大人物都具有政治和学术的双重身份与人格,现在是他们表现出学术一面的时候了。

三、函夏考文苑

1912年8月,马相伯接获袁世凯的任命,到北京担任临时大总统的高等政治顾问。1883年在朝鲜处理"东学党"事件时,袁世凯曾得到马相伯的指点,称之为老师。辛亥革命中,马相伯担任南京临时政府江宁府尹,又开始与袁世凯交往。到达北京后,因严复从北京大学校长任上辞职,民国教育总长蔡元培又邀请马相伯主持北京大学校政。马相伯72岁的高龄,在政治上早已不存仕进的念头,是他最先想到要利用这个机会重圆他的旧梦,实现当年没有做成的"译学馆"事业。10月,马相伯出面联络章太炎、梁启超成立"函夏考文苑",他在致国务总理赵秉钧书中说:"本苑发起人章、梁二君,各以事牵,不遑兼顾矣。"① 可见,是他发起并独力承担起具体的筹备工作。

中华民国元年的北京,临时政府北迁,内阁重组,硕彦鸿儒齐集。袁世凯为了平抑对他不利的政论,也为了显示他比南方军人有经验、通学问,便拉拢士人学者在他的周围。国史馆这样的旧式机构给了王闿运这样的老文人,而"函夏考文苑"是一项新式事业,需要马相伯这样的西学家。这是一次实现清末以来学术理想的好机会,马相伯愿意积极从事。在后来拟定要公布的名单中,发起人增

---

① 马相伯:《函夏考文苑文件十种·致赵总理书》,载朱维铮主编《马相伯集》,第131页。

加了严复(北京大学校长,1912年10月离任),并决定苑士40人。首批人选是:沈家本(法学)、杨守敬(金石地理)、王闿运(文辞)、黄侃(小学文辞)、钱夏(小学)、刘师培(群经)、陈汉章(群经史)、陈庆年(礼学)、华蘅芳(算学)、屠寄(史学)、孙毓筠(佛学)、王露(音乐)、陈三立(文辞)、李瑞清(美术)、沈曾植(目录)。①

虽然发起者四人均在京,马相伯有时间与之个别招呼和商量,但马相伯似乎只和章太炎有过透彻的协商。章太炎有《与袁总统书》,内称:"苑须四十人,仿法国成法。"② 两人口径一致,显然交换过意见。章与马同为袁世凯总统府高等顾问,他们商量"函夏考文苑"的场合,应该就是铁狮子胡同原陆军部大楼沿用的总统府顾问室。今在《马相伯先生文集》及《梁启超年谱长编》中见有梁启超应马相伯邀请共同发起考文苑的赞成文件③,而今存严复诗文、日记、书信、年谱中未见有此事的记录。④ 从此往来情况看,梁启超曾获两位高等政治顾问的知会"函夏考文苑"筹建之事,而严复显然只是在具名发起之列。如此可证,"函夏考文苑"即流产的中国科学院第一批院士名单,是由马相伯和章太炎两人定下的,从他们两人各自的学术偏好来看,也确

---

① 参见马相伯:《考文苑名单》,载朱维铮主编《马相伯集》,第136-137页。
② 章炳麟:《与袁总统书》,载蒋箸超编纂《民权素》第二集,民权出版部,1914,第4页。
③ 参见马相伯:《考文苑名单》,载朱维铮主编《马相伯集》,第137页附《梁启超书》。另参见《梁启超年谱长编》。
④ 参见王栻编《严复集》,中华书局,1986。

实有此痕迹。

值得注意的是，马相伯、章太炎定下名单后，附注一条："说近妖妄者不列，故简去夏穗卿、廖季平、康长素。于壬秋亦不取其经说。"① 这四人中，夏曾佑、廖平、康有为、王闿运在治学中都是主张"经今文学"，与主张"经古文学"的章太炎相左。但这不是主要原因，马相伯并不曾被卷入"经今古文之争"，但也不主张夏曾佑等人，原因是他们在清末一直提倡"孔教"，组织"孔教会"，为天主教徒的马相伯所不喜，更在于他们主张"政教合一"，排斥其他宗教信仰。四位重要学者的经学学问不被马、章认可的表面原因可以说是"门户之见"，但是分析下来，马相伯和章太炎的治学及信仰也是不同的。1907年在日本，马主宪政，章主革命。政见不同，信仰也相左，章太炎曾写过一封《与马良书》（1907），激烈批评马相伯的神学政治论主张。政见、信仰虽不同，但马、章两人的学术判断是一致的，即"函夏考文苑"这样的科学院机构应该是客观、中立和独立的学术研究，与法兰西科学院、英国皇家学会相同。马相伯承认章太炎及其学派的"汉学"，而章太炎则在《民报》上发表的文章中承认严复、马相伯、辜鸿铭、伍廷芳是"西学"中确有中西兼通能力的"严、马、辜、伍"。马、章两人在中西文化上的不同见解，并未影响他们的合作。他们两人与"今文经学"的分歧，是关于学术研究的根本原则，即"教学分离"原理。民初学者已经懂得，宗教信仰与知识学术必须分开，意识形态

---

① 马相伯：《考文苑名单》，载朱维铮主编《马相伯集》，第137页。

不能介入科学研究，而康有为等人当时正在尊孔谈玄，借用孔教会从事政治，对纯学术活动并不感兴趣。

以康有为为例，章太炎在戊戌年就认为他是想借经学晋升为"教主"①。1912年的康有为，仍然以孔教教主自居。回国后，他还是想走马丁·路德、加尔文的"宗教改革"道路，"以传教自任，因议废孔之事，激导人心……成则国会议员十九吾党，至是时而兼操政党内阁之势。……办教会，吾亦可出名"②。他明显是要用"孔学"来达到宗教目的，然后用教会的权威来影响政治。这是典型的玩弄权术，曲学阿世，当然不是一种学术的态度。从此来看，马相伯、章太炎坚持的又不仅仅是"门户之见"，而是"政教分离""学术与政治和宗教相区别"的近代世俗思想原理和科学理性原则。

"考文苑"的设置，与袁世凯攀附新学，以学问羁縻知识分子的文化政策并不矛盾。创办"科学院"的君主，将像路易十四、腓特烈一世、彼得大帝一样载入史册。对于想做"中国华盛顿"的袁世凯是有吸引力的，故马上获得批准，备案筹备。剩下的难题是经济来源，马相伯和章太炎要求拨河北遵化东陵附近和天津军粮城以南的荒地收入作为基本金，另外申请收回山海关秦皇岛海滩洋人浴

---

① 参见冯自由：《中华民国开国前革命史·壬寅支那亡国纪念会》。1898年梁鼎芬在武昌问章太炎，康有为是否想当皇帝？章太炎答："只闻康欲作教主，未闻欲作皇帝。实则人有帝王之心，本不足异；惟欲作教主，则未免想入非非。"此据汤志钧编《章太炎年谱长编》第65页转录。

② 康有为：《致仲远书》（1912年7月30日），载上海市文物保管委员会编《康有为与保皇会》，上海人民出版社，1982，第370页。

场,自行营业,再请划给皇家大殿建筑,以作为苑所。当时是准备将内务部从清宫没收到的"三海"中介于北海和中海之间的阅海楼、漪澜堂划给"考文苑"。这一切都由马相伯与两届总理赵秉钧(1912年9月至1913年7月)和熊希龄(1913年7月至1914年2月)公文往返,一件件商量落实。

1914年1月起,章太炎被袁世凯"幽居"在北京龙泉寺、钱粮胡同,迫不得已,答应不出京城,不公开骂"袁贼"。拘押期间,章太炎一面讲学,一面与马相伯重新讨论"考文苑"的筹建工作。袁世凯向出面调解的黎元洪副总统说,章"在京愿为何事,经费可负责"。章太炎表示要组"考文苑""讲学自娱"。袁世凯允拨年费15万,章则坚持"非75万不可"。袁又表示经费可以增加,但不愿让章太炎组织常设机构,因为章所列的办事人员是以黄侃为首的弟子们。章门弟子,如钱玄同、马裕藻、沈兼士、朱希祖、周氏兄弟、许寿裳等,都是一些既能从政,又能闻学的干才,袁世凯有理由害怕他们,害怕他们借此常设机构再组反对党。

袁、章一头谈僵的同时,袁、马之间还在谈。1913年3月19日,有消息说:"马相伯所办考文苑,保存国粹学,大总统允先拨助经费三万两。"① 1913年11月22日,马相伯的动议又到了章太炎处。章为了"考文苑一事,经纬国常",主动有《致袁世凯书》,要求速办,限袁"三日内见复"②。从目前的文件和资料来看,"考文苑"的动议在1914年被搁置。

---

① 上海《大共和报》1913年3月19日载"北京电"。
② 据上海《大共和报》1913年3月19日"北京电"报道。

徐一士闻诸钱玄同，以为"考文苑"的流产原因是经济上的，袁世凯"以规模较大，恐难即就"①，改以专为章门弟子讲学而设的"弘文馆"代之。其实，原因不可能仅仅是经济上的。在当年的形势下，"考文苑"的流产是十分自然的。1913年3月20日，宋教仁被刺杀，案件调查就涉及总理赵秉钧，直到他7月辞职为止，他一直穷于应付，焦头烂额，根本无暇批复像"考文苑"这样的闲事。熊希龄接手组成"第一流内阁"后，梁启超（司法）、汪大燮（教育）、张謇（农商）都进入了总长之列，他们和马相伯有故旧之情，都会支持"考文苑"计划。但时至1914年初，袁世凯已经开始解散政党与国会，经营起"帝制"来，北京又一次陷入闹哄哄的政治混乱中。除了严复态度暧昧外，马、章、梁对于袁世凯"帝制自为"的举动一直是警惕和反对的。1914年初，马相伯获悉袁要在全国行祭孔礼后，马上有《致江南公教进行会支部书》，号召全国天主教通电反对。梁启超离开内阁后，开始策动蔡锷组织"护国军"。现在他们进入了各自的政治角色，不可能为政治上的对手做学术粉饰。在这样的环境下，依靠中央政府建立一个权威文化团体已是不现实的了。以后，马相伯便把精力放在与英敛之一起创办一所公教大学，即后来的辅仁大学。袁世凯的兴趣也转移到"筹安会"的"六君子"（杨度、孙毓筠、严复、刘师培、李燮和、胡瑛）身上，"函夏考文苑"——这所中国的科学院、皇家学会就这样流产了。

---

① 徐一士：《章炳麟被羁北京轶事杂记》，《逸经》第11期。

四、科学、政治与宗教

"函夏考文苑"的流产,表面原因是政治上或经济上的,而更深入的原因还可以从学术界本身来分析。民初的中国学术界还没有坚实的近代科学基础,西方式的科学院制度的移植还很困难。在西欧,大学和学术团体都是16世纪科学运动的产物。从那时起,科学与宗教、与政治分道而行,有自身独立运行的轨迹,也有自己的纯学术目的。弗兰西斯·培根(Francis Bacon,1561—1626)在他的遗著《新大西洋岛》中首先建议建立一个"智者之家"科学院,"建立这样一个学院的目的,是为了取得关于原因和万物内在运动的知识,和扩大人类王国的范围"①。培根的另一身份是政治家,但他为科学院定下的理想却是纯粹知识的追求。1663年由干事长罗伯特·胡克(Robert Hooke,1635—1703)起草的英国皇家学会章程体现了培根原则,规定"皇家学会的任务和宗旨是增进关于自然事物的知识,和一切有用的技艺、制造业、机械作业、工程和用实验从事发明。神学、形而上学、道德政治、文法、修辞学或者逻辑,则不去插手"②。很明确,英国皇家学会的原则是把科学与神学及政治哲学分开,专注于自然知识(科学)以及实用技艺(科技)。科学家如牛顿,都有着不同的信仰,

---

① 转引自梅森:《自然科学史》,周煦良等译,第235页。
② 同上书,第240页。

但是对待科学必须有相同的求实精神，当科学与神学、与政治发生关系的时候，是后二者服从前者，而不是反之，这是科学家的态度。

但是，英国皇家学会从一开始就不排斥商业精神和市民文化。托马斯·斯普拉特《皇家学会史》(1667) 说："我们商人的高尚求知品质在促进科学发展和成立皇家学会上作出了不少贡献。""我们仍有理由指望，如果我们的大人先生们肯放下架子，去经营一点商业，并关心自然哲学，这种变化将会进一步变得更好。"英国皇家学会发展出来的科学、技术与神学相分离的倾向，与科学家们自觉回避介入当时复杂的天主教、国教、清教宗教冲突，并寻求知识群体内部的团结和融合有关；同时，科技倾向也和参与、资助学会的商人们注重实用（如在农业、机械、航海等领域）知识的倾向有关，市民和商人阶层更注重能够加以应用的"自然知识"。英国皇家学会更加注重自身的市民传统，虽然佩上了"皇家"的虚衔。

法兰西科学院与英国皇家学会的传统略有不同，虽然早期的巴黎科学院颇受培根著作的影响，但培根对巴黎科学院的影响下降得非常快，主要是在卢弗瓦掌权时期，因为他把绘制法兰西地区和测定经度问题都搁置起来了。后来笛卡尔的见解就比较流行起来，因此法国人的科学兴趣就由实用方面转到科学理论和哲学方面。法兰西科学院与英国皇家学会的不同，在于法国把英国科学家很不重视的哲学、伦理学、文学等与神学相关的学科仍然纳入自己的研究范围，而且还非常重视。此即我们在 20 世纪仍然能够察觉的法国人文学科（Humanities）传统与英美科学技术（Science & Technology）传统的分别。另外一个分别就是，英国的皇室只是鼓励科学研究，并不参与实际管理，但法国的国王们，尤其是"太阳王"路易十四为显示自己在文化上的威权，大力资助法兰西科学院的建设，建立了一系列"科学院"，使之成为帝国文化系统的一部分。法兰西科学院系统在"大革命"以后延续为共和国的国家科学院，其注重人文、艺术、历史和哲学形而上学研究的"科学精神"也被保留下来。经过如上比较，我们看到在法兰西科学院和英国皇家学会的不同传统中，马相伯、章太炎筹建的"函夏考文苑"一定会采用法国模式。马、章二人离开了上海，与袁世凯大总统周旋，又脱离南方民间的"新学"氛围，采用中央集权制度，主要在人文学科领域提倡科学精神和科学研究，这是最自然的选择。

和历朝的知识体系，如宋代、明代流行的程朱理学（"宋学"）相比，清代学者发展出来的知识体系算是严谨的，学术风气和方法也是浓烈的。但和西方已经发达的科学传统相比，中国学术仍然偏于"考据、义理、辞章"，是一种学科"人文主义"，而不是普遍"科学精神"。清代"经学"兴盛，关于中国古籍的学问已经登峰造极。马相伯、章太炎及其周围学者看到从中可以生发出相当于近代历史学、哲学史、思想史、史料学、考古学等学术门类。"汉学大师"章太炎可以代表"近三百年学术史"这一脉，而"西学泰斗"马相伯则更加熟悉中国学术向现代知识体系转型的具体门径。另外，被推为"文坛耆宿"的王闿运是清末的文章大家，颇有虚名。在类似的旧文人学问中，大致可以整理出相当于文学史、语法、修辞学的新知识，或者也有理由接纳到"考文苑"中来。马相伯和梁启超的合作基础在于，他们在中西文化会通上有共识，且有长期交流，代表了清末学术界对于"西学"的接纳和渴求。马相伯对西方各门学术都有所造诣，而梁启超主要是西方知识的宣传家。加上严复虽然留学英国，学习海军驾驶技术，但他成了英国近代政治哲学著作的翻译家。马相伯、章太炎、梁启超、严复都是人文学科方面的大师，而不是自然科学方面的专家，他们在一起，擅长建立一个法兰西科学院式的"函夏考文苑"。

和自然科学相比，人文学科较难确立统一的学术规范和准则，难以得出固定的结论，但却很容易与宗教、政治实践搅在一起。人文学者如果学术造诣不深或者操守不严，就很容易"曲学阿世"，即丧失学术原则，以服从某一政府、某一政党、某一集团、某一个人的利益和趣味。学术的价值在于它追求的是不加限制的真理，欲达成知识的真实和完美。如果有什么利益的话，那也是人类社会的整体利益。我们看到，清末的学术界在"汉学"一系中有类似于时人所说的"纯学术""为学术而学术"的态度，比较容易在此基础上建立一个"经学门""史学门""哲学门"，以科学精神为准则，先将人文知识科学化、系统化，建立一套可靠的现代人文学科。

科学院院士应该以自然科学家为主体，而清末的中国却找不出杰出的自然科学家。唯一被马相伯和章太炎列入首批19位"苑士"名单的自然科学家是华蘅芳，同治年在上海江南制造局翻译馆和傅兰雅一起从事数学、化学、地质学的翻译介绍工作，有《代数术》《微积溯源》《金石识别》《地学浅释》等译著，曾参与创办上海格致书院，主讲湖北自强学堂、两湖书院，以及天津武备学堂，桃李满天下。可是，同为江南人士的马相伯、章太炎居然不知，华蘅芳已在 1902 年去世。

比较接近科学精神的是汉学家们，所以一批考据学者被列为苑士，成为最大的一个群体。沈家本、杨守敬、黄侃、钱夏、刘师培、陈汉章、陈庆年、屠寄、沈曾植，加上章太炎自己，就是十位考据学家，占了一半以上。章门弟子占据多数的情况，和章太炎企图在北京讲学、设立一个常设机构相关，当然可以批评说是出于他的"门户之见"，推荐的苑士中确实有好几位是章的弟子和学友。但是，如果以纯学术的标准取士，也确实是他们比较符合。他们的学术方法和研究结论，比较具有确定性。

如上所述，马、章、梁等人是学者，但又确实都有政治家身份。这是中国近代学术上一个突出的"学者从政"现象，和英国皇家学会、法兰西科学院建立之初具有的"官学"特征也不无相像。但是，马相伯等人强调学术与政治、与宗教分立，这又是和培根等人强调纯科学的精神完全一致。问题还是：政党领袖可不可以成为科学院院士？这是需要在清末民初的具体环境下认真分析的。现代汉语里有"政治家"和"政客"的区别，英语里有 stateman 和 politician 的不同。在清末民初这样一个动荡和开放的社会里，学者对政治必然会有许多看法要发表。好的政见与治学一样，是需要学识和原则，以及责任心、胆略和勇气的，至少要有比较明确和恒定的方案与主张。坚持这些，可以被认为是国民事务中需要的政治家（stateman），否则就是玩弄权术、谋一己私利的政客（politician）。

人格独立的学者，在政坛上也会是具有负责精神的政治家；学术上投机的人，从政时多半就是政客。这方面，章太炎的态度很典型。他在政坛上的名声，是因他一贯坚持个人的批判立场，基本上都是持一种反对党的态度获得的。1913年筹办"考文苑"的时候，他在北京政坛上被称为"章疯子"，因为他常常用书本中的理想来要求并抨击政治局势。过激的政治态度有时会影响他的治学兴趣和学术判断，但他不尝试反过来牺牲自己的学术立场去迎合政治集团，曲学阿世地换取好处，倒是要清末政治来接受他的学术主张。这是一种自由主义和理想主义的政治态度，是和一个近代学者的治学态度相辅相成的。因此，"考文苑"由这样一群人物来筹划，是受到全国学者认可的。当时已经81岁的王闿运，文坛名声在全国数一数二，被袁世凯请来当国史馆馆长。他支持马相伯办"考文苑"，《湘绮楼日记》民国三年五月二十七日记："参议院见马良，字湘伯，或云眉叔。眉叔已死，此其兄也。请开鸿儒院。"① "鸿儒院"是"考文苑"筹建过程中，袁世凯为满足章太炎"讲学自娱"要求而折中开设的机构。记录章太炎讲学的《癸丙之间言行轶录》中说，讲学盛况空前，"报名者沓至"，"讲学时源源本本，如数家珍。贯穿经史，融合新旧，阐明义理，剖析精要，多独到创建之处。讲学时绝无政治上感情，不惟专诚学子听之忘倦，即袁氏之私人，无不心服，忘其来意矣"。

学者兼而为政治领袖，是世界近代史上的特殊现象。现代政治

---

① 王闿运：《湘绮楼日记》，此据原稿本，与1927年商务印书馆排印本有异。1997年岳麓书社据商务本重新刊印之《湘绮楼日记》（第3313页）无"请开鸿儒院"一句。

是靠不同利益集团的关系平衡来实现的。转折时期,利益集团在分化,传统权威受怀疑,而新的政治需要新思想、新知识来启蒙,也需要具有学术人格魅力的人物来号召。这一切都为知识分子从事政治活动提供了机会。宗教改革时期的神学家如路德神父、加尔文牧师后来都成为运动领袖,启蒙运动时期的法国思想家伏尔泰、卢梭和"百科全书派"人物也是如此。德国启蒙思想家比较保守,他们用哲学的语言来关心现实,但是到了"新黑格尔派"和马克思前后,思想也变成了主张,开始进入舆论和运动。至于19世纪改革的俄国和"明治维新"的日本,思想家参与舆论和政治的例子,就与中国近代更相像了。从戊戌到辛亥,学者们主动发起和领导政治运动,与士大夫依附权威政治是不同的。同样的"学者从政",辛亥革命后章太炎们坚持共和,与康有为们做帝制的帮办,有着本质的区别。

康有为一派用世的"今文经学"在清末政治中有较大的社会影响,但学术界却是比较推崇章太炎一派的"考据学"。一个很明显的原因是,"经今文学家"经常权变,学问缺少一贯性和严肃性,而"考据学家"即使发表政论也是企图有根据。梁启超是康有为的学生,他的个性和经历决定他的学问比较杂,他承认自己"无定见""流质易变",很有改正错误、接受真理的气度,这是他的可爱之处。被马、章排拒在苑士名单之外的廖平、康有为就不同。他们都是有政治影响的"经今文学家"。廖平为学善变,变凡六次,每次都是视政治环境的变化,审时度势地改变其学说。"百日维新"失败后,有人揭露康有为《新学伪经考》《孔子改制考》源于廖平的《辟刘篇》《知圣篇》，要求他与康有为划清界限，廖果然"著书自驳"。他的做法引得自认为宽容的梁启超也以为"其人固不足道"①。牺牲学术立场的做法，自然就得罪了整个学术界，马、章在"考文苑"计划内不取廖平经学的观点，或许也参考了梁启超的意见。

按马相伯和章太炎的策划，"考文苑"仿法兰西科学院规制，苑士共40人，为终身头衔，以后逢缺轮补。"轮补者须有清真雅正之著作（指著作不指文集。文就各题论，不专尚词彩也），经考文苑全体鉴定，悬之国门可无愧者，然后可补。不然，宁缺毋滥。"②这里的意思是说，"考文苑"提倡新学术，要求那种按课题、有宗旨、有论证的研究著作，而不是一般文人的文集。另外采用民主评议，充任苑士者，要由苑内学者投票认定，有国际水准、解决疑难问题的作品。改用这样的"选士"标准，可以设譬为，即刻就把中国营造尺换成了法国公制尺，认识上一下子难以达成共识。马相伯、章太炎，加上梁启超，并没有形成全部共识，于是在没有充足的候选苑士的情况下，"宁缺毋滥"，第一批之选，只定了19人。"考文苑"在人文学科方面选择余地很大，即使剔除一些附会宗教和政治活动的人物，仍然有不少候选。但自然科学方面的人才基础薄弱，40人苑士名额中剩下的，要留待理工科人才来候补。

---

① 梁启超：《清代学术概论》，载朱维铮校注《梁启超论清学史二种》，第63页。
② 马相伯：《函夏考文苑文件十种·仿设法国阿伽代米之意见》，载朱维铮主编《马相伯集》，第134-135页。

五、中西学术中的人文主义

科学院制度，至少有英、法两种不同模式。英国皇家学会早期受培根影响，一直重视自然知识和实用技术。在 17 世纪，学会内"研究机械问题的委员会最受欢迎，有 69 个委员。其次是贸易委员会，委员有 35 人；农业委员会，委员有 32 人。相反，天文学委员会只有 15 个委员"[①]。直到 19 世纪，英国皇家学会仍然是一个经验主义和实验主义占主导地位的制度，是典型的强调"科学技术"的学会。法兰西科学院就不一样，从 18 世纪起，法国学者脱离了培根的想法，受笛卡尔哲学影响较大。我们知道笛卡尔哲学强调人的思维，所谓"我思故我在"的"理性主义"，使得欧洲大陆的科学传统较多地具有形而上的思辨色彩与人文气息。英国哲学和大陆哲学的区别，在英、法两国的科学院制度上集中表现出来。前者重"实用知识"，后者重"基础理论"，这是西方科学内部两个非常重要的方法论分殊，在民国初年因为"函夏考文苑"的筹建，真实而具体地呈现在华人学者面前。

当时中国学术界的现实，决定了"函夏考文苑"不能采用英国皇家学会模式。既然中国还没有足够和充分的自然科学家，没有用经验主义和实验方式从事自然界各类知识研究的传统，那么"函夏

[①] 梅森：《自然科学史》，周煦良等译，第 241 页。

考文苑"采取法国模式,即偏重于社会科学和人文学科,就是很自然的事情。正好,当时中国人也变得对法国制度更有兴趣,戊戌时崇尚英国君主立宪制度,辛亥时就崇尚法国共和制了。章太炎们从事的法国式流血革命,在辛亥年成功了。学术界早期经上海的英美传教士,传入了英国科学中的声、光、化、电知识;后期经过严复的翻译,引进了英国哲学中的进化论、社会学、政治哲学。但是到了辛亥革命以后,全国就流行欧洲大陆法国、德国,甚至是俄国的各种社会学说,从社会主义到无政府主义。从统治方式来讲,中国有强烈的中央集权政治传统,和法国路易十四以来的中央集权也比较相像。由中央出专款,资助文化事业,是这样类型的政府必须做的事情。总之,法国文化于辛亥革命前后一度在中国流行起来,加上马相伯本人的法国学术训练背景,这是"函夏考文苑"采用法兰西科学院模式的社会背景。

"考文苑"采用法国模式,还有马相伯个人的原因。马和天主教及耶稣会的密切关系,决定了他的法国文化倾向。上海是中国西方文化的策源地,但上海的"西学"可以析为两支。因为有英、美侨民开辟的公共租界和法国侨民主导的法租界,上海的西方文化分为英、美系统和法国系统。马相伯的家族与董家渡、卢家湾、徐家汇等社区的天主教教会关系密切,而他自己在徐家汇接受了完整的耶稣会教育。他和他的弟弟马建忠,从小接触的都是法国的文化,在理性、知识和习俗上都很法国化。马相伯的第一外语是法语,其次才是拉丁文、英语、希腊文、意大利语、德语,以及韩语、日语等。马氏兄弟是清末改革家中难得的拉丁派。

马相伯称:"法王路易十四时,文学与文化方兴。二三名士虑其清杂也,乃因名相设此考文苑。"① 以法国况中国,"二三名士"显然是马、章、梁等人;"路易十四"是给袁世凯戴的高帽子;"名相"则使赵秉钧、熊希龄感觉良好。为了使政府肯为"考文苑"造预算,知识分子只能这样抬举政府,把繁荣文化的美名分一些与官方共享。知识分子,包括章太炎这样特立独行的人,是承认政府能对文化起推动作用的,只要这种作用不是为了一党一己的私利,而是为了民族和人类的公利。用章太炎的话说:"考文苑一事,经纬国常,著书传世,其职在民不在官。……若大总统不忘宗国,不欲国性与政治俱衰,炳麟虽狂简,敢不从命?"②

"考文苑"的宗旨是法国化的"人文主义","以致知学为一切理义学之根源,度数学为一切形质学之根源,故首重哲学,次算学。而一切耳目二官之美术,关于明智文明者,皆附有专家"③。哲学、数学和艺术,都是法国人擅长的学术,但有一点是他们根据中国文化的国情附加的。法兰西科学院并不特别强调伦理学,马相伯等人却格外提及:"然邦族之文明,不专在明智,尤在民德。民德尤重公德。"④ 这样,人类凡关于真、善、美的学问都将是它的研究对象,是十足的人文精神。"函夏考文苑"几乎可以说是"人

---

① 马相伯:《函夏考文苑文件十种·仿设法国阿伽代米之意见》,载朱维铮主编《马相伯集》,第 134 页。
② 朱维铮、姜义华编注《章太炎选集(注释本)》,上海人民出版社,1981,第 561-562 页。
③ 马相伯:《函夏考文苑文件十种·仿设法国阿伽代米之意见》,载朱维铮主编《马相伯集》,第 134 页。
④ 同上。

文科学院"了。

"考文苑"订立的初期目标也确实都是人文性的。马相伯、章太炎急着要做的事情是各门学科的规范化和语言文字的整理工作。他们在学术上的计划是:"一作新旧学,示后生以从学之坦途;二厘正新词,俾私淑者因辞而达意。"① "作新旧学",一是要把传统的中国学术诠释出来,使之变得能够理解,所谓"变旧学之奥涩,则便于今学";二是要把传统的"经史子集"之学变为当代的社会科学,所谓"能使旧学有统系,则近于科学"②。"厘正新词",一是要"校订旧译",二是要"编纂新译",使清末民初以来混乱的西方学术名词翻译能够得到科学合理的统一,其方法是"延海内专门者各任一门一科,编为字类"③。清末民初是中西新旧学术大交替的时代,"考文苑"的任务是尽快把传统的"国学"改造成近代的社会科学和人文学科。按设想,"考文苑"设"总苑","附之以科学苑,兼数、理、化之科,又金石词翰苑、政学道学苑、美术苑,即 L'Academeie des sciences, des Inscription et Belles-letters, des sciences morales et politiques, des Beaux-Arts, 凡四苑"④。章太炎是从"汉学"中走出来的学术翘楚,他也要把中国学术带到符合近代体例的世界学术之林中,他说:"迩者方言国音、字典文例、文学史、哲学史等,皆未编成,而教育部群吏又盲瞽未有知识,国

---

① 马相伯:《函夏考文苑文件十种·函夏考文苑议》,载朱维铮主编《马相伯集》,第126页。
② 同上。
③ 同上书,第127页。
④ 同上书,第125页。

华日消，民不知本，实愿有以拯济之。"① 这里的文学史、哲学史都是近代学术框架的，承认把近代的知识体系分成自然科学、社会科学和人文学科的不同学科。

马相伯、章太炎还有一个充满人文精神的高贵主张，即清末学界普遍认可的凿通中西文化，让天下学术聚为一家的理想。"考文苑"最重翻译，主张通过中西文字的整理，让中西文化走到一起。章太炎是"汉学殿军"，学生中有一批像黄侃、钱玄同这样的"小学"（训诂）专家。马相伯是西方语言文字专家，通晓七国文字，其中拉丁文、希腊文等古老语言，就像"西学"中的"小学"（philology）。蔡元培在南洋公学的时候，曾认为"拉丁文为欧洲各国语言之根本，各国语言多源于拉丁，西洋一切古代文化，若果不通拉丁语文，那就无从了解"②。为此他带了24个学生上马相伯住所学拉丁文。章太炎不拒西学，他从"汉学"的立场出发向外部世界求索新知；马相伯从小受"西学"训练，同时也熟读中国经典，曾担任徐汇公学的儒家"经学"教师，传授"四书"。马相伯、章太炎是沟通中西文化的好搭档，为当时学术界一时之选。因为精通中西"小学"，他们就打算从中西文化的源头开始凿通，"志事首在辨证文字，编字典，纂文规，追踵希腊、罗马"③。马相伯的教育思想一贯重视中西学的基础理论和古典知识的培养，在"西学"引

---

① 朱维铮、姜义华编注《章太炎选集（注释本）》，第561-562页。
② 马相伯、王瑞霖：《一日一谈·蔡孑民先生与二十四个学生学拉丁文》，载朱维铮主编《马相伯集》，第1105页。
③ 马相伯：《函夏考文苑文件十种·函夏考文苑议》，载朱维铮主编《马相伯集》，第124页。

进事业中，他与严复只传授英、法启蒙运动以后的政治哲学不同，更加主张介绍亚里士多德、柏拉图、西塞罗、阿奎那、笛卡尔、莎士比亚等经典作家的思想，总之是"非名家著 Classical author 不授"①。由于严复的影响，当时流行的西方学术思潮是进化论、无政府主义、社会主义等，马相伯和章太炎主张正本清源地系统介绍"西学"古典，上溯到古希腊罗马的文化传统，让中国学者真正理解西方文化的源头精髓，这是具有警醒作用的。马相伯创建的学校震旦学院、复旦公学以"西学"课程为主，但它们同时也规定本校学生不得轻视中国的古典传统，如"有意唾弃国学，虽录取，亦随时屏斥"②。在中西两头重视古典，这是一种双重的古典文化回溯，是复调意义上的"文艺复兴"。其意义是在中西文化的源头，而不是分叉支流处进行沟通。

从戊戌到辛亥的十几年，是中国学术史取得巨大进步的年代，标志之一就是在中国人的文化态度中，分清了科学精神、宗教精神和人文精神。马相伯为复旦公学提出的办学精神——"崇尚科学，注重文艺，不谈教理"③，是目前为止发现最早、最明确区分科学、人文和宗教的文字。"科学精神""人文精神"是近代学术的两大支柱，在欧洲，用理性态度对待自然界，用观察和实验为方法，附以技术手段的"科学"（science），是从中世纪后期的"人文主义"（humanism）反对宗教神学、确立人性的价值、强调世俗知识的重

---

① 马相伯：《震旦学院章程》（1902），载朱维铮主编《马相伯集》，第41页。
② 马相伯：《复旦公学章程》（1905），载朱维铮主编《马相伯集》，第53页。
③ 马相伯：《一日一谈·从震旦到复旦》，载朱维铮主编《马相伯集》，第1107页。

要性开始的。在欧洲，这两种精神都是在活跃起来的城市市民社会中得到发展，因而"科学精神"、"人文精神"与"宗教教条"、"权威主义"有过紧张关系，而与"市民文化""民间社会"有着渊源关系。我们看到，马相伯、章太炎、梁启超的政见、学术和信仰各不相同，但对近代社会的基本态度是一致的。比如，他们与总统、总理协商建立"函夏考文苑"，与政府合作，但同时都反对专制统治，要求政党政治和宪法民主。他们所要建立的科学院是有自主（autonomy）机制的民间社会自组织，而不是官方机构。"该苑不干政治，上不属政府，下不属地方。"[①] 正是因为基于学术独立、思想自由的立场，当袁世凯背叛共和之后，三人都放弃了建立"考文苑"的努力，共同站到"倒袁"第一线。

马相伯在《一国元首应兼主祭主事否》（1914）一文中，反对袁世凯以国家元首的身份干预国民的宗教和文化生活，认为元首不得兼当"主祭"，他说："且不惟不兼主祭，向君与师之职，亦不相兼焉。无他，君也者，执行家也；师也者，理想家也。"[②] 这是用西方分权理论，要求国家政府与领袖放弃对宗教和文化教育的统治。章太炎用比较传统的语言说："（考文苑）其职在民不在官"，国家应该还学于民。又比如，他们都主张信仰自由，但也都反对在学术中掺和宗教。所以，他们把当时正在起劲建立"孔教会"的康有为、夏曾佑排除在外。"考文苑"申办受挫，袁世凯允许章太炎

---

① 马相伯：《函夏考文苑文件十种·为函夏考文苑事致袁总统及条呈》，载朱维铮主编《马相伯集》，第 129 页。

② 马相伯：《一国元首应兼主祭主事否》，载朱维铮主编《马相伯集》，第 145 页。

自办的"国学讲习所"（弘文馆），在1913年12月9日开讲之时贴了一张通告："本会专以开通智识，昌大国性为宗，与宗教绝对不能相混。其已入孔教会而后愿入本会者，须先脱离孔教会，庶免薰莸杂糅之病。张炳麟白。"①章太炎还在《驳建立孔教议》中坚持教育与宗教分离的原则，认为："树为宗教，杜智慧之门，乱清宁之纪，其事不便。"②马相伯、章太炎是民初学术界少有的清醒人物，他们能分清宗教、科学和人文精神，在共和体制下保持"君师相分"传统，坚持"政教分离"原则。

经过清末西学的介绍，民初大部分知识分子已经认清教会、政府和文化教育学术团体应该有明确的分立关系。章太炎之所以坚持这种分立关系，是出于中国传统士大夫特有的那种道德拯救的优越感，发扬"国性"的责任感；马相伯的出发点则更多在于学习法国、英国的哲学家、科学家、艺术家追求真、善、美，不屈从各种权威或利益组织的"学会精神""科学院精神"。由政府资助，属民间所有，这样的纯学术团体在大清帝制下未有可能，马相伯、章太炎、梁启超他们想在由他们参与建立的辛亥共和国制度下将其变为现实。他们有比较充分的社会资本，他们对政治、对宗教、对科学，都有比较清楚的认识。如果不是袁世凯的背叛，他们这批学人是可能建立一个比较独立的"中国科学院"的。

---

① 转引自姚奠中、董国炎：《章太炎学术年谱》，三晋出版社，2014，第204页。
② 章炳麟：《驳建立孔教议》，载《章太炎全集》（四），第198页。

六、余说

"函夏考文苑"的努力失败了,但中国需要建立一个由学者自治,具有纯科学理性,不受政治控制,不被宗教组织影响,真正对中国科学、文化承担责任的"中国科学院",这样的理想在马相伯、章太炎的学生和朋友们的心中扎下了根,成为下一代学者为之奋斗努力的目标。1915年10月,曾经从震旦到复旦,跟随马相伯的学生胡明复,在美国联络哥伦比亚大学和康奈尔大学的留学生赵元任、任鸿隽、杨铨等,组织了"中国科学社";1918年,学会迁至上海,立社址于大同大学。同人聚会,讲习科学,完全是民间经营性质。不过,年轻一代回到上海,仿照的不是法兰西科学院,而是英国皇家学会。这是一个重视基础理论和工程技术普及的自然科学研究及推广团体。1928年起,在上海亚尔培路(今陕西南路)建总社大楼,在南京、北平、杭州、苏州、广州、重庆等地设立分社。中国科学社创办《科学》(1915)、《科学画报》(1932),每年举办七项单科评奖。到1948年,会员人数已达3 700人。1927年10月,马相伯的学术仰慕者、章太炎的政治同道蔡元培出面筹办"中央研究院",次年在南京成立,成为民国政府所属的最高学术研究机构,又似乎回到了法国式体制。"中央研究院"有"中华文化教育基金会"的雄厚资金,为中国国家的现代自然科学、社会科学研究事业布局,一定意义上承续了"函夏考文苑"的设想。我们终于看到，从戊戌到辛亥，这一代学者要建立的"学苑"理想，相当一部分内容在后一代年轻学者中间得到了实现。

蔡元培主张在中国推行法国教育制度，所以"中央研究院"的布置有不少与马相伯当年的"函夏考文苑"方案相似。比如它的中央集权管理方式，又比如它的政府出资、学者自办方式。但是，由于国民党政治的动荡和思想学术管制，马相伯、章太炎、梁启超等人在"函夏考文苑"的计划里所憧憬的近代形态的"科学院"整体制度，以及其中更加重要的"自治"原则还远远没有建立起来。因此，"函夏考文苑"的故事还有意义，还可以接着讲。

原题为《函夏考文苑：民初的学术理想》，载张仲礼主编《中国近代城市企业·社会·空间》（上海社会科学院出版社，1998）

1914：不作不死的孔教

一、"提倡宗教"：民初的信仰问题

　　1914年，中华民国3岁了，"国体""政体""政党政治"争议喧嚣，已经被袁世凯暗中称帝的诡异气氛冲淡了。三年中，北京的军事、外交、政治、经济一步步陷入了重重困境，大总统袁世凯心怀叵测，计谋百出，人们对民国前途生出了种种担忧。百事艰难、沉闷异常的日子里，最热门的话题不是别的，竟然是一个前几年从日本借来的新名词——宗教！真是咄咄怪事。更加吊诡的是，这一年，清末人物中最不守礼法的袁世凯，却谈论起"德政"，一再重复他在1912年9月20日发布的"礼教令"："中华立国以孝悌忠信、礼义廉耻为人道之大经。政体虽更，民彝无改"，"惟愿全国人民恪守礼法，共济时艰。"① 这一年，北京的话题从"革命"中又转出一种怎样收拾人心的清议。很大一部分人的说法是，要让中国人有一个信仰，给中华民国立一种宗教。清末老资格的维新活动家马相伯在一次题为《宗教在良心》的演讲中说："数年以来，社会上莫不疾首相告曰：风俗浇漓，纪纲废弛，世道人心，大坏大坏！关心国是者，思从而补救之，以为非有宗教不可，遂殷殷相劝，大声疾呼曰：提倡宗教！提倡宗教！……宗教一事，乃成一如火如荼之问题。"②

信仰是意识形态中最核心的内容，宗教更是最强大的社会组织，传统社会如此，在共和体制下亦当如此。于是，儒教（孔教）、佛教、基督教，还有各路会党人士，都跑来争取自己的权力和空间，孔教徒甚至还要抢夺"国教"地位。然而，几年之后，中国学者的看法全体改变，他们抛弃了宗教，根本就不再"提倡宗教"，反而把宗教斥之为"迷信"。20 世纪 20 年代开始，学者们几乎一致认为：中国人根本就是一个没有信仰的民族，中国本来就是一个没有宗教的国度。1914 年的梁启超，本来附和"孔教会"，要把儒教立为"国教"。七八年后，他改了口吻，说：没有宗教是一件好事情，儒教本来就不是宗教。他还在《中国历史研究法》（1921）中说："中国是否有宗教的国家，大可研究。"③ 还有，梁漱溟说："中国人宗教意味淡薄，中国文化缺乏宗教。"④ 胡适说："中国是

---

① 《正宗爱国报》1912 年 9 月 20 日。该报于 1904 年在北京创刊，发行人丁宝臣。辛亥年拥护革命，后又反对复辟帝制，1915 年被禁，丁宝臣遭杀害。
② 马相伯：《宗教在良心》，载朱维铮主编《马相伯集》，第 149 页。
③ 梁启超：《中国历史研究法》，江西教育出版社，2018，第 227 页。
④ 梁漱溟：《中国文化要义》，学林出版社，1987，第 87 页。

个没有宗教的国家,中国人是个不迷信的民族——这是近年来几个学者的结论。"① 钱穆说:"中国文化中则不自产宗教。凡属宗教,皆外来,并仅占次要地位。"② 从有宗教,到无宗教;从宗教有用,到宗教是迷信。这种180度的逆转,反映出民初思想界的混乱,是情绪化的不堪。今天看来,这"几个学者"的"中国无宗教论""儒家非宗教"的结论无视民众的信仰生活,殊不合乎中华文明的实际状况,却仍然主导着中国思想界。十几年的翻覆之间,从人人谈宗教之孔殷,转到了人人躲宗教如瘟神,是中国思想史上的大转折,真是一件匪夷所思的事情。

1913年,马相伯离开上海,与另一位"民国元勋"章太炎一起出任袁世凯的高等政治顾问,担任"约法会议"临时主席,还兼任北京大学校长。马相伯皈依天主教,曾经是耶稣会的神父,生性随和诙谐,很多人喜欢和他谈宗教,谈信仰。在北京,他"遇大伟人,则曰:非有宗教不可!遇大名士,则曰:非有宗教不可!遇大政客,则曰:非有宗教不可!遇大官僚,则曰:非有宗教不可!"总之,"伟人、名士、政客、官僚"等京城精英,都说中国要宗教,中国有宗教。可是,问他们究竟皈依了哪一教,这些上层人士就会说:"宗教者,为下等社会而提倡,我为读书明礼之士,无所用乎宗教也。"③ 事情的逻辑很简单,目的也很清楚:民初精英们在"提倡宗教"的时候,并不是自己信了什么教义想推广,而是要把宗教拿来管制和摆布百姓,以达成他们标榜的"保国、保种、保

---

① 胡适:《名教》,载《胡适文存二集》,亚东书局,1928,第91页。
② 钱穆:《现代中国学术论衡》,三联书店,2001,第1页。
③ 马相伯:《宗教在良心》,载朱维铮主编《马相伯集》,第149页。

教"。这样自上而下的"提倡宗教",不是成就宗教,而是败坏信仰,一旦被看破,明白人也就一哄而散了。

亟愿在中国"提倡宗教",反倒是害惨了中国宗教!这是现代儒教的一个悖论!多年来,打着"孔教"旗号的儒家人士借着社会上"提倡宗教"的热情,以本土信仰为号召,排拒别的宗教。他们的手法是借国家权力,把儒教竖立为"国教"。共和时代,儒家教义,无论是"礼"还是"理",即使是合乎人性的一般礼仪(rites)和伦理(ethics),也都不应再作为强制性的"法"(law)来执行。在"自由""平等"被推为"共和精神"的氛围中,国教的做法适足以孤立自己,乏人追随。"新文化运动"中有影响的思想人物批判儒教,如胡适继承戴震思想,指责儒教"以理杀人",又如鲁迅在《祝福》中描写的"礼教吃人",都是对十年前那辈人物的"国教"运动的情感反应,更是一个逻辑上的必然后承。

1913年9月29日,根据《春秋公羊传》推断,经过与公历的换算,是所谓的孔子诞辰日,有众议院议员陈燮枢、胡翔青等以"违反约法信仰自由"名义质询内务部,反对祀孔典礼,并不主张提交国会讨论。他们认为"先儒故注,未经订正,依旧推行,而共和时代复讲专制学说,恐于国家行政阻碍丛生。……孔教应否作为国教,政教应否合一进行,民国万世之基,关系至大且重,乃不交由人民代表法定机关正式讨议,通电各省,征集意见"[①]。然而,

---

① 《众议院议员陈燮枢、胡翔青等质问书:为祀孔典礼之命令不交国会议决由》,载中国第二历史档案馆编《中华民国史档案资料汇编·文化》,江苏古籍出版社,1994,第5页。

一年后的1914年9月28日，仲秋上丁，袁世凯执意祀孔。早上六点半就到孔庙做"丁祭"，俎豆馨香，三跪九叩，演了一出民国版的"祀孔典礼"；12月23日，农历冬至，国务院又采纳了儒教大典，重启天坛郊祀大典。前一天晚上袁世凯通宵不眠，清晨举行"总统祭"。白天，各地响应，遍行"官祭""民祭"。然而，孔子和上帝的精魂并不保佑"洪宪帝制"，袁世凯死后，儒教做了皇权的陪葬品。失去了皇权的庇护，又没有民间力量支撑的儒教，魂不附体，被海外学者喻称为"孤魂野鬼"的"游魂"①。现代儒教没有像其他本土信仰那样，走"人间佛教""人间道教"的复兴之路，失去了改造为现代宗教的机会。佛教、道教、伊斯兰教、耶教，还有其他各种传统的宗教信仰，经历了20世纪的"世俗化"，幸存下来，至今不绝。反观喧器一时的儒教（孔教），却如美国汉学家列文森在《儒教中国及其现代命运》中描述的那样，被送进了"博物馆"。②

明、清时期，汉族人宗教的基本格局是儒教、道教、佛教"三教并立"；民国元年，约法起草人想到的中国宗教是儒教、道教、佛教、伊斯兰教、耶教（含天主教、基督教）"五教平等"；20世纪50年代以后，儒教被取缔，所谓的"五大宗教"改成了佛教、

---

① 余英时先生在《现代儒学的困境》一文中说："三十年代胡适在芝加哥讲儒教的历史，曾说：儒教已死，儒教万岁。我现在也可以是儒教徒了。这个想法恐怕今天不少同情儒学的人也许会加以赞许，但是儒学目前的困境也在此。让我们用一个不太恭维但毫无恶意的比喻，儒学死亡之后已成为一个游魂了。"（《现代儒学的回顾与展望》，三联书店，2004，第56页）余英时先生认为20世纪的儒学只剩下一种精神可以继承，若试图将这种精神再体制化，则需要"借尸还魂"，重新附体。"以家为尸"已不可能，"以国为尸"则更是背时。（参见上书，第58页）

② 参见列文森：《儒教中国及其现代命运》，郑大华、任菁译。

道教、伊斯兰教、天主教、基督教。① 现在有不少人认为，当前中国人信仰精神的淡漠，与百年前"新文化运动"强力灌输的"科学""民主"意识有关。这种说法不无道理，例如：道教一度被"新青年"们认作"迷信"，"赛先生"把它揍了个半死，奄奄一息；儒教一直被看作"封建""专制"的象征，"德先生"看得真切，干脆把它给彻底灭了。"新文化运动"扼杀中国的宗教（包括基督宗教）的做法，的确是一种过激行为。但是，事情还要回过来问：为什么同样的境遇，明、清时期的旧式佛教、道教，最终能够转型为现代佛教、道教，幸存下来，而儒教却被灭了？

现代儒教更新运动的夭亡，与康有为、陈焕章模仿西方基督宗教，建立一个依附专制政体的"国教"有着密切关系。他们不但开倒车，而且帮倒忙。1914 年，康有为、陈焕章领导的"孔教会"，还有"筹安会"号召的孔社、宗圣会、孔道会、尊孔会等怪诞儒教组织，拥戴"帝制"，附和专制，很快为人唾弃。失此一策，儒教的覆灭就是十分自然的事情。佛教同样经受"戊戌变法"、"辛亥革命"和"新文化运动"，所受的冲击大于儒教。但是，在杨文会、章太炎、太虚、欧阳竟无、李提摩太、李佳白、艾香德（Karl Ludvig Rei Chelt）等中外人士的帮助下，现代佛教的道路基本正确，下层僧侣坚守庙产，走民间道路；一般居士保持信仰，热心护

---

① 民国初年的"国教"运动虽然失败，但儒教的地位仍然保持。1923 年 10 月 10 日北京宪法会议公布的《中华民国宪法》，其中有宗教平等的内容。按第十二条："中华民国人民有尊崇孔子及信仰宗教之自由，非依法律不受限制。"(岑德彰编《中华民国宪法史料》，新中国建设学会，1938，第 2 页) 可见，孔子及儒教信仰仍被列在各教之首。儒教在五大宗教中的首席地位，在 1954 年《中华人民共和国宪法》颁布之后就被取缔了。

教；佛教领袖们则发奋为学，用唯识教义，兴"人间佛教"，与世界文明融合，挺过 20 世纪的暴风骤雨，在中国以及世界各地守住了信仰。

现代儒教更新运动的夭折，给我们留下了一个深刻的教训。每一个民族在建立现代政治体制的时候，都必须处理民众的信仰问题，也必须落实一定形式的"政教分离"和"信仰自由"。一部宪法，完全可以也确实应该在当地文化传统之上建立起来。但是，这种"多样性"不能违犯基本的"现代性"，即现代人性取向的普遍价值。以"孔教会"为代表的现代儒教更新运动就不是这样，它一直突出士大夫精英主义，"内圣"与"外王"合一，还特别强调"外王"，即帝王统治之术，这就必然会出现"政教合一"的倒错。还有，现代儒教更新运动一直试图把自己确立为中华"国教"，儒术独尊，其他宗教要么被抵制为"洋教"（天主教、基督教、伊斯兰教），要么被贬低为"土教"（佛教、道教、民间宗教），这种"儒术独尊"的独断论与明、清儒学的"会通"传统大相径庭，却与亚伯拉罕宗教的"一神论"传统暗中相合。现代儒教更新运动中的"孤立主义"倾向，加上现代儒教更新运动人士在现代化事业中感受的"挫折感""自卑感"，使现代儒学一直在"宗教激进主义"的边缘纠结与徘徊。

二、孔教：夭折的国教

1914 年，儒、道、佛、伊、耶"五大宗教"的格局下，儒教作为中华民国的首要宗教——"国教",已经开始实践,差一点儿成了定案。"南北议和"以后,1912年3月11日公布的《中华民国临时约法》,在第六条第七项中规定"人民有信教之自由"①。袁世凯接任大总统后,把"临时约法会议"从上海移到北京,由马相伯召集,开始起草正式宪法。1913年10月31日,众、参两院负责起草的《中华民国宪法草案》完稿,因为关在北京南郊的天坛从事,史称《天坛宪法草案》。《天坛宪法草案》没有规定国教,其中的第四条规定:"中华民国人民,于法律上无种族、阶级、宗教之别,均为平等",表现了现代国家的"宗教平等"理念。但是,该版本宪法草案的第十九条,却在"中华民国人民依法律有受初等教育之义务"之下,多加了一句"国民教育以孔子之道为修身大本"②,把"孔子之道"立为"大本",这是孔教会利用当时的"宗教热"对国会施加影响的结果。他们成功地把"孔教"以"国民教育"的名义植入宪法,而其他宗教,如佛教、道教、伊斯兰教、天主教、基督教,并没有获得同等地位。由于第十九条附加了可疑条款,儒教在大总统的支持下,极有成为"国教"的可能。

孔教,和传统意义的儒教并不相同;孔学,也并不等于一般的儒学。历史上,孔子有庙,孔学、儒教却何曾有会?有会,也是讲会、社会,不是教会。孔教会是一个试图模仿基督宗教,"侪孔子

---

① 《中华民国临时约法》,载岑德彰编《中华民国宪法史料》,第2页,台北沈云龙主编《近代中国史料丛刊》续编第八十一辑影印本。《临时约法》中只有一条涉及宗教,即"人民有信教之自由",显然是强调基督宗教在华传教之自由。

② 参见马相伯:《书〈"天坛草案"第十九条问答录〉后》,载朱维铮主编《马相伯集》,第240—245页。

于耶稣"，按英国圣公会教会（Church）架构建立的新兴宗教。1912年10月7日，保皇党康有为的弟子陈焕章、麦孟华，拉拢了清遗老沈曾植、朱祖谋、梁鼎芬、张勋等人，在上海虹口海宁路的山东会馆创建"孔教会"。在中华民国共和制度的氛围中，孔教会不好意思再拥戴清朝，推举帝制。陈焕章早年在万木草堂追随康有为，兼有清朝进士和美国哥伦比亚大学博士学位。上海的"孔教会"，有一些士绅、学界、商界和政界人士加入，算是民间"宗教热"的反应。若是保持在民间耕耘，对在废科举中遭受厄运的儒学、儒家和儒教，都未必不是一条出路。上海的市民社会发达，公共空间充分，孔教会还像一个学会式的近代团体，确实有一点儿"昌明孔教，救济社会"①的态度。

但是，孔教会背后的幽灵人物康有为并没有改变他"志在魏阙"、眼珠子往上长的"素王"脾气，他还有足够的"奇理斯玛"（Charisma）影响他的门徒。1912年12月，他策动张勋、麦孟华、陈焕章，分别向大总统、教育部和内务部上书，要求把"尼山教义"作为"民族精神"写进《临时约法》。康有为果然为"素王"，他在幕后策划的"国教"，真的上达"天廷"，得到了迅速批复。次年6月22日，袁世凯以大总统名分"发布尊孔祀孔令"②；1915年2月，教育部即行规定，全国各大、中、小学开学时，"各学校均

---

① "昌明礼教，振兴文化"，是1913年"孔教会"总部从上海迁到北京之后，当年10月3日由沈维礼等人负责在上海重新成立的"环球尊孔总教会"的宗旨。（参见汤志钧主编《近代上海大事记》，第768页）

② 汤志钧主编《近代上海大事记》，第756页。

应崇奉古圣贤，以为师法。宜尊孔以端其基，尚孟以致其用"①。国民的素质教育，原本应该融会古今中外优秀文化，不能强调某一类经典。康有为借助了北京的权力，完成了自己的"读经"设想，把那些经过"孔教会"筛选、由孔教徒们诠释的儒家经典塞进课堂，居然还成了！

1913年9月27日，袁世凯赞助康有为，在山东曲阜举办"第一次全国孔教大会"。② 大会之后，陈焕章任主任干事，康有为则不再掩饰，走上前台，担任孔教会总会长。几番祭祀，数度冠冕，俨然成为孔教教主。康总会长甫上任，立即在11月把孔教会总部从上海迁往北京，欣欣然从在野又一次在朝。上海，以及毗邻的江苏、浙江，是清末以来市民社会发展最为充分的地区，有舆论和文化上的空间，但并无政治权柄。这一地区传统文化深厚，儒教祭祀扎根民间，呈现出一定程度的"市民宗教"③ 特征。孔教会作为一个非政府组织，是上海国际都市多元文化的一部分。然而，孔教人

---

① 《袁世凯特定教育纲要（1915年2月）》，载王文杰编著《民国初期大学制度研究：1912—1927》，复旦大学出版社，2017，第138页。

② 参见汤志钧主编《近代上海大事记》，第768页。

③ "市民宗教"（Civil Religion）的基本概念可参看贝拉（Robert Bellah，1927—2013）《背弃圣约——一处考验中的美国的公民宗教》中的论述。他应用蒂利希（Paul Tillich）的"终极关怀"理论，认为"任何国家都存在某种意义上的公民宗教，它体现的是一种核心价值观，这种价值观不是对国家的崇拜，而是具有一定普世意义的终极精神关怀"[李峰：《罗伯特·贝拉的宗教社会学思想述评》，《华东师范大学学报（哲学社会科学版）》2011年第5期]。"市民宗教"并不一定具有教会形式，在社会组织的边缘地带起作用。另外，贝拉对日本宗教的"现代性"的论述（参见贝拉：《德川宗教：现代日本的文化渊源》，王晓山、戴茸译，三联书店，1998），对儒教与基督教在父权结构中的比较（参见贝拉：《基督教和儒教中的父与子》，覃方明译，《国外社会科学》1998年第4期），均关涉到儒教、神道教、民间宗教在现代政治进程中的转型。

士北上时对此并不留恋,他们仍然向着中央权力而去。迁到北京,孔教会成为一个依附中央权力的机构。康有为日思夜想的宏伟大业,是他心中想象的那份"衣带诏",他要把孔教会立为"国教"(State Religion)。

作为新兴宗教的孔教会,其核心就是以孔教代儒教,以经学代儒学,甚至把用今文经学"微言大义"方式讲述的《春秋》公羊学作为儒学的基本教义,成立一个国家主义宗教——孔教。康有为在《孔教会序》(1912年9月)中说:"中国数千年来奉为国教者,孔子也。大哉孔子之道,配天地,本神明,育万物,四通六辟,其道无乎不在。"① 康有为变儒为孔,以一己之学,建立了一个全新的儒教——孔教。孔教尽管怪诞,却并非不可以,现代中国社会本来应该容纳各种各样的现代信仰。但是,"孔教会"的最大缺陷是狭隘,它把原本博大精深的中华文化传统大大地收窄了,尽归之为孔教。佛教、道教,以及明末传入的天主教、19世纪传入的基督教,都被作为"名教"的异端加以排斥。作为儒学,经学、理学、心学,都只是一家一派的学说,是全体儒学传统的一部分。作为宗教,儒学也只是信仰的一部分,儒教还包括祭祀、礼乐、节庆、习俗、戏剧、舞蹈、神话等日常内容。中华文明博大精深,而孔教会都弃之不顾,其结果可想而知。

从清末到民初,章太炎和康有为一直是论战中的老对手,他们

---

① 康有为:《孔教会序》,载姜义华、张荣华编校《康有为全集》第九集,中国人民大学出版社,2020,第339页。此文原载《孔教会杂志》第一卷第一号,为孔教会创会时发布的宗旨,明确说要建的是"国教"。

对中国的未来有完全不同的想象，在"国体""政体"问题上争论得不可开交。章、康两人主导了思想界的议题，加上他们众多的学生和追随者，章、康两派构成了中国近代学术的主脉。学界不无夸张地说，20世纪20年代的京、沪各高校，文科教授之间的门户是"非章即康"。章太炎秉承清代"汉学"传统，用古文经学"实事求是"的方法做学问，他提倡的"国粹"一直蕴含着革命立场；康有为不同，他袭用了晚清今文经学的"微言大义"手法，用经术谈政治，他独家发明的"孔教"没有离开保皇、帝制的倾向。1906年，章太炎从上海提篮桥出狱，在东京留学生欢迎大会演讲中提出"建立宗教论"①。他采用佛教唯识论教义，激发士人、民众的信仰热情，推翻清朝，建立共和，走的是自下而上的共和道路。康有为则不然，他一直设想建立一个自上而下的等级制宗教，立孔教为"国教"。在他的"国教"体系中，他作为"素王"，与"国王"合作，实行"政教合一"的精英统治，管束民心。康有为在《〈中国学会报〉题词》（1913年2月11日）中说："自共和以来，教化衰息，纪纲扫荡，道揆陵夷，法守隳敚，礼俗变异，盖自羲、轩、尧、舜、禹、汤、文、武、周、孔之道化，一旦而尽，人心风俗之害，五千年来未有斯极。"②可见，章太炎的"建立宗教"是市民宗教，主"释放"；康有为的"提倡孔教"是国家宗教，主"束缚"。

章、康两人对于"维新 vs. 革命""帝制 vs. 共和"的争议，

---

① 章炳麟：《建立宗教论》，载《章太炎全集》（四），第403页。
② 康有为：《〈中国学会报〉题词》，载姜义华、张荣华编校《康有为全集》第十集，中国人民大学出版社，2020，第27页。

并没有随着中华民国的建立而消弭。相反，康有为、陈焕章的"孔教会"和"国教论"，再一次把"王权 vs 民权"论战挑到了舆论的前沿。《天坛宪法草案》公布之后，拥护共和体制、坚持信仰自由的学者哗然。1914年，抵制"国教"的思想家是马相伯，很可能是由于他的阻击，《天坛宪法草案》才没有通过更明确的"国教"条款。草案公布之后，马相伯有一系列文章和演讲表达了对第十九条的抗议。"国教"分子说："若不以孔子之道为修身大本，则民国无由教育；不以孔子之教为中华之国教，则民国无由立国"，马相伯则一针见血地指出，"国教"如果实行，那么将来的中华民国必然是"立国之所由，惟一孔子之教也；教育之所由，惟一孔子之道也"，如果把儒教列为"国教"，其他信仰必然会遭到排斥，"一种党同伐异之心，不啻司马昭之心"①。

马相伯接着责问：作为"国教"的儒教，它和国家、政府、元首，到底是什么样的关系？"吾今不论国教之财用，由国库，由公产，抑由教徒之捐助，而止论国教之主任在政府，抑另设一张天师之类以总其成耶？"② 难道我们需要一个"政教合一"的"体制化"儒家吗？难道我们需要用全体纳税人的钱来负担某一种宗教吗？难道儒教真的也需要有一个张天师那样世代相传的总教主吗？这个总

---

① 马相伯：《书〈"天坛草案"第十九条问答录〉后》，载朱维铮主编《马相伯集》，第243页。《天坛草案》第十九条"国民教育以孔子之道为修身大本"，在最后决议中没有得到通过，"本项议决删除"（《中华民国宪法案》，载岑德彰编《中华民国宪法史料》，第23页）。

② 马相伯：《书〈"天坛草案"第十九条问答录〉后》，载朱维铮主编《马相伯集》，第244页。

主教,是"应由国教信徒公举耶,或由国会两院仿举总统式而投票耶?抑由总统任命,或仿任命总理式,而取国会或两院或一院之同意耶?"① 这一系列问题,必须要由候任"教主"康有为、陈焕章来回答。康有为宣称主持过 1898 年的"百日维新",应该也算是半个宪政专家了,但他回答不了马相伯提出的"国教"问题。

中华民国建立之后,儒教面临一个极大的困境。一般以为:儒家是随着废科举灭亡的。其实,1905 年清朝学制改革,只是终止了儒家的教育制度和文官体系,儒教的教义体系和祭祀体系并没有受到很大的伤害,儒教完全还有生存的机会。作为一种教义和祭祀,儒教有很强的宗教性,祭天、祭祖、祭孔、祭城隍、祭关公、祭文昌。中华民族的祭祀生活,扎根于民间,完全有可能按现代方式改组,重整旗鼓,否极泰来。韩国的儒教、日本的神道教、印度的印度教,还有中国台湾、香港,以及新加坡乃至东南亚等地的华人宗教,都实现了现代社会的"体制化"生存。西方传统"一神论"的亚伯拉罕宗教(犹太教、天主教、基督教、东正教、伊斯兰教)和华人宗教很不同,它们强调用一个强大的教会来维护一套固定的神学教义,稍有不同,便决然分裂。中华传统的儒、佛教、道教,都是祭祀类宗教。祭祀类宗教注重仪式甚于强调教义,关注灵魂超过神祇。华人的宗教活动都融化在膜拜、节庆、法会、庙会的仪式活动中,神学讲读是其次的。所以,东亚宗教和亚伯拉罕宗教的最大差别就是,它们的信仰主体是信徒,而不是教主。

---

① 马相伯:《书〈"天坛草案"第十九条问答录〉后》,载朱维铮主编《马相伯集》,第 244 页。

三、"政教合一"与"君师相分"

汉、唐以后,受"经筵讲"和"科举制"培植的高层儒生,常常会有一种虚幻的"素王"意识,以为儒者可以和皇帝分治天下。皇帝为君,统领天下;儒者为师,治理人心,包括皇帝之心。"素王"的典故,原出于《论衡·超奇》,汉代学者王充说:"孔子之《春秋》,素王之业也;诸子之传书,素相之事也。"① 自汉武帝设立"五经博士"以来,后世儒家便以为孔子虽不是个王者,也没有任过卿相,但他手订的《春秋》,寓一字之褒贬,是治世之准绳,可以拿来教授皇帝。儒学通过"经筵讲"传授给皇帝,儒者就间接地当上了王者,即使没有王位王号,那也是"素王"。康有为十分迷恋这个说法,自小就模仿"圣人",及长便更号"长素"。康有为长期标榜《春秋》公羊学,好发"微言大义",和这一层迷恋也有关系。

"君师相分",读书人为师,在君主面前还能保持独立人格,不失为一个好传统。明末万历年间耶稣会士来到中土,发现儒家有这样的说法,皇帝不上朝的时候,内阁确实代君主治理天下,便大加赞赏,称之是柏拉图梦想中的"哲学王"(Philosopher King)国度。其实,儒学在大部分时期并不能贯彻到社会,反倒是皇上自己

---

① 王充:《论衡·超奇》,中华书局,1990,第609页。

常弄一些粗鄙简陋的"圣学"来干预儒学,有时候佛学、道学也能影响全社会。历史上的儒家高唱"素王""内圣外王",常常不是得意,而是抗争,与有着更大影响力的佛学、道学抗争。所以,"君师相分"仍然是一个理想,它的好处是部分地保全了儒生士大夫的独立人格,合则留,不合则去,让他们能够"穷则独善其身,达则兼济天下"。

康有为、陈焕章的"孔教会"模式,试图建立一个"国教",他们在"君师相分"的问题上就不尽然是古代儒家的传统了。"孔教会"的模式非常可疑,君师不分,颇有点儿像是欧洲中世纪"政教合一"的样子,与西方现代国家体制也不相符。马相伯揭露"孔教会"的实质,说:他们"自号'素王',躬作民主之孔子",其实是一个"政教合一"的"国教"组织,"须知孔自孔,国自国,孔教仍不得为国教"[1]。如果一个宗教组织与国家机器合为一体,那就是欧洲曾经出现的或教皇干政,或国王统教的"政教合一",连中国式的"君师相分"的传统都被破坏了。康有为用儒家"经学"作为孔教教义,他以为经典可以作为教条,用来治理人心和社会,即"以《春秋》折狱,《诗》作谏书,《易》通阴阳,《中庸》传心,《孝经》却贼,《大学》治鬼,半部《论语》治天下"[2]。马相伯讲:儒家经典全部是关于人事与政治,而非信仰与宗教的,"教"与"政"怎么可以混在一起呢?康有为不懂,"陈君焕章固尝游学于美

---

[1] 马相伯:《书〈请定儒教为国教〉后》,载朱维铮主编《马相伯集》,第247页。
[2] 同上。

者也,当知西国所谓 State-religion,国教之教,华语无相当之译"①,难道他也不懂吗?

"孔教会"的"政教不分"性质和康有为的秉性相关,或者说"孔教会"是一个个人意志十分强烈的组织。章炳麟在《致谭献书》(1897)中透露,1896 年,他在上海《时务报》馆与康门弟子交往,"康党"的门徒们"以长素为教王,又目为南海圣人,谓不及十年,当有符命"。门徒们看康长素,"目光炯炯,如岩下电",确实有一种宗教领袖才有的"奇理斯玛",为人神秘,追随者众。章太炎说他当时就听不下去,说他们"造言不经",康门弟子居然"攘臂大哄"②——要打架。其实,康有为比野心家更具野心,他的心思并不是要当"皇帝""总统",而是想当"教主"。1898 年,章炳麟到武昌,梁鼎芬问康有为是否想当皇帝?他答以"只闻康欲作教主,未闻欲作皇帝",又把这个故事说了一遍。章氏的脾气忍不住,还多加了一句,说:"人有帝王之心,本不足异;惟欲作教主,则未免想入非非。"③

中华民国建立后,皇帝废黜了,怎样在共和体制下实现自己的"教主"梦,康有为又发明了一个逻辑。他的梦想逻辑的事实基础,来自他所理解的欧洲政治中的教会与议会及政党之关系。他的理想是自己充当"孔教会"的教主,梁启超当执政党的党魁,掌握议会的多数,然后"变法"。按他对西方宗教一厢情愿的理解:信徒成

---

① 马相伯:《书〈请定儒教为国教〉后》,载朱维铮主编《马相伯集》,第 247 页。
② 章炳麟:《致谭献书》,载汤志钧编《章太炎年谱长编》,第 42 页。
③ 冯自由:《中华民国开国前革命史·壬寅支那亡国纪念会》记载。此据汤志钧编《章太炎年谱长编》第 65 页转录。

为党员，党员服从党魁，党魁又服从教主，一个循环之后，教主通过执政党控制的议会、内阁，达成了对国家政权和社会组织的全控制。康有为在给他万木草堂时期学生的信中说："凡自古圣哲豪杰，全在自信，力以鼓行之，皆有成功，此路德、贾昧议（加尔文）之举业。及遍国会，成则国会议员十九吾党，至是时而兼操政党内阁之势，以之救国，庶几全权，又谁与我争乎？"① 这不是典型的"政教合一"政治架构吗？把宗教信仰和世俗政治如此紧密地结合在一起的政体，在路德、加尔文"宗教改革"时代还有表现，但在20世纪初期的"世俗化"时代很少看到。某种意义上的"政教合一""君师不分"，在1917年的俄国、1933年的德国，以及1927年的南京国民政府发生过，不过那时是政治领袖操控意识形态，而非宗教领袖影响世俗政治。

"孔教会"的政治逻辑站不住脚，信仰逻辑更是混乱不堪。什么是"孔教"？所谓"孔教"，真的能够代表儒学、儒家和儒教吗？儒学、儒家、儒教都是不同的概念，亟须在中西文化的大背景下加以厘清，混在一起能说清楚吗？清末学者都知道，康有为"今文经学"的基本观点来自一位冥思苦想、"为学六变"的地方经学家廖平。廖平（1852—1932，四川井研人），在四川学政张之洞办尊经书院（1874）时，成为王闿运的学生，传今文经学。他在成都封闭的气氛中，想出一个"尊孔"的点子，即把孔子塑造成一个代表中

---

① 康有为：《致仲远书》（1912年7月30日），载上海市文物保管委员会编《康有为与保皇会》，第370页。叶仲远，名湘南，仲远为其号。广东东莞人，举人，万木草堂学生。此信函原由康同凝、康保庄、康保娥保存，1961年捐给上海文物保管委员会。

国文化的改革家。1889年，廖平应张之洞邀请到广州访问，在广雅书局向康有为出示《辟刘》《知圣》，康有为读过后，自著《新学伪经考》《孔子改制考》。廖平所著《孔经哲学发微》①，苦心孤诣地为经学找出路，算是现代儒学更新运动的先驱。他算是有所创新的观点，却被康有为拿去抢先发表。1902年，廖平著《知圣篇》②，特别之处在于他否认了清代学者"周孔之教"的说法，考证"六经"尽为孔子所作，因而把孔子在儒学史上的地位突出到前所未有的程度。这次，康有为又把廖平的说法拿来作为"孔教会"理论。

康有为用孔学、孔教来取代儒学、儒教，中华文明便不自三四千年前的尧舜禹汤、文武周公开始了，而是自两千多年的春秋时期开始。实际上，康有为注重的"孔教"只是从不足两千年的汉代经学开始。儒教的历史被腰斩之后，周代儒学中强调的"六艺"（礼、乐、射、御、书、术），即华夏初民的祭祀、崇拜、文艺、体育、天文、数学等丰富内涵，就被"经学"的枯燥教义取代了。"孔教"之下，清代学术"经史不分"的传统，就变成了"孔教"的"空言垂教"，一味地"微言大义"，哲学发挥，道德规范，中华文明的悠久传统任由康党来解释，就被大大地歪曲了。相对于19、20世纪不断扩展内涵的"西学"，由康党出面阐释的"孔教"，一切自由的新思想都要包裹在《春秋》的窠臼内，其实是一种抱残守缺的"中学"，显得十分简陋和不堪。"孔学代儒学""孔教代儒教"的后果，

---

① 廖平：《孔经哲学发微》，载李耀仙主编《廖平选集》，巴蜀书社，1998，第287－392页。
② 廖平：《知圣篇》，载李耀仙主编《廖平选集》，第167－286页。

对当代儒学、儒家和儒教的更新运动十分有害。

　　康有为、陈焕章的"孔教会",本着"经术干政"的原理介入宪政。他们不是采用现代法律制度,而是在儒家原典中找依据。康有为把《春秋》比作《英国大宪章》,说《春秋》是"古名大经,犹《大宪章》也"①。作为一个现代人,真的能够在《春秋公羊传》中读出什么《英国大宪章》的条例、原则和况味?还能够应用到20世纪的"平常日用"中来?这种今文经学"微言大义"的读经法,也只有"康圣人"想得出来。康有为"孔教"原理在方法论上的大缺陷,在于它一方面是回归经典的"原教旨主义",另一方面又是模仿西方的"全盘西化论",同时在两个方向的极端化令"孔教"理论不能平衡。既然已经把孔子列为耶稣,自说自话地搞起了儒教的"宗教改革",还想当然地模仿马丁·路德、加尔文。"孔教会"成为一个梵蒂冈式的教义裁判所,就能把下层社会自主举行的仪式性宗教("迷信"),改造成上层社会加以控制的神学性宗教("国教")。从这个方面看,康有为并不是一个传统的儒教徒,而是一脑门子的西方意象。

　　"儒家之病,在以富贵利禄为心"②,章太炎批判康有为"孔教"时的说法是对的。清末民初出面从事儒教更新运动的康有为,一心想当"国教"的"教主",确有富贵利禄之心。针对廖平、康有为的"诸子出于孔学"的说法,章太炎在东京讲学,为诸弟子编

---

① 康有为:《刊布〈春秋笔削微言大义〉题词》(全集未收)。
② 章炳麟:《论诸子学》,载朱维铮、姜义华编注《章太炎选集(注释本)》,第363页。

订讲义《论诸子学》(1906)，其中提出"诸子出于王官说"①，指出儒家的本性是"官学"。儒家在朝，为王官、为政治，发展出上层精英思想，总是以管制百姓民众为己任。当然，后世儒家也有散居在野、抒发心性的，他们发展出很多具有民间价值的自由思想，有士大夫儒学，有民间儒教，这些都不能一概否定。章太炎在《答柳翼谋（诒徵）书》(1922年6月15日) 中回应对他早年"诋孔"的批评，承认当初或有偏颇，但他对康有为的"富贵利禄之心"的批评则仍然保留着。② 康有为的"孔教会"发展了儒家功名利禄的一面，忽视了儒学、儒教的民间活力的一面。辛亥革命前，各派学说都响应谭嗣同的提倡，以"冲决网罗"，"以心挽劫"③，来激发民众信仰，章太炎也有"建立宗教论"④。尽管他在思想上支持上层精英式的唯识论佛学，但在实践中也指导了下层民众的净土宗佛教，参与"佛教革命"。章太炎为上海的佛教居士、法师们出谋划

---

① 章炳麟：《论诸子学》，载朱维铮、姜义华编注《章太炎选集（注释本）》，第352-399页。其中提及"诸子出于王官之证，惟其各为一官，守法奉职，故彼此不必相通。……一论儒家……司徒之官，专主教化，所谓三物化民。三物者，六德、六行、六艺之谓。"(第360-361页) 即使已经被狭隘化为官学的儒家，也并非只奉"六经"而已。所谓"三物"，则仍然广大流化，并不如后世之孔教。

② 章炳麟《答柳翼谋书》："鄙人少年本治朴学，亦唯专信古文经典，与长素辈为道背驰。其后深恶长素孔教之说，遂至激而诋孔。中年以后，古文经典笃信如故，至诋孔则绝口不谈，亦由平情酌论，深知孔子之道，非长素辈所能附会也。而前声已放，驷不及舌，后虽刊落，反为浅人所取。"(原载《史地学报》第1卷第4期，1922年8月。此转引自汤志钧编《章太炎年谱长编》，第634页)

③ "冲决网罗"出自谭嗣同《仁学》，载蔡尚思、方行编《谭嗣同集》，中华书局，1981，第290页；"以心挽劫"出自谭嗣同《上欧阳中鹄书（十）》，载蔡尚思、方行编《谭嗣同集》，第460页。

④ 章炳麟：《建立宗教论》，载《章太炎全集》（四），第403-418页。

策，抵制清朝和中华民国政府的"庙产兴学"，保护信徒的信仰，保守庙宇的教产。

"宗教在良心"，马相伯的说法也是对的。一个宗教要讲良心，要为周围社会的人群服务，也要为自己的存在积善积德。如果"新儒家"一天到晚总是考虑为自己谋取权力，只是想着如何管理民众，自以为"内圣"，便想当然地要当"外王"，凭什么要让你存在下去？清末民初的基督教、天主教、佛教、道教和伊斯兰教，面临着"世俗化"的冲击，都必须面对挑战，努力从事社会服务，举办医院、学校、博物馆、学会、刊物、善堂，从事文化、教育、慈善事业，在"公共空间"里面"积善积德"，保持信仰资源。然而，康有为、陈焕章用"孔教会"名义从事的"宗教改革"却走进了死胡同。他们放弃了宗教领袖应有的使命，不在民间社会耕耘，却眼睛向上地铆住皇帝、总统，想从红墙魏阙的专制统治中分取权力。像康有为这样的冒牌"马丁·路德"，不被人们抛弃才是怪事。

被胡适赞为"四川只手打倒孔家店的老英雄"吴虞（1872—1949，四川新繁人），是成都尊经书院的学生。吴虞背叛了老师廖平的"尊孔"主张，决然"反孔"；但是，吴虞和廖平一样，完全混淆了"孔经"与儒学、儒家、儒教的分别，以偏概全，用"孔经"代替了中华文明。老师以偏概全地把中华文明的所有功劳都记给孔子和六经，学生则笼而统之地把中国人的劣根性都推给了孔子和六经，他们共同认定孔子是中华文明的创教人，用"孔教"代替"儒教"。吴虞在《新青年》上发表文章《儒家主张阶级制度之害》，说："孔孟之道在六经，六经之精华在满清律例，而满清律例即欧美人所称为代表中国尊卑贵贱阶级制度之野蛮者也。"① 吴虞以六经等同"满清律例",以"孔孟之道"全称儒教的逻辑和事实并不成立。确实,清末的"孔教"仍然维护"阶级",先秦的儒家确实讲论"尊卑",孟德斯鸠在《法意》中对中华专制政体的批判完全成立。但是中华文明源远流长,基础广大,生生不息,并不断地与外来文化交融发展,这些如何是孔子和六经可以概括的?孟德斯鸠在《法意》中对江南与长江三角洲的"风俗"和"制度"有很高的评价,这又如何理解?秦灭以后,六部残经怎能代表中华文明的全部?倘若一定要说六经、孔子和儒教有此功过,那必然就是两个结局:要么刻意地立为"孔教";要么悲惨地把中华传统全部"打倒",还要"踏上一只脚"。上一代世故中年康有为、陈焕章积极地作为于一个虚妄的"孔教",引来了下一代愤怒青年把这个以人力虚构的教会打倒,这就是1914年体现在"孔教会"和"国教运动"身上的内在逻辑:不作不死。

原载《悦读》2015 年 10 月

---

① 吴虞:《儒家主张阶级制度之害》,载《吴虞集》,中华书局,2013,第 42 页。

1916：金融中心的故事

一、"京钞"的危机

"老上海人"什么事情没经过，什么东西没见过，经受得最多的就是潮起潮落的贸易行情，见识得最多的就是花花绿绿的各色钞票。20世纪初，上海已经是中国的金融中心，内地钱财都集中到上海来，银行、钱庄、当铺、两替店、交易所、保险公司满街都是，说"银行多于米铺"，那是真的。

金融中心靠钱生钱，"货币"本身非常重要。清末民初，市场上货币混乱，劣币假钞，弄不好就"吃进"，用钱的市民必须非常当心。习惯成自然，保存在城市习俗中的"海派"作风，其实都是有来源的。上一代的老人们得了"袁大头""孙小头"的银圆，会

"叮叮当当"地敲来听音符，并不是欣赏，而是在鉴定成色。直到今天，银行职员还把钞票点数出声音来，这也是在辨别纸币的真假。上海人对钞票的顶真态度，一定是和经常被它们痛咬有关系。

20世纪20年代的市民们点钞票的时候，常常要剔出由北京分行印制发行的那种，拒绝收用。那一代上海人的记忆中，北京的银行是不讲信誉、不守规矩的，它们发的钞票不好用。这就有故事了！中国人是在1916年吃了北京各家银行的大亏，才形成这个印象的。那一年袁世凯称帝，政治信誉破产的同时，各家银行发行的"北京钞票"的信誉也破产了，"北票"被视为"劣币"。这段故事，令一代人刻骨铭心。银行界的老账故事多半情节复杂，当然要从头说起，听者幸勿怪罪。

1935年南京国民政府废除"银本位"之前，国人一直使用白银作为基本货币，人称中国经济的"白银时代"。"白银时代"里，中国市场上使用的货币是多种体系并行不悖，共同运营。名义上使用银子作为统一货币，但是用作货币的白银并不统一，大类就有"平银""关银""银圆"三种。第一种是清政府规定使用的国库银两，称为"库平银"（元宝），实际上是各省自铸的银两，在内地城镇和农村流行。第二种是"海关银"。鉴于内地各省的银两成色不一，难以交易，上海的江海关就自定标准，熔铸银两，通过外贸渠道交易，流行于通商口岸地区，简称"关银"（Shanghai Tael）。第三种是直接把外国银币，主要是从产银国西班牙殖民地墨西哥、智利、阿根廷进口的印有老鹰图案的银币拿来流通，市场上称为"鹰洋""洋元""银圆"。后来民国政府也铸过用袁世凯、孙中山为头像的银圆。因头像有大小之分，俗称"大头""小头"。银圆和关银一样，也主要在沿海、沿江城市使用。银币沉重，成色不同，携带和使用都很麻烦，但无论如何，这毕竟是"硬通货"，掂在手上，埋在地里，都叫人踏实，人们都愿意收藏。

用作流通的白银，有各种各样的货币形式，并没有独家发行的单一种类货币。更有甚者，因为交易、携带不便，市场上流通的货币，除了"铛铛响"的"真金实银"外，清末民初许多金融机构还自己发行纸质钞票，老式的钱庄、票号则发行庄票。国民党中央政府银行发行"法币"之前，中国没有统一纸币。19世纪许多国家都还没有规定统一版本的央行货币，商业银行只要有足够的储备金，得到政府批准，都可以发行自己的货币。当然，民众愿不愿意用纸币，或者选用哪家银行的纸币，就要看该银行的信誉如何。多种纸币并行的情况在今天香港仍然存在。港币没有统一货币，汇丰银行、渣打银行和中国银行，各自发行纸币。但是有统一的政策管制，信誉不错，虽然花花绿绿，却不妨市面流通。最要紧的问题，不是纸币种类太多，而是纸币信誉要好。临到金融危机，保证能够把手里的纸币换回自己的"真金实银"。

20世纪30年代的上海，市面一般通行本地钞票。汇丰、有利、横滨等外资银行发行的货币，有充足的储备金，随时可以兑付，信誉最好。本地中小银行的庄票，虽然很乱，但在行业内外小范围内流通，使用也算方便。中资发钞银行主要是中国银行和交通银行，分属财政部和交通部。清末财政危机，国库里的硬通货越来越紧缺,主要靠国家信誉发行钞票。两行的北京总行和上海分行分别发行"京钞"和"沪钞"。上海市面主要通行"沪钞","京钞"则在全国各地流通。然而,时至1916年,伴随着政治危机,"北京钞票"出现了空前的信用危机。

1915年12月12日,袁世凯在北京称帝,铺张用钱,光是在瑞蚨祥定制两套龙袍,就花费60万两银子,"大典"用费报销了2 000万两。为了筹款,除了酝酿"二十一条",出卖更多的铁路、矿山"利权"给外国,获得日本贷款之外,另外还想再榨一下全国人民。为袁世凯称帝张罗的干将是"交通系"财政总长梁士诒(1869—1933,广东三水人),他控制的交通银行滥发钞票,为"帝制自为"做准备。交通银行北京总行发行的钞票总数,大大超过库房里的准备金。当时交通、中国两行在市面上流通的纸币总额超过7 000万元,而库存现银不到2 000万。[1] 也就是说,市面上通货膨胀,只要有三分之一的持有人拿了它发行的钞票去兑换银子,这家银行就破产了。只为袁世凯一人着想的梁士诒,居然想出对付的办法,主张发行一种不可兑换的纸币。政府如此不负责任,更加引起挤兑。面对这场将要爆发的危机,梁士诒还要把濒于破产的交通银行和信誉稍好的中国银行合并,绑架着一起度过这场"金融危机"。

北京的城墙依然很厚,可是千疮百孔,破烂失修。既抗不住几次外国军队的入侵,更防不了任何内部消息的泄露。5月初,消息泄露,北京、天津立刻出现挤兑。探到内幕的军阀、财阀、政客、

---

[1] 参见韩宏泰:《上海交通银行史实片段》,载中国人民政治协商会议上海市委员会文史资料工作委员会编《旧上海的金融界》,上海人民出版社,1988,第83页。

姨太太、老太监、小巡警,都知道银行破产在即,先把纸币给兑了,再把商店的货给抢购了。果然,1916年5月12日,北京政府正式宣布:"查各国当金融紧迫之时,国家银行纸币有暂时停止兑现及禁止提取银行现款之法,以资维持。……各省地方……官务即酌拨军警监视该两行,不准私自违令兑现、付现,并严行弹压,禁止滋扰。"① 国务院命令颁布当天,交通银行上海分行准备例行遵守,决定将所有银两、银圆和美元一律封存,不得兑换,以备中央政府随时调用。交通银行上海分行发布告示:"自本日起,所有本行已经发行之纸币及应付款项暂时止兑。"② 然而,中国银行上海分行却在召开了全体股东大会后,毅然做出相反的决定:这次不照国务院令办理,所有银票存款照旧兑付。

政府要把自己控制之银行发行的钞票变成废纸,京城以外的民众被蒙在鼓里。次日凌晨,上海人恍然大悟后,呼啸着涌向银行,要求兑换,江西路一带的大街上到处是惶恐的人群。学徒替老板排队,妇人们大呼小叫,银贩子更是踊跃前来。还有从江浙,甚至安徽、江西、湖北捐着装钱麻袋赶来的财主。汉口路中国银行行址三条马路之外,都挤满了手持钞票和存单的人群。平常井然的金融街,拥挤嘈杂,大呼小叫,赛过一清早的八仙桥、三角地小菜场。按中国银行上海分行副经理张嘉璈的日记,"余自寓所到行(汉口路三号),距行址三条马路,人已挤满,勉强挤至门口,则挤兑者

---

① 中国银行行史编辑委员会编著《中国银行行史(1912—1949年)》,中国金融出版社,1995,第75页。
② 汤志钧主编《近代上海大事记》,第826页。

争先恐后，撞门攀窗，几乎不顾生死。乃手中所持者，不过一元钱或五元纸币数张，或二三百元存单一纸"①。

二、金融界的"东南互保"

中国银行上海分行经理宋汉章（1872—1968，浙江余姚人）和副经理张嘉璈（1889—1979，江苏嘉定人）挺身而出，抗拒总行的"拒兑"命令，向市民兑付所有纸币。他们领导中外资银行，联手抵制国务院财政部的倒行逆施，捍卫市民的经济利益，维护中国银行的信誉，为动乱的中国保存了相对安宁的南方"半壁江山"。地方抵制中央，这种情景在1900年"东南互保"的时候出现过。当年北方"义和拳"动乱的时候，长江以南各省联合起来，抗拒慈禧命令，不向外国宣战，置身事外。那次是张之洞、刘坤一等"清朝大员"策划了"保境安民"的抗命行动。这一次是宋汉章、张嘉璈等"职业经理人"违犯总部命令，策划了"金融界的东南互保"。

5月12日，中国银行上海分行接到北京总行停止兑付的命令电报。面对中央政府制造的金融危机，上海的金融家如何应对？这场考验不只关系到银行信誉，更关系到中国人自办的银行能否在外资银行林立的上海金融界立足。应对不当的话，中国银行和交通银行就会顷刻破产，不说将被汇丰等外资银行债权人接管，说不定当天

---

① 转引自洪葭管：《张嘉璈在中国银行的二十二年》，载中国人民政治协商会议上海市委员会文史资料工作委员会编《旧上海的金融界》，第67页。

就会被汹涌的细民储户暴抢踏平。宋汉章和张嘉璈紧急决定抗拒总行命令，坚持兑付，保全中国银行上海分行。他们商定：上海分行只对自己发行的钞票负责，只要是"沪钞"，一律足额兑付。当时上海分行发行的钞票有 400 万元，库房里还有 200 万元银子储备。危机情况比全国稍好，应该可以兑付。不足的部分，宋、张两人出面，到外滩的汇丰等英资银行借到 200 万元。中外联手，对抗北京。

按当时报刊和回忆录的记载，那几天里，宋汉章、张嘉璈两人亲自站在营业大厅。兑付的人流一批批涌来，他们从外滩汇丰银行急调来的银子也故意从正门一箱箱地抬进来。汉口路分行艰难应付，第一天兑付了 2 000 人，第二天相同数量，到第三天就下降到 400 人。① 银行和储户双方在角力，到第三天，市民见到中国银行的银子确实源源不断，开始怀疑自己，转而相信银行了。从第四天开始，人流渐渐缓了下来。奇怪的事情发生了：市民开始传言，中国银行上海分行的银库深不可测，取之不竭，是有信用的，不如把取出的银子再存进去。于是，人群开始倒过来往里存银子，一场"金融风暴"顷刻瓦解。

北方的情况很糟糕，由于上海分行只对印有"上海"的"沪钞"加以兑换，对非上海地名钞票则无责任②，北京、天津和河北、河南、山东、山西、东北各银行无力抵制中央的倒行逆施，不

---

① 参见洪葭管：《张嘉璈在中国银行的二十二年》，载中国人民政治协商会议上海市委员会文史资料工作委员会编《旧上海的金融界》，第 67 页。

② 参见汤志钧主编《近代上海大事记》，第 826 页。

得不执行北京中行的命令,"京钞"一律不得兑换银子。北方经济本来就凋敝,这场灾难后,"京钞"拖了好多年不能兑换,放在家里仍然是一堆废纸。好多年后,慢慢开放兑换,也是三钿不值二钿。由于各个银行,甚至同一银行不同分行,都可以凭自己的信誉发行钞票,并不是后来的国家银行发行统一货币,金融业有充分的竞争。上海各银行的纸币终于挺住,而北方货币体系受此打击,国家银行的信誉一落千丈。遭到政客、军阀和财阀的搜刮,北方经济生活陷入残破状态,金融秩序长期混乱。

故事还没有完,由于上海分行的信誉,中国银行在上海金融界的地位维持住了,它是唯一一家跻身于外滩大银行之列的中资银行。而且,上海最终成为全国金融中心也和这个事件直接相关。6月以后,因为北京、天津的中国银行、交通银行都关门拒兑,全国人民都不敢用中国银行北京总行发行的货币,改用上海分行的钞票。远至汉口、重庆、济南、太原的财主,都把银子投到上海来,把上海的钞票带回去。"北京钞票"几乎要退出流通,"上海钞票"进一步通行全国,连汇丰银行发行的钞票也被挤走,上海"金融中心"的地位更加稳固,"经济首都"名副其实。

20世纪初,北京和上海并称"金融中心",按金融史学家杜恂诚等人的研究,清末民初的北京是"财政金融中心",上海是"商务金融中心"[1]。拆穿了说,前者就是从全国收税敛财,向国内外

---

[1] 杜恂诚主编《上海金融的制度、功能与变迁(1897～1997)》,上海人民出版社,2002,第155页。最早提出北京、上海之金融"两个中心"的是1920年10月民国政府财政部驻沪金融调查专员李燊棻,他提出"北京与上海各成其为金融中心,有两个中心之倾向"(同上书)。

贷款，是"花钱中心"；后者的资金基本上要拿来搞进出口，做实业，是"赚钱中心"。金融中心是依附在政治中心北京，还是坐落于商业中心上海，1916年的"金融风暴"给我们提供了一个启示。1916年的经历，是全国民众的一次自觉选择，他们用钞票作为选票，选宋汉章、张嘉璈这样的银行家作为自己的管家，选上海作为全国的"金融中心"。商业化的中国银行，深孚全国民众所望，"在商言商"，南方资金大量涌向上海，改变了外资银行独大的垄断局面。清朝和北洋，政府银行总行都设在北京。中国银行从大清户部银行转制而来，交通银行则是邮传部的部属银行。1916年金融风潮以后，清朝在北京举办的"新式银行"难以为继，北方资金流到天津，南方资金则集中到上海。天津发展为北方中心，上海就成为全国中心。20世纪的上海成为全国"金融中心"，是历史的造就，是民众的选择，当然也包含了金融家的努力。

20世纪20年代，全国金融界的格局正是外资、华资银行及传统钱庄三分天下。① 外资银行占主导地位，华资、华商银行正迅速崛起，同时传统金融钱庄、票号在上海和其他各地星罗棋布，仍然起着重要作用。在华外资银行的总行大多设在外滩，称为"外滩银行"，诸如丽如、有利、麦加利、法兰西、汇丰、德意志、渣打、横滨正金、华俄道胜、美国花旗、东方汇理、荷兰银行等。外资、外侨银行力量雄厚，不但是海外集资能力强，更在于国内经营实力

---

① 杜恂诚等金融史学者在《上海金融的制度、功能与变迁（1897～1997）》第一篇第一章"三足鼎立的上海间接金融体系"（第51-87页）中提出，"先入为主的外资银行""不容忽视的钱庄""奋起直追的华资银行"是上海金融的"三分天下"。

足。其实,外资、外侨银行的大部分资金和存款来自国内,如醇亲王奕𫍯的数百万存款一直存放在汇丰银行。同时,这些"外滩银行"在1911年5月组成英、美、法、德"四国银行团",为清朝续命;1912年6月,又扩大为英、美、法、德、俄、日"六国银行团",连续五次为北京政府垫付政府用款,计规银1 210万两①,靠这样的融资业务,获得巨额利润。根据金融界前辈盛慕杰先生在《旧上海金融业综述》中录举的数字,截至1911年,汇丰银行在上海发行2 532万元港币现钞,东方汇理银行发行8 316万法郎,横滨正金银行发行1 510万日元。② 外资银行发行的钞票,数量大,信誉好,经营时间长,流行在通商口岸地区,既对中国新兴民族金融业构成了很大压力,同时也为上海本土金融业提供了强大支撑。

上海本土资本银行是迅速崛起的金融新力量。1897年,中国各界明白了"商战"的道理,政府和个人开始踊跃投资,终于创办了第一家民营的"中国通商银行"(总行上海,发起人盛宣怀)。民营商办的银行总行集中在上海和天津。1916年5月的货币危机之前,上海有实力的民营银行有"南三行",即浙江兴业、浙江实业和上海通商储蓄银行(加上四明银行,又称"南四行"),这些银行的总行大多设在外滩背后的江西路、四川路一带,与"外滩银行"展开竞争。1916年兑币事件之后,民间资本以天津为基地,创立了大陆、金城、盐业和中南银行,称"北四行"。天津的"北四行"

---

① 参见盛慕杰:《旧上海金融业综述》,载中国人民政治协商会议上海市委员会文史资料工作委员会编《旧上海的金融界》,第14页。

② 参见上书,第9页。

号称"商办",其实大量吸纳的是北洋政府政客家属的股本和存款,大多是民脂民膏。北京、天津金融业以政府和官僚资本为主,受到地理条件和人员往来的限制,北方金融业严重依赖政治权力。动荡的政治,难以建立平稳的金融秩序,缺乏南方金融的稳定和实力。中国的金融业,北南官民互为犄角,中外巨擘同场竞争,比较起来,上海的华商金融业受到全国民众的支持,越来越成为金融业的支柱。

抵制了北京政府的拒兑命令,南方的金融秩序得以维持。"金融界的东南互保",保全了华商金融业的信誉,华人银行地位急升。此后,汉口路中国银行信誉如日中天,实力迅速壮大,足以和外滩的外资银行抗衡。不久,第一次世界大战爆发,外资银行抽调资金回国,留下缺口,华资金融家乘机发展,外资银行在全国的垄断新兴工商业的局面被攻破。后来,再因中国"一战"战胜国的地位没收到了位于外滩的"德国总会",中国银行迁址外滩,建造巨厦,终于成为与汇丰比肩的"外滩银行"。通商口岸地区的工厂、货栈、商店、洋行和各类公司,纷纷和上海的中国银行签约,成为客户。华商银行资金充裕,发生了以前从来没有过的汇丰、横滨等外资银行向中国银行拆借资金的情况。

1916年"拒兑"以后中国银行、交通银行以上海分行为基础,借机进行"商业化"改革,大大地提升了中资银行的实力。上海华商代表的市民社会力量,愈来愈成为外滩和租界的主导。华人居民存款账户愈来愈多,华资银行放贷比例愈来愈高,打破了"怪圈",扭转了局面。

三、金融家的崛起

支撑"金融中心"脊梁的不单是金钱,更重要的是金融家。金融家是一种特殊职业,一批特殊人群。同样是钱财钞票,金融家的眼光有所不同。一般的消费者、投资人手上的钞票,是钱,是财富,是资本,但是金融家拥有的钱财就不仅仅是这些,在他们眼中,它还是信誉,是责任,是道义。在这一点上,掌管全国财权的梁士诒就失去操守,帮衬袁世凯,后来的事情迹近"祸国殃民"。梁士诒是袁世凯的"五路财神","国家利益"是假,"顺应民意"、"替天行道"也说不过去,其实谋的是"袁记"的私利。他们家族和内阁成员、同僚、亲属朋友,都在这个幌子下捞取钱财。相反,宋汉章、张嘉璈敢于为民众理财护财,堪称是"金融家"。

宋汉章,中西书院毕业,银行跑楼出身。因为办事严谨,得到上海外商和北京官场的信任,在1911年辛亥革命后被任命为中国银行上海分行经理。当年就曾因为不肯给"革命党"贷款,遭到陈其美的绑架。上海各界谴责营救,才保住这位城市里面第一"当家人"的性命。按今天的标准来评判,宋汉章肯定是个一尘不染的"职业经理人":一生靠薪水生活,所有酬金、礼物,一律上缴。张嘉璈,早年曾在上海广方言馆学习,后留日学习金融,庆应大学毕业,通过梁启超的关系,熟悉北京政界。他的妹妹张幼仪嫁了徐志摩,他的哥哥张君劢当了哲学家,后来都比他更出名,可张家的顶梁柱却是他这个四兄。1916年5月的"货币危机"后不久,袁世凯倒台、死去,梁士诒被通缉逃亡,北洋新政府邀请张嘉璈到北京,担任中国银行总行的副总裁,实际主管全国财政,全中国的"资金安全"都靠他看管。

宋汉章、张嘉璈违抗中央命令,是准备了一点儿牺牲精神的。梁士诒下的"拒兑"命令中,同时责令他们把中国银行行址迁到江苏省政府管理的"华界"南市,目的显然是让他们脱离"租界"法律体系,如不服从,便撤职查办,还可以调用北洋军队弹压。宋、张两人先出一棋,他们就是要利用"租界"制度,保护上海分行资产。他们约请上海各中资银行经理,以本行股东和债权人的名义,把自己告上会审公廨法庭。把宋汉章、张嘉璈告上会审公廨法庭的是他们"南三行"的老朋友、老搭档,即浙江兴业银行的蒋抑卮,浙江实业银行的李铭,上海商业储蓄银行的陈光甫。他们告宋、张拒兑违犯公司法。这样的对簿公堂,是借用租界法律作为捆绑,把上海分行与上海商民联合在一起,抗衡腐朽的中央势力。按照上海租界法律,诉讼期间,被告公司不得撤换经理人,不得抽调公司资产。如此,北京政府便不能把宋、张两人撤职,他们因此得以合法坐镇指挥,调用资金,平息兑付风潮。

据说,在张嘉璈背后出主意的是清末官场元老、"状元实业家"张謇。张謇是袁世凯的前辈老师,挤兑风潮发生后,他答应出任临时组建的"中国银行商股股东联合会"会长。"联合会"宣布接管上海分行的资产,声震北京。另一有势力的商人团体"上海总商会"也是宋汉章、张嘉璈的后盾。1916年5月13日,上海总商会在苏州河河南路桥北塊的天后宫召开会议，讨论了中行和交行的停兑危机，号召市民支持宋、张，抗拒中央。5月15日，上海总商会通告上海各业商会："查中国银行准备现金甚为充足，不特发行之钞票照常兑现，即将来存款到期亦一律照付。该沪行内容之可靠、诚信而有征，惟钞票为辅助现金，全赖市面流通，斯金融不致室塞。该沪行既备足现金，兑付以保信用，而各业商号自应一律照收，俾维大局。""凡我会员领袖各业，请将以上情形转知贵同业各行号，如遇中国沪行钞票，一律照常通用，毋庸疑虑。"①

民国时期，金融家一直扮演了非常重要的角色。通常的历史叙述，更多关注政治家、军事家、思想家。其实，在中国社会从农业文明转向工业文明的过程中，金融家的作用比过去更加关键，他们是中国社会中新崛起的精英人物。1911年"辛亥革命"的时候，陈其美、于右任等"同盟会"和"党人"的权力支撑，主要来自银行家沈缦云"信成银行"的资金。1927年"四一二"事变的时候，也是江浙财阀花钱，蒋介石才能奠定南京政府。1916年5月中旬，又是上海金融家主导全国局势的日子。全国舆论及时地站到上海金融家一边，谴责袁世凯。《民国日报》1916年5月13日载："上海为全国金融枢纽，且为中外观瞻所系，故以为保全中国银行，必先自上海分行始。"② 聚集在上海反对"帝制自为"的南方政治家，也乘机利用了这场"货币危机"，给袁世凯、梁士诒施压。5月14

---

① 转引自徐鼎新、钱小明：《上海总商会史（1902—1929）》，上海社会科学院出版社，1991，第213页。

② 转引自朱镇华：《中国金融旧事》，中国国际广播出版社，1991，第147页。

日，在外滩大马路（南京路）汇中饭店召开会议，讨论冯国璋（1859—1919）的"通电八条"，出席者有唐绍仪、谭延闿、张继、汤化龙等。会议起草了一个由 13 971 名上海重要人士签名的公函给冯国璋，认为"解决时局于今日，唯有袁氏引退，黎副总统依法继承"①。呼声很明确，袁世凯既然连"京钞"都搞不定，那么就只有退出京廷，让出总统的权印。

按正常情况，地方人士发动"东南互保"之类的举动当然属于"违抗中央""分裂全国"。但是，清末民初的上下关系是颠倒的，违抗中央的事件是迫不得已发生的，也是相当合理的。清末民初真正代表国家利益的常常不是中央上层，而是地方中层。皇帝、太后、权臣在混乱中漏洞百出，慌忙自保，维护的是自己的利益；相反，太平天国以后维持清朝整体局面的是一批地方上的中层人物，开始是曾国藩、左宗棠、李鸿章的湘、淮军系统，之后又兴起了张之洞、袁世凯的新军系统。他们是新起的既得利益集团，也参与整体性的"国家腐败"。但是，他们在"洋务"和"变法"的主题上，比清朝老贵族更接近实际。1900 年的"东南互保"，其实就是这批封疆大吏出面，联络地方实力人物，共同"支撑危局"，保了大清的最后十年。1916 年的"金融界东南互保"，也是类似情景。上海的金融家顶住了压力，保住了南方金融界，为 20 世纪 20 年代的中国经济留下了一片葱郁繁荣的青山。宋汉章、张嘉璈这批"中层"人物，为了全民利益，毅然率领上海金融界"起义"，抵制中央命

---

① 汤志钧主编《近代上海大事记》，第 826 页。

令。上海的中外报纸一致称赞宋汉章、张嘉璈是"有胆识、有谋略的银行家""不屈从北洋政府的勇士"①。

黄仁宇《中国大历史》中有一个基本观点值得注意,他认为在清朝崩溃之后,中国社会全面混乱,是国民党重建了中国社会的上层——官僚机构,共产党则重建了中国社会的下层——村社组织。他还认为:中国的社会重建过程中,缺乏一个良好的中层社会来维系分裂的上下层关系。这是一个不错的观察,海外不少经历过民国政治、在20世纪七八十年代重回大陆访问的人士,如赵浩生、杨振宁、何秉棣等,都谈到过1949年后下层终于社会稳定。但是,黄仁宇更看到了"上""下"社会之间"中层社会"的弱小。按近代社会的构成特点,"中层社会"是国家中坚,人数众多的金融家、企业家、经理人、教授、职员、工程师、自由职业者、艺术家等,构成了一个稳定社会的基本阶层,既能制约上层,又能稳定下层。然而,"中层社会"却是中国社会结构中最薄弱的一环。上海是"中层社会"生长最好的城市,社会结构中出现了宋汉章、张嘉璈这样的金融家,以及他们代表的市民社会,表现了上海"中层社会"的生成与成熟。民初的中国,群雄纷争,人物辈出,宋汉章、张嘉璈起初算不得什么大人物,都是小职员、学生仔出身的普通人。但恰恰是他们,成长起来,成为联系市民和中央的关键人物,居然还能在关键时刻挺身而出,独立不羁,敢作敢为。

"金融家"的成长,是清朝几十年"变法"的有限成果之一。

---

① 洪葭管:《张嘉璈在中国银行的二十二年》,载中国人民政治协商会议上海市委员会文史资料工作委员会编《旧上海的金融界》,第67页。

几十年里,"总理衙门"布置的"洋务"活动基本上都在上海、天津等南、北洋通商大臣驻节城市举行,这样就在地方上培养了一批"知时务""识外情"的实干人物。"自强"运动中成长起来的这批实干人物,有的在幕府,有的在局里,有的在衙门,但更多的在中国银行等新式企业机构中。像宋汉章、张嘉璈这样的人,受过新式教育,具备专业知识,富有职业精神。他们夹在官场与洋场、中央与地方、传统与现代之间,在所有的关系中都是"三夹板"人物。他们艰难地面对各种困局,是扎扎实实苦干的"中层社会",更是清末民初社会发展的中坚。很可惜,这样的人物在全国很难成气候,只在上海、天津、汉口等通商城市比较多见。"中层社会"太小,这是近代中国社会两极分化、不能融合的主要原因。

同样是"银行家",梁士诒投靠的是北洋军人,属于政权上层。梁士诒1903年应经济特科试,成绩出众,上报时却因姓名是"梁头康尾"(和梁启超同姓"梁",与康有为名"祖诒"同一"诒"字),又是广东人,被怀疑是康、梁同党,被西太后圈去。大约是从此知道朝廷意志不可违逆,便一心巴结权贵。梁士诒落第后,被袁世凯看中,任他为"北洋编书局"总办,从此铁心为袁世凯效劳。1906年清朝设立"邮传部",负责轮船、铁路、电报和邮政业务,都是需要用钱的衙门。按盛宣怀的说法:开铁矿必先修铁路,修铁路必先设银行。邮传部的轮、路、电、邮等业务,并称为"交通",所办银行就名为"交通银行"。梁士诒牢牢掌握"交通银行"的财权,为袁世凯和北洋系统筹款,在清末政坛上称为"交通系"。

宋汉章等上海出身的"金融家"和在北京发迹的梁士诒等"银

行家"很不同。宋汉章一辈子坚持"在商言商",不问政治。宋汉章认为银行就是一架机器,金融家就应该是工程师之类的人物,他甚至背后指"关心政治"的副手张嘉璈也是"政客",可见其职业操守之严。其实,张嘉璈的操守还是可以的。1916年的一系列事变之后,张嘉璈去北京,参加"政学系",执掌中国银行,协助财政部部长梁启超理财,后来还当过政府的交通部部长。但他的内心却还是想保持中国银行的"商业银行"地位,不愿为政治牺牲金融。他处心积虑地要把"金融中心"迁出是非之地北京,1926年5月起,他以母亲病危为由,坚持要在上海办公,等于是把总裁办公室从北京移到了上海。张嘉璈为中国银行提出的宗旨是"为全国民众服务",即使国民党政府上台后,他还坚持商业银行的道路,反对"中央银行"吞并"中国银行"。他为金融业的秩序和信誉着想,基本上是只管理财的"平民金融家"。20世纪30年代以前,上海良好的金融秩序和法律体系保证了金融中心的可靠地位。

20世纪20年代,凭着优越的法治环境、商业氛围和人才优势,上海最后确定了它在中国和远东金融中心的地位。壮大起来的中国银行以63万银圆购入了"德国总会"原址,原大楼因中国政府参加"一战"后没收得到。1937年竣工建立了一幢雄伟的总部大楼,即那幢至今仍显巍峨的外滩"中国银行大楼",代表了上海金融中心的新高度,同时表明上海最重要的华资银行入住外滩,成为"外滩银行"。中国银行之外,交通银行总管理处也在1928年正式入驻外滩 19 号①；新组建的中央银行总部，也在 1928 年入驻外滩 15 号②；国民党政府在 1935 年新组建的另一家中央企业中国农民银行总部先后设在汉口、南京，但因中、中、交、农建立了"四联总处"（1937），联合发行"法币"，则厉行集权经济控制的南京政府，仍然不得不把它的"财政金融中心"与"商务金融中心"二者合一，都放在上海。

中国人高喊"商战"，与外侨、外商企业竞争，喊了几十年，终于在 1916 年看到了希望。这种"希望"率先在东南沿海和通商口岸地区出现，全中国的金融资本逐渐汇聚到上海，投资兴业，江浙一带出现了百业兴旺的可喜局面，史称中国经济发展的"黄金时代"。③

---

① 外滩 19 号，原为德华银行大楼，1919 年被中国政府没收，归交通银行上海分行使用。1947 年，交通银行总行在外滩 14 号建造新的总部大楼。交通银行上海分行在 20 世纪 20 年代就成为全行业务的实际总行。1922 年，沪行存款占全行总额 30.30%，北京总行只占 10.89%。（参见交通银行总行、中国第二历史档案馆合编《交通银行史料》第一卷，中国金融出版社，1995，第 312 页）

② 外滩 15 号，原为华俄道胜银行大楼，清俄合资建造，俄国苏维埃政权建立后，经营难以为继，为华资方接收。1928 年中央银行入驻该大楼，1941 年太平洋战争爆发后停止业务。1945 年抗战胜利后，国民政府没收了外滩 24 号日横滨银行大楼，由中央银行总部入驻，改称"中央大楼"。1956 年，上海市纺织工业局入驻。

③ 在 20 世纪 20 年代的中国工业发展"黄金时代"，全国工业生产能力一半以上集中在上海。按刘大钧《中国工业调查报告》（中册，经济统计研究所，1937）的 1933 年全国工业统计，其中上海一地的工人总数占比 31.30%，为第一；天津 4.42%，为第二；广州 4.09%，为第三。上海的工业资本总额占比 39.62%，为第一；广州 6.97%，为第二；天津 5.02%，为第三。上海的工业生产总值占比 50.01%，超过一半；广州为 6.97%，居第二位；天津为 5.12%，列在第三。（参见吴承明：《中国资本主义与国内市场》，中国社会科学出版社，1985，第 73 页）以纺织业为例，不包括英、日资企业，"1936 年中国资本纱厂的纱锭有百分之五十四集中在上海、天津、无锡、青岛四地，上海一地占百分之四十"（同上书，第 74 页）。

"黄金时期"的上海金融大楼并不止于外滩沿岸一线，已经向西扩展了好几条街区，形成一个庞大的"金融区"（Financial District）。"（上海）到抗战前已形成一个比较稳定完整的金融体系。银行、钱庄、保险公司汇集于外滩、四川路、江西路、宁波路、天津路一带，形成银行区。金融机构的数量、业务量、资本、库存现金、存放款额均为全国乃至远东之冠。上海的汇率和金、银市价都能左右远东，远比香港、孟买的作用为大。"①

国际著名金融公司"美国国际集团"（AIG，American International Group）在外滩成功创业的传奇，可以用来表明上海金融业在远东乃至全球的重要地位。1919年12月12日，生于美国加州的史带（Comelius Vander Starr，1892—1968）在上海创建美亚保险公司（AAU，American Asia Tic Underwriter），虽注册在纽约，但总公司和所有业务都在上海。美亚起家时期，上海已经是一个"全球-地方"城市，在上海本地就可以方便地招揽到全球化的人才和生意。"史带自己是美国人，代理的公司绝大多数也是美国公司，但他很少雇用美国人。除雇用中国人外，他雇用得最多的是流浪在中国的白俄人。"② 美亚的"全球-地方"型经营异常成功，史带便于1927年租用了他曾经作为记者出入其中的外滩17号《字林西报》大楼（桂林大楼）。大楼底层是友邦银行，三、四、五层是美亚保险公司、友邦水火保险公司，八、九层分别是友邦人寿保险公司和法美保险公司，构成一个庞大的"友邦保险"（AIA，Ameri-

---

① 朱镇华：《中国金融旧事》，第42页。
② 同上书，第60页。

can International Assurance）体系。来自上海的友邦保险在中国香港以及新加坡、菲律宾、印尼、古巴、瑞士、英国开设分公司，业务渗透到建筑、物业、房地产、海陆交通运输等行业，连属为更为庞大的"美国国际集团"。其实，它是一家上海金融公司。

四、二十年代"黄金时代"

"三十年代"，在中国近代史上是个特定的名词。对于这个时期，曾经有过"左翼"式的粗暴批判，现在又流行"小资"式的温情怀旧。价值观念不同，但批判和赞美的内容大致相同，都以为"三十年代"最能代表"中国资产阶级"。其实，这是同一种意识形态之下的事实错误。法国白吉尔（Marie-Claire Bergère）教授在她的名著《中国资产阶级的黄金时代（1911～1937年）》中曾提出："20世纪10、20年代之交，中国资本主义得到迅速的发展。这一时期，是中国民族工业的黄金时期。"① 这是后来流传甚广的"黄金

---

① 白吉尔：《中国资产阶级的黄金时代（1911～1937年）》，张富强、许世芬译，第77页。白吉尔教授纠正一种观点，即"长期以来，人们往往将南京政府的十年（1927～1937年）视作中国资产阶级的鼎盛发展时期。这种观点不仅为30年代的观察家和记者所相信并广为流传，而且也为大部分研究这段历史的西方学者所接受"（同上书，第309页）。按照她的论证，"在1912～1920年期间，中国工业的平均年增长率为13.8%"（同上书，第85页），可以称之为"经济奇迹"（同上书，第77页）。20世纪30年代，白吉尔教授所称的中国的"第二次工业化"仍在发展，但速度减缓，这使得近四分之一世纪高速发展的比率下降了不少，"1912～1936年的年均（工业）增长率也只有9.2%"（同上书，第85页）。25年间保持年均增长近10%的速率，虽然仍然可称是"高速"，但20世纪30年代比20世纪20年代显然降速很多，并不能被称为"黄金时代"。

时代"说法的渊源。她的研究表明，20世纪"二十年代"是上海和中国现代工业发展的最好时期，进入"三十年代"以后，国民党南京政府对以上海为首的"资产阶级"实施了"官僚体制"的控制，粗暴程度远远超过清朝晚期和北京政府时期。

中国资产阶级和城市市民，在清末民初有一段好日子，但到"三十年代"就结束了。这个结论是确凿的，不被当时的"国共关系"牵制，不被后来派生出来的"意识形态"所迷惑，比较一下20世纪初几十年里中国城市市民的普遍遭遇，就可以发现"三十年代"并不美妙。"三十年代"开启了一个糟糕的年代："白银时代"结束了，通货膨胀开始了，国民党"军政"专制出现了，各种会议频繁了，标语口号增加了，官僚体制复活了。国民党开始用"法币"压榨市民，日本人在东北进山海关武装走私，政治割据没有解决，经济秩序又开始崩溃。东北和华北开始出现难民、流民，学生、商人和职员常常罢课、罢市、罢工。全国工商业频频破产，开工不足，各行各业的经营出现困难。换句话说，"中国资产阶级的黄金时代"不是"三十年代"，而是"一二十年代"，一共也就十几年的时间。

从上海的历史记忆中看，这段好日子还真是可以用1916年抗拒中国银行总行的"拒兑"事件作为标志。白吉尔教授说，在那个"黄金时代"里，"中国企业家卓有成效地开拓了通往现代化的通道，并形成了一个独立的'实业资产阶级'（La bourgeoisie d'affaires）"[1]。

---

[1] 白吉尔：《中国资产阶级的黄金时代（1911～1937年）》，张富强、许世芬译，第6页。

以宋汉章、张嘉璈等金融家为代表的中国资产阶级在 1916 年以抗命"拒兑"的方式登上历史舞台，表明上海市民社会的自治制度确有一股活力，主导了上海和江、浙社会的发展，"其实际状况与人们有时描绘的'萎靡不振'的图景大相径庭"①。清末民初的中国民间社会一直具有强大的活力。工业化、城市化、现代化达到的程度，以及它们的发展速度，要超过后来教科书的估计。19、20 世纪中国"早期现代化"的失败，并不是民间社会的失败，而是中央政府的腐败。上海和各地的"市民社会"相当强大，如果能够顺利地消化"军绅政权"② 留下的包袱，那么中产阶级和绅商们就很有可能建立一个合理的现代国家。

1916 年 5 月京、沪两个"金融中心"的角力，以中央政府将财政金融职能并给商业金融中心，即迁往上海经营而告终。1927 年，中国银行总管理处迁至上海；1928 年，交通银行总行也搬到上海。宋汉章、张嘉璈维护了民间金融，这意味着中国资产阶级和中产阶级终于有了自己的金融业。金融家保住的是民间掌控的资金，它不再是官僚能够无限调用的银库。获得了金融业的巨大支撑，中国民族工业有了更健康的发展，这在上海的一二十年代非常明显。第一次世界大战开始后，欧洲需要大量军需物资，原来流向东方的资金和商品反向地回到欧洲。大战爆发前，外资银行已经开始向中国银行拆借资金，采购物资。大战爆发后，外商采购力度更加强劲，华

---

① 白吉尔：《中国资产阶级的黄金时代（1911～1937 年）》，张富强、许世芬译，第 7 页。
② 参见陈志让：《军绅政权：近代中国的军阀时期》。

商乘机在上海大量投资纺织、面粉、针织、卷烟、榨油、食品、机器和轮船修造等行业。这些行业的产品，从上海装船，要么被直接运往欧洲，要么是去填补欧洲产品撤出后在东南亚留下的市场空缺。

1902年，无锡荣氏家族创办第一家企业——无锡茂新面粉公司，但是十年里面一直艰难经营。第一次世界大战爆发后，"兵船牌"茂新面粉乘风破浪地进入欧洲市场，赚回了大量白银。1912年荣氏开设了第二家面粉厂，以后不断投资新厂，至1922年已经拥有了12家面粉厂、4家纱厂，全部是在"黄金时代"开设的。荣氏企业是中国民族经济的缩影，"茂新"、"福新"和"申新"企业全都采取了大量贷款的方式，从银行得到资金支持，抓住了这个千载难逢的发展良机。在"黄金时代"，金融业是领头羊，引领了工商业的发展。按金融史专家盛慕杰先生统计：上海1912年的钱庄是28家，到"1926年，（上海）北市钱庄77家，南市钱庄10家，共87家"[①]。传统金融业的钱庄与现代金融业的银行，并为上海金融中心的两翼，但更代表本土经济的崛起，正与"黄金时代"的华人事业繁荣相当。

清末以降的很长时间内，中央权力并没有按"同光新政"的趋势，朝"现代国家"的良性体制方向发展。中央政府既不奖励工商，也不保护生活，一味维持自己的利益。这样的国家权力弱一点儿，并不是一件坏事情，它使得民间社会有迅速的成长。"中外协

---

① 盛慕杰：《旧上海金融业综述》，载中国人民政治协商会议上海市委员会文史资料工作委员会编《旧上海的金融界》，第12页。

防""东南互保"之后,上海形成了一套严明的地方制度体系,在中央不能保护市民利益的情况下,中外商民组织自治政权自我保护。当中央权力侵犯市民利益的时候,民众能够说"不",并在相当范围内维护自己的权利,抵御掠夺。20 世纪"二十年代"真是上海和东南地区人民值得怀念的日子。那时工资较高,物价便宜,通货膨胀率较低,赚钱相对容易。既不需要向皇帝献贡,也没有军官用《总理遗训》来做训诫。住在上海,自由择业,也不必看长官的面孔说话。那个年代,京剧南下,到了福州路丹桂园搭台;电影引进,开始在虹口的大戏院播放。新世界、大世界相继开张;南京路上"四大百货""新四大百货"公司大楼开张,"环球百货"琳琅满目,公共空间越来越多;还有,《申报》《新闻报》发行量大增,日日有新闻发生;轿车代替了马车,煤气、自来水、电灯、电报、电话、电车等,每年都有新的"西洋镜"登陆上海。这些都符合德国哲学家哈贝马斯(Jürgen Habermas,1929—)在《公共领域的结构转型》(*Strukturwandel der Öffentlichkeit. Untersuchungen zu einer Kategorie der bürgerlichen Gesellschaft*)中所讲的"公共空间"(Public Sphere)概念,配合了一个"市民社会"(Civil Society)的兴起。

1916 年初的中国银行故事,帮助我们从一个普通中国人的角度去看中国的 20 世纪"二十年代",在上海感受到市民阶层的发展和希望。在这个政治学上称之为"中国资产阶级的黄金时代",人们可以通过日常的细小生活来诠释属于整个民族的"大历史"。1916 年的春天,确实不是中国人民可以兴高采烈的日子。日本人的"二十一条"已经抛出，人人都在担心缺钱的北洋哪一天就会签了字，去拿这卖国的钱。袁世凯"帝制自为"，虽然在这一年3月21日宣布撤销，但他仍然赖在龙椅上不肯下来。纵有反袁的西南军阀，纵有叛离的南方议员，袁世凯照样还是死皮赖脸地调兵遣将与国人周旋。清末以来的政权维持，一靠枪杆二靠钱。袁世凯有枪杆，缺的是钱。有钱的话，他们可以安抚北京官员，收买南方议员，对真正的"现代国家"建设并无好处。1916年，金融家守住了自己的账本，捍卫了市民权益，南方经济才没有大崩溃，避免了国家财政的彻底破产。还有，由于金融家的奋起，扣住了老百姓的血汗钱，终于釜底抽薪地让袁世凯的"帝制"活动偃旗息鼓。

随着大量的外资、侨资和中资企业在黄浦江沿岸建造，上海在19世纪70年代就成为中国最大的工业城市。从零售、贸易、运输等功能来看，上海在19世纪60年代就取代了苏州、杭州的地位，成为全国最重要的商业中心。按上海《海关十年报告》的描述，江南富户在太平天国动乱之后大量移居租界，"中国人占有了收入最好的地产，其中最好的，上面建筑为了中国纨袴子弟提供消遣的各种娱乐设施。这类纨袴子弟在太平天国前把苏州和杭州看作地上的天堂，而现在他们发现这些天堂的乐趣在福州路一应俱全"①。上海在江南取代了苏州、杭州的地位，就是取得了在全国的主导地位，它的资金来源，它的市民力量，以及它的制度体系，都属于全国。在不少关键场合，上海代表了南方乃至全国的进步方向。正是

---

① 徐雪筠等译编《上海近代社会经济发展概况（1882～1931）：〈海关十年报告〉译编》，第21页。

宋汉章、张嘉璈的抗命央行，带动了南京、九江、汉口等口岸城市的同行联合抵制。5月12日，就在支持上海分行拒绝执行"拒兑"命令的同时，聚集在上海的216名中华民国国会议员联合签名，宣布美国波士顿银公司用湖南矿山作为抵押，放贷给袁世凯政府的2 500万两银子为非法。① 上海金融界和国会人士联合起来的负责任行为，吓住了美国财团，中国国会不承认的贷款，他们毕竟不敢放出。

袁世凯不能从上海的中外银行拿到钱，"帝制自为"就只能借助军事。袁世凯军人出身，在军事上他知道用兵西南的重要，相信"得西南者得天下"。袁世凯和梁士诒当然也明白，只有得到借款，银库充实，他的帝位才能坐稳。但是，他们还没有办法稳定金融，不及1927年的蒋介石那样，深知"得上海者得天下"。20世纪20年代上海的市民力量果真是厉害的。白吉尔提出"中国资产阶级的黄金时代"的说法，用上海市民运动作为典型，说："他们（上海工商市民）的人数最多，表现最为活跃。……在其他通商口岸或内地重要经济中心，中国资产阶级的概念是否成立，是很值得商榷的。"② 此说诚然。

原以《近代上海：金融中心的故事》为题，
载于《上海证券报》2005年1月15日

---

① 参见陶菊隐：《北洋军阀统治时期史话》第2册，三联书店，1957，第205页。
② 白吉尔：《中国资产阶级的黄金时代（1911～1937年）》，张富强、许世芬译，第6-7页。

1927：上海市民自治运动的终结

一、引言

"对上海资本家来说，国民党在上海第一年的统治几乎是一场灾难。……作为中国最有力量的经济集团的上海资产阶级，企图把他们的经济力量转变为政治权力的打算已经落空了。上海资本家在1927年以前十年所享有的政治自由突然结束，而坠入到'恐怖统治'之下了。"[1] 小科布尔（Parks M. Coble, Jr.）在《上海资本家与国民政府（1927—1937）》（*The Shanghai Capitalists and the*

---

[1] 小科布尔：《上海资本家与国民政府（1927—1937）》，杨希孟、武莲珍译，中国社会科学出版社，1988，第53页；小科布尔：《江浙财阀与国民政府（1927—1937年）》，蔡静仪译，南开大学出版社，1987，第26页。

Nationalist Government，1927 – 1937）中对上海商人与国民党政权的关系研究引起了国内学术界的重视，这可由天津、北京连出两个中译本得到证明。历来大陆和台湾对上海的 1927 年不乏研究，但注意力多集中在"四一二"的国共关系上。这项域外研究更关注上海资本家与南京中央政府之间的矛盾、冲突，这对矛盾、冲突曾被简单化地指为资产阶级内部的"狗咬狗"争斗。近年来上海史研究多有突破，虽然在思想整体上仍然受旧观念牵制，但是事实既已澄清，破除非学术的偏见便不难，识者很容易在史料的清阅中得到正确的判断。现举事实一二，以证其说。

1929 年，上海市党部按照上峰的"训政"要求，成立一个由官方掌控的新商会，上海《商业月报》有《整理商人团体之我见与期望》一文，提出要"务使本市商人有一致的精神，一致的言论，一致的行动，一致的策略，一致的步骤"①。对此，上海商人当然反弹，各业公会有宣言，指责市党部和商会的"独裁余孽""无赖商蠹"们"把持商运、包办选举、强奸会员意志、阿谀宁府权要、勾结党棍、排斥异己"，这是丢弃上海总商会一贯之"民主精神"，放弃"民主政治立场"②。当时，国民党市党部采用各种手段，逼商人就范，包括砸场子、制造内讧、开会宣传、打一派拉一派、动员帮会和下层群众闹事等。

商与官既然如此地剑拔弩张，问题就不单是商业精英与政治精

---

① 王延松：《整理商人团体之我见与期望》，《商业月报》第 9 卷第 5 号，转引自徐鼎新、钱小明：《上海总商会史（1902—1929）》，上海社会科学院出版社，1991，第 398 页。
② 《上海市各业公会代表联席会议对于上海市商会问题重新宣言》，上海市商会档案，卷号 146，转引自徐鼎新、钱小明：《上海总商会史（1902—1929）》，第 399 页。

英个人间为权力而进行的斗法,它触及一个基本的社会矛盾。上海商人背后有一场广泛而深入的运动,它抵制着国民党的"训政"精神涉入上海,更妨碍党权凌驾于商界之上。上海自"同光新政"开始,经"预备立宪"、"戊戌变法"和"辛亥光复"历次运动之后,已经形成了一个市民自治运动。相比较而言,上海总工会是在1925年6月响应广州第二次全国劳动大会成立的。此前,"工运"受上海总商会控制,是市民整体运动的一部分。上海市民自治运动有长久的精神传统和严密的组织形式,以及成功的社会业绩。从1927年往上推,上海市民以团体或个人形式领导或参与了1925年的"五卅"运动,1922年的"国是会议",1919年的"五四"("六三")运动,1916年的中银沪行抗命续兑、维持金融案,1911年的辛亥光复,1907年的苏杭甬路权争取运动,1905年的抵制美货运动,以及从1905年到1930年的租界华人参政运动,贯穿整个清末民初的南市、闸北市政改进运动等。正因为如此,蒋介石在"四一二"事变中轻易"打垮"工运、学运之后,却对势力顽强、盘根错节的商运、民运难施淫威。然而,为党国的精神与组织顺利地进入中国第一商埠,必欲将上海的第一大势力有所清理安顿,这就引出一场政治、经济、意识形态、社会组织和法律体制上的全面较量。

在上海开埠后八十多年的社会生活中,1927年是一大转折。上海商民如何向租界当局、清政府和北洋军阀争取民主的老问题,转变为怎样抵制国民党政权要在上海租界推行独裁的新问题。新问题的后半部分已见小科布尔等人的著作,我们在此拟就1927年前的市民运动,剖析商人政治和党派政治在上海的交替。

二、滥觞于租界

狭义的市民自治运动，自 1909 年 1 月清政府颁布《城镇乡地方自治章程》始，到 1914 年奉命停办止，是全国立宪运动的一部分。此指全国然。唯市民自治非全指地方自治，而上海又是自治运动的发源地，其复杂、其始末自另当别论。一般都承认，近代市民意识在上海觉醒较早，它受到租界政治体制及市民自治制度的激发。一方面，公共租界的工部局和法租界的公董局成了租界外闸北、南市华人绅商仿行自治的榜样；另一方面，租界内华人在争取参政权的过程中学会了运用法律和经济手段确立自己的权利。这两方面的内容在全国是独特的。

有一种根深蒂固的误会，以为上海租界是被一个殖民地政府统治着。其实，英、美租界名为"International Settlement"，是以"永租"（rent in perpetuity）形式获得的国际侨民居住区，而不是如香港、澳门那样由英、葡政府设总督实行殖民统治。香港之割让见于中英《南京条约》（1842），澳门在法律上归葡萄牙管理则迟至 1887 年。据张之洞《澳门租界收归葡国永远居住立约尚宜妥议缓定疏》，澳门是在 1849 年停止向广东地方政府交付地租。1887 年《里斯本协议》第二条正式承认葡国"永驻管理澳门及属澳之地"，唯出让他国，须得到中国政府的同意。但是，上海租界并没有做此"割让"，按 1869 年《公共租界章程》，租界设工部局（Municipal

Council），由纳税人每年选举董事九人组成，管理租界的路政、警务、消防和税收等。各国领事代中国官方就界内事务协调，而北京的公使团则是华洋纠纷时的外方裁判机构。顾维钧的《外人在华之地位》虽然强调要向租界政府声张主权，但他也承认因为从清政府"让渡"到的权利，租界可以保持市政"自治"和战争"中立"地位："其交战二国，虽各在中国维持其租界，但一律遵守中国之中立，不在两国租界互相争斗是也；至于中国内乱之时，两方面作战，均避开租界。"① 可见，在"租界收回"之前，国际法和清朝法律都确认工部局是一种特殊形态的"中立"于国内外各种力量的市民自治体（municipality）。一百年中，租界的法律地位帮助了社会稳定，保护了贸易、商业、工业、市政、文化、教育和思想运动的开展。

看来是法国人最早称租界为"国中之国"，因为它的西文表达是比喻性的法语"Petit Etat dans L'Etat"。且不论关于这一点有多少争议，比较一致的是中外各方都还承认上海公共租界是以《土地章程》为基本法，从中国政府那里租来了土地，用"自治"（Self-government）、"法治"（Rule of Law）、"安全"（Security）、"自由"（Freedom）作为精神发展起来的"租界自治体"。这个表述见于20世纪30年代《费唐大法官报告》（*Report of Justice Feetham to the Shanghai Municipal Council*）②，当时对于上海租界是一种

---

① 顾维钧：《外人在华之地位》，第195页。
② 参见徐公肃、丘瑾璋：《上海公共租界制度》，载蒯世勋等编著《上海公共租界史稿》，第252—278页。

地方"自治"政权的判断,并无很大争议。

在上海租界的"四项基本原则"中,以"法治"和"安全"落实最力。我们看到,1854年7月11日,英租界租地人会议根据《土地章程》的授权,建立了"工部局",选举开(W. Kay)为总董,克宁汉(金能亨)为司库,金(D. O. King)、费隆(C. A. Fearon)和麦都思为董事。为确保界内秩序,工部局借款设立了巡捕房。领事团训斥本国侨民自设公共安全机构的举动为侵犯中国权力,但在小刀会引起的乱局中,中外双方不仅需要警察维持界内,甚至还需要军队防守外围。于是,英、法舰队应地方官员的邀请,开进了黄浦江。同时,英租界在1853年成立了"防卫委员会"(Defence Committee)和"万国商团"(Volunteer Corps)。① 理论上商团是民兵性质的地方武装,但英国国防部(British War Office)和工部局合作委任军官,指挥战事。无论太平天国运动、中法战争、甲午战争、义和团运动、辛亥革命,还是五四运动、五卅运动,一有风吹草动,国内权力不稳,租界武装就起而守卫这块自治区域。经历了长期的全国性动乱,上海华人也相信租界的"法治"和"安全"是保持一隅稳定与繁荣的必要手段。因为"法治"和"安全",我们看到中国近代史上百川归海似的内陆移民,因为上海市面的稳定、繁荣而涌向这里。

工部局标榜的"自由",是指英、美式的自由。政府只管维持生活和生意秩序,而在信仰、言论、集会、新闻、出版上不事管

---

① 参见蒯世勋编著《上海公共租界史稿》,载蒯世勋等编著《上海公共租界史稿》,第345页。

制。一般说来,大班寡头董事们还能信守这原则,像清廷追究《苏报》章炳麟诽谤皇帝案,北洋政府要求查禁界内共产党,以及孙传芳以风化案为难刘海粟,都是越界施压。租界当局审理这类案件,都是为了满足中国政府主权声张要求的特例。但是,上海租界政府的权限确实比别的主权国家的地方自治体要大一点儿。1881年的《土地章程修正案》规定,"在骚动或纷扰之际,工部局于立即通知领袖领事后,得自由采用维持公安方法"①,即可以发布戒严令。此外,工部局还有权在筑路时强迫出让产权。巡捕权力大到可以擅自进屋搜查,在街上随意踢人,这在英国议会,说是败坏英国法治形象,引起争议。上海华人无奈必须服从,只能自嘲被吃"外国火腿"。

"自治"的理想一度也确实是虚设,工部局里其实只是几个人说了算。只占纳税人口百分之几的少数垄断了所有董事席位,像沙逊(Sassoon)、哈同(Hardoon)、嘉道理(Kadoorie)等精明的犹太人,总能预先得知或影响租界的筑路方向,使自己的地产迅速升值。一般的华人也开始向工部局纳税,却没有普通的投票权,初期也没有自己的董事代表。在19世纪90年代前,租界华人还不能享用租界的许多设施,比如传说中的"华人与狗不得入内"的外滩公园。

问题显然不在体制本身,不合理的体制必须修改,华人也觉得通过民主和法律的程序能解决问题。19世纪70年代起,中文报纸《申报》开始发表华人诉求,是租界华人利益的代言人。正是在这华洋冲突中,露出了华人自治思潮的端倪。1881年4月,虹口医院

---

① 转引自徐公肃、丘瑾璋:《上海公共租界制度》,载蒯世勋等编著《上海公共租界史稿》,第59-60页。

的华人医师联名致函工部局总办韬朋,要求外滩公家花园对华人一体开放。事既不被允许,引起社会抗议。1881年4月28日的《申报》说:"租界华人最众,其所收之捐项在华人为不少,则是园亦当纵华人游览。"这是在报刊上所见较早的具有近代市民意识的抗议运动,上海华人开始运用现代法律、权利、纳税人等观念来表达自己的利益,极具意义。后人不察,以致有人常常把外滩公园禁牌("华人与狗不得入内")以及其他租界洋人特权现象理解成美国和南非那样的严格的种族隔离政策。其实由于"华洋杂居",华人人口占优势,使租界文化呈融合状,华人在金融、贸易、实业等各方面都与洋人相颉颃、相合作,并无因经济、文化地位低下而生的全面的种族歧视。持续了几十年的公园争议,与其说是反歧视,不如说是争民主、求自治。

社会意识转化为社会运动,长期而渐进,合理合法的社会运动必能取得一些结果。20世纪20年代,租界华人的参政运动终于获得初步胜利。1921年,宋汉章、谢永森、穆湘玥、余日章、陈德辉五人以顾问身份加入工部局。1928年,贝祖诒、袁履登、赵锡恩被选为董事,另六人为委员。华人参政运动的成功和他们善用租界"自治"原则有关。1864年驻京各国公使会议定上海租界五原则,其五为:"市政制度中需有中国代表。"① 对于华人的合理要求,工部局中有人想玩弄花招,以在租界设立"华人领事"来搪塞。这一做法俨然是以华人为侨民,西人为主人,与"租界"的法律地位不

---

① 蒯世勋编著《上海公共租界史稿》,载蒯世勋等编著《上海公共租界史稿》,第499页。

合。此方案因为得不到英国使领馆的支持，遂被搁置。1873 年 8 月，《申报》再提旧事，主张："工部局诸值董，除举立西人而外……应再添公正殷实之华绅数人。"① 然而，华人社会越见壮大，西方侨民越想维持租界旧章，抱住特权不放，矛盾才越演越烈。

到了 20 世纪，租界的华洋矛盾激化，但并不表示华人地位的恶化和低下。相反，它表明华人的市民意识、自治诉求愈加强烈。1905 年，上海市民在发动抵制美货运动的同时，还大闹会审公廨，案中华人被杀 11 人。原案是因为有粤籍眷属黎黄氏携奴婢过沪，被租界以拐卖罪起诉。在沪广东人认为：这是中国人的风俗，洋人谳官干涉过多，因而大闹公廨。案件本身实际并不重要，在现代法律面前，广东人甚至没有道理。然而，华人只是借机喊叫："华人事华人管"。当市民以暴乱、罢市为自己的权利做出牺牲后，洋董们终于答应让出部分虚席，设立租界华商公议会（1906）。到五四运动时，华人参政运动提出更文明的口号——"不出公董不纳税"（No Taxation Without Representation），在商会领导下举行抗税活动。如此，才在南京政府建立的同时，完成了租界的华人参政目标，尽管参政程度与华人实力和人口仍不相配。

很容易发现，租界给中国社会带来了一整套完全不同的政治原则和社会制度。原则是基于财产私有上的权利和义务，制度则是维护商业利益和市民自治。并非说中国古代没有市民社会，而是说中国的市民社会有不同于西方城市社会的原则和制度，要看当时哪一

---

① 《申报》1873 年 8 月 27 日。

套制度和原则更适应上海的社会。江南地区正好是明清市井文明的精华,在苏州、扬州和上海这样的城市,甚至还有各类会馆出面处理同乡间、行业间的内部事务。在老上海时代,出名的有商船会馆(1715)、徽宁会馆(1754)、泉漳会馆(1757)、鲜肉业公所(1771)、潮州会馆(1783)、药业公所(1788)、钱业总公所(乾隆年间)、浙绍公所(乾隆年间)、京货帽业公所(乾隆年间)、四明公所(1797)、北货行公所(1809)、成衣公所(1817)、浙宁公所(1819)、祝其公所(1822)、建汀会馆(1825)、花糖洋货业公所(道光年间)、油豆饼业公所(道光年间)、潮惠会馆(1839)、江西会馆(1849)等。这些在鸦片战争或租界制度建立之前就已建立的会馆、公所,大多经受了开埠初期的贸易冲击,但存活下来了。还有更多的公馆、公所在"五口通商"以后建立,发达兴旺。20世纪30年代,上海通志馆学者研究《清季上海地方自治与基尔特》①,已经具有欧洲政治学的观念,他们把上海的会馆、公所拟作为中世纪后期欧洲商人团体基尔特(Guild),开创了中国的"市民社会"研究。江南式样的"会馆、公所"尚未完全摆脱地域、血缘和行业的局限,还不能与成形后的欧洲城市制度相比,也确实如马克斯·韦伯所说,"中国的城市缺乏西方城市所特有的政治力量:领事(Konsul)、参议会(Rat)、按照拥有军事独立权的商人行会(Mer

---

① 蒋慎吾:《清季上海地方自治与基尔特》,载上海通社编《旧上海史料汇编》下册,北京图书馆出版社,1988,第143—158页。此文结论为:"谈到民主政治,就脱离不了产业社会的关系。上海产业界人士在清季打下广大雄厚经济组织的势力——基尔特——而使地方政治放一异彩,也正由于社会发展的因果律的支配,其跃进的姿态是非常自然的。"(第158页)

canza）的方式组织起来的商人与工匠的政治组织"①。但是，上海的行会组织也运用了一些法治原则，联合起来，结为共同体，与欧洲近代早期的市民法相当。如果说在十六铺、南市、闸北等处的华人社会有分而治之的码头、山头、帮口，尚不能被称为完全的现代市民社会，那么，反观租界，工部局一开始就搬用11世纪以来的欧洲市政制度（意大利文是Consuls，法文是Jures，英文是Aldermen，即参事会），则是完整的市民社会框架。和清朝中央日渐支离破碎的官方一统相比，这套西式制度具有明显的整体性和近代性，更适应东南沿海地区连为一气的商业社会，正在向现代市民社会转型。

有一点值得注意，古代欧洲自治城市都有武装防御功能，而近代民族-国家形成后，军事和外交的权力都归中央，城镇自治功能已在内部行政化为法律制度。19世纪在上海移建的工部局、公董局有自己的武装，常常被卷入地区性的交战、交涉事务，难怪容易造成"国中之国"的印象。清末的上海，中、西两种体制在相峙。租界华人往往在感情上站在中国一边，而理智上却滑向西方。外争华人权利的时候提倡"爱国"，内行社会改良的时候又介绍"自治"。每当租界内部华洋冲突，"爱国"声起，哗然一片。反而租界与清廷利益纠纷，动乱时外敌入侵，兵戎相向，使节互见时，华人常常附和"自治"。当然，"爱国"声中忘却了"自治"的情景也是有的，1927年的年初时节便是如此，当时租界华人团体曾热烈欢

---

① 马克斯·韦伯：《儒教与道教》，洪天富译，江苏人民出版社，2014，第17页。

迎"北伐军"进入上海。

三、全国仿行

清末无疑是一乱世,但却有几个方面的大气象:消弭着各类华洋矛盾的同时,一种符合近代大贸易、大工业、大市政的社会制度正在痛楚中建立,地方自治运动便是其中之一。因为得风气之先,上海华界的地方自治运动至少比全国早十年发生。1895年12月,上海知县黄承暄在南市接受绅商建议,办上海马路工程局,局内"仿照租界",立六十人的警察(巡捕)体制,并设立裁判所。①1897年12月,上海道又设立马路工程善后局,续办各种市政。据李维清《上海乡土志》,这一次举办的自治"内容殊为腐败",不了了之。这是新政改良的通病,根本原因在于缺乏像租界那样的严格制度。

1905年,在多年的上海市民自治运动中,已经出现了一批有能力的华人领袖。他们有的是金融巨子、会馆首脑,有的则是地方绅士、学界精英。8月6日,在南市成立上海城厢内外总工程局,地方建设事务"试行地方自治,所有马路、电灯以及城厢内外警察一切事宜,均归地方绅商公举董事承办"②。并由当时江南制造局提调、中国通商银行总董李平书任工程局总董。办事总董中有总商

---

① 参见汤志钧主编《近代上海大事记》,第502页。
② 汤志钧主编《近代上海大事记》,第600-601页。

会会长曾铸、大买办朱葆三、企业家莫锡纶和郁怀智。士绅姚文枬、沈恩孚等亦在议董之列。南市的总工程局,"拟改名地方自治局,凡警察、清道、民事诉讼等概归绅董自办,行投票法,选举总董、议长、议员,并公举正、副裁判官各一名。以地方之人办地方之事,庶几民情不相隔阂,况地方自治,实为立宪之基础也"①。总工程局的权威差不多与工部局、公董局类似,名称也相仿,租界制度的示范效应十分明显。

辛丑那年联手"东南互保"的张之洞、刘坤一是地方自治的拥护者。他们都任过两江总督,研究过上海的自治,为他们的施政参照。刘坤一在1898年开辟吴淞商埠时,就主动在《吴淞开埠地亩章程》第一条写入"悉照西法办理"②,即土地和资本投资者拥有市政管理权。张之洞也是每天读《申报》《万国公报》,在武昌倡办警政、路政等,仿行上海和汉口租界制度。各省封疆大吏或为顺时应变,或为扩张权限,也都主张地方自治,其公开叫嚷和忙于施行之急猴相,与同光时期曾、左、李伺候西太后之谨慎态度大相径庭。被列强八国联军围攻,清政府终于服软。自西太后"西狩"返京后,清宫也只得把地方自治等宪政举措作为挽救帝国的最后一招。1905年有端方等五大臣出洋考察,空游一圈回国。说来并不是有趣和巧合,他们的欧美宪政考察报告,正是由躲在上海租界的梁启超,参照上海自治体制和自治运动的成果,闭门造车,代笔

---

① 李维清:《上海乡土志》,上海古籍出版社,1989,第88页。
② 转引自席涤尘:《吴淞自辟商埠的经过》,载上海通社编《旧上海史料汇编》上册,北京图书馆出版社,1998,第86页。

而成。

地方自治作为立宪运动的一部分，其实是宪政的基础，应该是先有"自治"，后有"宪政"。以宪政去发动自治，宪政是无根之末；以自治去构建宪政，自治会更加稳固。梁启超说对了这个先后次序："立宪政体滥觞英美，然英美人自治之习惯，当数百年前而已成矣。后此模范立宪之国，大率先确定地方自治之制，迟之又久，然后国会开焉。"① 1909 年开始的"预备立宪"，也确实是先颁布《城镇乡地方自治章程》，推广了全国"地方自治"以后，再行国会和立宪。梁启超说："各国之自治可分两种：其第一种由于自然发达者，其第二种由于政府助长者。……吾中国则属于第二种者也。"② 梁启超看到了"自上而下"发动自治的困难。这句话需要稍加修正的是：中国的确属于"第二种"，但上海却是属于"第一种"，它的"自治"是自然发达起来的，并不是政府号召的。在上海，由于南、北市，新、旧城连为一体，大规模的工、商、贸易、金融业不但辐射全国，而且联络东、西、南、北洋。全国一半以上的外贸额、关税、工商业资本、金融存款、银行总部、交通工具都集中在上海。上海俨然是"经济中央"，这种格局本不是上海道台、南洋大臣或总理衙门所能统驭的。

姚公鹤在《上海闲话》里比较北京和上海的社会性质，提出"上海与北京，一为社会中心点，一为政治中心点，各有其挟持之

---

① 梁启超：《上摄政王书》，载李华兴、吴嘉勋编《梁启超选集》，第 554 页。
② 同上书，第 555 页。梁启超《上摄政王书》并未出版，未刊原件稿本藏北京图书馆，但他在很多场合说过类似的话。

具,恒处对峙地位"①。在上海这样的近代城市,平衡自然人及法人代表间的权利和义务是每天都要进行的日常事务,既然清廷及各级政府不可能承担这个平衡社会各群体利益的功能,自治便是自然的诉求。几十年里,上海的租界是以西侨商人为主自治的,华界则是士、绅、商联合自治的。清末各地的自治,很多是官样文章,上海的一帮人倒是真正代表了民间的呼声。混沌的地方自治运动中,其实就有这样的自上而下和自下而上的区别。自上而下的宗室贵族想借地方自治转换体制,重振纪纲,引渡危机;自下而上的商业社会要求用地方自治保障各自的权益。清末有两个地区贯彻自治最力,一为直隶,一为江苏,"直隶为畿辅,江苏较开明"②,人们多是主张在北洋(直隶总督,治保定)和南洋(两江总督,治南京,近上海)先行地方自治,这两个行省正好是地方自治运动自上而下、自下而上的两个典型。

作为民众运动,地方自治挨过了辛亥,并没有随清廷的结束而偃息,还一度被立宪党团的政治主张大为张扬。北洋政府一直是允许地方推行自治的,有的军阀甚至以"自治"行割据。但是,全国性的自治制度却由于统治权威的流失再难推行,只能草草收场。1927年前,"自治"口号已为内地大小军阀接过去,和地方谘议局搞在一起,所谓"联省自治"更是自上而下地把自治运动的口号弄得恶名昭著,实不足以在此议论。

---

① 姚公鹤:《上海闲话》,第50页。
② 茗荪:《地方自治博议》,载张枬、王忍之编《辛亥革命前十年间时论选集》第3册,三联书店,1977,第409页。

反观辛亥前后的上海市民自治运动,却是一如既往地发展,并取得积极成果。因为南市、闸北的税收充裕、集资方便,总工程局仿工部局建立了商团、救火会、医院、中国自来水厂、闸北水电公司、电车公司等,之后又有公园、博物馆、动物园、植物园、图书馆的设立。这是一批不小的社会资源,看来是被李平书等士绅掌管着。它们大多是股份制的公共资产,有的是社会性的慈善事业,至少在理论上均归市民共有,不同于朝廷禁脔或私蓄家产。这是一个中间社会,在政权和个人之间划出的一片公共空间。凡有涉于这片空间的事务,都要由本地绅商共同商议,这就是市民自治的本义。近代中国人致力于这片空间的开发,因为唯有这片空间的充分广大,社会才能各得其所,由乱到治,既富且强。辛亥光复时,上海之所以能安然地过渡到共和体制,正和李平书等人把这份社会资源投向"革命派"有关。市民自治运动的发展,已使上海有了一个健康稳定的社会机制,才使改朝换代没有引出大的动荡,所以时人在赞扬李平书的功绩时说:"地方自治者,专制政治革命之先导也。"①

上海的自治有一个缺陷,即自我封闭,自成一体。抗战沦陷期间,上海被称为"孤岛",其实,上海由于与西方文化亲缘,经济结构独特,在全国坐大,与内地反差强烈,所以一直有一种"孤立主义"的倾向。一部分人,或一个时期,上海市民总存在一种情绪,设法要脱离内地通行的体制。1853 年,小刀会占领县城期间,英、美侨民鼓动刘丽川拘押并劝说上海道台吴健彰,要他出面,合

---

① 梅豫怅:《李平书先生六十寿序》,载李平书:《李平书七十自叙》,第 75 页。

三租界于上海县成立独立的共和国。1862年,租界"防卫委员会"的绅士们仍然主张由四国(英、法、美、俄)保护,并入上海、宝山两县,成立"自由市"(Free City)。脱离内地政府的"沪独"方案,因没有法律依据而被英国领事拒绝了,但"孤立主义"却在上海市民中留为传统,"严守中立""沪人治沪"一直是流行的口号。一段时间内,上海人在内地不被看作中国人,难得有上海人在内地被认为不附和西方人,这是一种赞辞。光绪二十六年(1900),李鸿章在两广总督任上初见李平书,老李以大李身"为上海人,胡异于西人"① 而奇怪,说一个地方人不像该地方人,竟然是夸奖,这是什么样的夸奖?

心态可以孤立,经济却必须联系。作为全国商业中心的上海,要求打破割据,经济统一。1927年前,北方中央政府挟其正统,要求政治统一;南方国民政府凭其新锐,筹备军事统一。政治、军事和经济,当时当地有三种统一方式,上海各自治团体走的是"第三条道路"。他们对皖、直、奉、粤各派系中谁主掌中央并不太感兴趣,关键是看谁能制定有利于工商的法律,保护他们的商务活动。上海商界领袖"与各党各派有接触……什么系上台,就由接近这个系的人出面去应付"②。兵来将挡,水来土掩,上海社会推举

---

① 叶佳棠:《李平书先生六十寿序》,载李平书:《李平书七十自叙》,第70页。按李平书自述,当时李鸿章对李平书在广东遂溪县知县任上敢于和洋人据理力争表示赞赏,称:"君是上海人,当与洋人习,何不度德,不量力乃尔?"(同上书,第45页)洋务大臣李鸿章尚且对上海人有此偏见,可见辛丑、庚子年之后对"西洋人"之仇视。

② 祝绍祺:《蒋介石叛变革命与江浙财阀的一段故事》(未刊稿),转引自徐鼎新、钱小明:《上海总商会史(1902—1929)》,第361-362页。

不同角色来应付。清末，是状元实业家张謇、政坛元老兼商界名族马相伯，以及李平书、沈缦云等代表上海商人发表全国性的政见。民元以后，因中央财政窘迫，各路军阀都来上海筹款借钱，金融资本家地位上升，虞洽卿与段祺瑞、傅筱庵与孙传芳关系密切，先后被推为1926年前后的总商会会长，在全国代表来自上海的意见。

市民自治运动中，在旧式的会馆、公所以外，上海出现了许多新式社团，有沪学会、江苏教育会、地方自治研究会等综合性团体。这些绅士文教性质的团体分解了政府权威，分担起社会功能。然而，士大夫倡导于前，资本家实行于后。1902年上海商业会议公所（上海总商会的前身）成立后，逐渐取代官僚和士大夫色彩的团体，成为市民运动的中坚。从它的名称来看，商人们想要建立一个日本明治维新式的团体和政府，把一切政治都围绕商业利益而设置，建立财阀政府。他们等不及清朝拖拖拉拉的宪政，在1911年便以部分财力支持沪军、苏军，参加了推反清朝的"辛亥革命"。

湘、淮军时期，江浙是兵饷的来源，以税负支撑全国。梁启超说："江浙两省，中国财赋之中坚也，无江浙则是无天下。故争兵要则莫如武汉，争饷源则莫如苏杭。"① 平定太平军时如此，辛亥光复时如此，民国初建后的北洋政府时期仍是如此。梁启超所谓"江浙饷源"，在清末以来更有一新因素，即在苏、杭之外崛起的上海。开埠后上海长期稳定和繁荣，租界成为江浙财富的新渊薮。工部局、公董局的税务自治，把一笔重要财富留在了地方分配和使

---

① 梁启超：《李鸿章传》，第16页。

用。上海总商会正是倚仗着这种重要性发声,上海式的财团政府的愿望,与各地军阀政府的现实在交战。上海总商会联络了各地商会,声音越来越大。当时的总统府在军阀手中,而国务院却频频散台。常年聚集在上海的南方议员团反而在上海与江浙地方力量共商国是,是民初"政党政治"时期的一支重要力量。在"民心""公议""通电"等政客伎俩、政坛风云之下,很可以看见上海总商会等社会团体在翻覆其手,操控局势。

　　上海商人除了利用社会关系参与政务外,主要是靠经济力量逼北洋政府就范。金融界在对军阀贷款代行公债的时候,都以完善宪法、保护工商、速行民主为条件。最典型是在 1916 年 5 月,中国银行上海分行决定抗拒国务院冻结存款的命令,所有银票存款照旧兑付。风潮中,上海总商会劝谕商界尽量使用上海中行、交行的货币。同时,借助了汇丰银行等外侨资本银行的实力与总行颉颃,上海银行家终于平定了市面。此举打垮了滥用滥发货币的中央财政,其意义相当于民间力量接管全国金融。"全行事务悉归股东联合会主持,以后政府不得(在沪行)提用款项"①,于是上海商人手中的筹码大增。1922 年国是会议期间,上海商人聂云台等人在"宪法草案"中提出了全面的政治主张,主张联省自治、划定中央地方权限、军费不得超过总支出的 20%、军人不得干政等要求。② 这份"宪法草案"在《中华民国临时约法》(1912)以来的历次制宪中是最倾向于城市商业阶层的,但北京府院内的军人们并不准备认真执行。

---

① 汤志钧主编《近代上海大事记》,第 826 页。
② 参见《民国日报》1922 年 7 月 31 日。

还是在1912年，上海总商会靠着在辛亥革命中的表现，主导了全国商会联合会。原本"在商言商"、不过问政治的资本家试图借此机构从事国政，把上海的市民自治运动推向全国。1923年的"国民自决"运动正可以说是一种结果。原来只关心店里、街上的生意，最多只关心地区事务的上海"小市民"，忽然变成爱谈国家大事的"大市民"。然而，"治大国若烹小鲜"，管国家如开公司，商人谈政治有自己的本位看法。1923年6月14日，上海各路商界总联合会在《申报》上发表《对政潮重要宣言》，说："民国犹如一公司，国民犹之众股东，京内外凡百执政，总分公司之职员耳。"①商人眼中的国民政治，国家是公司，国民是老板。这是中国政治观念的大变革，当然也是传统官僚、政客、军阀不能接受的。尽管如此，市民自治原则仍然在全国推广，其胜局有待于各地商民势力的增强方能成立。全国的市民自治运动虽不能一蹴而就，但北洋政府在容忍，商民们也在抗争。民主化的可能性在增长，这是1927年以前的现实。

四、别了，"自治"

"四一二"前后的上海决定着中国的前途。各方政治力量的格局是：孙传芳代表的北洋势力，汪寿华领导的工人运动，白崇禧指挥的北伐东路军，以及租界侨民和外国武装羽翼下的西方利益集团，

---

① 上海各路商界总联合会：《对政潮重要宣言》，《申报》1923年6月14日。

全线铺开自己的力量,殊死一搏。这当中暴露了国民党政治的残忍、工人运动的幼稚、英法政治的顽固、北洋军队的溃散等社会怪相。但是最令人不可思议的是上海商人的短视。他们以生意视政治,以为投资于国民党一定会得到回报。然而,就在放弃独立政治活动的时候,因部分寡头商人的依附行为,整个市民自治运动的前程被断送了。

北伐战争开始后,广州主导的军事统一压倒了上海主导的政治统一。然而,军事行动的动员令仍然以"自治"为号召。1926年10月,共产党秘密发动的上海工人武装起义,拟定建立的政权名称就是"上海市民自治政府"。除了老军阀和租界侨民之外,几乎所有在沪的华人势力团体都集聚在"上海自治"的旗帜下,谋取自己的政权。12月6日,共产党推动在上海成立的"市民公会",仍然是"以实现上海自治,谋市民福利为宗旨"。1927年3月,国民党军队逼近上海,上海各界的自觉行动是要借机成立自己的政府,实行"自治"。22日,在新舞台,来自1 000多个社会团体的4 000余名代表,召开上海市民代表大会,由商界王晓籁、虞洽卿、陈光甫等,国民党白崇禧、钮永建等,共产党罗亦农、汪寿华等,学运领袖林钧,学者杨杏佛等,共十九人组成上海特别市临时市政府。该政府还是声称要"以实现上海特别市民自治,谋市民福利为宗旨"。

上海市民自治运动在"反对军阀"的口号声中达到高潮,就运动联络的阶层之广泛而言,学生、工人、军人、党人都来支持自治,这是空前的。然而,正是在这捏合而成的表面统一之下,潜藏着十几天之后分崩离析的危机。不单国共双方分道扬镳已不可避免,更是上海市民自治传统与"党治""军政"的新精神格格不入。

在长期与租界洋人打交道的过程中，上海人已习惯用"自治""法治""安全""自由"等"四项基本原则"来谈论自己的权益问题，而从广州北伐而来的党国精神却完全不承认这一套程序，它只在一党专政下，用特殊方式的语言讨论利益问题。国民党军事政权并不主张"自治"，市民自治运动本身的合法性就成了问题。按1927年4月7日的《上海商业联合会会员记录》，离开龙华、去了南京的蒋介石给上海商界领袖留下一句话："对于党务，主张一致服从三民主义，并希吾商界一致服从主义。"① 国民党的"一致服从"，有违清末以来的"自治"精神。这句狠话，显然是一把双刃剑，一面逼向共产党，一面指着上海商民。

大多数的上海资本家并没有察觉到投向他们的寒光，他们以为投资于蒋介石虽属不得已之下策，但除去共产党和武汉的左派却是可以借刀杀人之良机。当时，各商会又一次面临市面不稳和社会动荡的局面。3月22日，虞洽卿、王一亭在见过蒋介石之后，撇开长期以来维系上海市民的总商会，提出"为维护各业安全起见"②，另立上海商业联合会。该会出面募集，4月1日贷出300万元用作

---

① 上海市档案馆编《一九二七年的上海商业联合会》，上海人民出版社，1983，第52页。
② 《上海商业联合会成立公告》，载上海市档案馆编《一九二七年的上海商业联合会》，第3页。该会的宗旨为"安全"，而非商业自治，表明该会一开始就是一个危机处理机构，以募集共同款项为主，且该会所做的第一件工作就是"慰劳抵沪国民革命军"（同上书，第6页）。发起联合会的各商会团体有：上海县商会、闸北商会、银行公会、钱业公会、交易所联合会、纱厂联合会、纱业公会、金业公会、粤侨商业联合会、面粉公会、振华堂洋布公所、杂粮公会、茶叶会馆、丝经同业公会、南北报关公所、书业商会、纸业公会、商船会馆、通商各口转运公所。上海商业联合会会址设在香港路4号银行公会内。

反共用途，25日又贷出700万元用作宁汉战争军费。此后无有宁日。5月，蒋介石又要该会同人购买3 000万元公债，用分配、勒索、敲诈等方式推行。5月14日，蒋介石给江苏兼上海财政委员会下达命令，"摊派各大公司认购库券"，附有具体数目，其中"闸北水电公司贰拾伍万，华商保险公会伍拾万，内地自来水公司贰拾伍万，南市电气公司叁拾万，南洋烟草公司伍拾万，粤侨联合会叁拾万，华成烟草公司拾万，先施公司贰拾伍万，商务印书馆贰拾万，永安公司贰拾伍万，新新公司贰拾伍万，丝茧总公所拾万"①。上海市民见过许多大鱼吃小鱼的黑吃黑，但用刺刀威逼、牢狱之苦，乃至用"反革命""帝国主义走狗"等帽子扣压，用"三民主义"国家理想相号召，把自己的资产奉献给并不准备保护自己的政权，这情景是第一次。

蒋介石限时限刻要中国银行提款1 000万元，换取国民党的国库券。5月21日，董事长宋汉章代表商民，为银行在中外储户中的信誉计，致函蒋介石，恳求"为国计民生留一线生计"②，让上海分行稍缓时限，竟难获容。蒋介石的高调是："继续总理革命之精神"，"党国存亡，民族荣辱，全在此举"③。在此情景下，原想借蒋之力稳定市面的商人们只得从速解散商业联合会，躲之唯恐不

---

① 《江苏兼上海财政委员会关于蒋介石电令摊派各大公司认购库券书目函》，载上海市档案馆编《一九二七年的上海商业联合会》，第100页。
② 《蒋介石与宋汉章为中国银行预垫库券一千万元往来函电》，载上海市档案馆编《一九二七年的上海商业联合会》，第97页。
③ 《蒋介石复6月7日陈光甫函》，载上海市档案馆编《一九二七年的上海商业联合会》，第110页。

及。终于,1927年11月,上海商业联合会不堪负担,申请关闭。他们的抗辞已经不只是抱怨,而是至于哀号了。今天我们查看档案,在最后也没有敢散发出去的《上海商业联合会结束宣言(稿四)》中,他们控诉说:"国军莅沪以来,我商民习处于憔悴呻吟之下,乃始而垫款,继则库券,竭商人之全力,以供绞脑沥血之金钱……而事与愿违,心余力绌,痛定思痛,危乎其危。"①

"四一二"以后的蒋介石表态反对"阶级斗争"和"无产阶级专政",转而强调"民生主义"。"民生"作为致富致强的生意经,是上海人懂得的,但作为一种意识形态的"主义",许多上海人却是陌生的。意识形态进入经济领域,就意味着政府可以运用军事、政治、思想宣传等超经济手段干预经济活动。市民自治的本义之一是用经济利益的调整,达到权利和义务的平衡。而"民生"作为"主义",却把政党、军队、政府、国家的利益放在首位,在具体做法上践踏法治,否认自由,制造不安全,尤其不承认自治。1927年"四一二"事变以后,蒋介石在上海所做的一系列事情,表明他完全不承认以"安全、法治、自由、自治"为原则的"市民自治运动"。他拘捕工业巨子荣宗敬,没收在无锡的工厂,罪名是"腐败商人"和"反对革命"。然而,在荣家交出25万捐款后,罪名撤销。还有,已经成为民间股份公司的轮船招商局被作为北洋政府的财产无理没收,《新闻报》只因刊登一份受当局勒索者的名单,便被禁止发行。蒋介石只承认从广东带来的商民协会为"革命之商

---

① 《上海商业联合会结束宣言(稿四)》,载上海市档案馆编《一九二七年的上海商业联合会》,第30-31页。

人"，宣布上海总商会为"不革命之商人"，利用总商会对所有商会开放的条例，先加入，后篡权，并最终在1929年4月22日，由商民协会派打手捣毁和占领总商会会所天后宫。上海市民自治运动的最后支柱被折断了。

上海商业联合会商人寡头的多变和短视在租界问题上暴露无遗。太平天国运动之后，上海的公共租界、法租界在19世纪50年代获得了市政和社区自治权。租界体制带动了华人自治，南市、闸北和上海周围之"市民自治运动"的治理模式及合理性、合法性的来源，都和租界工部局、公董局体制相关。租界和华界虽然分治，但治理精神却是一致的。因为长期在租界里与持有特权的西侨抗争，上海商民也用"爱国主义"作为宣传，在五四运动、五卅运动时都支持"收回租界"的口号。1927年初时节，汉口、九江英租界被收回后，上海华人也在讨论"收回租界""统一市政""撤退各国海陆军"等热门话题。然而，一直要到蒋介石将所有幻想全部毁灭后，他们忽而觉得，如今只有在"治外法权"的租界里，还存在让他们自主从商、自治市政的可能。于是，在接下来发生的南京暴力驱侨事件之后，转而竭力维护现有体制。他们请求"兵队请暂勿通过租界，并禁勿携军械入租界"①。上海总商会及重要贤达们再也不提全面收回租界的要求，只片面地要求关税自主、平等中外税赋。国民党权力还不能进入的租界，其实是自治精神的最后堡垒。两年后，他们痛惜，只因总商会设在租界以外，竟致被国民党无理

---

① 《上海商业联合会关于讨论消释工部局疑虑维持租界安全会议录》，载上海市档案馆编《一九二七年的上海商业联合会》，第160页。

侵占。

上海市民自治言行的幼稚证明了这一新兴阶层的不成熟。在那个时代,基本上没有直接代表他们的思想家和政治家。上海固然是个言论中心,其中充满了西侨、党人、士大夫、留学生的见解。西侨以《字林西报》(*North China Daily*)为喉舌,发表全球性的商业、政治、外交和文化简介,但与华人社会还有隔阂;华人读者以《申报》《新闻报》为据点,华商、职员和市民的观点固然也构成了上海的主流舆论,但因为脱离不了本土的商业利益,仍然是一些地方性和功利性的政见。他们还没有自己的政党,虽然北洋时期的总商会具有准政党的作用。这种地方局限性迫使他们在中国政坛上不断地寻找自己的代言人,借用别的阶层的力量,解脱自己在中外各阶层、各地区矛盾冲突中的复杂处境。他们的强大在于他们握住了中国近代化地区的经济命脉,他们的笨拙在于他们只是经济动物,对于近代商业社会的全面构成缺乏自觉,加上1927年前后,新旧社会交替之际复杂万变的中国政治也确实难以预见和判断,这使他们必然陷入被动,出钱得不到好处,赔了夫人又折兵。

前文已提到,在重建中国近代社会秩序的努力中,确实是有一条自下而上,用经济手段走自治路线的民间道路,也有一条自上而下,用政治、军事手段进行集权管制的中央道路。上海市民自治运动代表了前一条道路,它提供了一个地方政府自我治理的成功模式,但在协调与中央政府关系的努力中常常失败。两条道路必定要在中央与地方、官僚与商人、军事与经济、政党与政团各方面的利益和力量都趋于平衡时,方能和谐相处,并轨共进。而这一情景,在当时很少发生。市民力量之弱小，在中国各地犹如孤岛。由于各地市民社会发育程度不一，虽然近代自治制度也曾被借鉴，但整个中国政治还没有接受上海经验的基础。

小科布尔的《上海资本家与国民政府（1927—1937）》对 1927 年的上海社会做出了很精辟的研究，但有一个结论稍有偏颇。他认为："南京政府与资本家之间关系的紧张，并非根源于意识形态，更多的是国党政权的特性和它对资本家的苛求所造成。"① 其实，蒋介石抱定的"革命""统一""爱国"，以及"民生主义"宗旨，就是意识形态。这种意识形态与市民自治运动在本质上就是对立的。"自治"的根本信念是民主，而"新三民主义"实际上搁置了"民权"，其"民族""民生"对民主和自治造成了很大压迫，在整个 1927 年已清楚显露出来，不必重复。我们只需要看当时蒋介石左右的国民党右派邵元冲（1890—1936，浙江绍兴人）对"孙先生地方自治"的理解，就可以知道执行中的"民生主义"。根据他的体会，孙文的地方自治，其实只是要求人民尽义务，而不顾他们的权利。他说："（孙文说）人民对地方自治团体之义务，每人每年当出一个月或两个月之劳力……其不愿出劳力者，当纳同等之代价与公家自治机关。"② 如此这般，"地方自治"干脆就是每人每年增加一个月的徭役，与封建诸侯治国理政相似，而又是现代国家主义的一套。据他自陈，这是他读了孙中山《建国方略》以及亨利·乔

---

① 小科布尔：《上海资本家与国民政府（1927—1937）》，杨希孟、武莲珍译，第 3 页。
② 邵元冲：《邵元冲日记》上，上海人民出版社，2018，第 309 页。

治、贝拉米等人的社会主义著作得到的启发。党人政治家们在20世纪初年曾有一种空想社会主义，或曰乌托邦式的意识形态；蒋介石则用这意识形态以强有力的政党和军队的形式，首先把上海市民自治运动给治理了。

上海市民的实际与国民政府的理想相距太远，且不自知，其失败自是不可避免。1927年，上海市民自治运动走到了它的终点，留下一条独特的起始盛衰轨迹，颇可供人反复解读。

原载《二十一世纪》（香港）1994年6月号

附录一：关于中国的"早期近代性"

历史学界一直没有在中文里把"近代"与"现代"这两个词的对译确定下来。中国近代史学者历来是把"Modern Chinese History"翻译成"中国近代史",而把"中国现代史"理解成"Contemporary History of China"。或者说,在近代史研究领域,我们习惯于把"Modern"理解为"近代的",而不是如一般地翻译为"现代的"。同样,在中国近代史研究中,我们也常常把"Modernization"说成"近代化",而其他学科学者则把"Post-modern"翻译为"后现代"。所以,"近代"与"现代",这两个中文概念在英文中是一个词"Modern",这给我们讨论问题添加了一层混乱。传统的西方学者一贯把欧洲"文艺复兴"以来的几百年通称为"Modern Age",并没有两个词。

众所周知,目前中国历史学界对"古代"、"近代"和"现代"

的划分，是以马克思的唯物史观作为根据的。虽然其标准也是部分地借自西方理论，但中国学者和世界上其他国家的大多数学者看法并不一样。比如说：美国的中国学研究把明清叫作"晚期帝国时期"（Late Imperial China），是近代中国的准备时期。1911年的中华民国开始奉行共和制，是近代中国的开端。西方同行基本上还是以王朝断代的方法划分历史。相对而言，中国学者比较强调按历史性质来划分历史时期。我们普遍倾向于认为中国的"中世纪"特别长，到1840年鸦片战争时方才结束；中国和西方不同，另有一个自己的"现代史"，以1919年五四运动划线，中国历史正式进入了"现代"。所以说，同样讲的是"近代"、"现代"和"后现代"，中国学者和西方同行之间还有很多误解，其实是各讲各的。这样的情况，在许多国际学术讨论会上常常会若隐若现地表现出来。

自从20世纪30年代中国社会史讨论以来，中国社会史学者逐渐同意把鸦片战争和五四运动作为中国历史"新纪元"的标志，而没有意识到这样做其实割断了中国社会发展的内在联系。近几十年来的很多研究都表明，中国的历史并没有随着鸦片战争和五四运动而急剧转向，近代中国的建立是一个漫长的全过程。现在反而是欧美的同行们竭力反对"欧洲中心论"，大量成果已经使西方的中国研究焕然一新。他们提倡用"中国中心论"来看中国，内在全面地理解中国。很多学者，包括我，并不全部支持其中的所有观点，但是他们要从中国社会内部寻找发展线索和动因的主张是基本正确、无可非议的。

在这里，我想先比较鲜明地提出自己的观点。我以为：将中国历史按它与西方世界的关系过程，截然地划为"近代"与"现代"的做法是有欠妥当的。用1840年和1919年划分中国历史，造成了学术界的人为割裂，文史哲领域的学者在"古代""近代""现代"的畛域中老死不相往来，以至得出了很多可以相互笑话的结论。这种割裂，除了造成国内学者间的沟通不便，还造成了国际同行间的交流困难。我们讲的"近代"，非一般学者公认之"近代"，而此"现代"更非彼"现代"。其实，我们只要仔细思考，就会发现旧史学的框架还在多方面潜在地影响着我们。

近二十年来，中国史学家在人文、社会学界一直走比较稳健扎实的路线，我们努力恢复求实的学风，继承乾嘉以来的考证传统，接续清末以来的课题系列，在微观史学方面取得了很多新成果。但是在宏观历史领域，目前的历史学界没有什么反省和建树。和现在的文学、哲学界热衷翻译和讨论"现代性"问题相比，在这个历史学的传统领域内，历史学家却是阙如。鉴于20世纪50年代的教训，我们固然要警惕再蹈"空论"之覆辙，但如果完全不关注必要的历史研究范式的转移，那么就仍然很难摆脱传统模式的束缚。我们看到很多相当不错的实证研究，仍然常常露出传统模式的尾巴，原因就在于历史学界没有对这些宏观问题做彻底的清理。

近二十年来，中国史学界已经普遍使用"近代化"（Modernization）和"近代性"（Modernity，也有译为"现代性"，为保持"中国近代史"学界的习惯，这里仍然译为"近代性"）来讨论中国社会几百年来的理性化、民主化、市场化、工业化、城市化等运动。这种思想方法比较能够接近真实发生的社会思潮，已经取得不少成果。但是总体来看，我们的"近代史"研究在课程传授、课题设置和论文写作时，都还是自觉地从 1840 年开始，不求"上进"；同样在"古代史"领域探讨同类问题的，也是不破此限，不做"下流"。这样的固守，是长期的专业训练养成的习惯，但最终还是固有的观念束缚造成的，尽管经过二十年"思想解放"的我们这一代学人已经不太愿意承认这一点。

现在放在我们面前的问题已经不是是否应该打破这种束缚，而是如何破除这种束缚。为此，我觉得很有必要引进近几年欧美学者关于"中国早期近代性"的讨论，用以深入和细化我们对"近代"的认识。近几十年来，历史学家开始审视"启蒙"以来的历史，发现许多"近代"因素其实植根于"黑暗的中世纪"。人们发现欧洲早期人文主义者并不反宗教，甚至不反教会；近代的很多制度是在中世纪发展起来的；中世纪就有很多托马斯·阿奎那这样的"人文主义"者，罗马还有"人文主义"教皇；天主教神学酝酿了科学和自由精神。还有，"市场""城市""知识""理性""自由"等观念和制度，都起源于中世纪。19 世纪瑞士学者布克哈特（Jacob Burckhardt）在《意大利文艺复兴时期的文化》（*The Civilization of the Renaissance in Italy*）中奠定的"中世纪"观念，已经被克里斯泰勒（Paul O. Kristeller）等 20 世纪学者完全推翻。

因为不可能把"中世纪"和"近代"完全割开，现在有西方学者倾向于把世界历史划分为"古代"（Ancient）、"中世纪"（Medieval）、"早期近代"（Early Modern）、"近代"（Modern）和"现代"（Contemporary）。其中，"早期近代"的确立，可以帮助我们理解人类历史是如何从"中世纪"过渡到"近代"的,解决因传统与近代的割裂而导致的认识困难。

美国艺术和科学院院刊《代达勒斯》(*Deadalus*)的1998年夏季号,以"早期近代性"(Early Modernity)为专题,约请了历史学界各领域的专家讨论各国"中世纪"之后的"早期近代"问题。目前所见,这是国际非欧洲史的学者对东方社会"近代性"最集中的反思。有鉴于"欧洲中心论"的覆辙,10篇论文主要是通过对印度、日本、中国、越南、朝鲜等非欧洲国家历史的讨论,在全球范围内探索建立一种具有多样性的"早期近代"史观的可能性。这里的"近代性"讨论与其说是建立一种统一性,不如说是检索一些多样性(varieties)。这与孟德斯鸠、黑格尔、马克思、汤因比寻求的历史统一性完全不同。

加州大学伯克利分校魏斐德(Frederic Wakeman)教授为专号提供的论文是《明清时期公共空间的边界问题》("Boundaries of the Public Sphere in Ming and Qing China")。论文从明中叶王学,明末学术复兴,明清士绅地位,集权、腐败和动乱,以及18世纪末的公共空间来总结明清时期的"公""私"观念演变。其中的观点比较平直,是对明清史研究成果的总结,正好可以了解他们这一代学者对中国近代史的看法。

我们虽然不必马上同意欧美同行认为明清时期是中国历史上"公共空间"的恢复发展时期的观点,但根据我们自己的研究状况,一起来谈论"早期近代性"还是有其可能的,并且非常必要。西方学者着重想解决的是"欧洲中心论"带给他们的认识偏差,而我们面临的主要问题还是传统意识形态的割裂。但是，在弥合"古代"与"近代"的断裂，讨论"早期近代性"的时候，我们应该是有共同语言的。

如果再次开放讨论中国近代史的分期问题，中国学者本来是有自己的看法的。很多学者一直议论，中国的近代史不能用鸦片战争来割断。很明显，从世界范围内看，鸦片战争是1792年马戛尔尼使团访华失败后一系列广州冲突，以及英国国会长期酝酿的结果。贯穿"中国近代史"的白银流向问题，其实始于明中叶。还有"中国近代"的城市化，与明清时期的集镇繁荣很有关系。研究表明，广州、厦门、福州、宁波、上海，以及天津、汉口等城市，都绝不是从荒凉的"渔村"，经过鸦片战争后的一朝开埠而忽然暴发起来的。中国的现代大都市，都有长期的内部发展历史。

在这些问题上，20世纪五六十年代中国大陆经济史和思想史学界讨论"明清资本主义萌芽"和"中国早期启蒙思想"的时候，有很多具体结论具有"早期近代性"的意义。当时学者们意识到"中国近代史"不能如此割断原属一体的明清史。他们意识到：章太炎的思想和学术与顾炎武、黄宗羲有更多的联系。这不是什么"地主阶级"和"资产阶级"的关系问题，而根本就是一脉相承的江南士绅精神传统；还有，上海"近代"棉纺织业的兴起，和明清时期松江府"衣被天下"后造就的棉田亩数、市场销售和小农生产家庭结构大有关系。

讨论"中国近代史"，用某一天发生的某一个戏剧性事件来框定一个漫长而复杂的历史过程，确属武断。中国的正史，习惯以王朝划代，19世纪的欧洲历史学家则喜欢给时代定性。现代历史学则重视历史自身的逻辑发展，注重历史的完整性。历史学家不是做判官，我们考察自己的近代史，不是为了定性，不是为了断官事，所以我们就要让历史的完整性充分显示出来。

　　对"早期近代性"的讨论，可以帮助我们建立"近代史"与"古代史"之间的过渡，也可以调动我们的学科成果积累，加强与国际同行的交流。这需要我们的学者打破畛域，搞近代史的"求上进"，搞古代史的"往后退"。现在国际哲学界注意讨论"宗教性"的问题，这样就避免了用某一种全盘的定义来判定"儒家是不是宗教""佛教是不是哲学"之类的假命题。同样，如果用"早期近代性"的命题来代替近代史分期上纠缠，就可以使学者更加直接地接触到历史的本质，避免用"评判的历史"来取代"考证的历史""解释的历史"。

原载《北京行政学院学报》2002年第4期

附录二：重新书写近代史
——序李天纲《年代记忆》

郑培凯

中国近代史的研究，因为距离人物与事件尚未久远，经常掺入研究者的主观好恶，再加上 20 世纪中国的革命冲突与党派斗争激烈，难以跳出意识形态的影响与牵制，学术讨论很容易就成了声嘶力竭的历史评价与批判，出现历史人物脸谱化、历史事件概念化的现象，偏离了追求历史真相复杂性的探索。实际上人有复杂的多面性，历史事件的发生与进程有其人际关系的纠葛与偶发性的判断和抉择。

李天纲教授这本《年代记忆》，通过具体的时间段落与人物行迹，以细腻的笔触展示近代史事的细节，思考历史人物在当时的处境与言行，抽丝剥茧一般，呈现当事人如何面对事件，如何囿于传统认知的历史局限，却要理解世变日亟，做出涉及个人与国家得失的判断与抉择。在探讨过去的历史意义时，此书也没忘记臧否近代史家如何书写历史，如何探讨文化传统与现代化的纠缠，如何评判历史人物的千秋功罪。

《年代记忆》历史跨度百年，从 19 世纪初到 20 世纪初，始于鸦片战争前外国来华使团眼中的大清帝国，终于 1927 年，即国民党利用上海的中心城市地位建立起南京政权。选择从鸦片战争之前的外国来华使团说起，有两个目的：一是，破除把"鸦片战争"作为中国近代史开端的教条；二是，摒弃概念化的"东方主义"看法，认为传教士是基督教至上的"欧洲中心主义者"。这两个目的，都挑战了 20 世纪下半叶大中华地区近代史的认知框架，改变了历史教学意识形态挂帅的情况，质疑了以下论述方式：西方帝国主义侵华政策明确，旨在化中国为西方的殖民地，而中国现代化的过程就是一连串的反抗斗争，最后取得反殖抗暴的胜利。

其实，以鸦片战争作为中国近代史开端，以政治事件作为历史演变的焦点与核心，强调的是外来的侵略导致了中国现代化的转型，忽视了明清经济社会与文化思想转变的内在层面。历史的演化与进程，不像小孩堆积木那样可以随意拼叠，因为突发事件就发生断裂性的崩塌，而是像长江大河延绵不断的波涛，有平缓的河段，也有急流险滩，甚至有悬崖瀑布，却都是后浪推动前浪，有历史的连续性，不是突然冒出的无源之水。探讨中国近代史，以鸦片战争为开端，无视 16 世纪以来早期全球化的世局巨变，忽略葡萄牙海商与耶稣会士东来所产生的东西文化接触，讳谈满人入关压制晚明以来开放性思维的闭锁政策，昧于知识人"自改革"的历史可能性,是难以解说中华帝国的衰微以至于崩溃,更不用说中国革命浴火重生的追求了。

《年代记忆》探讨一些我们耳熟能详的史事,提出不同的历史视角,放在全球史多元文化的认知架构中来探究历史事件的意义,让读者有耳目一新之感,使人深思。我们可以举书中论述《南京条约》、戊戌变法这两个例子,以见中国近代史的复杂性,实在不应当硬生生套入单一教条的模式,作为学生背诵应考的天经地义答案。

分析鸦片战争后清廷签订《南京条约》的过程,作者指出,当时中外交涉的经验中,其实有一种双方可以接受而又行之已久的"澳门模式",但是清廷却颟顸行事,割让了香港:

> "澳门模式"的核心是香山县境内的华洋"分治"和市政"自治",并不是主权"割让"。如果战前了解清楚,谈判得当,清朝政府或许可以仿照澳门的成例,只在省城广州划出一块"租借地",满足英国侨民的"自治"要求。即使开辟珠江口的某个孤岛为"英国的澳门",也不必割让。

好在"五口通商"是按照"澳门模式"设置的,留下了后世收回主权的法理基础:

> 《南京条约》规定的"五处港口"是按照"澳门模式"开埠的,清朝政府保留了城市主权。……
>
> ……………
>
> ……从权力构成上讲,中国政府在租界里保留的是"物权"(property),外国侨民借去的是"治权"(governance)。

在法律上,"物权"当然高于"治权"。

有趣的是,到了1982年中英谈判香港回归问题的时候,英国首相撒切尔夫人听从香港商界的建议,提出以"治权"换"物权"的想法,让英国继续代替中国来"管治"香港,遭到中国政府断然拒绝。看来英国人与某些华商利益集团,是从鸦片战争时期起,就一贯比清廷明白,知道"澳门模式"的意义,到了20世纪末还想要退而求其次,尽量保有既存的政治经济利益。中国政府到了20世纪末也清楚了"割让"与"租借"的差别,不再像琦善与耆英那样颟顸,无视国家的主权利益,在国际外交上敷衍了事。

更令人感到历史魅影总是阴魂不散的是,中国内地长期动乱与物权不彰,是租界与割让地经济起飞的动力。五口中的上海租界,虽然一开始以贸易通商为主,但很快就因太平天国与小刀会的动乱,涌入了成千上万的华人,以房地产代替了贸易和商业,成为上海城市发展的支柱产业。开埠以来,上海的地价飞涨,十年涨了十倍,华洋杂居也逐渐演变成华洋共治,发展出新型的社会形态。回顾百多年来沿海口岸城市的发展,若以上海与香港为例,从开埠到改革开放,再到香港回归之后,人口不断涌入,似乎方兴未艾,至今仍是房地产引领经济发展,则是中国近代史上值得思考的城乡结构变化问题。

关于戊戌变法,一般总围绕着维新与保守的议题,探讨进步思想与顽固势力的斗争,以康有为与梁启超为现代革新思潮的代表,慈禧与荣禄为封建反动的蟊贼。李天纲教授在《年代记忆》中特别探究了当时官场和宫廷中的人际关系与势力分布,指出戊戌变法与其后的政变,关键还是宫廷的权力斗争,无关大清帝国的生存命运:

> 完全就是一场凶险的朝廷内讧,是一个帝后党争,是一个围绕"变法"无原则争斗的宫闱故事。摆上桌面的辩论,固然是所谓"保守"vs"改革"、"卖国"vs"爱国"、"亲俄"vs"亲英"的"路线斗争",但是此时此刻的内情里,原则并非重要,它只是相互攻击的借口,是整倒对方的武器。于是,东方宫廷式样的权力斗争,掩盖了真实的问题,耽误了急迫的变革,家变导致了国变。
>
> …………
>
> ……戊戌变法有"政"与"学"两重意义。政治学意义上的戊戌变法,以"百日维新"的惨酷结局而告终;思想史意义上的戊戌变法,则因为极富戏剧性的"变法"结局,引起了空前的全国大讨论而延续很久。

李天纲教授似乎意图指出,大清帝国的政治社会体制已经腐朽,中央政府不能顺应世界潮流,也不可能实现"自改革"。一切政治纷争与政策争拗,最后都归于宫廷与党派的权力斗争,都与冠冕堂皇的宣言和口号无关,更无法达到维新与改良的实际目的。中国现代化的前景,不取决于掌握政权的中央,而出现在社会体制与思维脉络逐渐改变的南方,特别是经过华洋杂处的通商口岸,开创有前瞻性的社会结构,如上海。

李天纲教授在后记中说到,他师从朱维铮先生,一直试图联系"明末清初"到"清末民初"的历史变化,希望通过"中学"与"西学"的接触、冲突和会通,来理解中国"近代性"的历程。本书的一些观点,也反映了朱维铮先生晚年探索中国近代思想史,强调必须掌握具体历史人物之生活处境与抉择的看法。朱先生晚年以通俗笔法写的《重读近代史》，尽量跳出概念化框架，深入历史人物的真实生活，剖析历史事件背后隐藏的历史潜流，经常是与集团利益与个人心态有关，不能只是"听其言，观其行"，还要探究其言行的历史文化语境，以及人物性格因应事件的具体反应。了解历史，不能从理论框架出发，最后又终结于理论框架，因为历史不是哲思构筑的行为科学，历史记录的是有血有肉有感情的人，生活在具体的时代环境，做出真实的言行举措，影响了实际的社会进程。

朱先生过世之前，曾约我共赴北京大学中国文化书院举办的文化讲座，讨论《重读近代史》提出的议题，希望在相互辩难之中，深入探索近代史研究的多元视角。我欣然应邀前往，却惊闻朱先生在赶往机场的路上出了车祸，不能前来参加自己规划的座谈，感到十分遗憾。所幸朱先生派了高弟李天纲教授前来，阐扬师说，并发挥一些独到的见解，使得讲座熠然生辉，顺利完成任务。《年代记忆》一书原来是李天纲教授和朱先生约定，文章集结后由朱先生写一篇序，放在全书前面，呈显对近代史思考的师弟相传脉络。朱先生现已升遐，李天纲教授转而邀我代序，虽然力有未逮，也是特殊的缘分，特志于此，以为永怀的纪念。

后记一

收在这本集子里的文章，最早的是《1927：上海市民自治运动的终结》，发表在 1994 年 6 月号香港《二十一世纪》；最晚的《1914：不作不死的孔教》，2015 年 10 月发表于南昌《悦读》。跨度已经是 21 年了，还有许多想写的"年代"郁积着没有完成。二十多年前，用一个公元年代，再加一个副标题来谈论中国近代史，还比较稀罕。这几年这种标题方法非常普遍了，不但学者的专著、论文、评论用，有的国产电影也用。按年代大事记来反省中国人的近代，肯定是一件有意义的事情。中国人的"近代"过得跌宕起伏，险象环生，每一年都有不同的蕴意可以发掘，更有很多教训可以记取。以史为鉴，近代尤甚。朱维铮先生推出《走出中世纪》的时候（1987），同辈学者中有人痛快地说：我们还没有走出中世纪，简直是"走不出中世纪"！现在，我们这一辈熟悉历史的人也经常谈论这里的"近代"与"现代"分不清楚,"清末民初"并没有离我们远去,许多事情还在变着方式地重演。这就是大家都喜欢在"年代"中思考中国问题的原因。

文章应了不同刊物的主编、编辑们的稿约,主持《二十一世纪》的金观涛、刘青峰,《收获》的程永新,《文景》的杨丽华,《悦读》的褚钰泉,《上海文化》的吴亮,《书城》的李韧都曾在腾出版面刊登文章后,邀请开设专栏,鼓励我专心从事这个系列的写作,早点儿结集。无奈身在大学里,教学课程和研究项目不能不顾。在我的治学转向宗教学之后,中国近代史只能业余从事,只能挤出有限的时间,时不时地阅读,断断续续地写作,成书遂拖延至今。因为是给不同刊物写作,风格和体例适应了各类读者的赏读习惯,放在一起看不免就有点儿凌乱。还有,时间跨度二十多年,随着读书范围和治学领域的扩大,对历史认识的加深,对一些具体问题的看法也会有所改变。但是,欣慰的地方是在这次编辑成书的过程中发现,这 14 篇文章的基本思路和观点是一致的。几十年来,我对中国近代思想史的看法没有发生根本的改变,有的观点还在不断重复,还没有"以今日之我难昔日之我"。因为是业余从事,没有必要遵循所谓 C 刊的学术体例,文章可以写得自由自在一些。然而,有的地方过于直抒胸臆,当初未尝不是一件畅快的事情,现在看来则还是应多加斟酌,保持客观中立的态度更好一些。

所有的文章都没有做修改,除了订正个别错别字、脱漏字、衍夺字,增删一些辅助词来明确原来的含义之外,并没有改动文章的观点、史料和风格。有些文字留有当时环境的印记,写作期间的不同信息也进入了历史,是学业中的一种纪念,就存真不改了。每篇文章后面都附了出处,一是对原稿编辑的铭谢,二是对原始面目的尊重,读者自可核对。

本来应该写一篇序言,放在这些年代文章的前面,说明一下对中国近代历程的总看法。但是翻检了收入的文章之后,觉得还是很难全面概括自己对中国近代史的看法。困难在于还有一些设想中要写出来的年代没有完成,比如我们这一群学生在朱维铮先生的率领下,已经在很多领域内破除了把"鸦片战争"作为中国近代史开端的做法,我自己也一直试图在"明末清初"与"清末民初"之间打通关节,把"中学"与"西学"联系起来谈论"近代性"。但是,至今还是没有能够把关于徐光启、利玛窦、汤若望以及马戛尔尼使团访华等人物、事件写成专文,来说明我们对"中华现代性"的看法。现在从别的地方移来一篇关于马礼逊《中国观》的论文,充作"1817 年",算是破了"鸦片战争"的上限,但"明末清初"还是阙如。还有其他问题,收在这里的文章下限是 1927 年,即国民党利用上海的中心城市地位,建立南京政权。然而,这不是我设想中的历史下限,还应该把 1937 年、1941 年、1945 年,甚至 1949 年及以后的年代写下去。然而,秉笔直书的困难越来越大,还真的不是更加勤于写作就能够解决的。在所有文章还没有对近代史的上、下限做出清晰陈述的时候,靠一篇序言来完整地讨论"中华现代性"会花费更多的笔墨,还是留待以后有新的出版机会再补充吧。

因为是和学术圈外的读者谈近代,这些文章没有谈论宏观理论问题,但集中在一起还是有必要用"理论"的方式交代一下自己的

"历史观"。写这些文章的二十多年中,想得最多的是中国社会的"公共性"(Publicity)问题。"白头宫女谈天宝遗事",人人都喜欢谈历史。历史编纂学(Historiography)也应该成为一种公共意识,作为理性的公众知识,而不只是象牙塔里私人赏玩的东西。还有,历史意识既称为"爱国主义"的一部分,就应该能够被各个社会阶层都接纳为身份认同,而不能为某一"阶级"专有。哈贝马斯在《公共领域的结构转型》中说欧洲封建社会的"王权",号称"朕即国家",而实际上他"在民众'面前'所代表的是所有权,而不是民众",不具有真正的"公共性",因而也没有合法性。"公共性"是一项良性的社会指标,它在"国家"与"个人"之间起作用,形成了人与人之间的沟通和理解,是现代社会制度的基础,并不能作为资产阶级法权来批判。

如何把"中国近代史"从王朝统治者、没落士大夫、"绅军-军绅"(陈志让先生用语)官员和"激进民族主义者"(诸党派均有)的叙述角度中拯救出来,还原成民众的历史,这是中国的"现代国家"建设还没有完成的工作。如果说20世纪的"发达资本主义"(哈贝马斯语)消灭了西方社会的公共性,那么中国近代社会则还有一个重建和改造"公共性"的宿命。目前国内林林总总的历史教科书中还充斥着各种权力阶层的自我意识,这种自我中心的权力意志并没有做到与民众共享。什么意识才具有"公共性"?当然是人数更多,阶层合作,较有发展前景,比较能够支撑起一个稳定、繁荣、开放社会的意识,才是真正具有公共性的思想。强调"启蒙理性"的意识形态教育,注重用自上而下推行的方法来达成"公共性",而真正的"公共性"不是在现代社会成形过程中,自然而然、自下而上地在民间出现的吗?

中国的"现代性"有自己的道路需要探索,但是基本原理不可能和南欧、西欧、北美、南美、东亚诸国所经历的不同。中国的现代化形式当然不会同于西方,每个区域、民族和大小共同体的文化传统不一样,现代性表现也有异样。有学者认为当今世界出现了一个"全球现代性危机"[The Crisis of Global Modernity,印裔美籍学者杜赞奇(Prasenjit Duare)新著的题目],世界各地的区域现代性(Regional Modernity)对普遍现代性提出了挑战,因此就提出了"亚洲现代性""东亚现代性"等概念。其实,中国人的现代化之路和日本、韩国、印度尼西亚、菲律宾、马来西亚、印度的确实不同,完全可以就此思路再提出一个"中华现代性"。进一步说,如果"中华现代性"这个概念是有意义的,那现在台湾、香港、澳门实施的制度,以及过去在上海及通商口岸施行的制度都是"中华现代性"中的不同经验,都要作为"多样化现代性"(Multiple Modernity)来讨论。很显然,不同的区域现代性中蕴含着相同的现代价值观念,否则便不能称为"现代性"。这么多的区域现代性内部肯定存在着统一性,这种"异中求同"的现代性,并不就是简单的"普世价值",而是在不同社会里起到相似功能的社会制度。在中国目前的语境下,讨论这个"同"字非常重要。"同"是什么?"同"在哪里?需要清晰地加以辨明和认定。

哈贝马斯的"公共性"理论无疑具有启发性,《公共领域的结构转型》一书在1989年被译为英文出版,正好遇到东欧、苏联政治局势的剧变，美国学者对书中的"市民社会"和"公共空间"这两个概念做了充分的讨论。同时，在美国和欧洲的"中国学"者也用了这两个概念来审视中国人的近代，对于中国有没有"市民社会"以及"公共空间"激烈争论。争论中，研究上海的白吉尔夫人、小科布尔、顾德曼（Bryna Goodman），研究汉口的罗威廉（William T. Rowe），研究天津的贺萧（Gail Hershatter）等教授都认为至少在中国的通商口岸大都市里生长着，或者转型了一种中国式的"公共空间"和"市民社会"，开始支撑起中国社会的现代性。是什么原因中止了人类社会"公共性"的建设？对于这个问题有不同的回答。哈贝马斯认为20世纪的西方"发达资本主义"消灭了"公共性"，而我们在中国看得更清楚的则是："民族-国家"的强力建设，造成了一个强大的政党、政府、领袖和意识形态体系，这些权力对生长和转型中的"市民社会""公共空间"形成巨大压力。

歌德说"理论总是灰色的，生命之树常青"，寻找理论答案并不需要凭借一套现成的体系，应该先在历史事实中探求。事实上，我们对"市民社会"和"公共性"的兴趣发生在1989年之前，当时开始的"区域史"和"上海史"研究还没有哈贝马斯的理论可以借鉴，"市民社会"概念直接从黑格尔、马克思著作中得到启发。有关上海"市民社会"的早期讨论和研究文章，可以参看唐振常先生主编的《上海史》（1989）、张仲礼先生主编的《近代上海城市研究》（1990），还有我的学术文集《文化上海》（1998）、《人文上海》（2004）。没有理论体系，我们也需要观察中国近代社会如何在上海这样的通商口岸城市里,一步一步自下而上地建造起来,以及在此过程中的种种艰难曲折。中国学者并不需要跟风国外同行的"理论",而是应该在借鉴的同时,独立从事自己的"公共性"研究。

研究理论,少谈理论,先弄清楚"是什么",然而问"为什么",一切有价值的问题都是从基本事实出发,这是朱维铮先生训练学生的要诀,也是他自己的治学要求。朱老师结集了《重读近代史》(2010),给我们留下了很多的启发和教益以后不久,永远地离开了我们。朱老师研究中国古代制度史、中国经学史,"文革"后期转到中国近代思想史的研究。他原本擅长从古代看近代,20世纪80年代以后又开辟治学新路径,从"西学"看"中学",后期和晚年的治学范围主要就是在近代思想史。我在复旦大学历史系的硕士研究生专业方向是"中国近代思想史",但除了编订了一些资料文献集,之后并没有机会写出系统的论文。收在这本文集中的文章,可以看作追随朱维铮老师、李华兴老师研究中国近代思想史的另一种作业。这里很多篇文章的想法是在与朱老师的交谈中激发出来的,发表后也都是让朱老师先看,获得首肯,得到指点才继续写下去。原本和朱老师约定,文章结集后由他写一篇序,放在书前面。现在的空缺,成为一件非常遗憾的事情。然而,中国人的近代历史还在往前,需要讨论的年代还有很多,文章也还必须写下去,这本集子只是告一段落。谨以此不成体例的小书,纪念与朱老师一起学习和讨论中国近代思想史的愉快日子。

感谢郑培凯教授邀请编辑这本文集,加入由他和鄢秀教授主编的"青青子衿"丛书。培凯、鄢秀教授夫妇学贯中西,在中美之间推动学术文化交流，热心关注中国人和中国文化之命运，二十多年来与我们结下了深厚的友谊。这本集子中有几篇和他们自己的文章一起发表在《文景》《悦读》等杂志上，一直承蒙鼓励和支持，编订这本集子也是对他们的报答。在出版业和阅读界都面临新媒体冲击的时代，纸版书的命运还在未定之天，为此还要感谢香港城市大学出版社社长朱国斌教授承担出版之责，让我们有了一方天地。

李天纲

2017 年 1 月 28 日，丁酉年正月初一，

上海阳光新景寓所

后记二

本书是《年代记忆》的增订版，初版收入郑培凯教授、鄢秀教授主编"青青子衿"丛书（香港城市大学出版社，2017）。原书曾收入历年写作的中国近代史论文、散文、杂文14篇，这次增加到19篇。文章分布在更多的"年代"，涉及更多人物、事件的"记忆"，因而在对中国近代史的理解上也稍显完整一些。此次新版，加入了几篇带有注释的论文。为了统一体例，又回过去把初版文章中的引文都加上了注释，同时也补上了当年在不同杂志上发表时为求"通俗"而造成的缺憾。本书实际上已经是一部新书，编辑曾建议另拟一个书名。斟酌之下，我想用原书名保持著述的连贯性，故而拟了《年代记忆：中国近代意识的形塑》，加上副标题，作为折中。

加上了《1793：大清帝国城市印象》《1817：马礼逊"看中

国"》《1835：明清"西学"的延续性——以〈几何原本〉为例》三篇之后，本书在"年代"上突破了"鸦片战争"的中国近代史大限，将中国人的"近代"推至清中叶。把1840年作为中国近代史的开端，这个历史观并没有掩盖住中国社会发展中诸多的"内在理路"（借用余英时语）。很多人的读史经验都表明，中国人的"清末民初"与"明末清初"有着内在的关联，在"早期全球化""早期现代性"方面，中国社会从明末到清末的"转型"（transition）肯定有一种"连续性"。在中国人的近代叙述中，正确处理它的"连续"与"断裂"，这是我在学习中国思想文化史以来一直思考的问题。长期的思考，集中在这里，难免有一些不同时代写作文章的重复，但思考的路径还是基本一致的。

《1867：王韬与"天下一道"论》《1868："启蒙"的发端——林乐知与〈万国公报〉》两篇论文是1986年为朱维铮先生任执行主编（钱锺书任名誉主编）的"中国近代学术名著"丛书中《弢园文新编》《〈万国公报〉文选》准备的文稿。前一篇关于王韬的论文，是我曾经想做的硕士论文，后来实际完成的毕业论文却是关于《万国公报》的。关于王韬的论文，经朱老师校订和改写，采用为《弢园文新编》的序言。此前，与朱老师在《复旦学报（社会科学版）》上共同署名，先行发表。他特地嘱咐说，这是他第一次与学生合署，以后可以收入各自的文集。据我所知，这是他唯一一篇与学生共同署名的文章。本次校读，重温了与朱老师在论学作文中所受的教益，备感亲切。《1897：经世学的近代转向》是新近完成的一篇论文，缘由是复旦大学中华文明国际研究中心受温州瑞安市社科联委托执行项目，研究在"戊戌变法"前后出现的"瑞安新学"。宋恕、孙诒让等人是我一直感兴趣的思想人物，朱老师曾计划在"中国近代学术名著"丛书中收入他们的著作，可惜没有完成。此文借着对宋恕思想家群体的考察，对他们如何把传统"经学"通过"经世学"，内在、艰难而复杂地转为现代文、史、哲、经、法、政科的学术，做了考证和诠释。

《1903：语言民族主义 or 文化世界主义》《1912：函夏考文苑——民初的学术理想》都是接续朱老师开辟的马相伯研究的副产品。马相伯创建的震旦学院（1903）、复旦公学（1905），曾被以一种"语言民族主义"模式来解释，而其事实远非如此；马相伯拟定建设的"函夏考文苑"（1905），虽然被章太炎起了一个古奥的"国学"名字，但仍然是一个仿照法兰西科学院建设的现代国家机构，是蔡元培等人筹建"中央研究院"（1928）的先声。如以朱维铮主编之《马相伯集》（复旦大学出版社，1996）的出版为标志，马相伯研究也已近三旬，人们对马相伯在中国近代史上应有之地位有了越来越清晰的认识。马相伯研究的出版计划将以完成《马相伯全集》《马相伯年谱长编》结束，但我相信对马相伯的思想价值和地位还会讨论很久。

《年代记忆》2017年在香港城市大学出版社出版后，本应随即加入同名丛书，在广西师范大学出版社出版简体字版。考虑到出版社提出要对几篇文章中的一些字句做些调整，而我自己也想把几篇带有注引的学术论文收入本集。为了统一体例，就需要把所有文章都加上注释，说明文献史料、交代学理来源。当时没有整段的时间来处理这些事，就没有及时签约，颇觉得有负于郑培凯、鄢秀两位主编的盛情。后来新冠疫情突如其来，见面困难，要说抱歉都来不及。2019年，中国人民大学出版社王琬莹编辑在出版了《中国礼仪之争：历史、文献和意义》之后，邀请我出版其他著作。随意把《年代记忆》书名报给她之后，签了一个开放合同，她就不紧不慢地提一下，并不催促。今年3月11日，寓所小区比全上海早20天被封控。局促一室之内，承受各种压力，但也能摒弃杂务，花了一个多月的时间，完成了本书的修订、增补工作。

1983年到1986年，我的硕士研究生专业方向是中国近代思想史。1994年到1998年，博士研究生专业方向转移到中国文化史，一直思考打通明清文化史与近代思想史的联系问题，复旦大学中国思想文化研究室的治学传统是从自己动手整理资料、文献，编定文集、专集入手，找到关键性的人物和著作，最后才对思想史、文化史上的重大问题做出独到而合理的判断与解释。这样的研究，必定是花费较久时间、出成果较慢的那种，难以和后来盛行的采用集体攻关方式、运用批评理论、联系社会实践的做法相融合。在某种程度上，《年代记忆》里的跨度近四十年的各式文章，大部分都是个人兴趣驱动下的业余之作，都不是省部级项目的交差作品。这种散漫的写作方式造成了本书之难见系统的缺陷，但至少较容易保持一个优点，即学术思考中的独立性。最近几十年的文、史、哲学术界，不轻易为国内外的时髦说法所左右，不趋鹜于那些明显违背史实的新、旧理论，是一件不容易的事情。

《年代记忆》中的文章，很多篇都与项宇、张湛、蒋狄青、邬锐、黄晓峰、章可、王启元、陈特、王宏超、张洪彬、王定安、纪建勋、朱明川等一起议论，他们的评论和提醒，让我避免了一些误判，并产生不少新的想法。为此，我要感谢多年来一直与我交流和分享研究心得的这些年轻学者。哲学学院的同事和领导中，孙向晨、袁新、王雷泉、刘康德、魏明德、郁喆隽、刘平等教授，还有已故的黄颂杰、俞吾金、汪堂家等教授，他们偶尔读到本集中的一些文章后，也都会表达自己的看法和欣赏，哪怕是只言片语，也是一番盛情美意。他们对这项"业余"写作的宽容、支持和鼓励，一直是我坚持在这个领域内写作的动力。还有，新近收入的几篇论文，都是作为中华文明国际研究中心执行项目完成的，中心创建人杨玉良校长，主任金光耀、陈引驰教授，助理钱宇、黄晨博士都给予了全力支持，特表感谢于此。本书责任编辑罗晶做了大量校订工作，也提出了很多合理意见，令人感受到中国人民大学出版社的专业水平，在此再表谢意。

李天纲

2022 年 7 月 11 日，于上海疫情防控中

图书在版编目（CIP）数据

年代记忆：中国近代意识的形塑/李天纲著. --北京：中国人民大学出版社，2023.7
ISBN 978-7-300-31926-1

Ⅰ.①年… Ⅱ.①李… Ⅲ.①中国历史－近代史 Ⅳ.①K25

中国国家版本馆 CIP 数据核字（2023）第 127717 号

年代记忆：中国近代意识的形塑
李天纲 著
Niandai Jiyi: Zhongguo Jindai Yishi de Xingsu

出版发行	中国人民大学出版社		
社　　址	北京中关村大街 31 号	邮政编码	100080
电　　话	010－62511242（总编室）		010－62511770（质管部）
	010－82501766（邮购部）		010－62514148（门市部）
	010－62515195（发行公司）		010－62515275（盗版举报）
网　　址	http://www.crup.com.cn		
经　　销	新华书店		
印　　刷	涿州市星河印刷有限公司		
开　　本	890 mm×1240 mm　1/32	版　次	2023 年 7 月第 1 版
印　　张	15.625 插页 4	印　次	2023 年 7 月第 1 次印刷
字　　数	332 000	定　价	89.00 元

版权所有　　侵权必究　　印装差错　　负责调换